Preisblasen auf Wohnimmobilienmärkten

Eine theoretische und empirische Analyse der internationalen Märkte

Inaugural-Dissertation

zur

Erlangung der Doktorwürde

der Wirtschafts- und Verhaltenswissenschaftlichen Fakultät

der Albert-Ludwigs-Universität Freiburg im Breisgau

vorgelegt von

Tobias Rombach

aus Freiburg im Breisgau

Sommersemester 2011

Erstgutachter: Prof. Dr. Heinz Rehkugler

Zweitgutachter: Prof. Dr. Dr. h.c. Hans-Hermann Francke

Dekan: Prof. Dr. Dieter K. Tscheulin

Tag des Promotionsbeschlusses: 01.06.2011

Dr. Tobias Rombach

Preisblasen auf Wohnimmobilienmärkten

Eine theoretische und empirische Analyse der internationalen Märkte

Mit einem Geleitwort von Prof. Dr. Heinz Rehkugler,
Albert-Ludwigs-Universität Freiburg im Breisgau

Bibliografische Information der Deutschen Nationalbibliothek

Die Deutsche Nationalbibliothek verzeichnet diese Publikation in der Deutschen Nationalbibliografie; detaillierte bibliografische Daten sind im Internet über <http://dnb.d-nb.de> abrufbar.

Dissertation, Albert-Ludwigs-Universität Freiburg im Breisgau, 2011

ISBN 978-3-8441-0063-1
1. Auflage Juli 2011

© JOSEF EUL VERLAG GmbH, Lohmar – Köln, 2011
Alle Rechte vorbehalten

JOSEF EUL VERLAG GmbH
Brandsberg 6
53797 Lohmar
Tel.: 0 22 05 / 90 10 6-6
Fax: 0 22 05 / 90 10 6-88
E-Mail: info@eul-verlag.de
http://www.eul-verlag.de

Bei der Herstellung unserer Bücher möchten wir die Umwelt schonen. Dieses Buch ist daher auf säurefreiem, 100% chlorfrei gebleichtem, alterungsbeständigem Papier nach DIN 6738 gedruckt.

Geleitwort

Die Finanz- und Wirtschaftskrise, die wir in den letzten Jahren weltweit durchzustehen hatten, ist gemeinhin auf das Platzen von Blasen auf verschiedenen nationalen Immobilienmärkten zurückgeführt worden. Wenn Preisblasen an Vermögensmärkten platzen, müssen sie sich vorher über einen mehr oder weniger langen Zeitraum aufgebaut haben. Dies wiederum lässt vermuten, dass das Aufbauen einer Preisblase nicht unbemerkt vor sich gehen kann, sondern anhand von Indikatoren frühzeitig identifizierbar sein müsste. Das müsste den zuständigen staatlichen und supranationalen Instanzen die Möglichkeit eines rechtzeitigen Eingriffs zur Eindämmung der Blasenbildung eröffnen, um so die negativen Folgen eines abrupten Platzens zu vermeiden oder wenigstens abzumildern.

Bei Versuchen der empirischen Identifikation von Blasen an Immobilienmärkten zeigt sich nun allerdings, dass dies keineswegs eine triviale Aufgabenstellung ist. Vielmehr fehlt es schon an einer eindeutigen und einheitlichen Definition, wie eine Immobilienmarktblase charakterisiert und abgegrenzt werden soll. Desgleichen fehlt es an einem überzeugenden theoretischen Bezugsrahmen für eine fundamental gerechtfertigte Preisentwicklung und – zur Erklärung der Differenz zwischen realen und solchen theoretisch gerechtfertigten Preisentwicklungen – für die Gründe des Entstehens von Immobilienblasen. Demzufolge vermögen auch die meisten Testverfahren zur Identifikation von Immobilienblasen nicht zu überzeugen.

Eben dies sind daher die zentralen Fragestellungen der von einem theoretischen, verstärkt aber einem praktischen Erkenntnisinteresse geleiteten Dissertation von Tobias Rombach. Er diskutiert tiefgehend die gängigen Erklärungsansätze für das Entstehen von Preisblasen auf Immobilienmärkten. Dabei trennt er sinnvoll in makroökonomische Faktoren (wie die Zinsen und die Geldmenge), institutionelle Erklärungsansätze (die vorrangig an Regulierungsdefiziten orientiert sind) und verhaltensbasierte Erklärungsansätze, die vor allem die mangelnde Transparenz der Immobilienmärkte und die daraus resultierenden Entscheidungsfehler aufgreifen. Die praktischen Schwierigkeiten der empirischen Analyse der Preisentwicklung an Wohnimmobilienmärkten liegen in der mangelnden Verfügbarkeit geeigneter Indizes zur Messung der Veränderungen der Preise und Renditen an regionalen und funktionalen Teilmärkten. Des Weiteren kann Tobias Rombach zeigen, dass statistische Volatilitätstests und Konintegrationsmodelle wenig zur Identifikation von Blasen beitragen können.

In seiner eigenen umfangreichen und anspruchsvollen empirischen Untersuchung der Wohnimmobilienmärkte von 18 Ländern für den Zeitraum von 1970 bis 2007 stützt er sich daher auf Kennzahlen wie die Price-Rent Ratio, die Price-Income Ratio, die Affordability, das Konzept der User Cost of Housing (von Poterba) und Tobins Q, die ebenfalls gut begründbare fundamentale Zusammenhänge komprimiert zum Ausdruck bringen. Zusätzlich bringt Tobias Rombach noch eine Reihe von Indikatoren ins Spiel, die zusätzlich zur Identifikation von Preisblasen herangezogen werden können, so die Inflationsrate, das Zinsniveau, das Hypothekenkreditvolumen und die Zahl der Wohnungsneubauten.

Stellt man die Ergebnisse zu den einzelnen Kennzahlen und Indikatoren für das jeweilige Land vergleichend gegenüber, dann zeigt sich, dass die Aussagen zur Existenz einer Blase durchaus recht unterschiedlich ausfallen. Sein Ansatz, durch eine Zusammenführung der Teilurteile zu den einzelnen Kennzahlen und Indikatoren zu einem qualifizierten Gesamturteil über das jeweilige aktuelle Bewertungsniveau an den Wohnimmobilienmärkten der untersuchten Länder zu kommen, ist eine sehr hilfreiche Vorarbeit für die Entwicklung eines generellen „Blasenindexes", für dessen regelmäßige Berechnung und Veröffentlichung bei den Marktteilnehmern sicher großes Interesse bestehen würde.

Tobias Rombach hat mit der theoretischen und empirischen Analyse von Blasen an Wohnimmobilienmärkten ein Thema aufgegriffen, das nicht erst seit der aktuellen, in einigen Ländern keineswegs gänzlich überwundenen Krise von hoher theoretischer und vor allem praktischer Bedeutung ist. Das frühzeitige Erkennen von Blasen könnte sowohl für den einzelnen Marktakteur als auch für die staatlichen Instanzen eine große Hilfe bieten, vernünftige Anlageentscheidungen zu treffen bzw. rechtzeitig in diese Märkte steuernd einzugreifen. Für die Forschung wie für die Praxis ist dieses Buch daher eine informative und wertvolle Quelle. Ich wünsche dem Werk von Tobias Rombach die ihm gebührende Aufmerksamkeit.

Freiburg, im Mai 2011					Prof. Dr. Heinz Rehkugler

Vorwort

Die vorliegende Arbeit entstand während meiner Zeit als wissenschaftlicher Mitarbeiter am Lehrstuhl für Finanzwirtschaft und Banken an der Albert-Ludwigs-Universität zu Freiburg im Breisgau sowie der Verwaltungs- und Wirtschafts-Akademie für den Regierungsbezirk Freiburg e.V. Sie wurde im Juni 2011 vom Promotionsausschuss der Wirtschafts- und Verhaltenswissenschaftlichen Fakultät der Universität Freiburg angenommen.

An der erfolgreichen Entstehung dieser Arbeit war eine Vielzahl an Personen direkt oder indirekt beteiligt. Bei all diesen möchte ich mich nun für ihre Unterstützung bedanken.

Mein ganz besonderer Dank gebührt meinem Doktorvater Professor Dr. Heinz Rehkugler nicht nur für die Betreuung meiner Dissertation sondern auch für seine umfassende Unterstützung in wissenschaftlichen Fragestellungen sowie die vielen, unvergessenen fachlichen wie auch nicht fachlichen Diskussionen beim gemeinsamen Mensabesuch sowie in unserer Handbibliothek. Recht herzlich bedanken möchte ich mich bei ihm auch dafür, dass er mir die Absolvierung des Studiengangs zum Diplom-Sachverständigen für die Bewertung von bebauten und unbebauten Grundstücken, Mieten und Pachten (DIA) ermöglichte und mir nach dem Ausscheiden aus dem Universitätsbetrieb eine Stelle an der Verwaltungs- und Wirtschafts-Akademie in Freiburg verschaffte, wo ich in aller Ruhe meine Arbeit vollenden konnte. Die Zusammenarbeit mit ihm werde ich stets als eine sehr angenehme und lehrreiche Zeit in allerbester Erinnerung behalten.

Großer Dank gebührt ebenso Professor Dr. Dr. h.c. Hans-Hermann Francke für die Übernahme des Zweitgutachtens und die Möglichkeit, den Studiengang zum Diplom-Sachverständigen an der Deutschen Immobilien-Akademie absolvieren zu können.

Meinen Lehrstuhlkollegen Dipl.-Vw. Zeno Adams, Dr. Daniel Edelhoff, Dr. Jaroslaw Morawski, Dr. Simone Peter, Dr. Pascal Schnelle sowie unserer Sekretärin Karin Leppert danke ich für die sehr angenehme und produktive Arbeitsatmosphäre am Lehrstuhl, die vielen abwechslungsreichen Gespräche und die regelmäßigen vor- wie auch nachmittäglichen Kaffeepausen.

Herrn Professor Dr. Felix Schindler danke ich für die kritische Durchsicht meiner Arbeit, seine konstruktive Kritik, die wesentlich zum Gelingen der Arbeit beitrug, sowie seine mittlerweile über 25-jährige Freundschaft.

Darüber hinaus bedanke ich mich bei meinen Kollegen der Verwaltungs- und Wirtschafts-Akademie und der Deutschen Immobilien-Akademie, die mir nach dem Auslaufen meines Vertrages an der Universität Freiburg ein neues Dach über dem Kopf gewährten.

Mein größter Dank gebührt meinen Eltern Christa und Hans-Peter Rombach für ihre bedingungslose Unterstützung während meines gesamten persönlichen wie auch schulischen und akademischen Werdegangs. Das große Vertrauen, das sie tagtäglich in mich setzen, hat maßgeblichen Anteil daran, dass ich auch die kritischen Phasen stets gemeistert habe. Ihnen möchte ich diese Arbeit widmen.

Freiburg, im Juni 2011   Tobias Rombach

Inhaltsverzeichnis

GELEITWORT V

VORWORT VII

INHALTSVERZEICHNIS IX

ABBILDUNGSVERZEICHNIS XIII

TABELLENVERZEICHNIS XVII

ABKÜRZUNGSVERZEICHNIS XXI

SYMBOLVERZEICHNIS XXVII

1 EINLEITUNG 1
1.1 Problemstellung 3
1.2 Aufbau und Zielsetzung der Arbeit 4

2 VERMÖGENSPREISBLASEN: DEFINITION UND THEORETISCHE GRUNDLAGEN 9
2.1 Vermögenspreisblasen und Finanzkrisen: Wiederkehrende Phänomene auf den Finanzmärkten 10
   2.1.1 Historische Finanzkrisen 10
   2.1.2 Die Anatomie von Finanzkrisen: Das Modell von Kindleberger 16
   2.1.3 Preisblasen als zentrales Merkmal von Finanzkrisen 19

2.2 Definition(en) für Preisblasen 20
   2.2.1 Wünschenswerte Eigenschaften einer ‚Blasendefinition' 21
   2.2.2 Definitionsversuche in der wirtschaftswissenschaftlichen Literatur ... 22
   2.2.3 Charttechnische Sichtweise 26
   2.2.4 Verhaltensbasierte Sichtweise 34
   2.2.5 Fundamentale Sichtweise 41
   2.2.6 Negative Preisblasen 60
   2.2.7 Kritik am in dieser Arbeit verwendeten Blasenbegriff 63

2.3 Ansätze zur Modellierung von Preisblasen 65
   2.3.1 Rationale Preisblasen 67

2.3.1.1 Stochastische Preisblasen 70
2.3.1.2 Deterministische Preisblasen 72
2.3.1.3 Agencyinduzierte Preisblasen 74
2.3.2 Irrationale Preisblasen 75
2.3.2.1 Fads und Fashions 76
2.3.2.2 ‚Beauty Contest Bubble' 78
2.3.2.3 Sunspots 79
2.3.3 Kritische Betrachtung der Modellansätze 80

3 PREISBLASEN AUF IMMOBILIENMÄRKTEN 83

3.1 Die Immobilie und ihr Markt 83
3.1.1 Die Bedeutung des Immobilienmarktes für die Volkswirtschaft 84
3.1.2 Immobilienmärkte in der wirtschaftswissenschaftlichen Forschung 85

3.2 Erklärungsansätze für das Entstehen von Preisblasen auf Immobilienmärkten 87
3.2.1 Makroökonomische Faktoren 88
3.2.2 Institutionelle Erklärungsansätze 98
3.2.3 Verhaltensbasierte Erklärungsansätze 117

3.3 Volkswirtschaftliche Auswirkungen von Preisblasen 127
3.3.1 Kurzfristige Auswirkungen 127
3.3.2 Langfristige Auswirkungen 133

3.4 Eigenschaften von Preisblasen auf Wohnimmobilienmärkten 141
3.4.1 Lange Dauer 144
3.4.2 Starker Einfluss auf gesamtwirtschaftliche Größen 145
3.4.3 Moderate Preisrückgänge 147
3.4.4 Immobilienpreise folgen den Aktienkursen 149
3.4.5 Lokalität 152

4 BESONDERHEITEN DES WOHNIMMOBILIENMARKTES 155

4.1 Segmentierung in Teilmärkte 157
4.1.1 Räumliche Teilmärkte 157
4.1.2 Sachliche Teilmärkte 159

4.2 Abbildung der Preisentwicklung 166
4.2.1 Anforderungen an Immobilienindizes und deren zu Grunde liegenden Daten 167

	4.2.2	Hauspreisindizes	170
		4.2.2.1 Datenbasis: Transaktionspreise vs Bewertungen	170
		4.2.2.2 Berechnungsmethoden zur Konstruktion von Immobilienpreisindizes	174
		4.2.2.3 Immobilienindizes für den US-amerikanischen Wohnimmobilienmarkt	181
4.3	Nationale, wohnimmobilienspezifische Besonderheiten		191
4.4	Weitere Besonderheiten des Wohnimmobilienmarktes		196
	4.4.1	Wohnimmobilien als Investitions- und Konsumgut	196
	4.4.2	Anlegerverhalten	198

5 ERKENNUNG VON PREISBLASEN AUF WOHNIMMOBILIENMÄRKTEN ... 203

5.1 Charttechnische Analyse ... 203

5.2 Analyse des Verhaltens der Marktakteure ... 205

5.3 Barwertmodell ... 212

5.4 Volatilitätstest ... 215

5.5 Stationarität und Kointegration: Das Testverfahren nach Diba und Grossman (1988b) ... 218

5.6 Kennzahlenanalyse ... 230
    5.6.1 Price-Rent Ratio ... 232
    5.6.2 Price-Income Ratio ... 234
    5.6.3 Affordability ... 236
    5.6.4 User Cost ... 238
    5.6.5 Tobins q ... 241

5.7 Indikatoren ... 245
    5.7.1 Inflation ... 247
    5.7.2 Zinsniveau ... 248
    5.7.3 Hypothekenkreditvolumen ... 249
    5.7.4 Wohnungsneubau ... 250

5.8 Fazit ... 252

6 EMPIRISCHE ÜBERPRÜFUNG VON WOHNIMMOBILIENMÄRKTEN AUF PREISBLASEN ... 257

6.1 Statistische Eigenschaften der verwendeten Hauspreisindizes 257

    6.1.1 Deskriptive Analyse 261

    6.1.2 Korrelationsanalyse 270

    6.1.3 Stationarität 276

6.2 Das Testverfahren nach Diba und Grossman (1988b) 282

    6.2.1 Hauspreise und Mieten 282

    6.2.2 Hauspreise und Einkommen 294

    6.2.3 Haus- und Baupreise 302

6.3 Kennzahlenanalyse 313

    6.3.1 Price-Rent Ratio 314

        6.3.1.1 Graphische Analyse 314

        6.3.1.2 Stationaritätsanalyse 318

    6.3.2 Price-Income Ratio 320

        6.3.2.1 Graphische Analyse 320

        6.3.2.2 Stationaritätsanalyse 324

    6.3.3 Affordability 325

    6.3.4 Tobins q 331

    6.3.5 Zusammenfassende Betrachtung 334

6.4 Indikatoren 338

    6.4.1 Inflation 338

    6.4.2 Zinsniveau 343

    6.4.3 Hypothekenkreditvolumen 347

    6.4.4 Wohnungsneubau 352

6.5 Auswertung der Testergebnisse 356

7 ZUSAMMENFASSUNG DER ZENTRALEN ERGEBNISSE 373

ANHANG 379

LITERATURVERZEICHNIS 393

Abbildungsverzeichnis

Abbildung 1:	Boom	27
Abbildung 2:	Boom-Bust-Zyklus	29
Abbildung 3:	Dow Jones Industrial Average (01.01.1928 = 100)	30
Abbildung 4:	NASDAQ Composite-Price Index (30.12.1994 = 100)	31
Abbildung 5:	Fundamentale Einflussfaktoren von Immobilien	44
Abbildung 6:	Abweichung des Marktwertes vom Fundamentalwert I	45
Abbildung 7:	Abweichung des Marktpreises vom Fundamentalwert II	47
Abbildung 8:	Langsames ‚Auslaufen' einer Preisblase	49
Abbildung 9:	Entwicklung der finnischen Hauspreise	52
Abbildung 10:	Positiver Strukturbruch	56
Abbildung 11:	Negative Preisblase I	60
Abbildung 12:	Negative Preisblase II	62
Abbildung 13:	Fundamental gerechtfertigter Preisanstieg und -rückgang	64
Abbildung 14:	Formen von Preisblasen	67
Abbildung 15:	Nettoanlagevermögen in Deutschland	85
Abbildung 16:	Entwicklung der US-amerikanischen Wohneigentumsquote	141
Abbildung 17:	Besondere Eigenschaften von Wohnimmobilien und dem Wohnimmobilienmarkt	143
Abbildung 18:	Aktien- und Wohnimmobilienpreisentwicklung	151
Abbildung 19:	Wohnimmobilienpreisentwicklung in den USA	153
Abbildung 20:	Wohnimmobilienpreisentwicklung in Deutschland	154
Abbildung 21:	Räumliche Immobilienteilmärkte	157
Abbildung 22:	Sachliche Immobilienteilmärkte	160
Abbildung 23:	Preisentwicklung der sachlichen Teilmärkte in Deutschland	160
Abbildung 24:	Preisentwicklung der britischen Wohnimmobilienteilmärkte	163

Abbildung 25:	Preisentwicklung schweizer Mietwohnungen	164
Abbildung 26:	Preisindizes für den US-amerikanischen Wohnimmobilienmarkt	189
Abbildung 27:	Wertentwicklung des NPI ‚Apartments' und des HPI	191
Abbildung 28:	Wohneigentumsquoten im europäischen Vergleich	192
Abbildung 29:	Durchschnittliche Haushaltsgröße (Einwohner/Haushalt)	193
Abbildung 30:	Pro-Kopf-Wohnfläche in m²	194
Abbildung 31:	Preisentwicklung der Wohnimmobilienmärkte (I)	259
Abbildung 32:	Preisentwicklung der Wohnimmobilienmärkte (II)	260
Abbildung 33:	Preisentwicklung der Wohnimmobilienmärkte (III)	260
Abbildung 34:	Preisentwicklung der Wohnimmobilienmärkte (IV)	261
Abbildung 35:	Entwicklung der Price-Rent Ratios (I)	315
Abbildung 36:	Entwicklung der Price-Rent Ratios (II)	315
Abbildung 37:	Entwicklung der Price-Rent Ratios (III)	316
Abbildung 38:	Entwicklung der Price-Rent Ratios (IV)	316
Abbildung 39:	Entwicklung der Price-Income Ratios (I)	321
Abbildung 40:	Entwicklung der Price-Income Ratios (II)	321
Abbildung 41:	Entwicklung der Price-Income Ratios (III)	322
Abbildung 42:	Entwicklung der Price-Income Ratios (IV)	322
Abbildung 43:	Entwicklung der Affordability (I)	327
Abbildung 44:	Entwicklung der Affordability (II)	327
Abbildung 45:	Entwicklung der Affordability (III)	328
Abbildung 46:	Entwicklung der Affordability (IV)	328
Abbildung 47:	Entwicklung von Tobins q (I)	332
Abbildung 48:	Entwicklung von Tobins q (II)	332
Abbildung 49:	Entwicklung von Tobins q (III)	333
Abbildung 50:	Entwicklung von Tobins q (IV)	333
Abbildung 51:	Zusammenfassung der Kennzahlenanalyse	337
Abbildung 52:	Entwicklung der Hauspreise und Inflation	341

Abbildungsverzeichnis XV

Abbildung 53: Hauspreiswachstum und Veränderung der Hypothekenzinssätze.... 345

Abbildung 54: Hauspreise und Hypothekenkreditwachstum 349

Abbildung 55: Neu errichtete Wohneinheiten im Verhältnis zum Gesamtbestand (I) 353

Abbildung 56: Neu errichtete Wohneinheiten im Verhältnis zum Gesamtbestand (II) 353

Abbildung 57: Neu errichtete Wohneinheiten im Verhältnis zum Gesamtbestand (III) 354

Abbildung 58: Neu errichtete Wohneinheiten im Verhältnis zum Gesamtbestand (IV) 354

Tabellenverzeichnis

Tabelle 1:	Historische Finanzkrisen	12
Tabelle 2:	Definitionen für den Begriff Preisblase	25
Tabelle 3:	Zusammenhang zwischen Geldmenge und Immobilienpreisen	93
Tabelle 4:	Zusammenhang zwischen Kreditvergabe und Immobilienpreisen	96
Tabelle 5:	Vermögenseffekt des Immobilienvermögens auf den Konsum	132
Tabelle 6:	Vermögenseffekt des Finanzvermögens auf den Konsum	146
Tabelle 7:	Preisentwicklung des australischen städtischen und ländlichen Teilmarktes für Wohnimmobilien in %	158
Tabelle 8:	Vergleichende Gegenüberstellung der US-amerikanischen Hauspreisindizes	187
Tabelle 9:	Die vier möglichen Fälle des Testverfahrens nach Diba und Grossman (1988b)	222
Tabelle 10:	Empirische Untersuchungen zur Kointegration von Hauspreisen und Mieten	229
Tabelle 11:	Empirische Untersuchungen zur Kointegration von Hauspreisen und Einkommen	230
Tabelle 12:	Deskriptive Statistik des BIS-Datensatzes über den gesamten Betrachtungszeitraum (Q2 1970-Q4 2007)	262
Tabelle 13:	Deskriptive Statistik des BIS-Datensatzes für die erste Subperiode von Q2 1970 bis Q1 1989 (76 Beobachtungen)	267
Tabelle 14:	Deskriptive Statistik des BIS-Datensatzes für die zweite Subperiode von Q2 1989 bis Q4 2007 (75 Beobachtungen)	268
Tabelle 15:	Durchschnittliche Quartalsrenditen in 5-Jahres-Schritten	270
Tabelle 16:	Korrelationen der Hauspreisindizes	272
Tabelle 17:	Korrelationen der Hauspreisindizes für die erste Subperiode von Q2 1970 bis Q1 1989 (76 Beobachtungen)	274

Tabelle 18:	Korrelationen der Hauspreisindizes für die zweite Subperiode von Q2 1989 bis Q4 2007 (75 Beobachtungen)	275
Tabelle 19:	Ergebnisse des ADF-Tests auf Stationarität der logarithmierten nominalen Hauspreise über den gesamten Zeitraum von 1970 bis 2007	277
Tabelle 20:	Ergebnisse des ADF-Tests auf Stationarität der logarithmierten ersten Differenzen der nominalen Hauspreise über den gesamten Zeitraum von 1970 bis 2007	278
Tabelle 21:	Ergebnisse des ADF-Tests auf Stationarität der logarithmierten realen Hauspreise über den gesamten Zeitraum von 1970 bis 2007	280
Tabelle 22:	Ergebnisse des ADF-Tests auf Stationarität der logarithmierten ersten Differenzen der realen Hauspreise über den gesamten Zeitraum von 1970 bis 2007	281
Tabelle 23:	Ergebnisse des ADF-Tests auf Stationarität der logarithmierten nominalen Mietpreise	286
Tabelle 24:	Ergebnisse des ADF-Tests auf Stationarität der logarithmierten ersten Differenzen der nominalen Mietpreise	287
Tabelle 25:	Ergebnisse des ADF-Tests auf Stationarität der logarithmierten nominalen Hauspreise	288
Tabelle 26:	Ergebnisse des ADF-Tests auf Stationarität der logarithmierten ersten Differenzen der nominalen Hauspreise	289
Tabelle 27:	Ergebnisse des ADF-Tests auf Stationarität der Residuen bei Verwendung der nominalen Haus- und Mietpreise	291
Tabelle 28:	Ergebnisse des ECMs für die spanischen Haus- und Mietpreise	294
Tabelle 29:	Ergebnisse des ADF-Tests auf Stationarität der logarithmierten nominalen Pro-Kopf-Einkommen	296
Tabelle 30:	Ergebnisse des ADF-Tests auf Stationarität der logarithmierten ersten Differenzen der nominalen Pro-Kopf-Einkommen	297
Tabelle 31:	Ergebnisse des ADF-Tests auf Stationarität der logarithmierten, nominalen, jährlichen Hauspreise	298

Tabelle 32:	Ergebnisse des ADF-Tests auf Stationarität der logarithmierten ersten Differenzen der nominalen, jährlichen Hauspreise	299
Tabelle 33:	Ergebnisse des ADF-Tests auf Stationarität der Residuen bei Verwendung nominaler Hauspreise und Pro-Kopf-Einkommen	300
Tabelle 34:	Ergebnisse des ECMs für die norwegischen Hauspreise und Pro-Kopf-Einkommen	301
Tabelle 35:	Ergebnisse des ADF-Tests auf Stationarität der logarithmierten nominalen Baupreise	303
Tabelle 36:	Ergebnisse des ADF-Tests auf Stationarität der logarithmierten ersten Differenzen der nominalen Baupreise	304
Tabelle 37:	Ergebnisse des ADF-Tests auf Stationarität der logarithmierten nominalen Hauspreise	305
Tabelle 38:	Ergebnisse des ADF-Tests auf Stationarität der logarithmierten ersten Differenzen der nominalen Hauspreise	306
Tabelle 39:	Ergebnisse des ADF-Tests auf Stationarität der Residuen bei Verwendung der nominalen Haus- und Baupreise	307
Tabelle 40:	Zusammenfassung der Ergebnisse des Testverfahrens nach Diba und Grossman (1988b)	310
Tabelle 41:	Ergebnisse des ADF-Tests auf Stationarität der Price-Rent Ratios	319
Tabelle 42:	Ergebnisse des ADF-Tests auf Stationarität der Price-Income Ratios	325
Tabelle 43:	Korrelationen von Hauspreiswachstum und Hypothekenzinsänderung	346
Tabelle 44:	Korrelationen von Hauspreis- und Hypothekenkreditwachstum	350
Tabelle 45:	Abschließende Auswertung der Price-Rent und Price-Income Ratios	358
Tabelle 46:	Abschließende Auswertung der Affordability und Tobins q	359
Tabelle 47:	‚Kritische' Werte zur Beurteilung der Bewertungsniveaus der Wohnimmobilienmärkte	362
Tabelle 48:	Ergebnisse der Kennzahlenanalyse	363

Tabelle 49:	Kumulierte Abweichungen vom langfristigen Durchschnitt	364
Tabelle 50:	Ergebnisse der Indikatorenanalyse	368
Tabelle 51:	Zusammengefasste Ergebnisse der der Indikatoren- und Kennzahlenanalyse	369
Tabelle 52:	Hauspreisrückgang im Zeitraum Q4 2007 bis Q2 2009	377

Abkürzungsverzeichnis

§	Paragraph
§§	Paragraphen
ABS	Asset Backed Security
ADF-Test	Augmented-Dickey-Fuller-Test
Aff	Affordability
AG	Aktiengesellschaft
Anmerk. d. Verf.	Anmerkung des Verfassers
APT	Arbitrage Pricing Model
ARM	Adjustable-Rate Mortgage
ARMA	Autoregressive-Moving-Average
AU	Australien
BE	Belgien
Bio.	Billion
BIP	Bruttoinlandsprodukt
BIS	Bank for International Settlement
BLS	Bureau of Labor Statistics
Br.	Breisgau
bzgl.	bezüglich
bzw.	beziehungsweise
ca.	circa
CA	Kanada
CAPM	Capital Asset Pricing Model
CDO	Collateralized Debt Obligation
CDS	Credit Default Swap
CH	Schweiz
CMBS	Commercial Mortgage Backed Security
CME	Chicago Mercantile Exchange
CMHPI	Conventional Mortgage Home Price Index
CMO	Collateralized Mortgage Obligation
CRM	Customer Relationship Management
DDR	Deutsche Demokratische Republik
DE	Deutschland
ders.	derselbe

DF-Test	Dickey-Fuller-Test
d. h.	das heißt
DIW	Deutsches Institut für Wirtschaftsforschung
DK	Dänemark
DM	Deutsche Mark
€	Euro
ECM	Error Correction Model
e.g.	zum Beispiel
engl.	englisch
ES	Spanien
et al.	und andere
etc.	et cetera
EU	Europäische Union
e.V.	eingetragener Verein
f.	folgende
Fannie Mae	Federal National Mortgage Association
FED	Federal Reserve
ff.	fortfolgende
FHA	Federal Housing Administration
FHFA	Federal Housing Finance Agency
FHFB	Federal Housing Finance Board
FI	Finnland
Fn.	Fußnote
FR	Frankreich
Freddie Mac	Federal Home Loan Mortgage Corporation
GATT	General Agreement on Tariffs and Trade
GB	Großbritannien
GG	Grundgesetz
GNI	Gross National Income
GSE	Government Sponsored Enterprise
HPI	Home Price Index
HRSG.	Herausgeber
HUD	US Department for Housing and Urban Development
IE	Irland
ifs	Institut für Städtebau
IMF	International Monetary Fund

inkl.	Inklusive
InvG	Investmentgesetz
IT	Italien
IVD	Immobilienverband Deutschland
IW	Institut der Deutschen Wirtschaft Köln
Jg.	Jahrgang
JP	Japan
K	Kointergationsbeziehung
KGV	Kurs-Gewinn-Verhältnis
LB	Landesbank
LBBW	Landesbank Baden-Württemberg
LTV	Loan-to-Value
Max.	Maximum
MBS	Mortgage Backed Security
MEW	Mortgage Equity Withdrawal
Min.	Minimum
Mio.	Millionen
MLS	Multiple Listing Services
MPC	Marginal Propensity to Consume
MPT	Mortgage Pass-Through
Mrd.	Milliarden
MSA	Metropolitan Statistical Area
MSCI	Morgan Stanley Capital International
MwSt	Mehrwertsteuer
NAR	National Association of Realtors
NASDAQ	National Association of Securities Dealers Automated Quotations
NCREIF	National Council of Real Estate Investment Fiduciaries
NINJA	No Income, No Job, No Assets
NL	Niederlande
NO	Norwegen
No.	Nummer
NPI	National Council of Real Estate Investment Fiduciaries Property Index
Nr.	Nummer
NZ	Neuseeland
n/a	not applicable

OECD	Organisation für wirtschaftliche Zusammenarbeit und Entwicklung (engl. Organisation for Economic Co-operation and Development)
OFHEO	Office of Federal Housing Enterprise Oversight
OLS	Ordinary Least Squares
o. V.	ohne Verfasser
p. a.	pro Jahr
PER	Price-Earnings-Ratio
PIR	Price-Income Ratio
PPI	Producer Price Index
PRR	Price-Rent Ratio
PP-Test	Philipps-Perron-Test
PV	Present Value
Q	Quartal
REIT	Real Estate Investment Trust
RHS	Rural Housing Service
RICS	Royal Institution of Chartered Surveyors
RMBS	Residential Mortgage-Backed Security
RPI	Retail Price Index
S.	Seite
SE	Schweden
SIC	Schwarz-Informationskriterium
SIV	Structured Investment Vehicle
SOC	Survey of Construction
sog.	so genannte
SPV	Special Purpose Vehicle
SSRN	Social Science Research Network
S&L	Savings and Loan Institution
S&P	Standard & Poor's
u. a.	unter anderem
UDSSR	Union der Sozialistischen Sowjetrepubliken
UK	United Kingdom
UN	United Nations
UNECE	United Nations Economic Commission for Europe
US	Vereinigte Staaten von Amerika/amerikanisch
USA	United States of America

usw.	und so weiter
US-$	US-amerikanischer Dollar
VA	Veterans Administration
vgl.	vergleiche
VAR	Vector Autoregressive
v. a.	vor allem
Vol.	Volume
vs	versus
z. B.	zum Beispiel
z. T.	zum Teil

Symbolverzeichnis

B	Blasenkomponente
D	Dividendenzahlung
E [.]	Markterwartung
g	Wertzuwachs
J.-B.	Jarque-Bera-Teststatistik
K	Marktwert
K^F	Fundamentalwert
ln	Logarithmus
Max.	maximale Rendite
Min.	minimale Rendite
n	Anzahl der Beobachtungswerte
p	Signifikanzniveau
P	Hauspreis
PV	Present Value
r_t	Rendite für den Zeitraum t
r_t^a	risikoadjustierter Kapitalmarktzinssatz
r_t^f	risikofreier Zinssatz
r_t^m	Hypothekenzinssatz
$\bar{r}$	durchschnittliche Rendite
R	Miete
t	Zeitperiode, Trendkomponente
T	Stichprobenumfang, aktueller Datenpunkt
V ( )	Varianz
W	kritischer Wert
x	Zeitreihe
x_t	Beobachtungswert zum Zeitpunkt t
y	Zeitreihe
y_t	Beobachtungswert zum Zeitpunkt t
z	Zeitreihe
α	Konstante
β	Regressionskoeffizient
γ	Regressionskoeffizient
δ	Regressionskoeffizient

ε_t	Residuum
η	Instandhaltungskosten
λ	Regressionskoeffizient, Anpassungsparameter des Fehlerkorrekturmodells
o	Fundamentale Einflussfaktoren, die nicht ökonometrisch erfasst werden können
ρ	Korrelationskoeffizient
σ	Standardabweichung, Volatilität
$\sigma_{r_{i,t};r_{j,t}}$	Kovarianz zwischen der Rendite der Variablen i zum Zeitpunkt t und der Variablen j zum Zeitpunkt t
σ^2	Varianz
τ	Grenzsteuersatz des Einkommens
υ	Risikoprämie
φ	Vereinfachungsterm
φ^3	Schiefe
χ	Differenz aus Fundamentalwert und ‚ex post' rationalem Fundamentalwert
ω	Grundsteuersatz
ω^4	Wölbung, Kurtosis

> *„House prices, if out of line with fundamentals, can be a threat to economic and financial stability. A better understanding of the process that determines house prices allows an informed assessment of potential overvaluation in the market, which can become a source of economic and financial instability."*
>
> *(Hilbers, P. et al. (2008), S. 5)*

1 Einleitung

Die Immobilienmärkte wurden in der wirtschaftswissenschaftlichen Forschung über Jahrzehnte hinweg stiefmütterlich behandelt.[1] Die Ursache für ihre Vernachlässigung liegt zum einen in der Unterschätzung der Bedeutung der Immobilienwirtschaft für die Konjunktur und (Finanzmarkt-) Stabilität und zum anderen im immanenten Mangel an belastbarem Datenmaterial, der eine intensive Auseinandersetzung mit dem Geschehen auf den Immobilienmärkten erheblich erschwert.

Die Vernachlässigung der Immobilienwirtschaft in der wirtschaftswissenschaftlichen Forschung ist aus unterschiedlichen Gesichtspunkten problematisch. Immobilien – und hier im Besonderen Wohnimmobilien – stellen mit großem Abstand das dominante Vermögensgut einer jeden Volkswirtschaft dar.[2] Die Preisentwicklung auf dem Markt für Wohnimmobilien hat damit einen starken Einfluss sowohl auf die Konjunktur und Beschäftigung als auch auf das Konsum- und Sparverhalten der privaten Haushalte. Des Weiteren bilden Immobilien einen wesentlichen Bestandteil des menschlichen Lebens: Die Individuen arbeiten und schlafen nicht nur in Immobilien, sondern sie verbringen in ihnen auch einen Großteil ihrer Freizeit. Zu guter Letzt spielen Immobilienpreise auch für die Geldpolitik eine wichtige Rolle. Dies kommt u. a. in der in letzter Zeit immer häufiger gestellten Forderung zum Ausdruck, Zentralbanken sollten nicht nur die Verbraucherpreise, sondern auch die Vermögenspreise bei der Messung und der Bekämpfung der Inflation berücksichtigen.

---

[1] Die einzige nennenswerte Ausnahme in dieser Beziehung sind die USA. Auf Grund der im internationalen Vergleich guten Datenverfügbarkeit auf dem US-amerikanischen Wohnimmobilienmarkt ist dieser bereits seit Längerem Gegenstand der wirtschaftswissenschaftlichen Forschung.

[2] So beträgt z. B. in Deutschland der Anteil der Wohnbauten am gesamten Nettoanlagevermögen über 50 %. Vgl. hierzu Kapitel 3.1.1.

Mit dem länderübergreifenden und in seinen Ausmaßen noch nie da gewesenen Anstieg der Wohnimmobilienpreise in den entwickelten Volkswirtschaften seit Mitte der 1990er Jahre – die einzigen Länder, die sich diesem Boom entzogen, sind Deutschland, Japan und die Schweiz – ist der Immobilienmarkt jedoch in den letzten Jahren zunehmend in das Zentrum der wirtschaftswissenschaftlichen Forschung gerückt. Titel von wissenschaftlichen Aufsätzen wie ‚Are House Prices Nearing a Peak?', ‚Bubble Trouble – Are British House Prices Significantly Overvalued?', ‚Boom or Bubble in the US Real Estate Market?', ‚Assessing High House Prices – Bubbles, Fundamentals and Misperceptions' oder ‚Do House Prices Reflect Fundamentals' verdeutlichen das gestiegene Interesse der Wissenschaft an den Geschehnissen auf den internationalen Wohnimmobilienmärkten. Als besonders ungewöhnlich wird dabei die Tatsache aufgefasst, dass selbst das Platzen der ‚New Economy'-Blase und das sich anschließende Abschwächen der Weltkonjunktur nur den Aktienmarkt auf Talfahrt schickten, den weltweiten Anstieg der Preise für Wohneigentum jedoch nicht aufhalten, sondern lediglich kurzzeitig verlangsamen konnten. „Diese große Dynamik scheint vor dem Hintergrund der bislang gemachten Erfahrungen erstaunlich."[3] Mit der zunehmenden Dauer des Anstiegs der Preise für Wohnimmobilien verhärteten sich die Bedenken der Anleger und Zentralbanken, dass es sich auf vielen Wohnimmobilienmärkten nicht um eine nachhaltige Entwicklung, sondern um Preisblasen handelt.

Ab dem Jahr 2006 endet der weltweite Hauspreisboom: Die meisten Wohnimmobilienmärkte der entwickelten Volkswirtschaften weisen einen (teilweise deutlichen) Preisrückgang oder zumindest ein stark rückläufiges Wachstum auf,[4] was viele Marktteilnehmer als das Platzen der Preisblase auf den internationalen Wohnimmobilienmärkten ansehen. Welche (negativen) Auswirkungen derartige Preisrückgänge in Folge von Preisblasen auf Wohnimmobilienmärkten auf die entwickelten Volkswirtschaften ausüben können, wird am Beispiel des US-amerikanischen Wohnimmobilienmarktes deutlich: Die kollabierenden Hauspreise in den USA werden als zentraler Auslöser für die Subprime-Krise angesehen, die mit der Insolvenz der Investmentbank Lehman Brothers im Jahr 2008 ihren Höhepunkt erreichte und das internationale Finanzsystem für kurze Zeit an den Rand des Zusammenbruchs führte.

---

[3] Borio, C. und McGuire, P. (2004), S. 93.
[4] Vgl. Ball, M. (2009), S. 204 sowie Europäische Zentralbank (2010b), S. 69.

1 Einleitung

1.1 Problemstellung

Die durch den Rückgang der US-amerikanischen Hauspreise ausgelöste Subprime-Krise und der mit ihr einhergehende Beinahe-Kollaps des weltweiten Finanzsystems haben eindrucksvoll bewiesen, welche Schlüsselrolle Wohnimmobilien für Wachstum und Beschäftigung spielen.[5] Preisblasen auf Wohnimmobilienmärkten wirken sich durch die mit ihnen einhergehenden extremen Preisschwankungen negativ auf den Wohlstand und die (Finanzmarkt-) Stabilität aus. Es ist daher für alle Beteiligten innerhalb einer Volkswirtschaft von großem Interesse, sich mit den Preisbewegungen auf Wohnimmobilienmärkten zu beschäftigen und diese besser zu verstehen. In diesem Zusammenhang kommt der Überprüfung des Bewertungsniveaus eine zentrale Bedeutung zu. Um Preisblasen zu erkennen und zu verhindern bzw. deren (negative) Auswirkungen so gering wie möglich zu halten, ist es notwendig, im Entstehen begriffene Ungleichgewichte auf den Immobilienmärkten frühzeitig zu erkennen und angemessen auf diese zu reagieren.

In der wirtschaftswissenschaftlichen Forschung waren bis in die jüngste Zeit im Wesentlichen die Aktienmärkte Gegenstand der Analyse von Preisblasen. Die Immobilienmärkte wurden hingegen – wie bereits erwähnt – weitgehend stiefmütterlich behandelt. In den letzten Jahren widmete sich die wirtschaftswissenschaftliche Forschung im Zuge des weltweiten Hauspreisanstiegs jedoch intensiver der Fragestellung, ob sich auf den Wohnimmobilienmärkten der entwickelten Volkswirtschaften Preisblasen gebildet haben.

Die bisherigen Studien zur Überprüfung von Wohnimmobilienmärkten auf die Existenz von Preisblasen besitzen in vielerlei Hinsicht Verbesserungspotenzial. Im Folgenden werden drei der zentralen Problemstellungen, die bis zum jetzigen Zeitpunkt noch nicht ausreichend untersucht worden sind, näher beschrieben:

- Die zentrale Fragestellung nach einer ökonomisch sinnvollen Definition für den Begriff Preisblase wird bei der Analyse von Preisblasen häufig nicht in ausreichendem Maße diskutiert. Daher verwundert es nicht, dass sich bis zum jetzigen Zeitpunkt in der wirtschaftswissenschaftlichen Forschung noch keine allgemein akzeptierte Definition für das Phänomen Preisblase durchgesetzt hat.

- In den bisherigen Studien wurden die Testverfahren zur Analyse von Preisblasen von den Aktienmärkten übernommen, ohne diese eingehend auf ihre Eignung

---

[5] Vgl. Demary, M. (2008), S. 1.

zur Anwendung auf Wohnimmobilienmärkten zu überprüfen. Der (Wohn-) Immobilienmarkt unterscheidet sich jedoch in vielen Punkten erheblich vom Aktienmarkt (z. B. im Liquiditätsgrad oder den Transaktionskosten etc.), so dass eine Überprüfung der Eignung der Testverfahren ein fester Bestandteil der Analyse von Wohnimmobilienmärkten auf die Existenz von Preisblasen sein muss.

Des Weiteren vernachlässigen viele Studien eine fundierte, kritische Diskussion über die Schwierigkeiten, die bei der Interpretation der Ergebnisse der einzelnen Testverfahren bestehen. Diese resultieren zu einem großen Teil aus der oftmals ungenügenden Qualität, der fehlenden Aktualität sowie dem Mangel an wohnimmobilienmarktspezifischen Daten.

- Die meisten empirischen Analysen sind auf einen nationalen Wohnimmobilienmarkt begrenzt. Länderübergreifende Studien bilden die Ausnahme. Des Weiteren stand und steht der US-amerikanische Wohnimmobilienmarkt im Fokus der wissenschaftlichen Analysen über Preisblasen auf Wohnimmobilienmärkten. Wie im weiteren Verlauf der Arbeit gezeigt werden wird, weisen einzelne europäische Wohnimmobilienmärkte jedoch bei weitem stärkere Preissteigerungen auf.

Die Darstellung der drei zentralen Problemstellungen im Zusammenhang mit der Analyse von Wohnimmobilienmärkten auf die Existenz von Preisblasen hat deutlich gezeigt, dass die wirtschaftswissenschaftliche Forschung – trotz der enormen Bedeutung des Wohnimmobilienmarktes für die gesamtwirtschaftliche Entwicklung – in diesem Bereich noch am Anfang steht und zum jetzigen Zeitpunkt nur rudimentäre Erkenntnisse über die Preisbildung auf Wohnimmobilienmärkten und deren Auswirkungen auf die gesamtwirtschaftliche Entwicklung vorliegen.

1.2 Aufbau und Zielsetzung der Arbeit

Die Zielsetzungen dieser Arbeit leiten sich aus den oben beschriebenen, zentralen Problemstellungen ab.

Zielsetzung 1:

Eine wissenschaftliche Auseinandersetzung mit dem Phänomen „Preisblase" kann nur auf der Grundlage einer im Vorfeld festgelegten ökonomisch fundierten Definition stattfinden. Es ist somit notwendig, in einem ersten Schritt eine klare und den Anforderungen der folgenden Analyse genügende Definition des inflationär benutzten Begriffs „Preisblase" einzuführen.

Zielsetzung 2:

Preisblasen verhalten sich auf den einzelnen Märkten für Vermögensgüter unterschiedlich. Aus diesem Grund ist es im Rahmen einer Analyse von Preisblasen auf Wohnimmobilienmärkten geboten, deren Eigenschaften sowie Entstehungsursachen und Auswirkungen ausführlich zu diskutieren, um Unterschiede zu anderen Vermögensgütermärkten herauszuarbeiten.

Zielsetzung 3:

Wohnimmobilienmärkte unterscheiden sich auf Grund zahlreicher, spezifischer Charakteristika – wie z. B. ein hohes Maß an Illiquidität oder Heterogenität – von Märkten für andere Vermögensgüter. Die aus diesen spezifischen Charakteristika resultierende geringe Markttransparenz führt zu einer individuellen Preisbildung auf den Wohnimmobilienmärkten. In einer wissenschaftlichen Auseinandersetzung mit Preisblasen auf Wohnimmobilienmärkten müssen diese spezifischen Charakteristika und im Speziellen ihre Auswirkungen auf die Testverfahren zur Erkennung von Preisblasen Berücksichtigung finden.

Zielsetzung 4:

In der wirtschaftswissenschaftlichen Literatur wurden zahlreiche Testverfahren zur Analyse von Preisblasen auf den Märkten von Vermögensgütern entwickelt. Da diese in ihrer ursprünglichen Form in der Regel für eine Anwendung auf Aktienmärkten konzipiert wurden, muss vor einer empirischen Studie zuerst analysiert werden, ob bzw. welche Testverfahren sich speziell zur Anwendung auf Wohnimmobilienmärkte eignen.

Zielsetzung 5:

Die Fragestellung nach der Existenz von Preisblasen muss letztendlich empirisch geklärt werden. Die in Zielsetzung 4 beschriebenen Testverfahren sind unter den in den Zielsetzungen 3 angesprochenen Aspekten mit großer Vorsicht auszuwerten und zu interpretieren.

Den fünf oben dargelegten Zielsetzungen folgend ergibt sich für diese Arbeit eine Untergliederung in sieben Kapitel:

Nach der Einleitung erfolgt in Kapitel 2 eine ausführliche Diskussion, wie das Phänomen „Preisblase" allgemein – d. h. für alle Vermögensgüter – ökonomisch fundiert definiert werden kann. Zu diesem Zweck werden die unterschiedlichen Auffassungen über eine angemessene Definition für Preisblasen in der wirtschaftswissenschaftlichen Literatur zusammengetragen und in unterschiedliche Sichtweisen kategorisiert, um abschließend diejenige Sichtweise herauszuarbeiten, die eine geeignete Grundlage für die weitere Verwendung des Begriffs in dieser Arbeit liefert. Zum Abschluss des Kapitels werden die unterschiedlichen Ansätze zur Modellierung von Preisblasen dargestellt und die in der wirtschaftswissenschaftlichen Forschung übliche Unterteilung in rationale und irrationale Preisblasen kritisch hinterfragt.

Ab Kapitel 3 konzentriert sich die Betrachtung auf den Immobilienmarkt. Nach einer kurzen Darstellung der Bedeutung des Immobilienmarktes für die Volkswirtschaft werden die zentralen Erklärungsfaktoren präsentiert, die für das Entstehen von Preisblasen auf Immobilienmärkten verantwortlich gemacht werden. Die Entstehungsgründe sind von großer Bedeutung, da sie Hinweise darüber geben können, ob es sich bei bestimmten Marktbewegungen tatsächlich um Preisblasen handelt. Nach einer Darstellung der positiven und negativen volkswirtschaftlichen Auswirkungen von Preisblasen werden die zentralen Eigenschaften diskutiert, durch die sich Preisblasen speziell auf Wohnimmobilienmärkten von den Märkten für andere Vermögensgüter wie z. B. den Aktienmarkt unterscheiden.

Ab Kapitel 4 verengt sich der Fokus auf den sachlichen Teilmarkt für Wohnimmobilien. Wohnimmobilienmärkte weisen eine Vielzahl an spezifischen Charakteristika auf, die sie nicht nur von den Märkten für andere Vermögensgüter wie Aktien, sondern auch von anderen Immobilientypen wie z. B. Gewerbeimmobilien unterscheiden. Ziel dieses Kapitels ist es, die wohnimmobilienmarktspezifischen Besonderheiten herauszuarbeiten und die sich hieraus ergebenden Probleme bei der Überprüfung von Wohnimmobilienmärkten auf die Existenz von Preisblasen ausführlich darzustellen und zu diskutieren.

Als Grundlage für die folgende empirische Analyse werden in Kapitel 5 die zentralen Testverfahren zur Erkennung von Preisblasen auf den Märkten für Vermögensgüter ausführlich dargestellt. Ein weiterer Schwerpunkt dieses Kapitels liegt in der theoreti-

1 Einleitung

schen Analyse, inwiefern sich die einzelnen Testverfahren speziell für eine Anwendung auf Wohnimmobilienmärkte eignen.

Die empirische Analyse der Wohnimmobilienmärkte der entwickelten Volkswirtschaften auf die Existenz von Preisblasen ist Gegenstand von Kapitel 6. Nach einer einführenden, detaillierten Beschreibung des verwendeten Datensatzes der Bank für Internationalen Zahlungsausgleich werden 18 Wohnimmobilienmärkte mittels der drei für den Immobilienmarkt als geeignet eingestuften Testverfahren nach Diba und Grossman (1988b), der Kennzahlenanalyse und der Indikatorenanalyse auf die Existenz von Preisblasen untersucht. Im letzten Teil des Kapitels werden die Testergebnisse präsentiert und ausgewertet.

Im abschließenden Kapitel erfolgt eine Zusammenfassung der zentralen Erkenntnisse aus den durchgeführten Analysen.

> "The term 'bubble' is widely used but rarely clearly defined."
>
> (Case, K. und Shiller, R. (2003), S. 299)

2 Vermögenspreisblasen: Definition und theoretische Grundlagen

Seit dem rasanten Kursanstieg der Internet- und Technologieaktien Ende der 1990er Jahre und ihrem jähen Kursrückgang Anfang des neuen Jahrtausends ist der Ausdruck Preisblase ein fester Bestandteil des alltäglichen Sprachgebrauchs geworden, um das an den Finanzmärkten immer wieder zu beobachtende Phänomen der starken Preisanstiege und anschließender -einbrüche bei Vermögensgütern zu beschreiben. Die inflationäre Verwendung des Ausdrucks hat jedoch zunehmend dazu geführt, dass sich die Auffassungen darüber, was genau mit dem Ausdruck Preisblase beschrieben werden soll, zunehmend auseinanderbewegt haben. Selbst unter Ökonomen herrscht bis heute keine einheitliche Auffassung darüber, wie eine wissenschaftlich fundierte Definition des Phänomens Preisblase gestaltet sein muss. Dabei kommt bei der Auseinandersetzung mit dem Phänomen Preisblase gerade der Definition eine zentrale Rolle zu: So hängen speziell bei empirischen Untersuchungen die gewonnenen Ergebnisse in erster Linie von der der Analyse zu Grunde liegenden Art der Definition ab. Der zentrale Ausgangspunkt einer Auseinandersetzung mit dem Phänomen Preisblase ist folglich die Festlegung einer geeigneten Definition.

Ziel dieses Kapitels ist es, eine aus ökonomischer Sicht fundierte Definition für das Phänomen Preisblase festzulegen. Hierzu werden in einem ersten Schritt die unterschiedlichen Auffassungen unter Ökonomen, wie das Phänomen Preisblase am besten definiert werden kann, zu unterschiedlichen Sichtweisen zusammengefasst. In einem zweiten Schritt werden die unterschiedlichen Sichtweisen anschließend im Hinblick auf ihre Eignung zur Erreichung der in dieser Arbeit verfolgten Zielsetzung der empirischen Überprüfung von Wohnimmobilienmärkten auf die Existenz von Preisblasen untersucht.

Neben der Festlegung einer geeigneten Definition werden in diesem Kapitel die zentralen Ansätze zur Modellierung von Preisblasen präsentiert und es wird kritisch auf die theoretische – auf realen Märkten jedoch nicht durchführbare – Unterscheidung in rationale und irrationale Preisblasen eingegangen.

2.1 Vermögenspreisblasen und Finanzkrisen: Wiederkehrende Phänomene auf den Finanzmärkten

„Finanzmärkte sind ihrem Wesen nach fragil und instabil. Sie sind instabil, weil sie Märkte für Informationen sind, und Informationen sind wesenhaft asymmetrisch und unvollständig."[6] In der Geschichte der Finanzmärkte ist es immer wieder zu bedeutsamen spekulativen Exzessen und Krisen gekommen. Eines der bekanntesten Beispiele ist die Tulpenhausse von 1636.[7] Sie gilt gemeinhin als Paradebeispiel für eine durch kollektive Massenhysterie ausgelöste Preisblase. Bereits ab dem Jahr 1634 engagierte sich eine immer größer werdende Anzahl an unerfahrenen Marktteilnehmern aktiv im Tulpenhandel an der Amsterdamer Börse. Der durch den stetigen Eintritt neuer Marktteilnehmer ausgelöste Preisanstieg ermunterte wiederum neue Individuen, ebenfalls durch ein Investment in Tulpen einen Profit zu erzielen. In der Folge kam es zu einem exorbitanten Anstieg des Preises. In der Spitze erreichte der Preis für eine Tulpe der Sorte ‚Semper Augustus' 5.500 Gulden. In heutige Kaufkraft umgerechnet entspricht dies einem Betrag von 50.000 US-\$.[8] Diesem extremen Anstieg des Tulpenpreises folgte, nachdem die Euphorie der Anleger sich in eine kollektive Massenpanik verwandelt hatte, ein ebenso jäher Absturz. Innerhalb kürzester Zeit wurden Tulpen an der Amsterdamer Börse für weniger als 10 % ihres früheren Wertes gehandelt. Dieser extreme Wertverlust stürzte die holländische Wirtschaft in eine langanhaltende ökonomische Krise.

2.1.1 Historische Finanzkrisen

Im Folgenden wird dem Leser ein kurzer Überblick über einige der bedeutsamsten Finanzkrisen der letzten Jahrhunderte geliefert. Dieser Überblick soll zeigen, dass es sowohl auf den Märkten für Realvermögensgüter wie Rohstoffe, Tulpen, Handelswaren, Infrastruktureinrichtungen oder Immobilien als auch auf den Märkten für Geldvermögensgüter wie Anleihen, Aktien oder Währungen über die Jahrhunderte hinweg immer wieder zu Fehlbewertungen und daraus resultierenden Turbulenzen für die Finanzmärkte kam. Tabelle 1 enthält eine Übersicht über verschiedene historische Finanzkrisen und die sie auslösenden Spekulationsobjekte. Die Auflistung macht deutlich, dass viele dieser Krisen ihren eigentlichen Ursprung auf den Märkten für Real-

---

[6] Eichengreen, B. (2008), S. 11.
[7] Vgl. unter anderem Garber, P. (2000) oder Goldgar, A. (2007).
[8] Vgl. Garber, P. (1990b), S. 4.

2 Vermögenspreisblasen: Definition und theoretische Grundlagen

vermögensgüter besitzen. Die Finanzmärkte an sich wurden häufig erst mit einer kurzen Verzögerung in Form von Bankinsolvenzen, Firmenzusammenbrüchen und stark an Wert verlierender Geldvermögensgüter von der Krise erfasst.[9] Auf Grund ihres häufigen Auftretens werden Währungskrisen – zu denen u. a. auch die Asienkrise von 1997/98 gezählt wird[10] – in der folgenden Tabelle nicht aufgeführt.

Jahr[11]	Land	Spekulationsobjekt
1557	Frankreich, Österreich, Spanien	Anleihen
1636	Holland	Tulpen
1720	Frankreich	Compagnie d'Occident
1720	England	Südseegesellschaft
1763	Holland	Waren
1773	England	Grundbesitz
1793	England	Kanalnetz
1797	England	Wertpapiere, Kanalnetz
1799	Deutschland	Waren im Allgemeinen
1811	England	Exportobjekte
1815	England	Exporte, Waren
1819	USA	Produktionsunternehmen im Allgemeinen
1825	England	Lateinamerikanische Anleihen, Minen, Wolle
1836	England	Wolle, Eisenbahn
1838	Frankreich	Wolle, Bauvorhaben
1848	Europäisches Festland	Eisenbahn, Weizen, Immobilien

---

[9] Als Paradebeispiel hierfür kann die Subprime-Krise in den USA genannt werden, die ihren Ursprung im rasanten Ansteig und anschließendem Fall der US-amerikanischen Hauspreise fand und sich anschließend auf die internationalen Finanzmärkte ausweitete.
[10] Vgl. u. a. Pesenti, P. und Tille, C. (2000) sowie Ito, T. und Hashimoto, Y. (2002).
[11] Das Jahr gibt den Zeitpunkt der akuten Krise an.

Jahr	Land	Spekulationsobjekt
1857	USA	Eisenbahn, Land
1857	Europäisches Festland	Eisenbahn, Schwerindustrie
1873	USA	Eisenbahn
1882	Frankreich	Bankaktien
1890	England	Argentinische Aktien
1893	USA	Silber, Gold
1907	USA	Union Pacific
1920	England, USA	Wertpapiere, Schiffe, Rohstoffe, Waren
1929	USA	Aktien
1974/75	Weltweit	Aktien, Bürogebäude, Tanker, Luftfahrt
1980	Weltweit	Gold, Silber, Platin
1987	Weltweit	Aktien
1990	Japan	Aktien, Immobilien
2001	Weltweit	Technologieaktien
2007/08	Weltweit	Immobilien, strukturierte Wertpapiere

Tabelle 1: Historische Finanzkrisen[12]

Bei der Betrachtung der hier aufgeführten historischen (Finanz-) Krisen fallen die folgenden vier Aspekte auf:

(1) Neuere Finanzkrisen besitzen einen internationalen Charakter

Vor dem 20. Jahrhundert traten Finanzkrisen meist nur national auf und beeinflussten somit in der Regel kaum die Finanz- und Gütermärkte anderer Länder. Die Ursache

---

[12] Eigene Darstellung in Anlehnung an Tvede, L. (1991), S. 368ff. und Kindleberger, C. (1996), S. 203ff. Für eine ausführliche Auflistung von Finanzkrisen, die durch Probleme des Bankensektors entstanden, sind vgl. Kaminsky, G. und Reinhart, C. (1999), Reinhart, C. und Rogoff, K. (2008a) sowie Reinhart, C. und Rogoff, K. (2008b).

2 Vermögenspreisblasen: Definition und theoretische Grundlagen

hierfür ist in der damaligen Abschottung und Isoliertheit der einzelnen nationalen Finanz- und Gütermärkte zu finden. Zollschranken und hohe Informationskosten erschwerten den internationalen Daten- und Güteraustausch und verhinderten ein hohes Maß an Integration der einzelnen Märkte. Grenzüberschreitende Transaktionen bildeten folglich die Ausnahme. Ab Mitte des 20. Jahrhunderts sorgte dann jedoch eine internationale Liberalisierungswelle auf den Finanz- (z. B. Verringerung/Abschaffung von Kapitalverkehrskontrollen/diskriminierender Besteuerung) und Gütermärkten (z. B. Abbau der Handelsbarrieren durch das GATT) für eine verstärkte Integration. Der Abbau von Barrieren ging dabei Hand in Hand mit einer Verringerung der Transaktions-, Informations- und Transportkosten. Durch den Fall des Eisernen Vorhangs und die Transformation der ehemals kommunistischen Länder zu Marktwirtschaften nach westlichem Vorbild vergrößerte sich die Zahl der Nationen, die sich dem freien Verkehr von Kapital und Gütern verpflichteten. Alle diese Entwicklungen haben zum aktuellen hohen Maß an Integration der Finanzmärkte der Industrienationen beigetragen.[13]

Das hohe Maß an Finanzmarktintegration hat jedoch gleichzeitig die Abhängigkeit der Finanzmärkte der Industrienationen untereinander erhöht. Als eine Folge der gestiegenen Abhängigkeiten sind Finanzkrisen seit etwa Mitte des 20. Jahrhunderts meist nicht mehr auf eine bestimmte Volkswirtschaft beschränkt, sondern besitzen die Tendenz, sich schnell auf andere nationale Märkte auszubreiten.[14] In Anlehnung an die Subprime-Krise in den USA hält die Deutsche Bundesbank (2008) fest: „Gleichwohl haben die Ereignisse gezeigt, dass die Ansteckungsrisiken mit zunehmender Integration und Verflechtung wachsen, Störungen sich schnell und in nicht vorhersehbarer Weise über Ländergrenzen hinweg ausbreiten und in Einzelfällen rasch zu Schieflagen von systemischer Relevanz führen können."[15] Durch diesen ‚Ansteckungseffekt' kann aus einer nationalen Finanzmarktinstabilität eine weltweite Finanzkrise entstehen. Als Beispiel kann hier die Asienkrise von 1997/98 genannt werden.[16] Ausgehend von den asiatischen Tigerstaaten Korea, Indonesien, Thailand, Malaysia etc., die unter einer Bankenkrise, dem Platzen einer Aktien- und Immobilienblase und einer enormen Abwertung der

---

[13] Für eine Übersicht über verschiedene Konzepte und Messmethoden von Finanzmarktintegration vgl. Jandura, D. (2000).
[14] Dies wird in Tabelle 1 deutlich: Seit Ende des 2. Weltkrieges sind Finanzmarktkrisen nicht mehr nur auf eine einzige Volkswirtschaft beschränkt, sondern breiten sich viel mehr weltweit aus und befallen auch andere nationale Finanzmärkte. Einzige Ausnahme in Tabelle 1 stellt die japanische Aktien- und Immobilienkrise von 1990 dar, die einen nationalen Charakter aufweist.
[15] Deutsche Bundesbank (2008), S. 31.
[16] Diese ist nicht in Tabelle 1 aufgeführt, da es sich in ihrer ursprünglichen Entstehungsgeschichte um eine Währungskrise handelt.

heimischen Währungen litten, verbreitete sich damals die Angst vor einer Finanzkrise und ließ auf der ganzen Welt die Aktienkurse synchron abstürzen.

(2) Finanzkrisen sind häufig mit der Entwicklung neuer Technologien verbunden

Ein weiterer Aspekt, der aus Tabelle 1 ersichtlich wird, ist das gemeinsame Auftreten von Finanzkrisen und der Entwicklung neuer Technologien. Beispiele hierfür sind die Entwicklung der Textilindustrie in der ersten Hälfte des 19. Jahrhunderts in England und Frankreich, die Gründung von Eisenbahngesellschaften in der Mitte des 19. Jahrhunderts in England, den USA und dem europäischen Festland sowie die technischen Innovationen im Bereich der Computer-, Internet- und Telekommunikationstechnologie Ende des 20. Jahrhunderts. Alle diese Innovationen führten auf Grund der übertriebenen Euphorie der Anleger zu erheblichen Fehlbewertungen und daraus resultierenden Instabilitäten auf den Finanzmärkten. Die Ursache liegt zum Großteil in der enormen Unsicherheit, welche mit der Einführung neuer Technologien verbunden ist. Die Akteure an den Finanzmärkten haben keine Erfahrung, wie die Zukunftsaussichten einer neuen Technologie zu bewerten sind. Diese große Unsicherheit kann dazu führen, dass die Anleger das Erfolgspotenzial einer technischen Neuerung überschätzen und sich von der allgemeinen Euphorie und Aufbruchsstimmung an den Finanzmärkten anstecken lassen. Die Anleger treiben so den Preis für die neue Technologie bzw. den Preis der Unternehmen, welche diese Technologie anbieten, immer weiter in die Höhe. Erkennen dann die Anleger in der Zukunft ihre Fehleinschätzung, kommt es zu panikartigen Verkäufen und Kursstürzen.

(3) Finanzkrisen treten in jüngster Zeit verstärkt auf Märkten für Vermögensgüter auf

Vor dem 20. Jahrhundert traten Finanzkrisen sowohl auf (Konsum-) Gütermärkten als auch den Märkten für Vermögensgüter auf.[17] Wie aus Tabelle 1 ersichtlich ist, hat sich mit dem Beginn des 20. Jahrhunderts der Schwerpunkt der Krisenbildung auf die Märkte für Vermögensgüter und hier im Speziellen Aktien verschoben. Als Grund führt der Nobelpreisträger Vernon Smith (2008) an, dass die Marktteilnehmer zur Bestimmung

---

[17] Vermögensgüter lasen sich in zwei Kategorien unterteilen: Geldvermögensgüter wie Aktien oder Anleihen und Realvermögensgüter wie Immobilien oder Rohstoffe.

2 Vermögenspreisblasen: Definition und theoretische Grundlagen 15

des fairen Wertes von Vermögensgütern die Höhe der zukünftig zu erzielenden Erträge schätzen müssen. Diese Schätzungen unterliegen jedoch einer hohen Unsicherheit. Des Weiteren neigen Individuen dazu, die zukünftigen Erträge von Vermögensgütern zu überschätzen.[18] Dies führt auf den Märkten für Vermögensgüter leichter zu Fehleinschätzungen und in der Folge zur Bildung von Preisblasen. Auf Gütermärkten hingegen spielen zukünftige Erträge eine untergeordnete Rolle bei der Bestimmung des fairen Wertes. Diese sind in der Regel für den zeitnahen Konsum bestimmt und erbringen keine zukünftigen Erträge. Somit entfällt die Unsicherheit über die zukünftige Ertragsentwicklung. Vernon Smith formuliert diesen Zusammenhang, wie folgt: „Gütermärkte funktionieren weit besser als [...] erwartet [...]. Die Menschen entdecken die richtigen Preise sehr schnell, ohne die gesamte relevante Information zu besitzen. Wenn es aber um Vermögenswerte geht, deren Wert sich über künftige Zahlungsströme bestimmt, funktioniert das weniger."[19] David Rosenberg, ehemaliger Chefökonom von Merrill Lynch, wird – das unterschiedliche Verhalten von Individuen auf Güter- und Finanzmärkten beschreibend – folgendermaßen zitiert: „Finanzprodukte sind nicht wie Spargel [...]. Wenn der Spargelpreis steige, kauften die Leute entweder weniger oder sie entschieden sich für Spinat. In der Welt der Kapitalanlage verhalte es sich anders. Hier kauften die Leute, weil sie hofften, dass die Kurse weiter steigen. Und sie verkauften, weil sie fürchten, dass die Kurse weiter fallen."[20]

(4) Finanzkrisen gehen mit Preisschwankungen bei Vermögensgütern einher

Das vierte und für diese Arbeit zentrale Merkmal ist das parallele Auftreten von Finanzkrisen und extremen Preisschwankungen bei Vermögensgütern. Fast alle in Tabelle 1 aufgelisteten Finanzkrisen sind durch extreme Schwankungen von Güter- oder speziell in den letzten Jahren Vermögenspreisen gekennzeichnet. In der Regel geht den Krisen ein Anstieg der Preise für Vermögensgüter voraus, der die Eigenschaft besitzt, sich im Laufe der Zeit immer weiter zu beschleunigen. Nach einer gewissen Zeit erreichen die Preise ein Niveau, das den Marktteilnehmern signalisiert, dass es sich nicht

---

[18] „Auf den Märkten, wo Vermögenswerte gehandelt werden, versucht man den gegenwärtigen Wert von Ansprüchen auf künftiges Einkommen zu ermitteln. Unsicherheit spielt eine große Rolle. Das Modell sagt, dass die Leute nach vorne schauen und den diskontierten Wert der erwarteten Dividenden oder Gewinne berechnen. Nach der Theorie der rationalen Erwartungen stecken in den Preisen alle verfügbaren Informationen. Aber diese Art von Modell ist problematisch. Die Gewinnaussichten werden häufig überschätzt." Smith, V. (2008), S. 14.
[19] Smith, V. (2008), S. 14.
[20] Hildebrandt, A. (2008), S. 20.

mehr um ein fundamental begründetes Preisniveau handeln kann. Die Marktteilnehmer erkennen nun die Fehlbewertungen und beginnen – häufig von Panik ergriffen –, ihre Vermögensgüter wieder abzustoßen, was zu einem beschleunigten Preisverfall bei Vermögensgütern führt. Die Finanzkrise im engeren Sinne ergibt sich in der Regel im Anschluss an die durch den rasanten Kursverfall der Vermögensgüter ausgelösten finanziellen Engpässe bei Banken und Unternehmen, die die gesamte Volkswirtschaft in Mitleidenschaft ziehen. Im Zuge von sinkenden Löhnen und steigender Arbeitslosigkeit werden schließlich auch diejenigen Individuen von der Krise erfasst, die sich im Vorfeld nicht auf den Märkten für Vermögensgüter engagiert haben.

2.1.2 Die Anatomie von Finanzkrisen: Das Modell von Kindleberger

Die in Tabelle 1 aufgelisteten Finanzkrisen unterscheiden sich teilweise recht deutlich in der Art ihrer Entstehung, ihrer Dauer, der Reaktion der Anleger sowie der Auswirkungen auf die gesamte Volkswirtschaft. „For historians each event is unique. Economics, however, maintains that forces in society and nature behave in repetitive ways. History is particular; economics is general."[21] In seiner Untersuchung der populärsten historischen Finanzkrisen erkennt Kindleberger (1996)[22] ein gewisses ‚Ablaufschema', welches den meisten historischen wie auch gegenwärtigen Finanzkrisen zu Grunde liegt:

(1) Externer Schock

Kindleberger greift auf ein Modell von Minsky (1982) zurück. Danach starten Finanzkrisen mit einen ‚Displacement', einem exogen auf die Volkswirtschaft wirkendem Schock. Das kann ein politisches Ereignis, eine neue Technologie, eine Missernte, der Beginn oder das Ende eines Krieges sein. Ist dieser Schock von langanhaltender und tiefgründiger Art, so kann er einen Veränderungs- bzw. Anpassungsprozess in einer Volkswirtschaft in Gang setzen.

---

[21] Kindleberger, C. (1996), S. 11.
[22] Vgl. Kindleberger, C. (1996), S. 11ff.

(2) Boom-Phase

Dieser exogene Schock verändert die Perspektiven der zukünftigen wirtschaftlichen Entwicklung in einem oder mehreren Sektoren der Volkswirtschaft und eröffnet den Individuen neue Möglichkeiten, aus der Veränderung des wirtschaftlichen Umfeldes Gewinne zu erzielen. Als eine Folge beginnen die Individuen und die Unternehmen, in den Sektoren mit neuen, verbesserten Gewinnmöglichkeiten zu investieren und in den Sektoren mit sich verschlechternden Aussichten zu desinvestieren. Überwiegt die Investition in aussichtsreiche Sektoren die Desinvestition in den anderen Sektoren, so entstehen netto betrachtet zusätzliche Arbeitsplätze und das Wirtschaftswachstum beschleunigt sich und es entwickelt sich ein konjunktureller Aufschwung.

(3) Ausdehnung der Kredittätigkeit

Um ihre zusätzlichen Investitionen zu finanzieren, sind Individuen und Firmen in verstärktem Maße auf die Aufnahme neuer Kredite angewiesen. Dies stellt jedoch kein Problem dar, da die Banken ebenfalls vom Konjunkturaufschwung profitieren wollen und in der Folge ihre Kreditvergabe bereitwillig ausweiten. Die Entwicklung neuer Kreditinstrumente und die verstärkte Vergabe von Privatkrediten außerhalb des Bankensektors führen zu einer sich immer mehr beschleunigenden Kreditvergabe.

(4) Spekulation wird zu Euphorie

Von der anziehenden Konjunktur ermutigt, neigen die Individuen zunehmend zur Spekulation. Dies äußert sich in einer verstärkten Nachfrage nach Gütern und Wertpapieren aller Art. Nach einer gewissen Zeit übersteigt die Nachfrage die Produktionskapazität der Volkswirtschaft. In der Folge kommt es sowohl bei Gütern als auch bei Wertpapieren zu Preissteigerungen. Diese bieten neue Möglichkeiten, Gewinne zu erzielen, und locken neue Anleger und Unternehmen in den Markt. Die neuen Investitionen führen zu einem Anstieg des Einkommens und dies wirkt wiederum preissteigernd auf Güter und Wertpapiere. Es entsteht ein positives Feedback.[23] Durch den Preisanstieg angelockt, steigen immer mehr Individuen und Unternehmen in den Markt ein und treiben die Preise weiter in die Höhe, was zusätzliche Individuen und Unternehmen in den Markt lockt. Minsky (1982) bezeichnet diesen Zustand als ‚euphoria'.

---

[23] Vgl. Zhou, W. und Sornette, D. (2003), S. 251f., Shiller, R. (2001), S. 3ff. sowie Kapitel 2.2.4 und 3.2.3.

(5) Bildung irrationaler Preisblasen

Von der allgemeinen Euphorie an den Märkten erfasst, beginnen die Akteure den Blick für die Realität zu verlieren. Sie entwickeln übertriebene Erwartungen über die zukünftige Gewinnentwicklung und extrapolieren vergangene Preisanstiege auf unendliche Zeit in die Zukunft fort. Von den Gewinnen anderer Individuen und Unternehmen angelockt, investieren immer mehr Marktakteure allein mit der Intention, aus Preisanstiegen schnelle, spekulative Gewinne zu erzielen. Sie handeln getreu dem Motto: „Monkey see. Monkey do."[24] Jeder möchte von den Preissteigerungen profitieren. Kindleberger bezeichnet das Verhalten der Marktakteure als ‚Manie'. Damit möchte er den irrationalen Charakter des Verhaltens der Marktakteure zum Ausdruck bringen. Als Folge der übertriebenen Nachfrage erreichen die Preise ein Niveau, das durch keinen fundamentalen Bewertungsansatz gerechtfertigt werden kann.

(6) Umkippen der Erwartungen

Mit der Zeit entscheiden sich die ersten Insider, ihre Gewinne zu realisieren und aus dem Markt auszutreten. In der Folge schwächt sich das rasante Preiswachstum ab. Auf dem Höhepunkt der Preisentwicklung herrscht eine hektische Betriebsamkeit auf den Märkten: Immer mehr Insider verkaufen ihre Wertpapiere und gleichen den Zustrom an neue Spekulanten aus. Auf Grund des rasanten Preisanstiegs in Folge des Booms beginnt die Zentralbank, die Zinsen anzuheben, um die Entstehung von Inflation zu verhindern. Die Anleger werden zusehends nervöser. Eine neue negative Nachricht, wie z. B. ein Bankenzusammenbruch, sorgt letztendlich für ein rasantes Umkippen der Anlegerstimmung.

(7) Panikverkäufe und Kurseinbrüche

Die Akteure an den Finanzmärkten realisieren nun, dass sie sich zu übertriebenen Preisen mit Wertpapieren eingedeckt haben, und beginnen panikartig, ihre Positionen zu verkaufen. Es entsteht ein negatives Feedback: Viele Anleger reagieren auf die Kursverluste ebenfalls mit dem Verkauf ihrer Wertpapiere und beschleunigen somit den Preisverfall, was wiederum weitere Anleger dazu veranlasst, Wertpapiere abzustoßen. Der Kursrückgang vermindert gleichzeitig das Eigenkapital der Banken und bringt nun

---

[24] Kindleberger, C. (1996), S. 13.

auch diese unter Verkaufsdruck. Seit der Einführung von Basel II sind die Banken gezwungen, mindestens 8 % Eigenkapital auf ihre risikogewichteten Aktiva zu halten. Fällt der Wert der Bankaktiva und verringert sich damit das Eigenkapital der Banken, so müssen diese mittels der Rückzahlung von Schulden ihre Passivseite zurückfahren, um die Basel II Verschuldungsregeln einzuhalten. Die notwendige Liquidität zur Rückzahlung der Schulden beschaffen sich die Banken u. a. durch den Verkauf ihrer Wertpapiere, was den allgemeinen Preisverfall zusätzlich anheizt. Laut Kindleberger fallen die Preise so lange, bis sie so tief sind, dass sich wieder erste Investoren durch Käufe bemerkbar machen, bis die Handelsplätze auf Grund der hohen Kursverluste geschlossen werden oder bis ein ‚Lender of Last Resort' die Akteure an den Finanzmärkten überzeugt, dass er genug Liquidität zur Verfügung stellen wird, um die gesamte Nachfrage zu bedienen.

2.1.3 Preisblasen als zentrales Merkmal von Finanzkrisen

„Financial crises often follow what appear to be bubbles in asset prices."[25] Das herausragende Merkmal und häufig auch der entscheidende Auslöser der in Tabelle 1 dargestellten Finanzkrisen und auch des Modells von Kindleberger ist eine extreme Preisbewegung eines oder mehrerer Vermögensgüter. Diese besteht in den meisten Fällen aus einem durch Euphorie und übertriebene Erwartungen der Anleger an die zukünftige Entwicklung verursachten starken Preisanstieg, der in einem sehr kurzen Zeitraum eintritt. Der starke Anstieg mündet, nachdem die Euphorie der Anleger gekippt ist und sie panikartig ihre Wertpapiere verkauft haben, in einem Kurseinbruch. Die sinkenden Preise für Wertpapiere zwingen in der Folge die Banken zu Wertberichtigungen, die wiederum zu Einschränkungen bei der Kreditvergabe der Banken führen und somit die Finanzierung der ebenso unter dem Preisverfall leidenden Unternehmen stark beeinträchtigen. Liquiditätsschwachen Unternehmen, denen kurzfristig keine alternativen Finanzierungsquellen zur Verfügung stehen, droht in dieser Phase der Konkurs. Fallen die Wertberichtigungen – wie im Fall Lehman Brothers – extrem hoch aus, so droht im schlimmsten Fall auch der Konkurs einer (systemrelevanten) Bank. In jüngster Zeit hat speziell die Suprime-Krise wieder verdeutlicht, wie schnell sich fallende Kurse von Vermögensgütern negativ auf die gesamtwirtschaftliche Entwicklung auswirken und das gesamte Finanzsystem an den Rand des Zusammenbruchs führen können.

---

[25] Allen, F. und Gale, D. (2000), S. 294.

Das parallele Auftreten von Finanzkrisen und Preisschwankungen bei Vermögensgütern bzw. die Eigenschaft von Preisschwankungen bei Vermögensgütern als Auslöser von Finanzkrisen hat deutlich gemacht, wie wichtig die Analyse von Preisbewegungen auf den Märkten für Vermögensgüter ist. Sie kann helfen, Finanzkrisen, deren Entstehungsgründe und deren Auswirkungen auf Wohlstand und Beschäftigung besser zu verstehen bzw. das Auftreten von Finanzkrisen frühzeitig zu erkennen oder sogar zu verhindern.

Im allgemeinen Sprachgebrauch hat sich für einen außergewöhnlichen Anstieg und ein anschließendes Einbrechen des Preises eines Vermögensguts der Ausdruck Blase bzw. Preisblase durchgesetzt. Damit soll die Analogie mit dem Lebenszyklus einer Seifenblase deutlich gemacht werden: Eine Preisblase ist demnach ein instabiles, seifenblasenartiges ‚Gebilde', das sich immer weiter aufbläst, bis es schließlich so instabil wird, dass es zerplatzt und in sich zusammenfällt.[26] Im englischen Sprachraum werden Preisblasen als ‚bubbles' bezeichnet. Im weiteren Verlauf dieser Arbeit wird der deutsche Ausdruck „Preisblase" verwendet, solange es sich um keinen feststehenden Ausdruck aus dem englischen Sprachraum handelt.

2.2 Definition(en) für Preisblasen

Das regelmäßige Auftreten von Preisblasen auf den Märkten für Vermögensgüter hat sowohl Ökonomen als auch andere Sozial- und Geisteswissenschaftler seit Jahrhunderten veranlasst, sich mit diesem Phänomen zu beschäftigen. Während sich die frühen Werke[27] auf die simple Beschreibung der durch Preisblasen ausgelösten Finanzkrisen und des daraus resultierenden Verhaltens der Kapitalmarktakteure konzentrieren, beschäftigt sich die wissenschaftliche Literatur seit Mitte des 20. Jahrhunderts verstärkt mit den Fragen:

- Was Preisblasen sind,

- wie Preisblasen entstehen,

- wie sich Preisblasen auf die Finanzmarktstabilität und die Einkommens- und Beschäftigungssituation in Volkswirtschaften auswirken,

- ob bzw. wie Preisblasen erkannt werden können und

---

[26] Vgl. Heri, E. (1986), S. 164.
[27] Vgl. Mackay, C. (1841) oder Anderson, A. (1787).

- ob bzw. wie Preisblasen verhindert bzw. abgemildert werden können.

Die wissenschaftliche Auseinandersetzung mit dem Phänomen Preisblase ist in Folge des Börsencrashs von 1987 und des Platzens der ‚New Economy'-Blase speziell für Aktienmärkte intensiv geführt worden. Im Zuge der Subprime-Krise in den USA und der sich anschließenden weltweiten Finanzkrise sind in den letzten Jahren verstärkt die Immobilienmärkte in den Fokus der Preisblasenforschung gerückt. Jedoch konnte sich trotz der intensiv geführten Auseinandersetzung mit dem Thema Preisblasen bis jetzt noch keine allgemein akzeptierte Definition in den Wirtschaftswissenschaften durchsetzen. Es existieren viele mehr oder weniger scharf umrissene Umschreibungen. Garber (2000) fasst den Stand der wissenschaftlichen Forschung zum Themengebiet Preisblasen wie folgt zusammen: „Bubble is one of the most beautiful concepts in economics and finance in that it is a fuzzy world filled with import but lacking an operational definition. Thus, one can make whatever one wants of it."[28]

Eine der Hauptursachen, weshalb es den Ökonomen bis jetzt so schwer gefallen ist, das Phänomen Preisblase zu beschreiben und in ökonometrische Modelle zu fassen, ist ihr hoher Komplexitätsgrad und ihre Interdisziplinarität: „Bubbles lie at the interception between finance, economics, and psychology. Recent explanations of large-scale asset price movements have leaned toward placing psychology first in the list."[29]

Für eine wissenschaftlich fundierte Auseinandersetzung mit dem Phänomen Preisblase muss im Vorfeld zunächst die Frage geklärt werden, was genau unter dem Begriff Preisblase zu verstehen ist. Die folgenden Ausführungen werden verdeutlichen, dass speziell die Frage, ob Preisblasen auf den Märkten für Vermögensgüter existieren, in entscheidendem Maße von der Art der verwendeten Definition abhängt. Aus diesem Grund ist es eine zwingend notwendige Voraussetzung vor Beginn einer jeden Untersuchung, die verwendete Definition sorgfältig festzulegen und diese im weiteren Verlauf der Untersuchung stets kritisch zu hinterfragen.

2.2.1 Wünschenswerte Eigenschaften einer ‚Blasendefinition'

Im Vorfeld der Diskussion, wie das Phänomen Preisblase treffend definiert werden kann, muss zunächst geklärt werden, welche Eigenschaften eine Definition für Preis-

---

[28] Garber, P. (2000), S. 4.
[29] Garber, P. (2000), S. IX.

blasen aufweisen sollte. Der Begriff ‚Definition' stammt von den lateinischen Ausdrücken ‚de' (weg, ab) und ‚finis' (Grenze) und bedeutet somit ‚Abgrenzung'. Aufgabe einer Definition ist es folglich, einen Begriff eindeutig von anderen abzugrenzen und damit die Kommunikation über einen bestimmten Sachverhalt zu vereinfachen.

Eine Definition für Preisblasen sollte die folgenden Punkte berücksichtigen:

- Ausgehend von der ursprünglichen Bedeutung des Wortes sollte eine Definition in der Lage sein, das Phänomen Preisblase eindeutig von anderen (z. B. fundamental begründeten) Preisbewegungen abzugrenzen.

- Um die oben beschriebene Abgrenzung zu anderen (z. B. fundamental begründeten) Preisbewegungen zu verdeutlichen, sollte mit einer Definition für Preisblasen auch ein Erklärungsansatz für deren Entstehen verbunden sein.

- Da sich die Frage nach der Existenz von Preisblasen auf Märkten für Vermögensgüter nicht theoretisch beantworten lässt, sollte eine Definition für Preisblasen eine empirische Überprüfbarkeit ermöglichen.[30]

- Um Fehlbewertungen auf den Märkten für Vermögensgüter frühzeitig zu erkennen, sollte eine Definition für Preisblasen die ‚aktuelle Blasensituation' erkennen lassen, d. h. eine Preisblase sollte nicht durch ihr Ende (= Platzen) definiert sein.

Um zu einer geeigneten Definition für das Phänomen Preisblase zu gelangen, werden nun in einem ersten Schritt verschiedene Definitionsversuche aufgeführt und in einem zweiten Schritt in drei unterschiedliche Sichtweisen eingeteilt.

2.2.2 Definitionsversuche in der wirtschaftswissenschaftlichen Literatur

In der wirtschaftswissenschaftlichen Literatur findet sich eine Vielzahl der unterschiedlichsten Definitionen für den Begriff Preisblase. In Tabelle 2 werden exemplarisch einige Definitionen aus wissenschaftlichen Artikeln, Sammelbänden und dem Internet zusammengestellt.

---

[30] Siehe hierzu z. B. Flood, R. und Garber, P. (1982), S. 276: „Hence, in our view the existence and importance of bubbles is an issue not resolvable at the level of theory."

- "Bubbles – by which I mean booms followed by crashes – [...]"

  Cecchetti, S. (2005), S. 3.

- "[...] a Bubble is an upward price movement over an extended range that than implodes."

  Kindleberger, C. (1996), S. 13.

- "By a bubble, some seem to mean any period when asset prices rise and then fall."

  Shiller, R. (2003), S. 35.

- "An economic cycle characterized by rapid expansion followed by a contraction."

  http://financial-dictionary.thefreedictionary.com/bubble.[31]

- "A description of rapidly rising equity prices, usually in a particular sector, that some investors feel is unfounded. The term is used because, like a bubble, the prices will reach a point at which they pop and collapse violently."

  http://www.investorwords.com/595/bubble.html.

- "For some economists, the term asset price bubble is a rhetorical device used to describe the size of asset price movements: Small movements are called fluctuations, and large persistent movements that end with a precipitous decline are called asset price bubbles."

  Filardo, A. (2003), S. 291.

- "We think of a housing bubble as being driven by homebuyers who are willing to pay inflated prices for houses today because they expect unrealistically high housing appreciation in the future."

  Himmelberg, C. et al. (2005), S. 68.

- "[...] irrational exuberance [...]"

  Greenspan, A. (1996).

- "[...] any unsound commercial undertaking accompanied by a high degree of speculation"

  Palgrave, R. (1926), S. 182.

---

[31] Dieser und der folgende Internet-Link stammen von der Seite „Google" (www.google.com) und wurden am 20.01.2008 durch die Eingabe des Suchbegriffs ‚define: bubble' gefunden. Links können Änderungen unterliegen.

- "Typically, these financial cycles are generated by a wave of optimism underpinned by favorable developments in the real side of the economy. This optimism contributes to the underestimation of risk, overextension of credit, excessive asset price inflation, overinvestment in physical capital, and buoyant consumer expenditures. When expectations realign with fundamentals, the imbalances are corrected abruptly, as excessive optimism gives way to excessive pessimism, disrupting both the financial system and the real economy."

Collyns, C. (2003), S. 101.

- "In my words, "bubble" is a name we assign to events that we cannot explain with standard hypotheses."

Meltzer, A. (2003), S. 27.

- "In general, a bubble (B_t) is defined as the difference between the fundamentals-determined price (P^{PV}) and the observed price (P_t). In the case of stocks, the fundamentals price can be expressed as the sum of discounted expected future cash flows – or dividends – to the holder of the asset."

Herrera, S. und Perry, G. (2001), S. 5.

- "Rationality of both behaviour and of expectations does not imply that the price of an asset be equal to its fundamental value. In other words, there can be rational deviations of the price from this value, rational bubbles."

Blanchard, O. und Watson, M. (1982), S. 1.

- "[...] bubble, which is defined to be what is left after market fundamentals have been removed from price."

Flood, R. et al. (1994), S. 105.

- "A stock price bubble may be thought of as an explosive component of the stock price, which is not present in the underlying fundamentals such as the dividend and which therefore drives an explosive wedge between the stock price series and the underlying fundamentals."

Sarno, L. und Taylor, M. (1999), S. 640.

- "What truly defines a bubble is that market prices are not justified by the asset's anticipated cash flow."

Smith, G. und Smith, M. (2006), S. 3.

- "[...] a classic bubble; a situation where house prices have risen far beyond what fundamentals dictate, driven by home buyers willing to pay inflated prices simply because they anticipate unrealistically high appreciation in the future."

Feinman, J. (2006), S. 42.

- "The price we pay for the stock should reflect current corporate earnings and reasonable expectations about what the future of earnings might be. A bubble is created when these get disconnected."

  Leamer, E. (2002), S. 4.

- "[I]f the reason that the price is high today is only because investors believe that the selling price is high tomorrow – when 'fundamental' factors do not seem to justify such a price – then a bubble exists."

  Stieglitz, J. (1990), S. 13.

Tabelle 2:   Definitionen für den Begriff Preisblase

Die Zusammenstellung verdeutlicht, wie weit die Vorstellungen selbst unter Ökonomen auseinandergehen, welche Charakteristika eine Preisblase ausmachen bzw. auf welche Art diese am besten beschrieben werden kann. Es scheint unmöglich, die große Zahl an unterschiedlichen Herangehensweisen auf einen gemeinsamen Nenner zu bringen. Die in Tabelle 2 angeführten Definitionen lassen sich jedoch zu drei unterschiedlichen Sichtweisen zusammenfassen.

Die Definitionen eins bis sechs charakterisieren eine Preisblase durch ein bestimmtes Kursverlaufsmuster. Dieses zeichnet sich durch einen extremen Preisanstieg (‚boom' oder ‚rapid expansion') und ein folgendes Einbrechen des Preises (‚crash' oder ‚collapse') aus. Da eine Preisblase bei dieser Sichtweise einzig durch einen bestimmten Kursverlauf gekennzeichnet ist, wird sie im weiteren Verlauf dieser Arbeit als charttechnische Sichtweise bezeichnet.

Die Definitionen sieben bis elf beschreiben eine Preisblase mit Hilfe der herrschenden Marktstimmung, dem Verhalten der Marktteilnehmer und deren Erwartungen über die zukünftige Entwicklung. Eine Blase lässt sich mit dieser Herangehensweise an speziellen Verhaltens- und Denkweisen der Marktteilnehmer erkennen. Spekulation (high degree of speculation), Überschwang (irrational exuberance) und übertriebene Erwartungen (expect unrealistically high housing appreciation in the future) sind Hinweise auf irrationales Verhalten der Anleger. Diese Sichtweise wird im Folgenden als verhaltensbasierte Sichtweise bezeichnet.

Die letzten acht Definitionen charakterisieren eine Preisblase als ein Abweichen des Marktpreises eines Vermögensguts von seinem fundamental gerechtfertigten Wert. Diese Sichtweise wird im Weiteren als fundamentale Sichtweise bezeichnet.[32]

Bei den hier dargestellten drei Sichtweisen handelt es sich um eine grobe und teilweise ungenaue Unterteilung. Einige der oben aufgelisteten Definitionen enthalten Elemente von zwei oder sogar drei verschiedenen Sichtweisen und können daher keiner der drei Sichtweisen eindeutig zugeordnet werden. So beschreibt z. B. Feinmann (2006) eine Blase als eine Situation, in der sich die Preise auf Grund von unrealistischen Erwartungen der Marktteilnehmer weit von dem Niveau entfernt haben, das durch die fundamentale Datenlage als gerechtfertigt angesehen werden kann. Damit kombiniert er in seiner Definition die fundamentale mit der verhaltensbasierten Sichtweise.

Im Folgenden werden nun die drei unterschiedlichen Sichtweisen genauer erläutert und auf ihre Eignung als Basis für eine Definition von Preisblasen für den weiteren Verlauf dieser Arbeit untersucht.

2.2.3 Charttechnische Sichtweise

Die charttechnische Sichtweise ist eine einfache und auf den ersten Blick intuitiv erscheinende Möglichkeit, Preisblasen zu beschreiben. Eine Preisblase ist ein starker, in kurzer Zeit auftretender Preisanstieg. Dieser wird in der Literatur häufig als Boom oder Asset-Boom bezeichnet.[33] Abbildung 1 enthält das typische Kursverlaufsmuster einer Preisblase für ein beliebiges Vermögensgut nach der charttechnischen Sichtweise.

---

[32] Eine ähnliche Unterteilung wählen Fernandez-Kranz, D. und Hon, M. (2006), S. 450. Sie unterscheiden drei unterschiedliche Kategorien von Preisblasen: eine statistische, eine fundamentale und eine Gleichgewichtskategorie. Die statistische Kategorie entspricht der charttechnischen Sichtweise in dieser Arbeit: „From a statistical point of view, a real estate bubble is an abnormally high troughto-peak price rise [...]. According to this definition, a price boom caused by a prolonged growth in income qualifies as a bubble." Die zweite Kategorie entspricht der fundamentalen Sichtweise in dieser Arbeit: „The second definition for real estate bubble calls for the price of the asset in question to exceed its fundamental value by a large margin." Als dritte Kategorie unterscheiden die Autoren eine Art Gleichgewichtsdefinition: „The third definition pegs the price of assets to its long term equilibrium level [...]. According to this characterisation, a price boom caused by a transitory demand shock qualifies as a bubble."

[33] Vgl. u. a. Detken, C. und Smets, F. (2004), S. 9ff.

2 Vermögenspreisblasen: Definition und theoretische Grundlagen 27

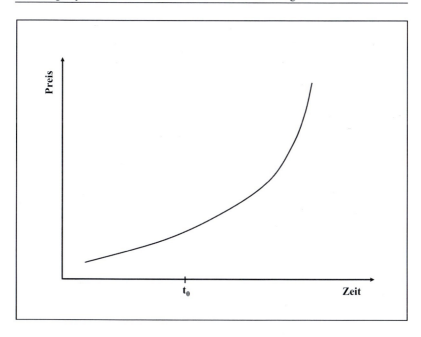

Abbildung 1: Boom

Vor dem Zeitpunkt t_0 wächst der Marktpreis des betrachteten Vermögensguts mit einer konstanten, niedrigen Rate. Ab dem Zeitpunkt t_0 nehmen die Wachstumsraten jedoch immer weiter zu und der Kurs des Wertpapiers verlässt seinen historischen Wachstumspfad. Das Wachstum beschleunigt sich immer weiter und es bildet sich eine Preisblase.

Die charttechnische Sichtweise hat neben ihrer einfachen ökonomischen Intuition den weiteren Vorteil, dass sie nur sehr geringe Informationsanforderungen stellt: Zur Identifikation einer Preisblase wird lediglich der Kursverlauf eines Wertpapiers benötigt. Die charttechnische Sichtweise benötigt somit weder Angaben über die dem Wertpapier zu Grunde liegenden fundamentalen Daten noch über die augenblickliche Stimmungslage der Anleger an den Finanzmärkten.

Zentraler Nachteil der charttechnischen Sichtweise ist die Vernachlässigung eines Kursrückgangs bei der Preisblasendefinition. Eine Preisblase ist hier lediglich durch einen starken, abrupten Anstieg des Preises eines Vermögensguts gekennzeichnet. Damit bekommt der Ausdruck Preisblase allerdings eine eher positive Bedeutung, da sich ein reiner Preisanstieg in erster Linie positiv auf das Vermögen der Anleger und damit auch auf die (Einkommens-) Entwicklung einer gesamten Volkswirtschaft auswirkt.

Auf den Finanzmärkten üben jedoch speziell kurze und heftige Preisrückgänge einen negativen Effekt auf die Finanzmarktstabilität und das Einkommen einer Volkswirtschaft aus.[34] Eine Definition, welche dieses zentrale Element einer Preisblase nicht beinhaltet, erscheint unvollständig und daher nicht geeignet. Case und Shiller (2003) formulieren diesen Kritikpunkt wie folgt: „The term 'boom' is much more neutral than 'bubble' and suggests that the rise in prices may be an opportunity for investors. In contrast, the term 'bubble' connotes a negative judgement on the phenomenon, an opinion that price levels cannot be sustained."[35]

Ein weiterer Kritikpunkt an dieser Definition ist, dass ein Preisanstieg für sich alleine betrachtet noch keine Information darüber gibt, ob es sich bei einer Kursbewegung um eine Preisblase handelt. „The mere fact of rapid price increases is not in itself conclusive evidence of a bubble."[36] Ein Preisanstieg kann auch aus einer Veränderung des fundamentalen Marktumfeldes resultieren. Er ist somit das Ergebnis eines Anpassungsprozesses an ein neues, verändertes Marktgleichgewicht und es handelt sich somit um keine spekulative Übertreibung in Form einer Preisblase.[37] Bei der Anwendung der Definition einer Preisblase als Boom kann eine Preisbewegung fälschlicherweise als Preisblasen identifiziert werden, obwohl es sich in Wirklichkeit um eine fundamental begründete Entwicklung handelt. Die obige Kritik zusammenfassend, schreibt Helbling (2005): „However, large price increases – which will be referred to as booms – are only a sufficient but not necessary condition for bubbles."[38]

Auf Grund der hier beschriebenen Kritikpunkte wird die charttechnische Sichtweise häufig um das Merkmal eines starken, abrupten Preisrückgangs ergänzt. Dieser Rückgang, häufig als Bust oder auch Crash[39] bezeichnet, schließt sich direkt an einen vorangegangenen Boom an, tritt in der Regel sehr plötzlich ein und verursacht auf Grund sei-

---

[34] Die teilweise extremen negativen Auswirkungen des Platzens einer Preisblase für eine Volkswirtschaft werden am Beispiel Japans besonders deutlich. Die OECD (1998), beziffert in Tabelle 9 den kumulierten Kapitalverlust durch das Platzen der japanischen Aktien- und Immobilienmarktblase 1989 im Folgezeitraum von 1990-1996 auf 967,3 Billionen Yen (ca. 6 Billionen €) und damit auf das zweifache japanische BSP. Zu den kurz- und langfristigen Auswirkungen von Preisblasen auf eine Volkswirtschaft vgl. Kapitel 3.3.
[35] Case, K. und Shiller, R. (2003), S. 301f.
[36] Case, K. und Shiller, R. (2003), S. 300.
[37] Als Paradebeispiel für derartige fundamental begründete Preisveränderungen als Anpassung an ein neues Marktgleichgewicht werden in der Literatur Strukturbrüche genannt.
[38] Helbling, T. (2005), S. 30.
[39] Vgl. Tabelle 2 sowie Bordo, M. und Jeanne, O. (2002), S. 8ff.

ner Stärke erhebliche Instabilitäten auf den Finanzmärkten. Abbildung 2 zeigt den typischen Kursverlauf für einen Boom-Bust-Zyklus.[40]

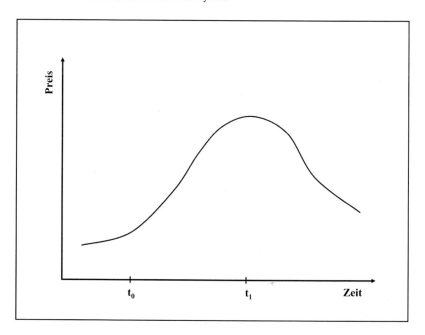

Abbildung 2:   Boom-Bust-Zyklus

Wie schon in Abbildung 1 wächst der Preis vor dem Zeitpunkt t_0 mit einer niedrigen und konstanten Rate. Ab t_0 verlässt der Wertpapierpreis dann jedoch seinen historischen Wachstumspfad und steigt exponentiell an. Die Preisblase entsteht. Bei t_1 erreicht der Kurs sein Maximum und bricht in der Folge ein: Die Blase ist nun geplatzt und der Preis pendelt sich auf einem niedrigeren Niveau ein.

Wird diese Art der Definition zu Grunde gelegt, hat es in der Historie der Kapitalmärkte unstrittig immer wieder Phasen gegeben, in denen sich Blasen auf den Kapitalmärkten bildeten.[41] Zwei populäre Preisblasen, die eindeutig das Kursverlaufsmuster eines Boom-Bust-Zykluses aufweisen, sind der große Börsenkrach von 1929 und die ‚New

---

[40]   „In a typical boom or hot phase, transactions are abundant, average selling times are short, and prices tend to grow fast. In a bust or cold phase, there are fewer transactions, average selling times are longer, and price growth moderates or becomes negative." Ceron, J. und Suarez, J. (2006), S. 1.
[41]   Vgl. Garber, P. (2000), S. 9.

Economy'-Blase aus den Jahren 1995 bis 2003.[42] Dies wird in den folgenden beiden Abbildungen deutlich.

Abbildung 3 zeigt die Wertentwicklung des Dow Jones Industrial Average für die Jahre 1928 bis 1930. Angetrieben vom positiven Börsenumfeld Ende der 1920er Jahre erzielte der Dow Jones im Zeitraum von August 1928 bis August 1929 einen Wertzuwachs von 80 %. Der Index erreichte am 3. September 1929 seinen Höchststand, um schließlich am 28. Oktober 1929 und einigen Folgetagen fast den gesamten Kursgewinn des Vorjahreszeitraums in einem der dramatischsten Kursrückgänge der Börsengeschichte wieder zu verlieren.[43]

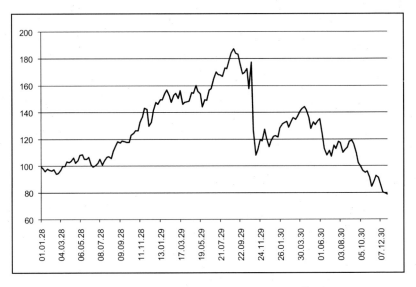

Abbildung 3: Dow Jones Industrial Average (01.01.1928 = 100) [44]

Abbildung 4 zeigt die Wertentwicklung des NASDAQ Composite als Barometer für die Kursentwicklung der Internet-Aktien zur Zeit des ‚New Economy'-Booms 1995 bis 2003. Angetrieben von neuen Entwicklungen im Bereich von Telekommunikation und Computertechnologie glaubten viele Anleger ein neues Zeitalter habe begonnen und die

---

[42] Vgl. Simon, J. (2003), S. 13ff. Laut Garber, P. (2000), S. 9 können zusätzlich die Tulpenhausse und die Mississippi Bubble nach der charttechnischen Sichtweise als Preisblasen bezeichnet werden.
[43] Vgl. Simon, J. (2003), S. 13f.
[44] Quelle: Ohio State Financial Data Finder sowie eigene Berechnungen.

alten Gesetze der Ökonomie seien außer Kraft gesetzt.[45] Als Folge dieser Fehleinschätzung der Anleger stieg der NASDAQ im Zeitraum von Januar 1995 bis März 2000 um 660 % an. Ab März 2000 platzte dann jedoch die ‚New Economy'-Blase[46] und der NASDAQ fiel bis Oktober 2002 fast wieder auf seinen Stand von Anfang 1995 zurück.

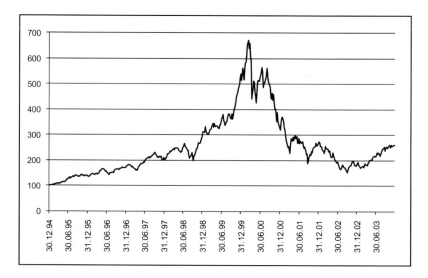

Abbildung 4:   *NASDAQ Composite-Price Index (30.12.1994 = 100)*[47]

Das Konzept des Boom-Bust-Zykluses als Definition für eine Preisblase ist ökonomisch intuitiver als ein reiner Preisanstieg (Boom), da mit einer Preisblase in der Regel starke Kurseinbrüche und negative Auswirkungen auf die gesamte Volkswirtschaft assoziiert werden. Aus diesem Grund neigt dieses Konzept weniger dazu, Preisblasen zu erkennen, die in Wirklichkeit gar keine sind.

Der grundsätzlichen Kritik, die der charttechnischen Sichtweise in der Literatur entgegengebracht wird,[48] kann sich jedoch auch der Boom-Bust-Zyklus nicht entziehen: Es handelt sich auch beim Boom-Bust-Zyklus lediglich um „an empirical statement about

---

[45]   Für ausführliche Beschreibungen der spekulativen Exzesse rund um die ‚New Economy'-Blase siehe Simon, J. (2003), S. 14f. sowie Cooper, M. et al. (2001), S. 2372ff.
[46]   In der Literatur existiert keine Einigkeit über den genauen Auslöser für das Platzen der ‚New Economy'-Blase. Ofek, E. und Richardson, M. (2003) führen das Platzen der ‚New Economy'-Blase auf das Auslaufen von Verkaufsbeschränkungen zurück, das es Insidern ermöglichte, ihre Aktien in großem Stil zu verkaufen.
[47]   Quelle: NASDAQ Stock Market sowie eigene Berechnungen.
[48]   Vgl. Garber, P. (2000), S. 9.

the pattern of asset prices."[49] Auch hier wird einem bestimmten Kursverlaufsmuster, nämlich einem Kursanstieg und einem anschließenden abrupten und heftigen Kursrückgang, das Attribut Preisblase verliehen. Dabei handelt es sich auch bei dieser Vorgehensweise vielmehr um eine simple Beschreibung eines bestimmten Bewegungsmusters und weniger um eine geeignete Definition für das ökonomische Phänomen Preisblase. Die charttechnische Sichtweise vernachlässigt, dass „[ü]ber- und unterdurchschnittliche Preisbewegungen [...] in einer Marktwirtschaft normal [sind], in der relative Preise ihre Aufgabe erfüllen."[50] Die meisten Preisbewegungen auf den Finanzmärkten resultieren nicht aus spekulativem Anlegerverhalten und stellen somit kein Abweichen des Marktpreises von seinem fundamentalen Wert dar. Bei der charttechnischen Sichtweise besteht daher die Gefahr, gewöhnliche Kursschwankungen, wie sie auf allen Märkten für Vermögensgüter vorkommen, fälschlicherweise als Preisblase zu interpretieren, weil sie ein ähnliches Kursverlaufsmuster aufweisen wie ein Boom-Bust-Zyklus. „However, with this definition, there can be no necessary conclusion that this pattern reflects any irrationality or excess or was not based a priori on fundamentals, the usual reason for calling an event a bubble."[51] Ähnlich formulieren diesen Aspekt Hott und Monnin (2008): „When exploring the question as to whether houses are overvalued, the simple observation of the development of prices can be misleading. On the one hand, a strong increase in prices can be justified in fundamental terms. On the other hand, constant prices can lead to an overvaluation, if the underlying fundamentals imply that prices should be decreasing."[52] Die charttechnische Sichtweise kann folglich lediglich einen Hinweis auf mögliche Übertreibungen bzw. Preisblasen liefern. Sie ist jedoch nicht für eine Definition des Phänomens Preisblase geeignet.

Die Vorteile der charttechnischen Sichtweise liegen in ihrer einfachen ökonomischen Intuition und in den geringen Informationsanforderungen. Diese beiden Eigenschaften sind der Grund, warum die charttechnische Sichtweise die Grundlage für viele empirische Untersuchungen des Preisverhaltens von Vermögensgütern bildet. Mit Hilfe der charttechnischen Sichtweise lassen sich eindeutige Aussagen treffen, ob und wann

---

[49] Garber, P. (2000), S. 9.
[50] Dluhosch, B. (2008), S. 11. Diesen Aspekt betonen auch Haines, C. und Rosen, R. (2007), S. 18: „Thus, what appears to be a bubble in some markets might just be a reflection of normally high volatility in those markets."
[51] Garber, P. (2000), S. 9.
[52] Hott, C. und Monnin, P. (2008), S. 428. Vgl. hierzu auch Arshanapalli, B. und Nelson, W. (2008), S. 35: „Nevertheless, prolonged rapid increases in prices do not imply the presence of a bubble. Nor does an ensuing sharp price decline following a price run-up necessarily imply a bursting bubble. The former event may simply reflect the changes in the fundamental economic factors, such as the low level of mortgage rates in the case of housing prices."

2 Vermögenspreisblasen: Definition und theoretische Grundlagen

Preisblasen auf Wohnimmobilienmärkten aufgetreten sind, und somit können exakte Aussagen über deren Verlauf und Auswirkungen auf die gesamte Volkswirtschaft gemacht werden. Aus diesem Grund bedienen sich viele der in Kapitel 3 aufgeführten empirischen Untersuchungen der charttechnischen Sichtweise, um die Eigenschaften von Preisblasen auf den Immobilienmärkten zu beschreiben.

Von den in Kapitel 2.2.1 genannten vier wünschenswerten Eigenschaften für eine Definition von Preisblasen erfüllt die charttechnische Sichtweise lediglich das Kriterium der empirischen Überprüfbarkeit. Wie Abbildung 3 und Abbildung 4 gezeigt haben, hat es auf den Finanzmärkten unstrittig immer wieder sog. Boom-Bust-Zyklen und somit – der charttechnischen Sichtweise folgend – Preisblasen gegeben. Die empirische Überprüfung von Finanzmärkten mit Hilfe der charttechnischen Sichtweise besitzt allerdings einen gewissen subjektiven Charakter. Es gibt keine objektiven Kriterien, wie stark ein Boom und der sich anschließende Bust sein müssen, um als Preisblase zu gelten. Das Gleiche gilt für die Bestimmung der Dauer, die Boom und Bust aufweisen müssen. Somit bleibt es zu einem gewissen Teil immer eine Ermessenssache des jeweiligen Betrachters, ob ein Boom-Bust-Zyklus stark genug ausgefallen ist, um als Preisblase bezeichnet werden zu können, oder ob es sich bei den beobachteten Preisveränderungen um gewöhnliche Schwankungen im Rahmen der üblichen Volatilität des betrachteten Marktes handelt.

Das für die Definition zentrale Kriterium der eindeutigen Abgrenzbarkeit von Preisblasen und anderen, fundamental begründbaren Preisbewegungen kann die charttechnische Sichtweise nicht erfüllen, da sie das fundamentale Marktumfeld und damit die der Preisbewegung zu Grunde liegenden Ursachen ausblendet.

Des Weiteren liefert die charttechnische Sichtweise keine Erklärung für das Entstehen von Preisblasen. Eine Preisblase wird lediglich durch ein bestimmtes Kursverlaufsmuster charakterisiert. Was die konkrete Ursache dieser Preisbewegung ist, wird hingegen nicht weiter hinterfragt. Damit kann die charttechnische Sichtweise auch die in Kapitel 2.2.1 geforderte Eigenschaft, nämlich die Forderung nach dem Einschluss einer Erklärung für das Entstehen von Preisblasen in die Definition, nicht erfüllen.

Da eine Preisblase in der charttechnischen Sichtweise als Boom-Bust-Zyklus definiert wird, ist auch das 4. Kriterium der ‚aktuellen Blasensituation' nicht erfüllt. Eine Preisblase wird aus charttechnischer Sichtweise durch einen anfänglichen Preisanstieg und einen anschließenden Preisrückgang (= Platzen) beschrieben. Damit ist sie unmittelbar durch ihr Ende (= Platzen) definiert und nicht – wie gefordert – durch die ‚aktuelle Blasensituation'.

Zusammenfassend kann festgehalten werden, dass die charttechnische Sichtweise nicht als Basis für eine Definition für Preisblasen geeignet ist. Bei der Überprüfung von Märkten auf die Existenz von Preisblasen kann die charttechnische Sichtweise jedoch einen Hinweis auf die Existenz möglicher Übertreibungen liefern. Auf Grund dieser ‚Indikatorfunktion' wird die charttechnische Sichtweise im 5. Kapitel, wenn die Fragestellung behandelt wird, wie Preisblasen auf Immobilienmärkten erkannt werden können, wieder aufgegriffen.

2.2.4 Verhaltensbasierte Sichtweise

Die verhaltensbasierte Sichtweise orientiert sich bei der Beschreibung des Phänomens Preisblase nicht wie die charttechnische Sichtweise am Kursverlauf eines Vermögensguts, sondern stellt den Anleger mit seinem Denken und Handeln in den Mittelpunkt der Beschreibung. Sie kann damit der Verhaltensökonomik (engl. Behavioral Economics) zugeordnet werden. Die Verhaltensökonomik ist ein spezieller Zweig der Wirtschaftswissenschaften, der den neoklassischen Modellrahmen mit seiner strengen Rationalität[53] aufgibt und unvollkommenes Handeln der Individuen erlaubt.[54] Im Kontext dieser Arbeit ist im Besonderen die verhaltenstheoretische Finanzierungslehre (engl. Behavioral Finance), ein Spezialfeld der Behavioral Economics, welche das Verhalten der Individuen auf den Finanzmärkten in den Mittelpunkt der Betrachtung stellt, von besonderem Interesse. Die Behavioral Finance „befasst sich [...] zum einen mit der Aufnahme, Auswahl und Verarbeitung von Informationen und konsequenterweise mit den daraus resultierenden Entscheidungen. Auf der anderen Seite beschäftigt sie sich mit den Anomalien im menschlichen Verhalten."[55]

---

[53] Zur Unterscheidung verschiedener Arten von Rationalität siehe z. B. Schenek, A. (2006), S. 70ff.
[54] „Behavioral economics is an umbrella of approaches that seeks to extent the standard economic framework to account for relevant features of human behavior that are absent in the standard economic framework. [...] Typically this calls for borrowing from the neighboring social sciences, particularly from psychology and sociology. The emphasis is on well-documented empirical findings: at the core of behavioral economics is the conviction that making our model of an economic man more accurate will improve our understanding of economics, thereby making the discipline more useful." Diamond, P. und Vartiainen, H. (2007), S. 1.
[55] Goldberg, J. und Nitzsch, R. von (2004), S. 27.

Die Bedeutung des Anlegerverhaltens und damit auch der Psychologie bei der Erklärung von extremen Preisschwankungen bei Vermögensgütern ist speziell in der jüngsten Vergangenheit immer stärker in den Fokus der kapitalmarkttheoretischen Forschung gerückt. So bedienen sich die Wirtschaftswissenschaften beispielsweise beim Versuch, die extremen Preisanstiege bei den Technologie-Aktien in den Jahren 1997 bis 1999 zu erklären, in erster Linie psychologischer Erklärungsansätze.[56]

Im Kontext der verhaltensbasierten Sichtweise wird eine Preisblase durch irrationales Verhalten der Marktteilnehmer charakterisiert. Dieses liegt vor, wenn sich die Anleger bei der Bewertung von Vermögensgütern nicht an den fundamental zu Grunde liegenden Daten orientieren, wie es ein rational agierender Anleger tut, sondern sich von Gerüchten, ‚heißen Tipps' oder übertriebenen Erwartungen über die zukünftige Ertragsentwicklung zu irrationalen Investitionsentscheidungen verleiten lassen.

Laut den Definitionen in Tabelle 1 kann Irrationalität an den Kapitalmärkten und damit die Existenz von Preisblasen u. a. durch folgende Denk- und Verhaltensweisen der Anleger bei ihren Investitionsentscheidungen beschrieben werden: ein hohes Maß an Spekulation, übertriebene bzw. sichere Erwartungen an die zukünftige Ertragsentwicklung der Vermögensgüter und irrationaler Überschwang. Diese werden nun im Folgenden ausführlich erläutert.

(1) Hohes Maß an Spekulation

Laut Brooks et al. (2001) sind spekulative Preisblasen dadurch gekennzeichnet, dass die Investoren ihre Erwartungen über den zukünftigen Preis in ihre Investitionsentscheidung miteinbeziehen. In einem von Kursanstiegen gekennzeichneten, positiven Marktumfeld, neigen Individuen dazu, vergangene Kursanstiege in die Zukunft fortzuschreiben. Die so erwartete positive zukünftige Rendite erhöht die Nachfrage und bewirkt ein Abweichen des Marktpreises von seinem fundamentalen Wert. Spekulative Blasen werden daher auch als ‚Self-Fulfilling Prophecies' bezeichnet: Ein Preisanstieg resultiert aus einem vorangegangenen Preisanstieg.[57] Dieses Phänomen auf den Kapitalmärkten wird in der Literatur auch als positives Feedback bezeichnet. Auf Grund eines vorangegangenen Preisanstiegs halten es die Anleger für wahrscheinlich, dass der Preis auch in der Zukunft weiter steigen wird. Dies veranlasst wiederum neue Anleger

---

[56] Vgl. Garber, P. (2000), S. IX.
[57] Vgl. u. a. Flood, R. und Hodrick, R. (1990), S. 85.

zum Kauf und der Preis entfernt sich immer mehr von seinem fundamental gerechtfertigtem Niveau: Eine Preisblase entsteht. Dieser Prozess setzt sich so lange fort, bis die Abweichung vom fundamentalen Wert so groß ist, dass andere externe Einflüsse wie z. B. das Auftreten von neuen Informationen einen Preisrückgang bzw. Crash auslösen können: Die Preisblase platzt.

Ein aktuelles Beispiel für rein spekulatives Handeln auf dem Markt für Wohnimmobilien ist das verstärkte Auftreten von sog. ‚Second-Home-Buyers' in den USA.[58] Bei dieser Art von Investoren handelt es sich um Privatpersonen, die bereits ein selbst genutztes Eigenheim besitzen. Von den steigenden Hauspreisen angelockt, entschließen sich diese, eine zweite Wohnimmobilie allein aus der Intention heraus zu erwerben, durch die zukünftig erwarteten Wertsteigerungen einen Profit zu erzielen. Diese Investoren sind nicht daran interessiert, die erworbene Immobilie als Konsumgut[59] wohnwirtschaftlich zu nutzen, sondern betrachten sie als reines Investitionsobjekt. Die durch ‚Second-Home-Buyers' ausgelösten Preisanstiege ermutigen weitere Spekulanten, aus reinen Renditegesichtspunkten eine Zweitimmobilie zu erwerben (= positives Feedback). Der ständige Markteintritt neuer Spekulanten führt zu einem sich immer weiter beschleunigenden Preisanstieg.

Handelt ein großer Teil der Anleger auf einem Markt einzig und allein aus einer spekulativen Intention heraus, so liegt – der verhaltensbasierten Sichtweise folgend – eine Preisblase vor.

(2) Übertriebene bzw. sichere Erwartungen

Neben einem hohen Maß an Spekulation sind Preisblasen, der verhaltensbasierten Sichtweise folgend, auch durch übertriebene bzw. sichere Erwartungen der Anleger über die zukünftige Preisentwicklung ihrer Investitionen gekennzeichnet.

Besonders in Phasen eines in Folge stetig steigender Vermögenspreise positiv gestimmten Finanzmarktumfeldes neigen die Akteure an den Finanzmärkten zur Überschätzung des Wertsteigerungspotenzials ihrer Investitionen. Viele Anleger neigen dazu, die vergangene, positive Wertentwicklung einfach in die Zukunft fortzuschreiben. Im Zuge der immer euphorischer werdenden Marktstimmung sind die Anleger in stei-

---

[58] Vgl. McCue, D. und Belsky, E. (2007) sowie Wheaton, W. und Nechayev, G. (2008).
[59] Zur Problematik von Wohnimmobilien als Investitions- und Konsumgut siehe u. a. Lee, G. (2008), S. 290ff. sowie Stewart, S. und Brannon, I. (2006), S. 16.

gendem Maße bereit, überhöhte Preise für Vermögensgüter zu bezahlen. Dies führt an den Märkten für Vermögensgüter zu erheblichen Überbewertungen. Zu der übertriebenen Erwartungshaltung der Anleger tritt in Phasen steigender Kurse an den Finanzmärkten des Weiteren ein systematisches Unterschätzen des Risikos. Sie ignorieren in ihrer Euphorie die Tatsache, dass sich mit einem stetigen Anstieg des Preises eines Vermögensguts das Risiko einer möglichen Fehlbewertung und damit das Kursrückgangspotenzial systematisch erhöht. Sie blenden die Gefahr der Bildung einer Preisblase und deren Platzen einfach aus.

Übertriebene Erwartungen der Anleger drücken sich laut Taipalus (2006) u. a. durch eine sog. ‚Sure Thing'-Mentalität[60] aus. Nach dieser neigen die Anleger in Zeiten stetig steigender Vermögenspreise dazu, die vergangenen Kurssteigerungen auf ewig in die Zukunft fortzuschreiben und die Möglichkeit von Kursrückschlägen systematisch zu unterschätzen oder sogar vollkommen auszublenden. Die ‚Sure Thing'-Mentalität tritt verstärkt in der Spätphase eines Booms auf und kann somit als Hinweis auf eine mögliche Blasenbildung interpretiert werden. Case und Shiller (2003) gelang es durch eine Umfrage unter US-amerikanischen Hauskäufern, die ‚Sure Thing'-Mentalität zu quantifizieren. In ihrer Umfrage in den Städten Los Angeles, San Francisco, Boston und Milwaukee stellten die Autoren die Neigung der Hauskäufer fest, das Risiko ihres Hauskaufs zu unterschätzen. Nur eine kleine Minderheit von 8,5 % der Käufer war der Meinung, ein Hauskauf stelle ein erhebliches Risiko dar. Ganz im Sinne der ‚Sure Thing'-Mentalität gaben hingegen 89,4 % der befragten Hauskäufer an, in den nächsten Jahren steigende Hauspreise zu erwarten. Als noch bemerkenswerter entpuppte sich die Erwartung der Befragten bezüglich der konkreten Höhe der erwarteten Wertsteigerung in den nächsten 10 Jahren: Am pessimistischen schätzten die Befragten mit 11,7 % die erwartete Preissteigerung in Milwaukee ein. Die höchsten Erwartungen hatten die Hauskäufer in San Francisco: Sie gaben an, eine Preissteigerung von 15,7 % zu erwarten. Dies entspricht einer Verdoppelung der Hauspreise in 4,8 Jahren.

Neben der ‚Sure Thing'-Mentalität gilt auch die sog. ‚Buy Now, Pay Later'-Mentalität vieler US-amerikanischen Hauskäufer im Zeitraum von 1997 bis 2005 als ein weiteres Anzeichen für die Existenz übertriebener Erwartungen.[61] In der sicheren Erwartung immer weiter ansteigender Preise sahen sich viele Hauskäufer nicht dazu genötigt, ihre Hypothekenkredite zeitnah zu tilgen. Stattdessen vereinbarten sie mit ihren Banken til-

---

[60] Vgl. Taipalus, K. (2006), S. 13.
[61] Vgl. Taipalus, K. (2006), S. 14.

gungsfreie Jahre zu Beginn der Kreditlaufzeit und nutzten den auf diese Art kurzfristig gewonnenen finanziellen Spielraum für die Ausweitung ihrer Konsumausgaben.

Feldstein (2007) stellt in diesem Zusammenhang in seiner Untersuchung[62] des US-amerikanischen Häusermarktes ein weiteres Phänomen fest, das auf übertriebene Erwartungen und damit auf mögliche Übertreibungen hindeutet. Viele Immobilienbesitzer wurden ab 2001 von ihren Banken und Hypothekenmaklern dazu angetrieben, ihr hohes Konsumniveau mittels des sog. ‚Mortgage Equity Withdrawal' (MEW) zu finanzieren.[63] Bei einem MEW nutzen Immobilienbesitzer den aus dem vergangenen Anstieg der Preise ihrer Eigenheime neu gewonnenen Verhandlungsspielraum, um mit ihren Banken und Immobilienmaklern über eine Refinanzierung ihrer Hypothekenkredite zu verhandeln. Im Zuge dieser Neuverhandlungen erhöhten die Banken und Immobilienmakler zumeist in großzügigem Maße die ursprünglich gewährte Kreditlinie. Eine derartige Erhöhung der Kreditlinien stellt für die Immobilienbesitzer kein Problem dar, solange die Hauspreise immer weiter steigen. Der massive Entzug von Eigenkapital durch die Ausweitung der Kreditlinien belegt die Tatsache, dass die Immobilienbesitzer in den USA vom stetigen Anstieg des Preises ihrer Häuser fest überzeugt gewesen sein mussten. Stetig weiter ansteigende Hauspreise würden es den Hausbesitzern aber immer wieder ermöglichen, ihre Kreditlinien weiter auszudehnen, da die gestiegenen Hauspreise stets als Sicherheit dienen. Dieses Szenario gleicht einem ‚Ponzi Game' und verdeutlicht, welche unrealistischen Vorstellungen viele US-amerikanische Besitzer von Wohnimmobilien über die zukünftige Entwicklung ihrer Häuserpreise hatten.[64]

Zusätzlich zum Entzug von Eigenkapital konnten die Immobilienbesitzer bei den Neuverhandlungen mit ihren Banken von den im Zuge des Platzens der ‚New Economy'-Blase 2001 gefallenen Kapitalmarktzinsen profitieren: „Someone who obtained a mortgage at 7.7 percent in 1997 could refinance at a 5.8 percent in 2003 and extract

---

[62] Vgl. Feldstein, M. (2007), S. 6ff.
[63] Neben den USA wird das Instrument des MEWs vor allem in Australien, Großbritannien, Kanada und den Niederlanden angewendet. Vgl. Catte, P. et al. (2004), S. 17.
[64] Zum Problem der übertriebenen Erwartungen bemerkt der Nobelpreisträger Vernon Smith, der in experimentellen Versuchen das Verhalten der Akteure auf den Finanzmärkten untersucht hat: „Wir haben Leute ins Labor gesteckt und ihnen die Höhe künftiger Gewinnausschüttungen gesagt, wir haben für sie sogar genau ausgerechnet, was der daraus resultierende Vermögenswert sein sollte, aber die Leute haben nicht zugehört! Wenn die Preise steigen, nährt das die Erwartung weiter steigender Preise. Im Fall der Häuserkrise haben die Leute so sehr darauf gesetzt, dass sie die grundlegenden Prinzipien aufgegeben haben, dann man Eigenkapital braucht, andernfalls hat man kein Polster, wenn die Preise mal fallen. Aber das hat ja niemand für möglich gehalten. Es wurden weit mehr Häuser gebaut, als es Nachfrage dafür gab. Wie weit kann das gehen, bis die Preise fallen? Jetzt haben wir diesen Haufen von Häusern und wissen nicht, was wir damit anfangen sollen." Smith, V. (2008), S. 14.

substantial cash at the same time."[65] Feldstein (2007) schätzt, dass im Jahr 2005 40 % der bestehenden Hypotheken refinanziert wurden. Den gesamten Kapitalfluss, der den US-amerikanischen Immobilienbesitzern in der Zeit von 1997 bis 2006 durch MEW zufloss, beziffert er auf mehr als 9 Billionen US-$. Dies entspricht 90 % des verfügbaren Einkommens des Jahres 2006.

(3) Irrationaler Überschwang

Der Ausdruck irrationaler Überschwang (engl. Irrational Exuberance) wurde im Jahr 1996 von Alan Greenspan, dem damaligen Vorsitzenden der US-amerikanischen Zentralbank FED, auf dem Annual Dinner and Francis Boyer Lecture of the American Enterprise Institute for Public Policy Research zum ersten Mal verwendet. Mit dieser Formulierung beschrieb Greenspan das Verhalten der Anleger auf den internationalen Aktienmärkten. Er wollte damit auf eine seiner Meinung nach existierende Überbewertung auf den Aktienmärkten und der damit verbundenen Gefahr eines Crashs aufmerksam machen. Laut Shiller (2005) ist der Ausspruch ‚Irrational Exuberance' heute das bekannteste Zitat von Alan Greenspan. Es ist zu einem allgemein akzeptierten Ausdruck für das soziologische Phänomen geworden, dass die Kapitalmärkte im Verlauf ihrer Geschichte immer wieder durch den Einfluss von Marktpsychologie auf ungewöhnlich hohe und langfristig nicht zu haltende Niveaus getrieben werden. „Mit ihm [Anmerk. d. Verfassers: Damit ist hier das Zitat von Alan Greenspan gemeint] wird das Entstehen von Preisblasen auf den Finanzmärkten mit optimistischem Überschwang und ihr Platzen mit Vertrauensverlust beziehungsweise pessimistischem Überschwang in Verbindung gebracht."[66]

Im Gegensatz zur charttechnischen Sichtweise, die sich als einzigem Kriterium für die Definition einer Preisblase des Kursverlaufs bedient, definiert die verhaltensbasierte Sichtweise Preisblasen an Hand spezieller Denk- und Verhaltensweisen der Anleger. Eine Preisblase wird demnach durch ein irrationales Verhalten der Anleger auf den Kapitalmärkten charakterisiert. Beispiele für Anlegerverhalten, welche auf die Existenz von Preisblasen hindeuten, sind Euphorie und übertriebener Optimismus in Phasen sich beschleunigender Preisanstiege und Panik in Phasen von Preiseinbrüchen. Die verhaltensbasierte Sichtweise stellt somit höhere Anforderungen an die zur Beschreibung von Preisblasen benötigte Informationsmenge als die charttechnische Sichtweise.

---

[65] Feldstein, M. (2007), S. 6.
[66] Kölbach, R. et al. (2009), S. 1.

Der zentrale Kritikpunkt an der verhaltensbasierten Sichtweise ist die enorme Schwierigkeit, rationales und irrationales Verhalten der Akteure auf den Kapitalmärkten eindeutig voneinander zu unterscheiden. Spekulation als Ausdruck von Irrationalität auf den Kapitalmärkten kann zwar ohne weiteres im theoretischen Sinne als Erwartungen der Marktteilnehmer, die nicht durch die fundamentale Datenlage gerechtfertigt werden, definiert werden. Auf realen Kapitalmärkten ist es jedoch nahezu unmöglich zu unterscheiden, ob die aktuellen Erwartungen der Anleger noch als konform mit der fundamentalen Datenlage und somit als rational bezeichnet werden können oder nicht.[67] Der Übergang von rationalen zu irrationalen Erwartungen erfolgt vielmehr fließend und lässt sich daher nicht exakt bestimmen.[68] Aus diesem Grund ist die verhaltensbasierte Sichtweise nicht geeignet, Preisblasen von anderen fundamental begründbaren Preisbewegungen eindeutig zu unterscheiden. Damit kann die verhaltensbasierte Sichtweise die für eine Definition von Preisblasen in Kapitel 2.2.1 geforderte wichtige Eigenschaft der eindeutigen Abgrenzung zu fundamental begründeten Preisbewegungen nicht erfüllen.

Des Weiteren handelt es sich bei der verhaltensbasierten Sichtweise nicht um ein empirisch überprüfbares (Blasen-) Konzept.[69] Marktstimmungen und irrationales Anlegerverhalten lassen sich nicht bzw. nur ungenau in konkrete Zahlen fassen und objektiv untersuchen. Ihre Analyse unterliegt vielmehr dem subjektiven Erachten eines jeden Beobachters.

Die verhaltensbasierte Sichtweise erfüllt die wünschenswerte Eigenschaft des Einschlusses einer Erklärung für das Entstehen von Preisblasen. Diese entstehen, wenn die Akteure an den Finanzmärkten in Zeiten steigender Kurse dazu tendieren, übertriebene Erwartungen an die Ertragsentwicklung von Vermögensgütern zu bilden und das Risiko von Kursrückgängen systematisch unterschätzen. In der Folge treffen sie (irrationale)

---

[67] Für eine ausführliche Behandlung des Problems der Unterscheidung von rationalem und irrationalem Anlegerverhalten siehe auch Kapitel 2.3.3.
[68] So wollte z. B. Alan Grenspann mit seiner Rede aus dem Jahr 1996 mit dem Hinweis auf die Existenz von ‚Irrational Exuberance' auf den Kapitalmärkten der Weltöffentlichkeit seine Sorge über das seiner Meinung nach überhöhte Bewertungsniveau an den internationalen Börsen verdeutlichen. Aus der euphorischen Stimmung der Anleger schloss Greenspan, dass es sich bei den Aktienkurssteigerungen der Vorjahre sehr wahrscheinlich um eine Blase handeln müsse. Der Dow Jones Index stand damals bei 6.500 Punkten. Drei Jahre später, der Dow Jones war in dieser Zeit um weitere 50 % angestiegen, wurde Greenspan auf seine Rede angesprochen und gefragt, ob es immer noch Irrationalität an den Börsen gebe. Er antwortete: „That is something you can only know after the fact." (Garber, P. (2000), S. 7.) Diese Anekdote verdeutlicht, dass auch die psychologische Sichtweise keine eindeutige Antworten auf die Frage liefern kann, ob Preisblasen auf den Kapitalmärkten existieren.
[69] Vgl. Garber, P. (2000), S. 4.

Anlageentscheidungen in Form des Kaufs von überbewerteten Wertpapieren und bewirken somit ein stetiges Abdriften des Marktpreises von seinem fundamentalen Wert.

Die verhaltensbasierte Sichtweise erfüllt zusätzlich die wünschesnwerte Eigenschaft der Berücksichtigung der ‚aktuellen Blasensituation'. Eine Preisblase ist nach dieser Sichtweise durch das Verhalten der Akteure an den Kapitalmärkten während des (aktuellen) Entstehens einer Preisblase charakterisiert (z. B. übertriebene Erwartungen oder irrationaler Überschwang) und nicht durch das Verhalten der Marktakteure gegen Ende einer Preisblase (z. B. panikartiges Verkaufen sämtlicher Positionen).

Es ist deutlich geworden, dass auch die verhaltensbasierte Sichtweise keine geeignete Basis für eine Definition für Preisblasen ist. Bei dieser Sichtweise handelt es sich vielmehr um eine Zustandsbeschreibung des Verhaltens der Anleger auf den Finanzmärkten in einer Zeit steigender Kurse. Ähnlich wie die charttechnische Sichtweise besitzt jedoch auch die hier beschriebene verhaltensbasierte Sichtweise eine Art Indikatorfunktion[70] für das Erkennen von Preisblasen. Auf Grund der Tatsache, dass sich Anleger in verschiedenen Marktphasen unterschiedlich verhalten, können Rückschlüsse auf das Bewertungsniveau und damit die mögliche Existenz bzw. das Entstehen von Preisblasen gezogen werden. Deshalb wird die verhaltensbasierte Sichtweise im 5. Kapitel, wenn es um die Fragestellung geht, wie Preisblasen erkannt werden können, wieder aufgegriffen.

2.2.5 Fundamentale Sichtweise

Die fundamentale Sichtweise ist in den Wirtschaftswissenschaften die zentrale und am häufigsten verwendete Methode, Preisblasen zu beschreiben. Sie besagt, dass sich der korrekte Wert eines Vermögensguts aus den ihm zu Grunde liegenden fundamentalen Daten ableiten lässt. Unter Fundamentaldaten wird dabei ganz allgemein „a collection of variables that we believe should drive asset prices"[71] verstanden. Weicht der Marktpreis eines Vermögensguts längerfristig und in erheblichem Ausmaß vom fundamentalen Wert ab, existiert – der fundamentalen Sichtweise folgend – eine Preisblase.

---

[70] Als Indikator dienen die Denk- und Verhaltensweisen (hohes Maß an Spekulation, übertriebene bzw. sichere Erwartungen oder irrationaler Überschwang) der Akteure auf den Märkten für Vermögensgüter. Vgl. hierzu auch Kapitel 5.2.
[71] Garber, P. (2000), S. 4.

Fundamentaler Wert und Marktpreis eines Vermögensguts sind streng voneinander zu unterscheiden. Der fundamentale Wert[72] ergibt sich einzig und allein aus der Gesamtheit der werttreibenden Faktoren des betrachteten Vermögensguts und kann daher als objektiver Wert bezeichnet werden. Damit stellt der fundamentale Wert in der neoklassischen Modellwelt mit ihren rationalen Wirtschaftsobjekten die theoretisch korrekte Größe für den Wert eines Vermögensguts dar.[73] Er wird gemeinhin auch als der Wert bezeichnet, den ein rationaler Anleger unter Berücksichtigung sämtlicher verfügbarer und relevanter Informationen bereit wäre, für ein Vermögensgut zu bezahlen.

Der Marktpreis eines Vermögensguts hingegen bildet sich auf einem Markt durch das freie Aufeinandertreffen von Angebot und Nachfrage. Er ist folglich das Ergebnis einer Tauschaktion zwischen zwei Marktteilnehmern.[74] Damit generiert sich der Marktpreis immer unter der individuellen Wertschätzung sowohl des Käufers als auch des Verkäufers.[75] Neben fundamentalen Faktoren fließen in den Marktpreis folglich auch die persönlichen Verhältnisse und die Erwartungen der Tauschpartner in die Preisfindung mit ein.

Der Marktpreis eines Vermögensguts besteht somit aus zwei abgrenzbaren Komponenten: einer subjektiven und einer objektiven. Die objektive Komponente spiegelt die einem Vermögensgut zu Grunde liegenden Fundamentaldaten wider und gibt Auskunft über den aus ökonomischer Sicht ‚richtigen' Wert. Die subjektive Komponente hingegen reflektiert die persönlichen Erwartungen der Marktteilnehmer über den zukünftigen Verkaufspreis. Der Marktpreis ist somit ein Wert mit höchst subjektivem Charakter.[76] Die subjektive Komponente ermöglicht Vermögenswertspekulationen und daraus resultierende Preisblasen.[77]

Zur Berechnung des fundamentalen Wertes von Vermögensgütern können zwei zentrale Herangehensweisen unterschieden werden: der Barwertansatz und ein allgemeines

---

[72] In der Literatur wird der Fundamentalwert auch als intrinsischer, innerer, fairer oder wahrer Wert eines Vermögensguts bezeichnet. Unabhängig von der Bezeichnung wird darunter aber stets derjenige Wert verstanden, der sich unabhängig vom aktuellen Marktpreis ergibt und als korrekter Wertmaßstab angesehen werden kann.
[73] Vgl. Schmitz, J. (2005), S. 6.
[74] Vgl. Jedem, U. (2006), S. 49.
[75] Vgl. Gondring, H. (2004), S. 949.
[76] Der subjektive Charakter resultiert laut Schmitz, J. (2005), S. 6 aus der Tatsache, dass es sich bei den Marktpreisen für Vermögensgüter lediglich um Schätzungen der Marktteilnehmer handelt. Diese Schätzungen sind geprägt von Unsicherheit über die zukünftige Entwicklung und unvollständiger Information über die Gegenwart.
[77] Vgl. Schmitz, J. (2005), S. 6.

2 Vermögenspreisblasen: Definition und theoretische Grundlagen

Gleichgewichtsmodell. Beim Barwertansatz wird der fundamentale Wert eines Vermögensguts durch das Abzinsen der Cash Flows und des Endwertes mittels des Diskontierungszinssatzes bestimmt. Die Barwertbetrachtung wird sowohl im Bereich der Bewertung von Aktien als auch von Immobilien angewendet. Bei der Bewertung mittels eines Gleichgewichtsmodells wird der fundamentale Wert eines Vermögensguts aus makroökonomischen Größen wie Zinsen, Einkommen oder Inflation abgeleitet. Gleichgewichtsmodelle werden u. a. bei der Bestimmung des fundamentalen Wertes von Immobilien angewendet.[78]

Im Folgenden wird für die Vermögensgüter Aktien und Immobilien dargelegt, wie sich jeweils der fundamentale Wert bestimmen lässt.

Bestimmung des fundamentalen Wertes bei Aktien

In der Finanzwirtschaft stellen Barwertmodelle, die auf das bahnbrechende Werk von Williams ‚The Theory of Investment Value' von 1938 zurückgehen, den ältesten und am häufigsten angewendeten theoriegeleiteten Versuch dar, den fundamentalen Wert einer Aktie zu bestimmen.[79] Diese Modelle errechnen den fundamentalen Wert[80] aus der Summe der diskontierten, zukünftig zu erwartenden gesamten Zahlungsüberschüsse, die den Anteilseignern zufließen. Bei Unterstellung einer unbegrenzten Haltedauer der Aktie kann von einem Veräußerungserlös am Ende der Laufzeit abgesehen werden. Im Folgenden wird vereinfachend von einer Vollausschüttung ausgegangen. Die Zahlungsüberschüsse können dann als Dividenden interpretiert werden.[81]

Mit Hilfe des Barwertmodells lässt sich der fundamentale Wert einer Aktie wie folgt bestimmen:

(2.1) $\quad K_t^{FA} = \sum_{t=1}^{\infty} \frac{E_t[D_{t+1}]}{(1+r^a)^t},$

mit: $\quad K_t^{FA}$: Fundamentalwert der Aktie,

$E_t[.]$: Markterwartung unter Berücksichtigung aller verfügbaren Informationen,

---

[78] Des Weiteren wird der fundamentale Wert bei sämtlichen Vermögensgütern, die keine Cash Flows erzielen, mittels Gleichgewichtsmodellen bestimmt. Hier sind in erster Linie Rohstoffe zu nennen.
[79] Vgl. Steiner, P und Uhlir, H. (2001), S. 112.
[80] Dieser fundamentale Wert wird gemeinhin auch als ‚Present Value' bzw. Barwert bezeichnet.
[81] Vgl. exemplarisch Steiner, M. und Bruns, C. (2007), S. 243ff. sowie Bodie, Z. et al. (2008), S. 605ff.

D_{t+1}: Dividendenzahlung,

r^a: risikoadjustierter Zinssatz.[82]

Bestimmung des fundamentalen Wertes bei Immobilien

Auf Immobilienmärkten wird der fundamentale Wert einer Immobilie häufig mittels eines Gleichgewichtsmodells aus den fundamentalen Marktvariablen abgeleitet.[83] Diese Modelle beinhalten als wertbestimmende Faktoren hauptsächlich makroökonomische Variablen wie Einkommen, Beschäftigung oder Realzinsen. Berry und Dalton (2004) unterteilen die fundamentalen Einflussfaktoren in die drei Kategorien kurzfristig, institutionell und langfristig werttreibende Faktoren:[84]

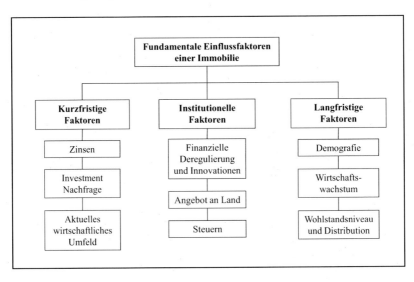

Abbildung 5: Fundamentale Einflussfaktoren von Immobilien[85]

Auch bei der Bestimmung des fundamentalen Wertes von Immobilienmärkten wird in letzter Zeit verstärkt auf den Einsatz von Barwertmodellen zurückgegriffen.[86] Der fun-

---

[82] Zur Bestimmung des risikoadjustierten Kapitalmarktzinssatzes siehe z. B. Kußmaul, H. (1999).
[83] Vgl. u. a. Black, A. et al. (2006), S. 1536 sowie Fraser, P. et al. (2006), S. 3.
[84] Art und Anzahl der den Immobilienmarkt beeinflussenden Faktoren können je nach betrachtetem Immobilienmarkt und Zeitraum sehr stark variieren. Für eine Übersicht zu den Gleichgewichtsmodellen des Immobilienmarktes siehe McCue, D. und Belsky, E. (2007), S. 1ff. sowie Luo, Z. et al. (2007), S. 234f.
[85] Eigene Darstellung in Anlehnung an Berry, M. und Dalton, T. (2004), S. 74ff.
[86] Vgl. Smith, G. und Smith, M. (2006), Wang, P. (2000) sowie Black, A. et al. (2006).

damentale Wert einer Immobilie ergibt sich dann aus der Summe der diskontierten, zukünftig erwarteten Mieteinnahmen.[87] Bei Unterstellung einer unbegrenzten Haltedauer kann von einem Veräußerungserlös am Ende der Laufzeit abgesehen werden. Der fundamentale Wert ergibt sich dann wie folgt:

(2.2) $\quad K_t^{FI} = \sum_{t=1}^{\infty} \frac{E_t[R_{t+1}]}{(1+r^a)^t}$,

mit: $\quad K_t^{FI}$: Fundamentalwert der Immobilie,

R_{t+1}: Mieterträge.

Weichen der fundamentale Wert und der Marktpreis in erheblichem Maße und über einen längeren Zeitraum voneinander ab, so besteht – der Logik der fundamentalen Sichtweise folgend – eine Preisblase. Abbildung 6 veranschaulicht, wie eine Abweichung des Marktpreises eines beliebigen Vermögensguts von seinem Fundamentalwert dargestellt werden kann.

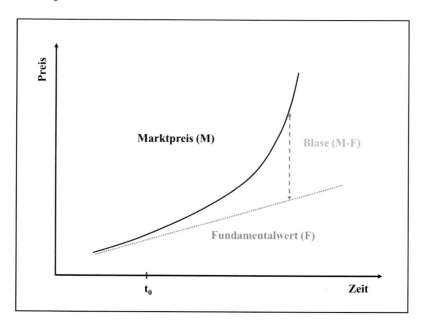

Abbildung 6: Abweichung des Marktwertes vom Fundamentalwert I

---

[87] „The fundamental value of a house is the present value of the future housing service flows that it provides to the marginal buyer. In a well functioning market, the value of the housing should be approximated by the rental value of the house." Krainer, J. und Wei, C. (2004), S. 1.

Bis zum Zeitpunkt t_0 entsprechen sich Marktpreis und Fundamentalwert. Ab t_0 beschleunigt sich jedoch das Wachstum des Marktpreises, obwohl sich am Wachstum des Fundamentalwerts nichts geändert hat. Als Folge driften der Marktpreis und der fundamentale Wert immer weiter auseinander. Es kommt zu einer Überbewertung: Eine Preisblase ist entstanden. Diese lässt sich aus der Differenz von Marktwert (M) und Fundamentalwert (F) berechnen und ist ebenfalls in Abbildung 6 dargestellt.

Der große Vorteil der fundamentalen Sichtweise ist das ihr zu Grunde liegende ökonomisch fundierte Modell. Eine Preisblase wird hier definiert als ein Abweichen des Marktpreises eines Vermögensguts von seinem Fundamentalwert, der sich aus sämtlichen werttreibenden Faktoren ergibt und daher als der wahre Preis bezeichnet werden kann. Damit unterscheidet sie sich von der charttechnischen Sichtweise, die sich lediglich eines bestimmten Kursverlaufsmusters bedient, um eine Blase zu definieren. Die fundamentale Sichtweise geht über dieses einfache Konzept hinaus und hinterfragt zusätzlich die ökonomische Intuition der Preisbewegungen von Vermögensgütern:

- Kann eine Preisbewegung durch fundamentale Faktoren erklärt werden, so handelt es sich dabei um eine aus der Veränderung der fundamentalen Datenlage resultierenden Anpassung an ein neues Gleichgewicht und somit um eine notwendige Anpassung an veränderte Rahmenbedingungen und nicht um eine Preisblase.[88]

- Kann für eine Preisbewegung keine fundamentale Erklärung gefunden werden, so handelt es sich um eine Preisblase.

Um der bereits bei der charttechnischen Sichtweise in Kapitel 2.2.3 angesprochenen Kritik zu begegnen, diese Art der Definition enthalte keinen Kursrückgang und eine Preisblase könnte somit als etwas Positives wahrgenommen werden, wird die fundamentale Sichtweise in der Regel um das Merkmal eines Preisrückgangs bzw. Crashs erweitert. Dieser erweiterte Blasenbegriff ist in Abbildung 7 dargestellt. Bis zum Zeitpunkt t_0 entspricht der Marktpreis dem fundamentalen Wert. Ab t_0 beschleunigt sich das Wachstum des Marktpreises, während der fundamentale Wert mit seiner konstanten Rate weiterwächst. Der Marktpreis und der fundamentale Wert driften immer weiter auseinander. Es entsteht eine Preisblase. Zum Zeitpunkt t_1 erreicht diese schließlich ihre

---

[88] Ein typisches Beispiel für eine Preisbewegung, die aus einer Veränderung der fundamentalen Datenlage resultiert, ist ein Strukturbruch.

größte Ausdehnung. Danach beginnt die Korrekturphase. Der Preis bricht ein und nähert sich wieder seinem fundamental gerechtfertigten Niveau. Die Preisblase ist geplatzt.

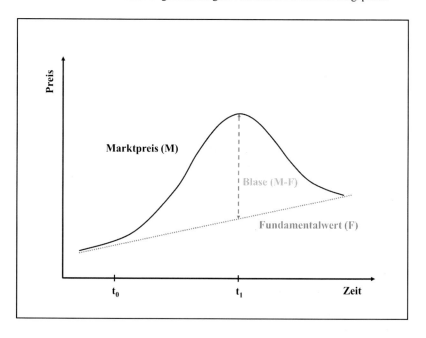

Abbildung 7: Abweichung des Marktpreises vom Fundamentalwert II

Diese erweiterte Definition hat den Vorteil, dass sie einen kurzen und heftigen Preisrückgang und die damit verbundenen negativen Auswirkungen auf die Finanzmarktstabilität und das Volkseinkommen berücksichtigt. Ein reines Abweichen des Marktpreises über den fundamental gerechtfertigten Wert hat erst einmal keine direkten negativen Auswirkungen auf eine Volkswirtschaft.[89] Erst das Platzen einer Preisblase führt zu direkten negativen Auswirkungen in Form von Vermögensvernichtung und Instabilität auf den Finanzmärkten und sollte daher ein Bestandteil der Definition einer Preisblase sein.

---

[89] Von den indirekten negativen Auswirkungen fundamental nicht gerechtfertigter Preisbewegungen auf die Ressourcenallokation innerhalb einer Volkswirtschaft sei an dieser Stelle einmal abgesehen. Zum Problem der Fehlallokation auf Grund falscher Signale durch ungerechtfertigte Preisbewegungen siehe Europäische Zentralbank (2005), S. 53f. sowie Kapitel 3.3.1.

Exkurs: Müssen Preisblasen immer platzen?

Auch wenn – wie weiter oben beschrieben – das Platzen einer Preisblase eine ‚wünschenswerte' Eigenschaft bei der Definition von Preisblasen darstellt, gibt es Modelle, in denen Preisblasen nicht zwangsläufig platzen müssen. Eine solche Möglichkeit ist das unendliche Fortbestehen einer Preisblase. Eine derartige Preisblase ist in Abbildung 6 dargestellt. Der Marktpreis eines Vermögensguts wächst exponentiell, während der fundamentale Wert mit einer konstanten Rate wächst. In der Folge ergibt sich eine Preisblase mit unendlicher Laufzeit. Die Größe der Preisblase nimmt dabei im Zeitablauf stets zu. Diese Art von Preisblase wird auch als deterministische Preisblase bezeichnet.[90] Ein unendliches Fortbestehen einer Preisblase stellt jedoch kein realistisches Szenario dar.[91]

Als ein weiteres Szenario für das Ende einer Preisblase ist auch ein gemäßigter Übergang mittels einer langanhaltenden Deflation denkbar. „We stress that several models of stochastic speculative bubbles indicate that a bubble does not end necessarily with a crash as there is a finite probability for a bubble to end by a transition to another regime such as slow deflation."[92] Ein derartiges ‚Auslaufen' einer Preisblase ist in Abbildung 8 dargestellt. Ab t_0 entfernen sich Marktpreis und fundamentaler Wert voneinander, die Preisblase entsteht. Bei t_1 erreicht die Preisblase ihre größte Ausdehnung. Danach bricht der Marktpreis jedoch nicht abrupt ein, sondern geht in eine gemäßigte Deflation über. Marktpreis und fundamentaler Wert nähern sich wieder langsam an. Ab t_2 hat sich die Fehlbewertung wieder vollständig abgebaut. An dieser Stelle wird deutlich, dass eine geeignete Definition für das Phänomen Preisblase nicht durch das Ende (= Platzen) definiert werden kann.

---

[90] Zu einer ausführlichen Beschreibung von deterministischen Preisblasen siehe Kapitel 2.3.1.2.
[91] Vgl. hierzu u. a. Bruns, C. (1994), S. 22.
[92] Zhou, W. und Sornette, D. (2003), S. 258.

2 Vermögenspreisblasen: Definition und theoretische Grundlagen 49

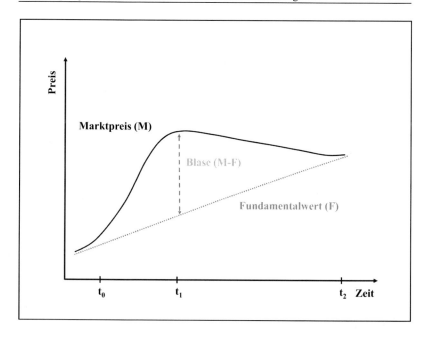

Abbildung 8:   Langsames ‚Auslaufen' einer Preisblase

Die fundamentale Sichtweise wird in der Literatur am häufigsten verwendet, um das Phänomen Preisblase zu beschreiben. Sie wird der charttechnischen und verhaltensbasierten Sichtweise vorgezogen, da sie den fundamentalen und damit den ‚wahren' Wert eines Vermögensguts in den Mittelpunkt der Betrachtung rückt. Während die charttechnische Sichtweise den Marktpreis eines Vermögensguts und die verhaltensbasierte Sichtweise das Verhalten der Anleger für die Beschreibung einer Preisblase als essenziell erachten, geht die fundamentale Sichtweise weiter und bezieht alle ökonomischen Faktoren, die den Wert eines Vermögensguts beeinflussen, in die Beschreibung mit ein. Eine Preisblase existiert folglich nur, wenn sich aus den Marktdaten kein fundamentaler Erklärungsansatz für eine Preisbewegung ableiten lässt. Damit befriedigt die fundamentale Sichtweise die in der Literatur häufig formulierte Forderung, die Bezeichnung Blase für eine fundamental nicht nachvollziehbare Preisbewegung nur als letztes Mittel anzuwenden.[93]

Das zentrale Problem der fundamentalen Sichtweise liegt in der Bestimmung des fundamentalen Werts eines Vermögensguts. Dieser wird im Gegensatz zum Marktpreis

---

[93] Diese Ansicht wird unter anderem vehement von Garber, P. (1990a), S. 35 vertreten.

eines Vermögensguts nicht täglich durch das Aufeinandertreffen von Angebot und Nachfrage ermittelt und ist daher nicht in Form von Börsenkursen bei Aktien oder Transaktionspreisen bei Immobilien ersichtlich.[94] Er muss aus einer Vielzahl von ökonomischen Variablen abgeleitet werden. Dabei besteht das Problem, dass nicht alle relevanten fundamentalen Variablen direkt messbar bzw. beobachtbar sind. Viele Variablen – an dieser Stelle sei besonders auf die Erwartungen der Marktteilnehmer hingewiesen – sind nicht direkt beobachtbar und müssen durch einen Proxy ersetzt werden. Dieser Proxy bildet aber in der Regel die Wertentwicklung der ursprünglichen Variablen nicht adäquat ab, so dass sich bei Verwendung von Proxys folglich der fundamentale Wert nur annäherungsweise bestimmen lässt. Andere fundamentale Variablen wie z. B. die zukünftigen Cash Flows eines Vermögensguts müssen über lange Zeiträume geschätzt werden. Je größer der Zeitraum, für den der Cash Flow geschätzt wird, um so höher ist das Risiko, dass der in der Zukunft realisierte Wert von den ursprünglichen Schätzungen abweicht.

Auf Grund der beschriebenen Probleme bei der Bestimmung des fundamentalen Wertes werden in der Anlagepraxis leichter handhabbare Bewertungskonzepte zur Bestimmung des fundamentalen Wertes angewendet.[95] Ein derartiges Konzept stellen Kennzahlen dar. Mit ihrer Hilfe wird versucht, den fundamentalen Wert eines Vermögensguts unter Zuhilfenahme weniger Variablen näherungsweise zu bestimmen, um ihn anschließend mit dem aktuellen Bewertungsniveau des Marktes zu vergleichen.

Im Bereich der Aktienanalyse besitzt das Kurs-Gewinn-Verhältnis (KGV), welches auf dem hier dargelegten Dividenden-Diskontierungsmodell aufbaut, eine große Praxisrelevanz. Das KGV (engl. Price-Earnings-Ratio (PER)) ergibt sich als Quotient aus dem Kurs einer Aktie und dem zukünftig erwarteten Gewinn je Aktie:[96]

$$(2.3) \quad KGV = \frac{Kurs}{zukünftig\ erwarteter\ Gewinn\ je\ Aktie}.$$

Durch den Vergleich des KGVs einer Aktie mit dem Durchschnitts-KGV eines Marktes oder einer Branche kann ein Rückschluss auf das Bewertungsniveau der Aktie gezogen werden. Liegt das KGV der Aktie unter dem (Branchen-) Durchschnitt, so gilt diese als

---

[94] „Right away we see that bubbles are difficult to detect because fundamental value is fundamentally unobservable." Krainer, J. und Wei, C. (2004), S. 1.
[95] Vgl. Krainer, J. und Wei, C. (2004), S. 1.
[96] Vgl. Steiner, M. und Bruns, C. (2007), S. 267f.

relativ günstig bewertet, liegt das KGV hingegen über dem (Branchen-) Durchschnitt, so gilt die Aktie als relativ hoch bewertet.

Im Bereich der Immobilienökonomie wird bei der Beurteilung, ob die Preisentwicklung eines Marktes mit der fundamentalen Datenlage konform geht, häufig das Verhältnis von Häuserpreisen zur Mietentwicklung (engl. Price-Rent Ratio) angewendet.[97] Diese Kennzahl vergleicht die Kosten des Besitzens mit den Kosten des Mietens eines Hauses. Nach der Intention dieser Kennzahl sollten Haus- und Mietpreise einem gemeinsamen Trend folgen. Steigen die Hauspreise stärker als die Mieten, ist es für potenzielle Hauskäufer günstiger, Wohnraum zu mieten, anstatt zu erwerben. Dies wiederum reduziert die Nachfrage nach Häusern und führt zu einem Rückgang der Häuserpreise. Ein Price-Rent Ratio, das für längere Zeit über seinem langfristigen Durchschnitt liegt, kann als ein Anzeichen für eine Überbewertung interpretiert werden.[98]

Die hier auszugsweise präsentierten Kennzahlen können den fundamentalen Wert von Vermögensgütern jedoch nicht genau bestimmen, sondern lediglich einen Hinweis geben, in welcher Größenordnung sich der fundamentale Wert befinden könnte. Für eine exakte Bestimmung müssen alle werttreibenden Faktoren genau erfassbar sein. „Daher erweist sich die Ermittlung des (inneren) Wertes [...] im Rahmen der Erkennung von ‚Bubbles' als neuralgischer Punkt."[99]

Exkurs: Abgrenzung von Preisblasen und fundamental begründeten Preisbewegungen

Ziel dieses Exkurses ist es, das Konzept der fundamentalen Sichtweise genauer zu erläutern. Zu diesem Zweck werden zwei fundamentale Erklärungsansätze für Preisveränderungen auf den Märkten für Vermögensgüter beschrieben und anschließend ausführlich erläutert, warum es sich bei diesen Preisbewegungen um keine Preisblasen im Sinne der fundamentalen Sichtweise handelt. Die beiden fundamentalen Erklärungsansätze sind zyklische Schwankungen und Strukturbrüche. Zum anderen soll in diesem

---

[97] Vgl. u. a. Krainer, J. und Wei, C. (2004), S. 1, McCarthy, J. und Peach, R. (2004), S. 5 sowie Himmelberg, C. et al. (2005), S. 72f. Eine kritische Auseinandersetzung mit dem Price-Rent Ratio als Indikator für das Bewertungsniveau von Immobilienmärkten findet sich in Finicelli, A. (2007). Eine ausführliche Darstellung weiterer Indikatoren, die zur Beurteilung des Bewertungsniveaus von Immobilienmärkten angewendet werden, befindet sich in Kapitel 5.6.
[98] Vgl. Himmelberg, C. et al. (2005), S. 72f.
[99] Bruns, C. (1994), S. 28.

Exkurs vorab verdeutlicht werden, wie schwierig es ist, Vermögenspreisbewegungen auf realen Märkten auf ihre Ursachen zu untersuchen.

(1) Preisblase vs zyklische Schwankungen

Sowohl die Märkte für reale Vermögensgüter wie Immobilien als auch für Geldvermögensgüter wie Aktien sind immer wieder durch starke zyklische Preisschwankungen geprägt. Abbildung 9 zeigt exemplarisch die Preisentwicklung des finnischen Wohnimmobilienmarktes für den Zeitraum von 1970 bis 2007. Hier wird deutlich, dass sich die Immobilienpreise der allgemeinen konjunkturellen Lage nicht entziehen können und deren Schwankungen – in der Regel zeitlich verzögert – nachfolgen. Im Zuge des Zusammenbruchs der DDR und der UDSSR im Zeitraum von 1989 bis 1991 geriet die finnische Wirtschaft auf Grund der wegbrechenden osteuropäischen Nachfrage in die tiefste Rezession seit der Weltwirtschaftskrise von 1930,[100] in deren Verlauf auch die finnischen Immobilienpreise um knapp 40 % zurückgingen.

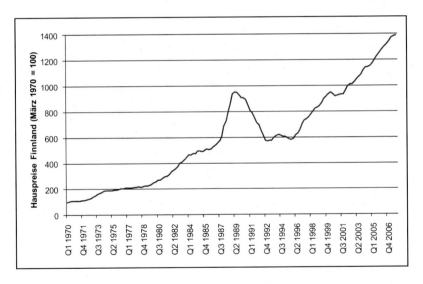

Abbildung 9:   Entwicklung der finnischen Hauspreise[101]

---

[100] In den Jahren 1991-1993 stieg die Arbeitslosenquote in Finnland von 3 % auf 16 % und das BIP schrumpfte um 11 %. Vgl. Taipalus, K. (2006), S. 24.
[101] Quelle: BIS (Berechnungen basierend auf nationalen Angaben, siehe Anhang I) sowie eigene Berechnungen.

In ihrer Studie über die Immobilienmärkte von 18 Mitgliedsstaaten der Organisation für wirtschaftliche Zusammenarbeit und Entwicklung (OECD) haben Girouard et al. (2006) die zyklischen Preisschwankungen von Hauspreisen untersucht. Sie kamen zu dem Ergebnis, dass der „durchschnittliche reale Hauspreiszyklus"[102] im untersuchten Zeitraum von 1970 bis 2005 zehn Jahre betrug. In der Expansionsphase, die im Schnitt sechs Jahre andauerte, erhöhten sich die realen Hauspreise um 45 %. In der folgenden Kontraktionsphase, die im Schnitt fünf Jahre anhielt, fielen die Preise um 25 %. „By implication, at least since 1970, real house prices have fluctuated around an upward trend, which is generally attributed to rising demand for housing space linked to increasing per capita income, growing populations, supply factors such as land scarcity and restrictiveness of zoning laws, quality improvement and comparatively low productivity growth in construction."[103]

In der Literatur werden für die zyklischen Preisschwankungen der Immobilienmärkte unterschiedliche Ursachen angeführt. Als einer der Hauptgründe wird das auf den Immobilienmärkten verstärkt auftretende Auseinanderdriften von Angebot und Nachfrage (sog. Mengenungleichgewichte) genannt.[104] Diese Mengenungleichgewichte resultieren aus der verzögerten Anpassung des Immobilienbestands auf eine Veränderung der fundamentalen Datenbasis.[105] Dopfer (2000) berechnet für den westdeutschen Wohnungsmarkt eine zeitliche Verzögerung von dreieinhalb Jahren, bis sich ein Anstieg des BIP-Wachstums positiv auf eine Ausweitung des Wohnungsangebots auswirkt.

Zyklische Preisschwankungen, wie sie z. B. Girouard et al. (2006) in ihrer Studie untersuchen, sind Preisbewegungen, die aus einer Veränderung des fundamentalen Marktumfeldes resultieren, und können daher als Anpassungsprozesse an neue (Markt-)Gleichgewichte und nicht als eine Form der Blasenbildung interpretiert werden. Zyklische Preisschwankungen sind somit kein Ausdruck von Spekulation, sie können viel-

---

[102] Girouard, N. et al. (2006), S. 6.
[103] Girouard, N. et al. (2006), S. 6.
[104] Vgl. Dopfer, T. (2000), S. 19. Wheaton, W. (1999), S. 209 nennt zusätzlich die hohe Lebensdauer von Immobilien und externe Schocks als beliebte Erklärungsansätze für die zyklischen Schwankungen des Immobilienmarktes. Renaud, B. (1995) nennt als weitere Ursachen die Liberalisierung und Deregulierung der Kapitalmärkte, gestörte Anreizstrukturen und Fehler seitens der Zentralbanken. Laut Grenadier, R. (1995), S. 97f. ist auch die lange Konstruktionsdauer von Immobilien und das Verhalten der Projektentwickler eine Ursache für die starke Zyklizität auf den Immobilienmärkten.
[105] Diese zeitlichen Verzögerungen werden auch als Lags bezeichnet. Palinkas, P. (1976), S. 9a identifiziert für die zeitliche Verzögerung bei der Wohnungsbauinvestitionstätigkeit in Deutschland einen Informations-Lag, einen Entscheidungs-Lag und einen Ausführungs-Lag. Dopfer, T. (2000), S. 20 identifiziert zusätzlich einen Einkommens-Lag und einen Administrations-Lag.

mehr als Preisdynamiken bezeichnet werden, die aus einer Veränderung des fundamentalen Marktumfeldes resultieren.

Auf realen Märkten gestaltet es sich als schwierig, zyklische Preisschwankungen von Preisblasen zu unterscheiden, da sich der Übergang von einem Zyklus hin zu einem spekulativen Exzess fließend gestaltet. Deshalb wird sehr häufig versucht, zyklische Preisschwankungen mittels einfacher Heuristiken (sog. Daumenregeln) von Preisblasen zu unterscheiden.

In einer Studie über die Preisentwicklung auf den Immobilienmärkten von 14 Industrienationen im Zeitraum von 1970 bis 2002 bedienen sich Helbling und Terrones (2003) einer solchen Heuristik. Mit Hilfe der Konjunkturanalyse[106] identifizieren sie in einem ersten Schritt allgemeine Rezessions- und Aufschwungsphasen auf den nationalen Immobilienmärkten. In einem zweiten Schritt werden große, persistente Preisanstiege (Booms) und Preisrückgänge (Busts) als Blasen deklariert und so von den zyklischen Preisschwankungen unterschieden.[107] Eine Preisbewegung wird als Bust bezeichnet, wenn der Preisrückgang vom Konjunktur-Höhepunkt bis zur -Talsohle in das Top-Quartil aller Rückgänge fällt. Analog dazu bezeichnen die Autoren eine Preisbewegung als Boom, wenn der Anstieg des Preises von der Konjunktur-Talsohle bis zum -Höhepunkt in das Top Quartil aller Preisanstiege fällt. Booms und Busts können dabei unabhängig voneinander auftreten.

Dieser einfachen Vorgehensweise von Helbling und Terrones (2003) bei der Unterscheidung zwischen zyklischen Preisschwankungen und Preisblasen liegt eine charttechnische Sichtweise zu Grunde. Preisblasen werden durch eine Preisbewegung (nach oben wie nach unten) innerhalb des Top-Quartils identifiziert. Fundamentale Aspekte bleiben bei dieser Betrachtungsweise jedoch außen vor. Ein weiterer Kritikpunkt ist, dass die Anzahl der identifizierten Booms und Busts beliebig variiert werden kann, je nachdem welches Perzentil bei der Definition angewendet wird: Wird statt des Top Quartils das Top Quintil verwendet, so verringert sich dementsprechend die Anzahl der

---

[106] Siehe Morsink, J. et al. (2002), S. 106f. für eine Übersicht über verschiedene Konjuktur-Modelle und Messkonzepte.

[107] Helbling, T. und Terrones, M. (2003) verwenden in ihrer Studie das Wort Blase zwar nicht direkt, sondern die Ausdrücke Boom, Bust und Crash. Da sie in ihrer Studie aber starke Preisbewegungen bei Vermögensgütern, die zu einer Beeinträchtigung der wirtschaftlichen Aktivität und der Finanzmarktstabilität führen, untersuchen, werden diese Ausdrücke hier als Synonyme behandelt. Bordo, M. und Jeanne, O. (2002) sowie Mishkin, F. und White, E. (2003) bedienen sich in ihren Studien ebenfalls der Kursentwicklung von Vermögenspreisen, um Booms und Busts zu identifizieren.

identifizierten Booms und Busts. Diese Vorgehensweise besitzt folglich einen stark subjektiven Charakter.

(2) Preisblase vs Strukturbruch

Neben zyklischen Preisschwankungen, die auf den Immobilienmärkten speziell durch die verzögerte Anpassung des Angebots bei Veränderung der Nachfrage (Mengenungleichgewichte) hervorgerufen werden, stellen Strukturbrüche eine weitere Ursache für Preisbewegungen dar, die auf fundamentale Faktoren zurückzuführen und somit streng von Preisblasen abzugrenzen sind.

Für das ökonomische Phänomen des Strukturbruchs konnte sich bis jetzt in der Literatur keine einheitliche Definition durchsetzen.[108] Eichler und Benz (2005) definieren einen Strukturbruch als einen schnellen und starken Strukturwandel innerhalb einer Volkswirtschaft.[109] Ein Strukturbruch tritt dabei für die Individuen unerwartet und plötzlich auf und überfordert daher die normalen Anpassungsmechanismen und Absorptionsprozesse einer Volkswirtschaft, was zu wirtschaftlichen Komplikationen führen kann. Folglich können sowohl negative als auch positive Strukturbrüche auftreten.

Abbildung 10 veranschaulicht den zeitlichen Anpassungsprozess, den ein positiver Strukturbruch auf den Marktpreis eines Vermögensguts bewirkt.[110] Bis zum Zeitpunkt t_0 entsprechen sich Marktpreis und Fundamentalwert des betrachteten Vermögensguts. Zum Zeitpunkt t_0 tritt dann ein plötzlicher, positiver Strukturbruch ein, der den fundamentalen Wert erhöht. Nach einer gewissen Zeit, welche die Individuen benötigen, um den Strukturbruch wahrzunehmen, setzen die wirtschaftlichen Anpassungsmechanismen ein und der Marktpreis folgt dem fundamentalen Wert auf das neue, höhere Bewertungsniveau. Ab dem Zeitpunkt t_1 befinden sich der fundamentale Wert und der Markt-

---

[108] Vgl. Eichler, M. und Benz, S. (2005), S. 12.
[109] Laut Eichler, M. und Benz, S. (2005) ist eine Volkswirtschaft einem andauernden strukturellen Wandel unterworfen. Als Beispiel nennen sie den Wandel von der agrarisch geprägten Wirtschaftsstruktur über die Industrie- bis hin zur Dienstleistungsgesellschaft. Ein ständiger Strukturwandel ist dabei nichts Negatives, sondern vielmehr das Kennzeichen einer von Arbeitsteilung gekennzeichneten Wirtschaft. Dieser als positiv empfundene Strukturwandel findet jedoch häufig nicht kontinuierlich und langsam statt, sondern setzt häufig plötzlich und abrupt ein und kann daher die Märkte überfordern. Man spricht dann von einem Strukturbruch. Ein Strukturwandel unterscheidet sich folglich von einem Strukturbruch auf Grund der Konsequenzen für die Volkswirtschaft. Während ein Strukturwandel aus ökonomischer Sicht nur positive Folgen für die Volkswirtschaft hat, kann ein Strukturbruch durch die von ihm ausgelösten Anpassungsprozesse auch zu negativen Auswirkungen auf die Volkswirtschaft führen.
[110] Positiv bedeutet in diesem Zusammenhang, dass der Strukturbruch einen werterhöhenden Effekt auf das betrachtete Vermögensgut ausübt.

preis im neuen Gleichgewicht. Der durch den Strukturbruch ausgelöste Anpassungsprozess ist abgeschlossen.

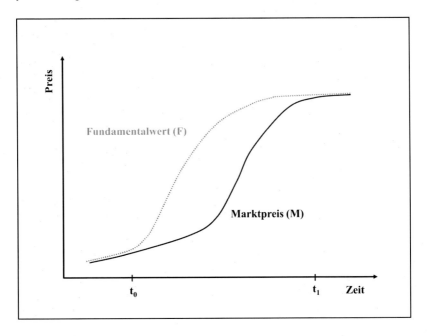

Abbildung 10: Positiver Strukturbruch

Abbildung 10 hat gezeigt, dass eine Preisbewegung, die aus einem Strukturbruch heraus entsteht, nach der fundamentalen Sichtweise keine Preisblase darstellt. Preisblasen entstehen durch das ungerechtfertigte Abweichen des Marktpreises eines Vermögensguts von seinem fundamentalen Wert. Eine Preisbewegung, die aus einem Strukturbruch heraus entsteht, ist hingegen ein Anpassungsprozess des Marktpreises an einen neuen Fundamentalwert. Damit enthält diese Preisbewegung keine spekulative Komponente.

In ihrer Studie über den Strukturwandel in der Schweiz finden Müller und Cretegny (2005) heraus, dass der technische Fortschritt die Hauptantriebskraft des Strukturwandels und damit auch des gesamtwirtschaftlichen Wachstums ist. Weniger relevant erachten die Autoren Veränderungen des Staatskonsums, des Wachstums der Gesamtbeschäftigung sowie der Konsumentenpräferenzen.[111]

---

[111] Vgl. Müller, A. und Cretegny, L. (2005), S. 19.

2 Vermögenspreisblasen: Definition und theoretische Grundlagen

Die in der Wirtschaftswissenschaft vorherrschende Ansicht, ein Strukturwandel resultiere in erster Linie aus dem technologischen Fortschritt, führt zur häufig vertretenen Ansicht, auf Immobilienmärkten sei das Auftreten von Strukturbrüchen eher unwahrscheinlich.[112] Im Gegensatz zu jungen und dynamischen Hightech-Branchen wie der Telekommunikation oder der Computertechnologie gilt die Immobilienbranche als etabliert und gesetzt. Bahnbrechende technische Neuerungen und hieraus resultierende Strukturbrüche bilden folglich eher die Ausnahme.

In seiner Studie über den US-amerikanischen Einzelhandel belegt Nwogugu (2004) – konträr zur oben genannten populären Ansicht – die Relevanz des technischen Fortschritts für die Immobilienwirtschaft. Laut seiner Untersuchung kann dieser sogar gravierende Strukturveränderungen hervorrufen.[113] Als wesentliche technische Neuerung, die den Markt für Einzelhandelsimmobilien in der jüngeren Vergangenheit verändert hat, nennt er die Einführung des Internets, die zu einem sprunghaften Anstieg des Onlinehandels und einem Rückgang der benötigten Lager- und Ausstellungsflächen führte. Zusätzlich ermöglicht die steigende Verbreitung von Kreditkarten und automatischen Abrechnungssystemen den Einzelhandelsunternehmen, immer mehr Informationen und Daten über die eigenen Kunden zu sammeln. Diese Entwicklung führte schließlich zum Einsatz des Customer Relationship Managements (CRM). All diese Entwicklungen haben und werden auch in Zukunft Einzelhandelsunternehmen zwingen, alte Geschäftsflächen zu schließen bzw. zu restrukturieren, neue zu eröffnen und die Anforderungen an Standorte und Qualität regelmäßig anzupassen.[114] Als zentrale Ergebnisse des Strukturwandels auf dem US-amerikanischen Einzelhandelsmarkt nennt Nwogugu (2004) eine hohe Zahl von Geschäftsschließungen im Zeitraum von 1995 bis 2003, das langsame Aussterben der Tante-Emma-Läden und die Überlegenheit der Discounter und Vollsortimenter.[115]

Mit Hilfe der erfolgten theoretischen Herleitung lassen sich Strukturbrüche und Preisblasen zwar eindeutig voneinander unterscheiden, auf realen Märkten gestaltet sich die Unterscheidung jedoch als äußerst schwierig, da sowohl Strukturbrüche als auch Preisblasen durch kurzfristige und starke Preisveränderungen gekennzeichnet sind. Um eine Preisbewegung eindeutig als Blase zu identifizieren, muss im Vorfeld immer auch untersucht werden, ob die Preisveränderung nicht doch auf fundamentale Faktoren wie

---

[112] Vgl. Just, T. (2003), S. 226.
[113] Vgl. hier und im Folgenden Nwogugu, M. (2004), S. 3ff.
[114] Vgl. Gibler, K. et al. (2002), S. 238f.
[115] Vgl. Nwogugu, M. (2004), S. 7.

z. B. einen Strukturbruch zurückgeführt werden kann. Es hat sich allerdings als ein schwieriges Unterfangen herausgestellt, Strukturbrüche im realen Wirtschaftsgeschehen zu erkennen: „[...] often we do not know whether, and how often, such changes [Anmerk. d. Verf.: Damit sind hier Strukturbrüche gemeint] occur."[116] Aus diesem Grund wurde in der Literatur eine Vielzahl an ökonometrischen Testverfahren zur Erkennung von Strukturbrüchen entwickelt.[117] Diese Testverfahren besitzen jedoch die zentrale Schwäche, dass sie Strukturbrüche erst mit einer deutlichen Zeitverzögerung von zufälligen Preisschwankungen unterscheiden können.[118] Bei der konkreten Fragestellung, ob es sich bei einer aktuell aufgetretenen Preisbewegung um eine Blase oder vielleicht doch einen Strukturbruch handelt, erbringen ökonometrische Testverfahren auf die Existenz von Strukturbrüchen folglich keine zuverlässigen Aussagen.

Die hier erfolgte Darstellung hat deutlich gemacht, dass Preisbewegungen auf den Märkten für Vermögensgüter sehr genau nach ihren Ursachen hinterfragt werden müssen, da ansonsten die Gefahr besteht, Preisbewegungen als Blasen zu erkennen, die in Wirklichkeit durch fundamentale Veränderungen induziert sind. Diese Notwendigkeit betont auch Garber (1990a): „Before economists relegate a speculative event to the inexplicable or bubble category, however, we must exhaust all reasonable economic explanations. While such explanations are often not easily generated due to the inherent complexity of economic phenomena, the business of economists is to find clever fundamental market explanations for events; and our methodology should always require that we search intensively for market fundamental explanations before clutching the "bubble" last resort."[119]

Als zentrales Ergebnis der Darstellung der fundamentalen Sichtweise kann festgehalten werden, dass sie alle in Kapitel 2.2.1 genannten wünschenswerten Eigenschaften für

---

[116] Shimizu, C. und Nishimura, K. (2007), S. 495.
[117] Vgl. exemplarisch Eichler, M. und Benz, S. (2005) sowie Bai, J. und Perron, P. (1998). Maddala, G. und Kim, I.-M. (1998) unterscheiden vier Test-Kategorien: Tests mit bekannten und unbekannten Bruchstellen, Tests mit einer oder mehreren Bruchstellen, Tests mit univariaten und multivariaten Bruchstellen, Tests mit stationären und nicht-stationären Bruchstellen.
[118] Vgl. Lang, G. (2004), S. 15.
[119] Garber, P. (1990a), S. 35. In seiner Untersuchung des großen Börsenkrachs von 1929 wendet White, E. (1990) die hier beschriebene Sorgfalt bei der Hinterfragung der Aktienmarktentwicklung an. Er untersucht die wesentlichen fundamentalen Werttreiber des Aktienmarktes der 1920er Jahre und kommt zu dem Ergebnis, dass keine fundamentalen Erklärungsfaktoren wie das Wachstum der Dividenden oder die Kreditvergabe an die Börsenhändler den rasanten Anstieg und das anschließende Abstürzen der Börsenkurse ausreichend erklären können. Daraus leitet er die Konsequenz ab, dass es sich bei diesem Boom-Bust-Zyklus um eine Preisblase gehandelt haben muss: „Eugene White provides a convincing interpretation of the stock market boom and bust of the 1920s as a speculative bubble, by carefully ruling out possible alternative explanations of the changes in prices." Stiglitz, J. (1990), S. 16.

2 Vermögenspreisblasen: Definition und theoretische Grundlagen

eine Definition für Preisblasen erfüllt und somit sowohl der charttechnischen und als auch verhaltensbasierten Sichtweise überlegen ist:

- Sie grenzt Preisblasen eindeutig von anderen Preisbewegungen ab, indem sie Preisblasen als fundamental nicht gerechtfertigte Preisbewegungen bezeichnet. Sobald ein fundamentaler Erklärungsfaktor für eine Preisbewegung gefunden werden kann, handelt es sich folglich nicht um eine Preisblase.

- Sie enthält eine Erklärung für das Entstehen von Preisblasen. Diese entstehen, wenn sich der Marktwert eines Vermögensguts zu weit von seinem fundamentalen Wert entfernt.

- Die fundamentale Sichtweise ermöglicht eine empirische Untersuchung auf die Existenz von Preisblasen. Mit Hilfe der näherungsweisen Bestimmung des fundamentalen Wertes z. B. über Kennzahlen und einem anschließenden Vergleich dieser mit den aktuellen Marktpreisen lassen sich die Märkte für Vermögensgüter auf die Existenz von Preisblasen untersuchen: Weichen der fundamentale Wert und der Marktpreis signifikant voneinander ab, besteht eine Preisblase.

- Die fundamentale Sichtweise lässt die ‚aktuelle Blasensituation' erkennen: Eine Preisblase ist hier definiert als ein Abweichen des Marktpreises von seinem fundamenatlen Wert. Damit ist die fundamenatle Sichtweise nicht durch ihr Ende (= Platzen) definiert.

Die Darstellung der fundamentalen Sichtweise hat jedoch auch gezeigt, dass diese kein perfektes Konzept zur Definition von Preisblasen darstellt. Dies wurde an Hand der Probleme verdeutlicht, die bei der (empirischen) Bestimmung des fundamentalen Wertes von Vermögensgütern und der Abgrenzung von Preisblasen zu fundamental begründeten Preisbewegungen existieren.

Trotz dieser Schwierigkeiten wird im weiteren Verlauf dieser Arbeit eine Preisblase als ein Abweichen des Marktpreises von seinem fundamentalen Wert definiert. Diese Definition wird durch die Tatsache gestützt, dass in der wirtschaftswissenschaftlichen Forschung das Abweichen des Marktpreises von seinem fundamentalen Wert die häufigste Herangehensweise zur Definition des Phänomens Preisblase ist.

2.2.6 Negative Preisblasen

Ein weiterer in der Literatur diskutierter Aspekt betrifft die Frage, ob es auf den Finanzmärkten nur positive oder auch negative Preisblasen geben kann. Bis jetzt wurde in dieser Arbeit stets unterstellt, dass der Marktwert eines Vermögensguts über seinem fundamentalen Wert liegt und somit lediglich positive Preisblasen existieren. Folgt man dieser Logik, erscheint es durchaus konsistent, ein Abfallen des Marktpreises eines Vermögensguts weit unter seinen fundamentalen Wert als eine negative Preisblase zu bezeichnen. Abbildung 11 enthält die Darstellung einer möglichen negativen Preisblase. Bis zum Zeitpunkt t_0 entspricht der Marktpreis nahezu dem Fundamentalwert. Nach t_0 bricht der Marktpreis ein, obwohl sich das fundamentale Marktumfeld nicht verändert hat. Fundamentalwert und Marktpreis driften immer weiter auseinander: Es entsteht eine negative Preisblase. Diese lässt sich durch die Differenz zwischen dem Marktwert (M) und dem Fundamentalwert (F) darstellen.

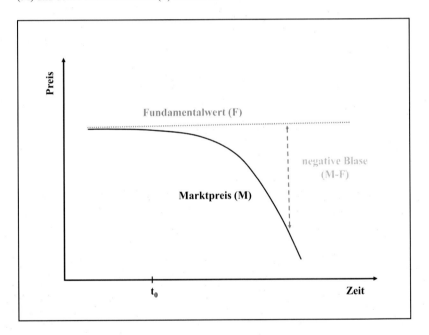

Abbildung 11: Negative Preisblase I

Laut Allen und Gale (2007) treten negative Preisblasen besonders im Anschluss an das Platzen einer positiven Preisblase auf, wenn die Preise für Vermögensgüter im Zuge der Panik der Anleger weit unter den fundamental gerechtfertigten Wert fallen. Negative

2 Vermögenspreisblasen: Definition und theoretische Grundlagen 61

Preisblasen sind somit besonders für Banken, deren Aktiva zu einem großen Teil aus Immobilien und Aktien bestehen, eine große Gefahr. Sinkende Vermögenspreise verringern das Eigenkapital der Banken und machen diese z. B. gegenüber einem durch panische Kleinsparer ausgelösten erhöhten Abfluss von Liquidität verwundbar.[120] Um die Liquidität zu sichern, sind die Banken auf Verkäufe ihrer eigenen Vermögensgüter angewiesen und beschleunigen damit zusätzlich den Rückgang der Vermögenspreise.[121]

Die Frage, ob es auf den Kapitalmärkten auch negative Preisblasen geben kann (dies entspricht einer Unterbewertung), wird in der wirtschaftswissenschaftlichen Literatur häufig verneint.[122] Als Begründung wird angeführt, dass Vermögenspreise nicht negativ werden können, d. h., es gibt einen Tiefstkurs, der weitere Kursverluste ausschließt ($K_t = 0$). Wenn eine Preisblase jedoch eine im Zeitablauf zunehmende Abweichung vom fundamentalen Wert darstellt – diese Ansicht ist in der wirtschaftswissenschaftlichen Literatur dominant – begrenzt der Tiefstkurs die Abweichung nach unten. Als Konsequenz können keine negativen Preisblasen auftreten.[123] An dieser Argumentation kann kritisiert werden, dass der fundamentale Wert stets als konstant angenommen und eine Preisblase lediglich durch ein Sinken des Marktwertes hervorgerufen wird. Eine negative Preisblase kann auch entstehen, weil sich der fundamentale Wert erhöht und der Marktpreis konstant bleibt oder fällt.[124] Eine Konstellation mit einem fallenden Marktpreis ist in Abbildung 12 dargestellt. Bis zum Zeitpunkt t_0 entspricht der Fundamentalwert dem Marktpreis. Ab t_0 entwickeln sich dann die beiden Werte in entgegengesetzte Richtungen. Der Fundamentalwert steigt auf Grund einer werterhöhenden Veränderung des fundamentalen Umfeldes, die Anleger interpretieren die Veränderung jedoch falsch und verkaufen das Vermögensgut. In der Folge fällt der Marktpreis und es bildet sich eine negative Preisblase.

---

[120] Bestes Beispiel für Risiken, die aus einem plötzlichen, panikartigen Abfluss von Kapital für Banken entstehen können, sind die Beinahe-Konkurse der Banken Northern Rock, Bear Stearns und Merrill Lynch, die alle drei nur durch staatliche Unterstützung vor dem Konkurs gerettet werden konnten und der Zusammenbruch der Investment Bank Lehman Brothers.
[121] Die Auswirkungen von Preisblasen werden ausführlich in Kapitel 3.3 erläutert.
[122] Zu den Autoren, die eine andere Meinung vertreten gehören Köddermann, R. (1993), S. 152 und Kindleberger, C. (1996), S. 13.
[123] Für eine mathematische Herleitung des Ausschlusses von negativen Blasen vgl. Diba, B. und Grossman, H. (1987), S. 698f. sowie Diba, B. und Grossman, H. (1988a), S. 35ff.
[124] Des Weiteren ist es fragwürdig, ob der Nullpunkt (damit ist ein Preis von 0 € für ein Wertpapier gemeint) für die Frage der Existenz von Preisblasen überhaupt eine Rolle spielt. Der Preis für ein Wertpapier muss bei einer Preisblase nicht zwangsläufig auf Null fallen. Ist der fundamentale Wert für ein Wertpapier 10 € und fällt der Marktpreis längerfristig z. B. auf den Wert von 2 €, so kann der fundamentalen Sichtweise folgend von einer negativen Preisblase gesprochen werden. An diesem Beispiel wird deutlich, dass der Nullpunkt hierfür keine Rolle spielt!

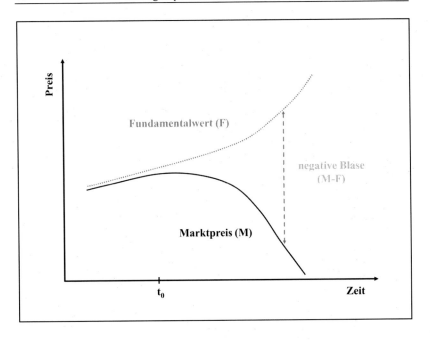

Abbildung 12: Negative Preisblase II

Wird die häufige Annahme der Konstanz des fundamentalen Wertes aufgegeben, kann eine stetig zunehmende negative Blase entstehen. Das Problem, dass der Marktpreis nicht negativ werden kann und daher keine negative Blase entstehen kann, existiert nicht mehr, da der fundamentale Wert nach oben nicht begrenzt ist und folglich im Zeitablauf immer weiter zunehmen kann.

Köddermann (1993) vertritt bzgl. der Existenz von negativen Preisblasen eine ähnliche Auffassung wie die hier Vertretene. Er entwirft ein Modell für Aktien unter Vernachlässigung der Dividendenzahlungen. Notiert der Kurs einer Aktie unter dem Fundamentalwert[125] und wachsen sowohl Fundamentalwert als auch der Kurs mit der gleichen Rate, so existiert eine konstante, relative Unterbewertung. Die negative Preisblase nimmt im Zeitablauf stetig zu. Gleichzeitig kann der Aktienkurs niemals negativ werden. Auf Grund seines Modells kommt er zum Schluss: „Das Argument, dass negative

---

[125] Köddermann, R. (1993) benutzt in seinen Ausführungen den Ausdruck Fundamentalkomponente.

Bubbles langfristig zu negativen Aktienkursen führen und daher ausgeschlossen sind, ist allerdings fragwürdig."[126]

Als weiteres Argument gegen die Existenz von negativen Preisblasen werden in der Literatur Arbitrageüberlegungen angeführt.[127] Ein Abweichen des Marktpreises eines Vermögensguts unter seinen fundamentalen Wert müsste diesem Argument zur Folge rationale Anleger dazu veranlassen, das unterbewertete Vermögensgut zu kaufen. Der Marktpreis würde sich in der Folge dem fundamentalen Wert wieder anpassen und die Anleger würden so einen Gewinn erzielen. Wird dieser Gedankengang jedoch konsequent zu Ende geführt, so schließt diese Argumentation auch die Existenz positiver Preisblasen aus: Rationale Anleger würden jede Abweichung des Marktpreises über den fundamentalen Wert hinaus ebenso erkennen und z. B. mit Hilfe von Leerverkäufen eine Annäherung beider Werte bewirken. Dieser Argumentation folgend, wäre somit die Existenz jeglicher Form von Preisblasen widerlegt.

2.2.7 Kritik am in dieser Arbeit verwendeten Blasenbegriff

Obwohl sich die fundamentale Sichtweise als dominant erwiesen hat, stellt auch sie keinen perfekten Weg zur Beschreibung des Phänomens Preisblase dar. Ein zentraler Kritikpunkt an der fundamentalen Sichtweise, der in der wirtschaftswissenschaftlichen Literatur bis jetzt unerwähnt bleibt, ist der Ausschluss von extremen Preisschwankungen, die auf fundamentale Veränderungen zurückzuführen sind. Eine derartige Preisschwankung ist in Abbildung 13 dargestellt. Sie zeigt eine Preisbewegung, die sich aus einem extrem starken Anstieg und einem anschließenden Rückgang zusammensetzt, welche beide durch eine Veränderung der fundamentalen Datenlage hervorgerufen worden sind. Bis zum Zeitpunkt t_0 wachsen fundamentaler Wert und Marktpreis mit der gleichen Rate. Nach t_0 tritt eine Veränderung der fundamentalen Datenlage ein. Als Beispiel sei hier angenommen, die Zentralbank senke in mehreren Schritten den Leitzins. Als eine Folge werden die Cash Flows des hier abgebildeten Vermögensguts schwächer diskontiert, was sich in einem Anstieg des fundamentalen Wertes ausdrückt. Die Akteure an den Kapitalmärkten realisieren diese Veränderung und sind in der Folge bereit, einen höheren Preis für das Vermögensgut zu bezahlen. Der Marktpreis folgt somit dem fundamentalen Wert. Ab dem Zeitpunkt t_1 tritt eine erneute Veränderung der fundamen-

---

[126] Ködderman, R. (1993), S. 152.
[127] Vgl. Bruns, C. (1994), S. 27.

talen Datenlage ein. Als Beispiel sei angenommen, die Zentralbank erhöhe den Leitzins in mehreren Schritten wieder. Dadurch werden die Cash Flows wieder stärker abgezinst, was den fundamentalen Wert des abgebildeten Vermögensguts reduziert. Die Zinsänderung veranlasst die Akteure auf den Kapitalmärkten, ihre Preisvorstellungen anzupassen und einen geringeren Preis für das Vermögensgut zu bezahlen. Der Marktpreis folgt dem fundamentalen Wert und fällt in Richtung seines Niveaus zum Zeitpunkt t_0.

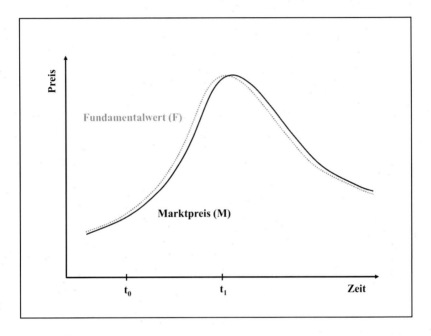

Abbildung 13: Fundamental gerechtfertigter Preisanstieg und -rückgang

Laut der fundamentalen Sichtweise handelt es sich bei dieser Preisbewegung nicht um eine Preisblase, da sie durch eine Veränderung des fundamentalen Marktumfeldes ausgelöst wurde. Diese Art von Preisschwankungen kann jedoch, ähnlich wie Preisblasen im Sinne der fundamentalen Sichtweise, extreme negative Effekte mit sich bringen. Speziell bei den langfristigen, negativen realen Auswirkungen unterscheiden sich ‚echte Vermögenspreisblasen' von den hier dargestellten ‚fundamental gerechtfertigten extremen Preisausschlägen' nur unwesentlich. Beide besitzen das Potenzial, die Finanzmarktstabilität zu gefährden und das Wohlstandsniveau signifikant zu verringern. Somit erscheint es durchaus wünschenswert, wenn eine Definition von Preisblasen extreme

Preisbewegungen, die durch eine Veränderung des Fundamentalwertes ausgelöst werden, berücksichtigen würde.

Bei einem Einschluss von fundamental begründeten Preisbewegungen in eine Definition für das Phänomen Preisblase würde es jedoch zu einem Vermischen von allgemeinen, marktinhärenten Preisdynamiken (dies entspricht den fundamental begründeten Preisbewegungen) und exzessiven Übertreibungen (dies entspricht dem in dieser Arbeit verwendeten Konzept von Preisblasen) kommen. Da aber das Ziel dieser Arbeit ist, die Märkte für Wohnimmobilien auf spekulative Exzesse und Übertreibungen zu untersuchen, würde eine Vermischung des Blasenbegriffs mit derartigen Preisschwankungen kontraproduktiv wirken und die Ergebnisse dieser Arbeit verfälschen. Aus dieser Sicht ist der Ausschluss von extremen, fundamental begründeten Preisschwankungen bei der in dieser Arbeit verwendeten Definition für Preisblasen kein Nachteil, sondern erweist sich vielmehr als konsistent mit der in dieser Arbeit verfolgten Zielsetzung.

2.3 Ansätze zur Modellierung von Preisblasen

Extreme Preisschwankungen von Vermögensgütern und die hieraus für die Volkswirtschaften resultierenden negativen Auswirkungen in Form von Finanzmarktinstabilitäten und Verminderung des Volkseinkommens stehen seit jeher im Fokus von Ökonomen, Politikern und der Akteure an den Finanzmärkten. Trotz dieses hohen Interesses gelang es der Ökonomie lange Zeit nicht, einen Beitrag zur Analyse des Entstehens und Verhaltens von Preisblasen auf Finanzmärkten in Form von mathematischen Modellen zu leisten. Flood und Hodrick (1994) nennen als Grund hierfür die Tatsache, dass Ökonomen lange Zeit nicht über die passenden analytischen und statistischen Methoden verfügten. Erst die flächendeckende Einführung der Hypothese rationaler Erwartungen[128] in die wirtschaftswissenschaftliche Theorie bereitete das Fundament für eine theoretische und empirische Untersuchung von Preisblasen.[129] In der Folge wurden Ende der 1970er und Anfang der 1980er Jahre zahlreiche Modelle zur Beschreibung von sog. ‚bubbles' entwickelt. Dabei stand stets der Aktienmarkt im Fokus der Forschung. Hier lagen im Gegensatz zum Immobilienmarkt verlässliche Informationen über die Preisentwicklung in Form langer und hochfrequenter Zeitreihen sowohl für Aktienkurse als auch für die Dividendenentwicklung vor.

---

[128] Die Theorie rationaler Erwartungen geht zurück auf Muth, J. (1961) und Lucas, R. (1972/73), der 1995 für seinen wissenschaftlichen Beitrag den Nobelpreis erhielt.
[129] Vgl. Flood, R. und Hodrick, R. (1994), S. 83.

In der wirtschaftswissenschaftlichen Literatur wird zwischen rationalen und irrationalen Preisblasen unterschieden. Das Attribut rational bzw. irrational bezieht sich in diesem Zusammenhang jedoch nicht auf die Preisblase selbst – Preisblasen können nicht rational oder irrational sein –, sondern vielmehr auf das Verhalten und die Denkweise der Anleger, welche Preisblasen auslösen. Handeln die Anleger aus einem (beschränkt) rationalen Motiv heraus, und induziert ihr Verhalten die Bildung einer Preisblase, so wird diese als rational bezeichnet. Bestimmen jedoch irrationale Verhaltens- und Denkweisen der Anleger, wie z. B. der naive Glaube, ein Preisanstieg werde sich in alle Ewigkeit fortsetzen, die Investitionsentscheidungen, so wird eine hieraus resultierende Preisblase als irrational bezeichnet. Im weiteren Verlauf dieses Kapitels wird jedoch die in der angel-sächsischen Literatur übliche Formulierung rationale bzw. irrationale Preisblase verwendet, auch wenn mit den Attributen rational/irrational eigentlich das die Preisblase auslösende Anlegerverhalten gemeint ist. In Abbildung 14 ist zu erkennen, wie sich rationale Preisblasen weiter in stochastische, deterministische und agencyinduzierte Preisblasen unterteilen lassen. Die irrationalen Preisblasen untergliedern sich weiter in Fads und Fashions, ‚Beauty Contest Bubble', Sunspots sowie zahlreiche weitere (Unter-) Formen. Des Weiteren existiert eine Vielzahl an Mischformen rationaler und irrationaler Preisblasen.[130] Die unterschiedlichen Komponenten der oben beschriebenen Preisblasen überlagern sich bei diesen Modellen gegenseitig und sind daher nicht immer eindeutig voneinander zu unterscheiden.[131] Auf Grund ihrer Vielzahl sind die Mischformen in Abbildung 14 nicht im Detail aufgeführt.

Abbildung 14 deutet bereits an, dass es ein schwieriges Unterfangen ist, rationale von irrationalen Preisblasen zu unterscheiden, weshalb die meisten Preisblasenmodelle in die Kategorie der Mischformen einzuordnen sind. Bevor am Ende dieses Kapitels eine abschließende Diskussion erfolgt, ob eine Unterscheidung in rationale und irrationale Preisblasen – speziell vor dem in dieser Arbeit verfolgten Ziel, Wohnimmobilienmärkte auf die Existenz von Preisblasen zu untersuchen – überhaupt als sinnvoll bzw. not-

---

[130] Diba, B. und Grossman, H. (1988b) entwerfen ein Modell für ‚explosive bubbles'. Bei diesen entfernt sich der Marktpreis auf Grund von außenstehenden, irrelevanten Informationen von seinem fundamentalen Wert. Die Abweichung des Marktpreises nimmt dabei im Zeitablauf stetig zu. Evans, G. (1991) entwirft ein Modell ‚regularly collapsing bubbles'. Diese Klasse von Preisblasen ist rational, positiv und fällt regelmäßig in sich zusammen. Abreu, D. und Brunnermeier, M. (2003) entwerfen ein Modell, in dem Preisblasen trotz der Existenz von rationalen Arbitrageuren für einen längeren Zeitraum fortbestehen können. Die Nachhaltigkeit der Blasenbildung resultiert aus der temporären Unfähigkeit der Arbitrageure, ihre Anlagestrategien zu koordinieren. Rosser, J. (1991), S. 89ff. entwirft ein Modell für semi-rationale Preisblasen und liefert somit eine Synthese zwischen rationalem und irrationalem Anlegerverhalten.

[131] Vgl. Bruns, C. (1994), S. 23.

wendig erscheint, werden in den beiden folgenden Kapiteln die zentralen Ansätze zur Modellierung von rationalen und irrationalen Preisblasen dargestellt.

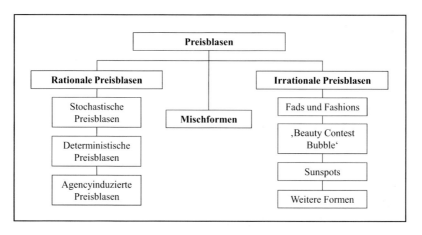

Abbildung 14: Formen von Preisblasen[132]

2.3.1 Rationale Preisblasen

Die wirtschaftswissenschaftliche Literatur beschäftigte sich in der Vergangenheit überwiegend mit rationalen Preisblasen. Dies liegt hauptsächlich in der Tatsache begründet, dass irrationales Verhalten in ökonomischen Theorien nur sehr schwer einzubetten und daher für Ökonomen nicht leicht nachzuvollziehen ist.[133] Als weitere Ursache für die Dominanz der rationalen Preisblasen nennt Stöttner (1992) den „[…] Wunsch, den vertrauten neoklassischen Analyserahmen nicht verlassen zu müssen."[134]

Auf den ersten Blick scheint intuitiv ein Widerspruch zwischen dem Phänomen Preisblase und der Eigenschaft der Rationalität zu bestehen. Eine Preisblase wurde in Kapitel 2.2.5 als ein ungerechtfertigtes Abweichen des Preises eines Vermögensguts von seinem fundamentalen Wert definiert. Preisblasen sind somit Fehlbewertungen, die in eindeutigem Widerspruch zu rational handelnden Akteuren auf den Finanzmärkten stehen. Diese würden jede Fehlbewertung sofort erkennen und durch Kauf bzw. Leer-

---

[132] Eigene Darstellung in Anlehnung an Bruns, C. (1994), S. 23, Ricke, M. (2005), S. 18 sowie Rosser, J. (1991), S. 68f.
[133] Vgl. Shiller, R. (1984), S. 457f. sowie Heri, W. (1986), S. 163.
[134] Stöttner, R. (1992), S. 271, Fn. 14.

verkauf des fehlbewerteten Vermögensguts einen Gewinn erzielen. Es erscheint daher erst einmal unlogisch, eine Preisblase mit dem Attribut rational zu versehen.

Wird der strenge neoklassische Rationalitätsbegriff zu Grunde gelegt,[135] ist die Existenz einer Preisblase tatsächlich ausgeschlossen. Alle Akteure an den Kapitalmärkten sind zu jedem Zeitpunkt über den korrekten fundamentalen Wert sämtlicher am Markt gehandelter Vermögensgüter informiert. Somit kann es zu keinem Zeitpunkt zu einer Fehlbewertung in Form eines Abweichens des Marktpreises eines Vermögensguts von seinem fundamentalen Wert kommen.[136]

Der strenge neoklassische Rationalitätsbegriff ist in der wirtschaftswissenschaftlichen Literatur jedoch häufig und heftig kritisiert worden. „Even economists find Economic Man – the perfectly rational decision maker of our theories – a humorous character. […] The economist who truly believes in individual decision making is as much a fiction as homo oeconomicus himself."[137] Als Ursache hierfür werden unter anderem die unvollständige Informiertheit und die begrenzten kognitiven Fähigkeiten der Akteure an den Finanzmärkten, alle Informationen aufzunehmen und in ihren Investitionsentscheidungen adäquat zu berücksichtigen, genannt. Zudem haben verschiedenste Untersuchungen und Experimente gezeigt, dass sich Individuen nicht entsprechend diesem strengen Rationalitätsbegriff verhalten, sondern auf unterschiedliche Weise davon abweichen.[138] Vor dem Hintergrund dieser Erkenntnis wurden in der Vergangenheit zahlreiche abgeschwächte bzw. erweiterte Rationalitätsbegriffe entwickelt, um das unvollkommene menschliche Entscheidungsverhalten besser zu beschreiben. An dieser Stelle seien auszugsweise die Begriffe ‚Quasi-Rationalität' von Thaler (1991/92) und ‚Bounded Rationality' von Simon (1949/55) erwähnt. In seinem Modellansatz der ‚Bounded Rationality', für den er 1978 mit dem Nobelpreis ausgezeichnet wurde, erweitert Simon das grundlegende strenge Rationalitätspostulat um real zu beobachtende menschliche Verhaltensweisen. Kern dieses Ansatzes ist die Erkenntnis, dass die Individuen nur eine eingeschränkte Informationserfassungs- und Informationsverarbeitungskapazität besitzen. Aus diesem Grund sind sie nicht in der Lage, in jeder Entscheidungssituation unter Abwägung aller zur Verfügung stehenden Informationen stets

---

[135] Eine strenge Form der Rationalität unterstellt perfekt informierte Individuen mit unbeschränkten kognitiven Fähigkeiten und vollkommene Voraussicht über zukünftige Ereignisse.
[136] Tirole, J. (1982) demonstriert, dass in einem Modell mit perfekt rationalen Erwartungen der Marktteilnehmer und gleicher Informationsausstattung keine Preisblasen entstehen können.
[137] Krugman, P. (1998a), S. 111.
[138] Eine Übersicht zu experimentellen Untersuchungen des menschlichen Entscheidungsverhalten bietet Hey, J. (1991).

die für sie optimale Alternative zu erkennen und zu realisieren. Stattdessen filtern die Individuen die für sie relevanten Informationen aus der Menge aller Informationen heraus und treffen anschließend ihre Entscheidungen mit Hilfe von vereinfachenden Heuristiken bzw. Daumenregeln. Ellenrieder (2001) bezeichnet einen eingeschränkt rational handelnden Anleger als grundsätzlich rational handelnd mit menschlichen Schwächen.

Wird nun ein abgeschwächter Rationalitätsbegriff in der Form zu Grunde gelegt, so dass „[...] jede Erwartung, die sich bei entsprechendem Danach-Handeln als selbstbestätigend erweist, als rational angesehen [wird], dann verdienen die meisten ‚Bubbles' das Attribut rational."[139] Eine vermeintliche Irrationalität wird durch die Trennung von Entscheidung und Handlung in eine ‚Ex ante'- und eine ‚Ex post'-Rationalität unterschieden.[140] Diese Trennung wird durch folgendes Beispiel deutlich: Der ‚ex ante' vermeintlich irrationale Kauf eines überbewerteten Wertpapieres durch einen Anleger erweist sich ‚ex post' jedoch als eine rationale Handlung, wenn der Kurs weiter gestiegen ist und der Anleger das Wertpapier wieder mit einem Gewinn verkauft hat.[141] Der Anleger hat also ‚ex post' rational gehandelt, obwohl er ein Wertpapier zu einem Kurs gekauft hat, der bekanntermaßen über dem Fundamentalwert lag. Unter der Annahme von ‚Ex post'-Rationalität besteht folglich kein Widerspruch zur Existenz von Preisblasen.

Gemäß der ‚Ex post'-Rationalität können rationale Preisblasen nur dann entstehen, wenn sich nicht alle Akteure streng rational verhalten. Die Bildung von ‚ex post' rationalen Blasen setzt voraus, dass zumindest einige Akteure am Markt die Überbewertung nicht erkennen und deshalb Wertpapiere erwerben, deren Marktpreis über dem Fundamentalwert liegt. Diese Anleger kaufen schließlich den ‚ex post' rationalen Anlegern ihre Wertpapiere zu einem überhöhten Preis ab und erleiden in der Folge einen Verlust, wenn der überhöhte Marktpreis wieder auf sein fundamental gerechtfertigtes Niveau zurückfällt. Die ‚ex post' rational handelnden Anleger auf der anderen Seite wissen bzw. vertrauen beim Kauf von Wertpapieren darauf, dass in der Zukunft noch genügend Akteure im Markt sind, die den fundamentalen Wert des Wertpapiers nicht kennen und

---

[139] Bruns, C. (1994), S. 23.
[140] Vgl. hierzu Brunsson, N. (1982).
[141] Gürkaynak, R. (2005), S. 1 formuliert diesen Gedankengang wie folgt: „Equity prices contain a rational bubble if investors are willing to pay more for the stock than they know is justified by the value of the discounted dividend stream because they expect to be able to sell it at an even higher price in the future, making the current high price an equilibrium price. Importantly, the pricing of the equity is still rational, and there are no arbitrage opportunities when there are rational bubbles." Eine ähnliche Argumentation findet sich in Stöttner, R. (1989), S. 157: „Es mag z. B. durchaus rational sein, den rasanten Kursanstieg während der Entstehung einer Preisblase zu nutzen. Ein so agierender Anleger weiß, dass die Kurse überhöht sind und dass eine Korrektur früher oder später einsetzen wird. Er hofft indessen, sich vorher noch in Sicherheit bringen zu können."

deshalb bereit sind, einen überhöhten Preis für das Wertpapier zu bezahlen. Würden sie wissen, dass alle anderen Anleger auch den fundamentalen Wert kennen, so wären sie nicht bereit, einen Preis für das Wertpapier zu bezahlen, der über dem fundamentalen Wert liegt, da sie niemandem das überteuerte Wertpapier weiterverkaufen könnten.

‚Ex post' rationales Verhalten ähnelt der im Zusammenhang mit Preisblasen oft genannten ‚Greater Fool'-Theorie. Nach dieser Theorie orientiert sich die große Mehrheit der Akteure an den Finanzmärkten bei ihren Investitionsentscheidungen nicht an den fundamentalen Daten, sondern hofft einzig und allein darauf, in der Zukunft einen ‚Idioten' zu finden, der ihre Wertpapiere zu einem höheren Preis abkauft: „[...] people regard the fundamentals as irrelevant. Rather they buy stock on the belief that some (bigger?) fool will buy the shares from them at a higher price in the future."[142]

Zusammenfassend lässt sich festhalten, dass rationale Preisblasen nur dann entstehen können, wenn sich zumindest ein Teil der Marktakteure nicht streng rational verhält. Eine strenge Form der Rationalität schließt hingegen die Existenz von Preisblasen kategorisch aus.

Im Folgenden werden die drei bekanntesten Ansätze zur Modellierung rationaler Preisblasen dargestellt.

2.3.1.1 Stochastische Preisblasen

Stochastische Preisblasen sind dadurch gekennzeichnet, dass „der Kurs [...] über einen ‚längeren Zeitraum' erheblich von seinem fundamental gerechtfertigten Wert ab[weicht], wobei diese Abweichung mit der Zeit eher zunimmt."[143] Stochastische Preisblasen besitzen eine endliche Laufzeit und müssen aus diesem Grund zwangsweise irgendeinmal platzen. „Den Abschluss dieser Kurskonstellation bildet eine kurzfristige, drastische Kurskorrektur in die Richtung des fundamentalen Wertes des Wertpapiers, wobei das Wertpapier nach dieser Kurskorrektur aus fundamentaler Sicht durchaus über- oder unterbewertet sein kann."[144] Diese Eigenschaft lässt die stochastischen Preisblasen realitätsnäher erscheinen als die im nächsten Kapitel präsentierten determi-

---

[142] Satoni, G. (1987), S. 21f.
[143] Gruber, A. (1988), S. 17. Eine im Zeitablauf zunehmende Abweichung vom fundamentalen Wert kann laut Jüttner, D. (1989), S. 474 mit der Forderung der Anleger nach einer stetig steigenden Risikoprämie begründet werden: Das unaufhaltsam näher rückende Platzen der Preisblase veranlasst rationale Anleger, eine immer höhere Risikoprämie zu fordern.
[144] Gruber, A. (1988), S. 17.

2 Vermögenspreisblasen: Definition und theoretische Grundlagen

nistischen Preisblasen, die eine unbegrenzte Laufzeit aufweisen.[145] Der genaue Zeitpunkt, wann eine stochastische Preisblase platzen muss, ist jedoch für die Anleger nicht antizipierbar. Wäre dies der Fall, würde es sich für einen Anleger lohnen, seine Wertpapiere unmittelbar vor dem Platzen der Preisblase zu verkaufen. Haben jedoch mehrere Anleger die gleichen Erwartungen bzgl. des Zeitpunktes des Platzens der Preisblase, so ist es für den Anleger vorteilhaft, seine Wertpapiere unmittelbar vor den übrigen Anlegern zu verkaufen. Handeln jedoch alle Anleger nach dieser Überlegung, so verschiebt sich der optimale Veräußerungszeitpunkt immer weiter nach vorne. Als Konsequenz wäre die Entstehung einer Preisblase gar nicht möglich.[146]

Das bekannteste Modell zur Darstellung stochastischer Preisblasen geht zurück auf die Arbeiten von Blanchard und Watson (1982), Blanchard (1979) sowie Flood und Hodrick (1990).[147] Diese drei Modelle wurden zwar alle für den Aktienmarkt entwickelt, sie lassen sich jedoch auf sämtliche Vermögensgüter übertragen, die einer regelmäßigen Ausschüttung unterliegen. In der folgenden Darstellung wird die ursprüngliche Modellierung für den Aktienmarkt beibehalten.

Ausgangspunkt des Modells ist die Bestimmung des fundamentalen Wertes. Dieser ergibt sich aus den Vorteilen, die durch das Halten einer Aktie resultieren. Bei einperiodiger Betrachtung sind dies die diskontierte Dividende und der erwartete Rückzahlungskurs:

$$(2.4) \quad K_t^A = \frac{E_t(D_{t+1} + K_{t+1})}{(1+r^a)},$$

mit: K_t^A: Marktwert der Aktie zum Zeitpunkt t.

Wird eine unendliche Laufzeit gewählt, so bestimmt sich der fundamentale Wert einer Aktie aus der Summe der diskontierten zukünftigen Dividendenzahlungen:

$$(2.5) \quad K_t^A = \sum_{t=1}^{\infty} \frac{E_t(D_{t+1})}{(1+r^a)^t} = K_t^{FA},$$

mit: K_t^{FA}: fundamentaler Wert der Aktie.

---

[145] Vgl. Bruns, C. (1994), S. 22.
[146] Vgl. u. a. Bruns, C. (1994), S. 24ff. und Aschinger, G. (1991), S. 273.
[147] Flood, R. und Hodrick, R. (1990) bedienen sich bei ihrem Ansatz wiederum des Hyperinflationsmodells von Cagan, P. (1956).

Auf die Berücksichtigung des Rückzahlungskurses kann auf Grund der Transversalitätsbedingung verzichtet werden:

(2.6) $\lim_{t \to \infty} \frac{E_t(K_{t+1})}{(1+r^a)^t} = 0$.

Gleichung (2.5) repräsentiert den speziellen Fall, bei dem der Aktienkurs genau dem fundamentalen Wert entspricht. Der Aktienkurs enthält in diesem Fall keine Blasen-Komponente. Eine allgemeine Form ergibt sich, indem eine Blasen-Komponente hinzugefügt wird:

(2.7) $K_t^A = K_t^{FA} + B_t$,

mit: B_t: Blasen-Komponente.

Aus (2.7) lässt sich die Blasen-Komponente als Differenz aus Marktpreis und fundamentalem Wert bestimmen:

(2.8) $B_t = K_t^A - K_t^{FA}$.

Laut Bruns (1994) lässt sich bei stochastischen Preisblasen tendenziell festhalten, „dass die Wahrscheinlichkeit des Platzens mit der Dauer des Bestehens eines ‚Bubbles' zunimmt."[148]

2.3.1.2 Deterministische Preisblasen

Ein weiterer Ansatz zur Modellierung rationaler Preisblasen sind deterministische Preisblasen. Diese lassen sich in ihrer einfachsten Form wie folgt modellieren:[149]

(2.9) $B_t = (1+r^a)^t \cdot B_0$.

In dieser einfachen Form stellen deterministische Preisblasen einen im Zeitablauf exponentiell zunehmenden Prozess dar. Deterministische Preisblasen besitzen die zentrale Eigenschaft, nicht platzen zu können, sondern auf ewig fortzubestehen. Auf Grund dieser Eigenschaft gelten sie gemeinhin als realitätsfern.[150]

---

[148] Bruns, C. (1994), S. 31.
[149] Vgl. Bruns, C. (1994), S. 32.
[150] Vgl. Aschinger, G. (1991), S. 271.

2 Vermögenspreisblasen: Definition und theoretische Grundlagen

Um diesem zentralen Kritikpunkt zu begegnen, haben Froot und Ostfeld (1991) mit ihrem Modell rationaler ‚intrinsic bubbles' einen alternativen Ansatz entwickelt. Diese Klasse von rationalen Preisblasen resultiert einzig aus den fundamentalen Daten, die einem Vermögensgut zu Grunde liegen. Andere äußere Umstände üben keinen Einfluss auf den Preis eines Vermögensguts aus. Aus diesem Grund werden diese Preisblasen als ‚intrinsic' bezeichnet.[151]

Das Abweichen des Kurses einer Aktie von ihrem fundamentalen Wert ist laut dem Modell von Froot und Obstfeld (1991) auf die nicht-lineare Reaktion des Aktienkurses auf Grund von neuen Informationen zur Dividendenentwicklung zurückzuführen. Im Modell wird folglich ein nicht-linearer Zusammenhang zwischen Aktienkurs und dem fundamentalen Wert (repräsentiert durch die Dividende) unterstellt.[152]

‚Intrinsic bubbles' müssen nicht über die gesamte Laufzeit hinweg anwachsen. Diese können sich auch auf einem konstanten Niveau einpendeln: „One striking property of an intrinsic bubble is that, for a given level of exogenous fundamentals, the bubble will remain constant over time: intrinsic bubbles are deterministic functions of fundamentals alone. Thus, this class of bubbles predicts, that stable and highly persistent fundamentals lead to stable and highly persistent over- and undervaluations. In addition these bubbles can cause asset prices to 'overreact' to changes in fundamentals."[153]

Laut Froot und Obstfeld (1991) stellen ‚intrinsic bubbles' ein intuitiv sehr einleuchtendes Modell dar, da sie keine exogenen Einflussfaktoren benötigen, um eine Abweichung vom Fundamentalwert zu erklären, und da sie extreme Preisbewegungen als Überreaktion auf Veränderungen der fundamentalen Datenlage zurückführen.[154]

---

[151] Vgl. Froot, K. und Obstfeld, M. (1991), S. 1189.
[152] Vgl. Froot, K. und Obstfeld, M. (1991), S. 1189ff.
[153] Froot, K. und Obstfeld, M. (1991), S. 1189f.
[154] Vgl. Froot, K. und Obstfeld, M. (1991), S. 1208.

2.3.1.3 Agencyinduzierte Preisblasen

Zu den rationalen Preisblasen werden auch die sog. agencyinduzierten Preisblasen gezählt. Die Abweichung des Marktpreises von seinem fundamentalen Wert resultiert bei dieser Art von Blase aus einem unterschiedlichen Informationsstand der Investoren.[155]

Aufbauend auf der Arbeit von Jensen und Meckling (1976), welche die Agency-Problematik zwischen den Besitzern von Anleihen und Aktien eines Unternehmens untersuchen, konstruieren Allen und Gorton (1993) ein Modell rationaler Preisblasen, deren Existenz auf die Agency-Problematik zwischen Kapitalgebern und ihren Portfoliomanagern zurückzuführen ist.[156]

In ihrem Modell unterscheiden Allen und Gorton zwei Arten von Portfoliomanagern:

1. Gute Portfoliomanager:

    Diese besitzen spezielle Informationen, was ihnen ermöglicht, unterbewertete von überbewerteten Unternehmen zu unterscheiden. Auf Grund dieses Informationsvorsprungs sind sie in der Lage, eine überdurchschnittliche Rendite zu erzielen.

2. Schlechte Portfoliomanager:

    Diese sind nicht in der Lage, überbewertete von unterbewerteten Unternehmen zu unterscheiden, und weisen daher bei ihrer Aktienauswahl eine unterdurchschnittliche Performance auf.

Die Kapitalgeber überlassen den Portfoliomanagern ihr Vermögen zur Anlage auf den Aktienmärkten. Die Portfoliomanager selbst besitzen kein eigenes Vermögen, sondern sie erhalten einen Teil des von ihnen selbst erwirtschafteten Gewinns. Dieses Vergütungssystem besitzt die Form einer Call-Option und findet in der Investment Industrie eine starke Verbreitung.[157] Es induziert jedoch ein risikofreudiges Verhalten der schlechten Portfoliomanager. Diese wissen, dass sie im Durchschnitt eine schlechtere

---

[155] Camerer, C. (1989) bezeichnet die agencyinduzierten Preisblasen als ‚Information Bubbles': „When traders have different information or different models of their economic world, it is possible for prices to deviate from intrinsic value (based on their pooled information) in what we might call 'information bubble'. Of course, such deviations can be perfectly rational […] but they might not be." Camerer, C. (1989), S. 25.
[156] Vgl. hier und im Folgenden Allen, F. und Gorton, G. (1993), S. 814ff.
[157] Vgl. Kitzmann, M. (1987), S. 21ff.

Performance als die guten Portfoliomanager liefern und somit langfristig aus dem Markt ausscheiden, da sie von den Kapitalgebern keine neuen Anlagegelder mehr erhalten werden. Um ihre schlechte Performance zu kaschieren, gehen sie mit dem Vermögen der Anleger riskante Spekulationen ein.[158] Sie sind „willing to pay more for [the security] than they would pay if obliged to hold it [to horizon]."[159] Das risikofreudige Verhalten ist eine direkte Ursache der asymmetrischen Anreizstruktur in der Vergütung der Portfoliomanager. Erzeugen sie einen Verlust, so erhalten sie im Falle eines Totalverlustes des gesamten Anlegergeldes schlicht keine Vergütung. Sobald sie jedoch einen Gewinn erzielen, werden sie mit einem Anteil an Selbigem entlohnt. Während ihr Verlust also auf Null begrenzt ist, ist ihr Gewinn nach oben offen. Hieraus ergibt sich ein Anreiz für die schlechten Portfoliomanager, übertriebene Risiken einzugehen. Diese sind im Gegensatz zu den guten Portfoliomanagern in verstärktem Maße bereit, Vermögensgüter, deren Preise in der Vergangenheit bereits stark gestiegen sind und die daher ein erhöhtes Kursrückgangspotenzial aufweisen, zu erwerben und sorgen somit dafür, dass sich die Marktpreise von ihrem fundamental gerechtfertigten Niveau (weiter) wegbewegen.

2.3.2 Irrationale Preisblasen

In der wirtschaftswissenschaftlichen Literatur bilden die Modelle rationaler Preisblasen die überwiegende Mehrheit. Als Grund nennt Stöttner (1989) unter anderem, dass „Ökonomen [...] mit irrationalem Verhalten, auch wenn es unbestreitbar real ist, traditionell nur wenig oder nichts anfangen [können]. Aus diesem Grund ist der Versuch verständlich, offenkundig irrationales Verhalten in rationales Verhalten ‚umzuinterpretieren'. Gelingt dies, dann ist das mächtige und leistungsfähige Instrumentarium des neoklassischen Paradigmas voll einsetzbar."[160]

In jüngster Zeit werden jedoch verstärkt verhaltensbasierte Modelle entwickelt, die den strengen neoklassischen Modellrahmen verlassen und somit irrationales Verhalten der

---

[158] Die gut informierten Portfoliomanager neigen hingegen nicht dazu, riskante Spekulationen einzugehen. Auf Grund ihrer Fähigkeit, unterbewertete Unternehmen von Überbewerteten zu unterscheiden, erzielen sie langfristig eine bessere Performance als der Markt und sind so in der Lage, sich von den schlechten Portfoliomanagern abzuheben.
[159] Allen, F. und Gorton, G. (1993), S. 815.
[160] Stöttner, R. (1989), S. 157.

Marktteilnehmer erlauben.[161] Diese Modelle sind besser in der Lage, die starken Preisbewegungen bei Vermögensgütern zu erklären, als Modelle unter der Annahme strenger Rationalität: „It certainly is hard to know whether house prices in 1996 were too low or whether values in 2005 were too high, but it is harder still to explain the rapid rise and fall of housing prices with a purely rational model."[162]

Bei irrationalen Preisblasen sind sich die Marktteilnehmer des Risikos des Platzens einer Blase nicht bewusst. Sie ignorieren dieses Risiko absichtlich und vertrauen darauf, der Preisanstieg werde sich auf ewig fortsetzen. Die Anleger berücksichtigen bei ihren Investitionsentscheidungen keine fundamentalen Faktoren, sondern lassen sich von Marktlaunen, Modeerscheinungen, ‚heißen Tipps' oder Gerüchten leiten.

Während bei rationalen Preisblasen der überwiegende Teil der Anleger bei seinen Anlageentscheidungen rational handelt,[163] sind irrationale Preisblasen dadurch gekennzeichnet, dass sich der überwiegende Teil der Anleger irrational verhält.

2.3.2.1 Fads und Fashions

Der ‚Fads and Fashions'-Ansatz zur Beschreibung irrationaler Abweichungen des Marktpreises von seinem fundamentalen Wert geht auf Shiller (1984) zurück. Laut Shiller stellt eine Investition in ein spekulatives Vermögensgut eine soziale Aktivität dar. „Investors spend a substantial part of their leisure time discussing investments, reading about investments, or gossiping about others' successes or failures in investing. It is thus plausible that investors' behavior (and hence prices of speculative assets) would be influenced by social movements."[164] Unter ‚Social Movements' fasst Shiller Marktlaunen (Fads) und Modeströmungen (Fashions) an den Finanzmärkten zusammen. Beide haben einen substanziellen Einfluss auf die Anlageentscheidungen der Akteure an den Kapitalmärkten und damit auf die Preissetzung von Vermögensgütern.

Marktlaunen und Modeströmungen sind im Zeitablauf nicht konstant, sondern unterliegen ständigen Veränderungen. Die hieraus resultierenden Schwankungen treten in der

---

[161] Eine Übersicht über den Forschungsstand in der ‚Behavioural Finance' liefert Vissing-Jorgensen, A. (2003).
[162] Glaeser, E. et al. (2008), S. 1.
[163] In Kapitel 2.3.1 wurde bereits erläutert, dass rationale Preisblasen nur dann entstehen können, wenn sich zumindest ein kleiner Teil der Anleger irrational verhält.
[164] Shiller, R. (1984), S. 457.

2 Vermögenspreisblasen: Definition und theoretische Grundlagen 77

Regel spontan und abrupt ein und entstehen oft ohne eine offensichtliche Ursache.[165] Sie sind folglich kein Ergebnis einer Veränderung der fundamentalen Datenlage. Dieses willkürliche bzw. ungerechtfertigte Auftreten der Schwankungen macht eine Antizipation und damit ein adäquates Reagieren durch die Anleger unmöglich. Aus diesem Grund lassen sich Marktlaunen und Modeströmungen nicht rational begründen. Sie sind ein Ausdruck irrationalen Handelns der Akteure an den Finanzmärkten.

Marktlaunen und Modeströmungen sind keine Einzelerscheinungen, sondern erfassen weite Teile der Bevölkerung. Kennzeichnend ist ihr ansteckender und epidemischer Charakter.[166] Ausgangspunkt sind in der Regel einige wenige Marktakteure, die z. B. einen neuen Trend an den Finanzmärkten entdecken und durch den Kauf von Vermögensgütern an diesem verdienen wollen. Im Laufe der Zeit verbreitet sich die Hoffnung auf zukünftig steigende Gewinne auf den Finanzmärkten und immer mehr Anleger lassen sich von der aufkommenden Euphorie zum Kauf anstecken. Schließlich verbreitet sich die Euphorie wie eine Epidemie über die gesamten Finanzmärkte: Aus Angst als Einziger nicht vom neuen Trend zu profitieren, springen immer mehr Anleger auf ‚den fahrenden Zug'. In Folge dieser Euphorie kommt es zu einer immer größer werdenden Abweichung des Marktpreises vom fundamentalen Wert. Die Anleger sind sich während dieses ganzen Vorgangs der Tatsache nicht bewusst, dass sie ein überbewertetes Vermögensgut erwerben und somit irrational agieren. Die Euphorie hält so lange an, bis sich die Marktstimmung schlagartig umkehrt.[167] Die Anleger erkennen nun ihre Fehleinschätzung und verkaufen panikartig ihre Vermögensgüter. In der Folge brechen die Kurse ein und die Anleger erleiden Verluste.

Als reales Beispiel für Marktlaunen kann der Aktienboom zur Zeit der ‚New Economy' genannt werden. Im Zuge der technischen Innovationen im Bereich der Datenverarbeitung und Telekommunikation ließen sich viele Akteure an den Kapitalmärkten von der euphorischen Stimmung anstecken und investierten blind in sämtliche börsennotierte Hightech-Werte, ohne sich die Geschäftsideen der einzelnen Unternehmen anzuschauen, geschweige denn diese zu verstehen. Es war einfach ‚angesagt', Freunden, Kollegen und Nachbarn von seinen unglaublichen Gewinnen der letzten Wochen zu erzählen. Viele Anleger kauften damals Aktien und eröffneten Depots, um schlicht und

---

[165] Vgl. hier und im Folgenden Shiller, R. (1984), S. 457.
[166] Vgl. Rosser, J. (1991), S. 68.
[167] Vgl. Stöttner, R. (1989), S. 155.

einfach nicht der Einzige zu sein, der sich die Möglichkeit der hohen Gewinne entgehen lässt.

2.3.2.2 ‚Beauty Contest Bubble'

Eine weitere Form irrationaler Preisblasenbildung ist laut Rosser (1991) die sog. ‚Beauty Contest Bubble'. Dieses Konzept geht auf Keynes (1936) zurück. Dieser vergleicht Investitionsstrategien für den Aktienmarkt mit einem Schönheitswettbewerb in einer Zeitung. Die Leser der Zeitung sollten unter 100 jungen Frauen die sechs Hübschesten herausfinden. Laut Keynes wird eine naive Strategie, bei der ein Leser streng auf die sechs jungen Frauen setzt, die er selber als die Hübschesten erachtet, von einer Strategie dominiert, bei welcher der Leser auf die sechs jungen Frauen tippt, von denen er glaubt, dass sie von den übrigen Lesern die meisten Stimmen bekommen. „It is not a case of choosing those [faces] which, to the best of one's judgment, are really the prettiest, nor even those which average opinion genuinely thinks the prettiest. We have reached the third degree where we devote our intelligences to anticipating what average opinion expects the average opinion to be. And there are some, I believe, who practise the fourth, fifth and higher degrees."[168]

Keynes sieht Ähnlichkeiten im Verhalten der Teilnehmer des oben beschriebenen Schönheitswettbewerbs und der Anleger auf den Aktienmärkten. Die Anleger orientieren sich bei ihrer Investitionsentscheidung weniger am fundamentalen Wert einer Aktie als vielmehr an den Erwartungen der anderen Investoren über die zukünftige Aktienperformance. Sie investieren in die Aktien, von denen sie glauben, die anderen Anleger werden es auch tun. Diese Investmentstrategie erhöht die Volatilität an den Aktienmärkten, da der fundamentale Wert einer Aktie bei der Investitionsentscheidung keine Rolle spielt und sich dadurch der Fokus der Anlegerschaft auf immer weniger Titel verengt, bei denen die Diskrepanz zwischen Marktpreis und fundamentalem Wert immer weiter steigt. Im Modell der ‚Beauty Contest Bubble' entstehen irrationale Preisblasen, weil Anleger die Fundamentaldaten ignorieren und bei ihrer Investitionsentscheidung lediglich die Mehrheit der Anleger imitieren. Mit diesem Investitionsverhalten wirken sie destabilisierend und begünstigen das Abdriften des Marktpreises vom fundamentalen Wert.

---

[168] Keynes, J. (1936), S. 156.

Diese Art von irrationalen Preisblasen weist eine gewisse Ähnlichkeit zur ‚Ex post'-Rationalität bzw. ‚Greater Fool'-Theorie aus Kapitel 2.3.1 auf. Nach der ‚Ex post'-Rationalität kann es für einen Anleger durchaus vorteilhaft sein, einen Vermögensgegenstand zu erwerben, dessen Marktpreis über seinem fundamentalen Wert notiert, wenn er ihn zu einem späteren Zeitpunkt zu einem höheren Marktpreis an einen anderen ‚Idioten' weiterverkaufen kann. Im Modell der ‚Beauty Contest Bubble' wird ein ähnliches Verhalten der Marktteilnehmer als vorteilhaft angesehen: Für einen Anleger kann es sich auszahlen, wenn er den fundamentalen Wert von Vermögensgütern ignoriert und bei seiner Kaufentscheidung lediglich die anderen Akteure an den Kapitalmärkten imitiert, da sie im Wesentlichen den Marktpreis beeinflussen.

Das durch die zwei Modelle beschriebene Anlegerverhalten ähnelt sich sehr stark. Bei beiden ignorieren die Investoren den fundamentalen Wert eines Vermögensgutes und treffen ihre Anlageentscheidung auf Grund von Vermutungen über die Anlageentscheidungen anderer Anleger. In der ‚Greater Fool'-Theorie wird dieses Verhalten als rational, im ‚Beauty Contest Bubble'-Modell wird ein derartiges Verhalten jedoch als irrational bezeichnet. Hier wird die Schwierigkeit deutlich, Preisblasen in Rationale und Irrationale zu unterscheiden. Der Übergang vom rationalen zu irrationalen Anlegerverhalten gestaltet sich fließend. Die Unterscheidung des Verhaltens hängt somit entscheidend von der Interpretation des Betrachters ab und besitzt somit einen stark subjektiven Charakter.

2.3.2.3 Sunspots

Des Weiteren wird in der Literatur im Zusammenhang mit irrationalen Preisblasen der Begriff Sunspots (zu deutsch: Sonnenflecken) genannt. „'Sunspots' is meant to represent extrinsic uncertainty, that is, random phenomena that do not affect tastes, endowments, or production possibilities."[169] Als extrinsische Variable üben Sunspots keinen Einfluss auf die Fundamentaldaten einer Volkswirtschaft aus.[170] Sie können jedoch, obwohl sie ein ökonomisch irrelevantes Ereignis zum Ausgangspunkt haben, die Marktpreise von Vermögensgütern beeinflussen: „Treten Sonnenflecken auf, gäbe es hohe Preise, sonst niedrige."[171] Sunspots können somit ein Abweichen des Marktpreises von seinem fundamentalen Wert hervorrufen. „Ist der Preis hoch, muss ein Sinken nach

---

[169] Cass, D. und Shell, K. (1983), S. 194, Fn. 1.
[170] Vgl. Tichy, G. (1990), S. 79.
[171] Tichy, G. (1990), S. 79.

dem Abflauen der Sonnenflecken erwartet werden [...]."[172] Durch Sunspots ausgelöste Preisbewegungen ähneln dem Kursverlaufsmuster eines Boom-Bust-Zykluses. Es liegt folglich nahe, Sunspots als Preisblasen zu bezeichnen.[173] Das Attribut irrational erhalten Sunspots, da sie auf Grund eines ökonomisch irrelevanten Ereignisses entstehen und somit die Kaufentscheidung der Akteure an den Finanz-märkten nicht beeinflussen sollten.

In der Literatur werden zahlreiche weitere Formen irrationaler Preisblasen wie ‚Overshooting Bubbles' auf Grund von Noise oder das sog. ‚Mirage Trading' genannt.[174] Eine ausführliche Darstellung weiterer Unter- und Mischformen ergibt für den weiteren Verlauf dieser Arbeit keinen zusätzlichen Erkenntnisgewinn und wird daher unterlassen.

Die Darstellung der unterschiedlichen Formen von irrationalen Preisblasen zeigt deutlich, wie schwierig es ist, diese zu charakterisieren und voneinander abzugrenzen: „Clearly many of these types of irrational bubbles closely resemble each other. Even more clearly, several of these effects could be simultaneously operating and mutually reinforcing each other in particular episodes."[175]

2.3.3 Kritische Betrachtung der Modellansätze

Die in der wirtschaftswissenschaftlichen Modellwelt übliche Unterscheidung in rationale und irrationale Ansätze zur Modellierung von Preisblasen erweist sich bei einer empiriebasierten Anwendung auf die Preisbildung an realen Finanzmärkten als problematisch. Wie mehrfach in diesem Kapitel betont, ist eine Differenzierung zwischen rationalem und irrationalem Anlegerverhalten im tatsächlichen Marktgeschehen extrem schwierig und sehr stark vom subjektiven Empfinden des jeweiligen Betrachters abhängig. Dies wird z. B. durch die folgenden Fragen deutlich:

---

[172] Tichy, G. (1990), S. 79.
[173] Eine konträre Meinung hierzu vertritt Bruns, C. (1994), S. 21f. Dieser bezeichnet Sunspots nicht als Preisblasen, da er wesentliche, konzeptionelle Unterschiede erkennt. Sunspots entstehen aus einem allgemein ersichtlichen und ökonomisch irrelevanten Ereignis heraus, währenddessen Preisblasen die Unsicherheit über den zukünftigen Gleichgewichtspreis für Vermögensgüter darstellen. Außerdem bedarf es laut Bruns keines besonderen Ereignisses, um eine Preisblase entstehen zu lassen. Eine ähnliche Meinung vertritt auch Köddermann, R. (1993), S. 133: „Sunspots und bubbles sind unterschiedliche Konzepte, auch wenn es in der Modellierung Parallelen gibt und die Abgrenzung der Definitionen häufig nicht ganz klar ist [...]."
[174] Vgl. Rosser, J. (1991), S. 69.
[175] Rosser, J. (1991), S. 69.

2 Vermögenspreisblasen: Definition und theoretische Grundlagen

- Wie kann festgestellt werden, welche Erwartungen der Marktteilnehmer über die zukünftige Entwicklung eines Vermögensguts noch als nachvollziehbar bzw. auf Fundamentaldaten basierend und damit rational und welche Erwartungen übertrieben und somit irrational sind?

- Wie lange ist es rational, in einen offensichtlich überbewerteten Markt zu investieren, in der Hoffnung, einen ‚Greater Fool' zu finden, der einem die Wertpapiere noch abkauft, und ab welchem Zeitpunkt gehört man selber der Gruppe der ‚Greater Fools' an und findet für seine Wertpapiere keinen anderen Abnehmer?

- Wie kann bereits im Vorfeld erkannt werden, ob z. B. eine neue Technologie nur eine kurzfristige Modeerscheinung und jede Investition in diese Technologie somit irrational ist oder ob es sich um eine bahnbrechende Neuerung handelt, die auf Grund der zukünftigen Erträge jedes noch so große Investitionsvolumen rechtfertigt?

Derartige Fragen, wie sie sich die Akteure an den Finanzmärkten bei ihren Investitionsentscheidungen tagtäglich immer wieder aufs Neue stellen, sind auf realen Märkten für Vermögensgüter mit einem hohen Maß an Unsicherheit verbunden und können daher ex ante nicht beantwortet werden. Aus dieser Überlegung heraus erscheint es bei einer empirischen Analyse des realen Marktgeschehens als überflüssig und nicht zielführend, Preisblasen in rationale und irrationale zu unterteilen.

Vor der in dieser Arbeit verfolgten Zielsetzung, Wohnimmobilienmärkte mittels empirischer Analysen auf die Existenz von Preisblasen zu untersuchen, spielt eine Unterscheidung, ob Preisblasen auf rationales oder irrationales Anlegerverhalten zurückzuführen sind, nach Meinung des Verfassers folglich keine Rolle. Eine Preisblase wird in dieser Arbeit definiert als ein Abweichen des Marktpreises eines Vermögensguts von seinem fundamental gerechtfertigten Wert. Welche Art von Anlegerverhalten die Preisblase ausgelöst hat, ist dabei von untergeordnetem Interesse. Entscheidend ist vielmehr die Tatsache, dass sich der Marktpreis von seinem fundamentalen Niveau entfernt hat und somit Risiken für eine Volkswirtschaft in Form von möglichen (Finanzmarkt-) Instabilitäten und/oder Einbußen des Wohlstandsniveaus drohen.

Die in der wirtschaftswissenschaftlichen Modellwelt viel diskutierte Frage, ob Preisblasen nun durch rationales oder irrationales Anlegerverhalten ausgelöst werden, wird im weiteren Verlauf dieser Arbeit folglich ausgeklammert. Der Fokus liegt einzig auf der Frage, ob sich auf den internationalen Wohnimmobilienmärkten Preisblasen gebildet haben oder nicht und wie dies am besten empirisch überprüft werden kann. Im weiteren Verlauf dieser Arbeit wird deshalb eine abgeschwächte Form der Rationalität unterstellt.[176]

---

[176] Diese Vorgehensweise steht im Einklang mit der herrschenden Literaturmeinung. Vgl. Allen, F. und Gorton, G. (1993), S. 813ff.

> *"Although speculative bubbles and their respective crashes have been long and widely studied, they remain among the most poorly understood and mysterious of all economic phenomena."*
>
> *(Rosser, J. (1991), S. 57)*

3 Preisblasen auf Immobilienmärkten

Nach der in Kapitel 2 erfolgten allgemeinen Definition des im weiteren Verlauf dieser Arbeit verwendeten Preisblasenbegriffs erfolgt ab diesem Kapitel die Fokussierung auf den Immobilienmarkt als Untersuchungsgegenstand der im weiteren Verlauf dieser Arbeit folgenden theoretischen und empirischen Ausführungen. Ausgehend von einer kurzen Darstellung der Bedeutung des Immobilienmarktes für die Volkswirtschaft erfolgt eine ausführliche Darstellung der aktuell vielfach diskutierten Erklärungsansätze für das Entstehen von Preisblasen auf Immobilienmärkten. Die Frage nach den Entstehungsursachen ergibt sich zwangsläufig bei einer intensiven, wissenschaftlichen Auseinandersetzung mit dem Phänomen Preisblase. Für den weiteren Verlauf der Arbeit ist eine Darstellung der Entstehungsursachen speziell aus der Überlegung heraus interessant, dass die Analyse des Entstehens von Preisblasen einen Beitrag leisten kann, Preisblasen auf Wohnimmobilienmärkten zu erkennen. In einem weiteren Schritt werden die kurz- und langfristigen Auswirkungen von Preisblasen auf Immobilienmärkten auf eine Volkswirtschaft dargelegt – eine weitere Fragestellung, die sich automatisch bei einer wissenschaftlichen Auseinandersetzung mit Preisblasen ergibt. In Kapitel 3.4 erfolgt schließlich die Fokussierung auf die im weiteren Verlauf der Arbeit im Mittelpunkt stehenden Wohnimmobilienmärkte. Hier werden durch die Auswertung der Ergebnisse verschiedenster empirischer Analysen des Preisverhaltens von Wohnimmobilienmärkten die Eigenschaften von Preisblasen auf Wohnimmobilienmärkten diskutiert.

3.1 Die Immobilie und ihr Markt

In der wirtschaftswissenschaftlichen Forschung waren bis vor wenigen Jahren hauptsächlich Rohstoffpreise, Währungen und im Besonderen Aktienmärkte Gegenstand von empirischen Untersuchungen zur Existenz von Preisblasen. Hierzu wurde eine Vielzahl von Studien[177] durchgeführt, die je nach betrachtetem Zeitraum, nationalem Markt und verwendeter Untersuchungsmethode zu unterschiedlichen Ergebnissen kommen. Die in Kapitel 5 präsentierten Testverfahren wurden daher in ihrer ursprünglichen Form für die Anwendung auf Aktienmärkte konzipiert.[178] Im Gegensatz zu den Aktienmärkten stand die Preisentwicklung auf den Immobilienmärkten lange Zeit nicht im Fokus der wirtschaftswissenschaftlichen Forschung und wurde stattdessen vernachlässigt. Erst mit dem länderübergreifenden und ungewöhnlich lang anhaltenden Preisanstieg auf den internationalen Wohnimmobilienmärkten seit Mitte der 1990er Jahre rückten die Immobilienmärkte verstärkt in den Mittelpunkt der Betrachtung der wirtschaftswissenschaftlichen Forschung.[179]

3.1.1 Die Bedeutung des Immobilienmarktes für die Volkswirtschaft

„Immobilien spielen im Leben der Menschen eine zentrale Rolle. Wir wohnen in Immobilien. Das Arbeiten und die Freizeit finden ebenfalls überwiegend in Immobilien statt. Auf Grund ihrer schieren Größe prägen Immobilien unsere Umwelt wie sonst kein anderes Wirtschaftsgut."[180] Neben der zentralen Funktion, den Individuen ein Dach über dem Kopf und somit Schutz und Geborgenheit zu gewähren, üben Immobilien auch zahlreiche weitere wichtige Funktionen innerhalb einer Volkswirtschaft aus.

So spielen Immobilien auch in der betrieblichen Leistungserstellung eine wichtige Rolle. Neben Arbeit und Kapital stellen Immobilien bzw. Grund und Boden einen zentralen Produktionsfaktor und damit eine relevante Kostengröße in der betrieblichen Leistungserstellung dar. Eine Untersuchung des Immobilienbestandes der Dax 30 Unternehmen im Jahr 2007 hat ergeben, dass sich die Summe der Buchwerte der Immobilien in den Konzernbilanzen auf 106,2 Mrd. € beläuft. Zu Anschaffungs- bzw. Herstellungskosten beläuft sich der Wert sogar auf 172,9 Mrd. €.[181]

Abbildung 15 zeigt die Aufteilung des Nettoanlagevermögens in Deutschland von insgesamt 7.640 Mrd. € Anfang 2008. Das Nettoanlagevermögen ist dabei definiert als „alle produzierten Vermögensgüter, die länger als ein Jahr wiederholt oder dauerhaft

---

[177] Übersichten empirischer Studien über die Existenz von Preisblasen finden sich u. a. in Bruns, C. (1994), S. 48f. sowie Brooks, C. und Katsaris, A. (2005), S. 1ff.
[178] Eine ausführliche Übersicht über ökonometrische Testverfahren zur Erkennung von Preisblasen auf Aktienmärkten findet sich in Gürkaynak, R. (2005).
[179] Vgl. hierzu auch Kapitel 3.1.2.
[180] Gondring, H. (2004), S. 3.
[181] Vgl. Bone-Winkel, S. et al. (2008), S. 32.

eingesetzt werden."[182] Mit 51 % bilden Wohnbauten den mit Abstand größten Anteil am gesamten Nettoanlagevermögen. Es folgen die Nichtwohnbauten mit 35 % und die Ausrüstungen und sonstige Anlagen mit 13 %. Mit nur einem Prozent bilden die immateriellen Anlagegüter den geringsten Anteil an Nettoanlagevermögen.

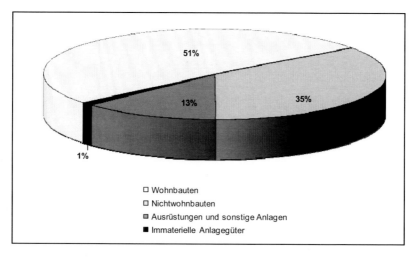

Abbildung 15: Nettoanlagevermögen in Deutschland [183]

3.1.2 Immobilienmärkte in der wirtschaftswissenschaftlichen Forschung

Die Immobilienmärkte wurden in der Vergangenheit in der wirtschaftswissenschaftlichen Forschung stiefmütterlich behandelt. Der Grund hierfür liegt unter anderem in der schlechten Datenverfügbarkeit und der allgemeinen Unterschätzung der Bedeutung des Immobilienmarktes für die Volkswirtschaft.

Es gibt „kaum einen Markt, über den so wenig bekannt ist wie über den Immobilienmarkt. Dies beginnt bereits bei seinem Volumen und der regionalen Differenzierung."[184] Die schlechte Datenverfügbarkeit auf den Immobilienmärkten ist auf die Besonderheiten des Wirtschaftsguts Immobilie zurückzuführen. Die Heterogenität und die geringe Transaktionshäufigkeit von Immobilien führen zu einem immanenten Informationsmangel auf den Immobilienmärkten und einer hieraus resultierenden mangelhaften

---

[182] O. V. (2009), S. 59.
[183] Eigene Darstellung in Anlehnung an o. V. (2009), S. 60.
[184] Bulwien, H. (2005), S. 47.

Markttransparenz.[185] Es liegen in der Regel nur wenige aktuelle und verlässliche Daten über Transaktionspreise, Mieten oder den Bestand für einzelne regionale Immobilienmärkte vor. Als Konsequenz ergeben sich große Probleme bei der Rendite- und Wertermittlung von Immobilien. Ein Ausdruck der Bewertungsprobleme ist die starke Präsenz von Sachverständigen in der Immobilienwirtschaft. Ihre Aufgabe ist es, den nicht oder nur eingeschränkt vorhandenen Markt für Immobilien zu simulieren. Sie bedienen sich bestimmter Bewertungsverfahren, um die eigentlich durch das Marktgeschehen offenbarten Informationen zu ersetzen und zu einem Marktpreis für Immobilien zu kommen.

Auf Grund des hier beschriebenen immanenten Informationsmangels auf den Immobilienmärkten und den sich hieraus ergebenden Problemen wird den Immobilienmärkten im Vergleich zu Aktienmärkten eine geringe Markteffizienz zugesprochen.[186] Das Konzept der Markteffizienz bezieht sich auf den Grad der Informationsverarbeitung auf einem Markt und wurde von Fama (1970/91) entwickelt. Je mehr Informationen in den Marktpreisen enthalten sind, um so informationseffizienter ist ein Markt. Fama unterscheidet dabei drei Arten von Informationseffizienz: schwache, halbstrenge und strenge. Die schwache Form liegt vor, wenn alle Daten über die vergangene Kursentwicklung in den aktuellen Marktpreisen enthalten sind. Es lassen sich somit durch den Einsatz der charttechnischen Analyse keine Überrenditen erzielen. Die halbstrenge Informationseffizienz besagt, dass alle öffentlich verfügbaren Informationen in den Marktpreisen enthalten sind. Demnach liefert eine fundamentale Marktanalyse keinen zusätzlichen Erkenntnisgewinn. Die strenge Form der Informationseffizienz liegt vor, wenn auch mit Hilfe aller nicht öffentlichen Informationen, wie z. B. Insiderinformationen, keine Überrenditen erzielt werden können. Laut Dasso et al. (1995) kann den Immobilienmärkten lediglich eine schwache Informationseffizienz zugeschrieben werden. D. h., die Preise auf den Immobilienmärkten enthalten zumindest alle kursrelevanten Informationen der Marktentwicklung aus der Vergangenheit.[187]

---

[185] Vgl. hier und im Folgenden Francke, H.-H. (2005), S. 292f. Abbildung 17 enthält eine ausführliche Übersicht über die besonderen Eigenschaften des Vermögensguts Wohnimmobilie und des Marktes für Wohnimmobilien.
[186] Vgl. u. a. Dasso, J. et al. (1995).
[187] Vgl. Dasso, J. et al. (1995), S. 294. Cho, M. (1996) liefert eine Übersicht über empirische Studien, welche die Wohnimmobilienmärkte auf schwache und halbstrenge Informationseffizienz untersuchen. Er kommt zu dem Ergebnis: „[...] The reviewed studies generally conclude that real estate markets are not informationally efficient: Both house prices and excess returns exhibit a positive serial correlation in the short run." Cho, M. (1996), S. 167.

3 Preisblasen auf Immobilienmärkten

Die aus der geringen Transparenz resultierende schlechte Datenlage auf den Immobilienmärkten hat eine fundierte empirische Analyse lange Zeit erheblich erschwert. So existierten bis vor wenigen Jahren für viele Industrienationen nicht einmal Indizes zur Abbildung der Entwicklung der Preise auf den nationalen Märkten für Wohnimmobilien. Erst die Entwicklung verschiedener Hauspreisindizes wie der in dieser Arbeit verwendete Datensatz der Bank für Internationalen Zahlungsausgleich haben eine empirische Untersuchung der fundamentalen Einflussfaktoren und somit der Preisentwicklung auf Immobilienmärkten ermöglicht.

Ein weiterer Grund für die stiefmütterliche Behandlung des Immobilienmarktes in der wirtschaftswissenschaftlichen Forschung ist die Tatsache, dass die Auswirkungen von Preisveränderungen auf den Immobilienmärkten auf volkswirtschaftliche Größen wie Beschäftigung und Konsum lange Jahre unterschätzt wurden. Deshalb unterblieb weitestgehend auch eine fundierte Analyse der Wechselwirkungen zwischen dem Immobilienmarkt und der Gesamtwirtschaft.[188] „Real estate has been a neglected area because it has always been treated as an independent sector. Now, the real estate sector is viewed as a significant contributor to the financial position of financial institutions in terms of mortgage loans as well as asset holdings. Thus, real estate prices are critical for the financial sector and in terms of measuring the wealth of the country."[189]

Mit den ungewöhnlich starken und lang anhaltenden Preisanstiegen auf vielen Märkten für Wohnimmobilien seit Mitte der 1990er Jahre rückte jedoch die Immobilienpreisentwicklung immer stärker in den Mittelpunkt der Betrachtung nicht nur der Anleger und Zentralbanken, sondern auch der wirtschaftswissenschaftlichen Forschung. Hierbei wurde verstärkt die Frage gestellt, ob es sich um eine fundamental begründete Preisbewegung oder vielmehr um eine Blasenbildung handelt.

3.2 Erklärungsansätze für das Entstehen von Preisblasen auf Immobilienmärkten

Ein wichtiger Aspekt bei der Betrachtung von Preisblasen auf Immobilienmärkten ist die Frage, wie Preisblasen entstehen. Gibt es ein einheitliches Schema, nach welchem sich Preisblasen bilden? Oder gibt es mehrere unterschiedliche Ursachen, die erst in einer Kombination zur Bildung einer Preisblase führen? Speziell zur Beantwortung der

---

[188] Vgl. Jäger, M. und Voigtländer, M. (2006), S. 4ff.
[189] Heath, R. (2005), S. 6.

Frage, ob Preisblasen auf Immobilienmärkten existieren, ist es von großer Bedeutung zu wissen, welche Ursachen der Entstehung von Preisblasen zu Grunde liegen. Diese können als Indikatoren für die Existenz von Preisblasen angewendet werden.

Während die (negativen) Auswirkungen von Preisblasen seit Jahrzehnten bekannt und ausreichend dokumentiert sind, herrscht über die Ursachen von Preisblasen weitestgehend Uneinigkeit in der wirtschaftswissenschaftlichen Forschung. „While important in their consequences, the causes of bubbles are not well understood. Theoreticians have suggested that bubbles may be rational [...], intrinsic [...], and contagious [...], but there is no widely accepted theory to explain their occurrence."[190]

In den letzten Jahren, induziert durch die ungewöhnlich starken Preissteigerungen auf vielen Märkten für Wohnimmobilien und der damit verbundenen Frage, ob es sich hierbei um eine fundamental begründbare Entwicklung oder um eine Preisblase handelt, wurde eine Vielzahl von wissenschaftlichen Arbeiten veröffentlicht, die sich mit den Ursachen von Preisblasen auf Immobilienmärkten beschäftigen. Trotz der großen Anzahl an wissenschaftlichen Untersuchungen ist es bis jetzt nicht gelungen, einen dominanten Erklärungsansatz zu entwickeln, der eine (eindeutige) Antwort auf die Frage nach der Entstehung von Preisblasen auf Immobilienmärkten geben kann.[191]

Im Folgenden wird daher eine Übersicht über die aktuell am häufigsten diskutierten Faktoren gegeben, die für das Entstehen von Preisblasen auf Immobilienmärkten mitverantwortlich sein könnten. Die Vielzahl der unterschiedlichen Faktoren lässt sich in drei Gruppen aufteilen: makroökonomische, institutionelle und verhaltensbasierte Faktoren.

3.2.1 Makroökonomische Faktoren

In der aktuellen Diskussion, wie es zu dem noch nie da gewesenen, synchronen Anstieg der Preise für Wohnimmobilien kommen konnte, wird makroökonomischen Faktoren wie exzessive monetäre Expansion, übertriebene Kreditvergabe durch die privaten Geschäftsbanken oder ein externer Schock eine zentrale Rolle zugeschrieben.

---

[190] Levine, S. und Zajac, E. (2007), S. 1.
[191] Bereits im Jahr 1776 beschäftigte sich der große Ökonom Adam Smith in seinem Meisterwerk ‚An Inquiry into the Nature and Causes of the Wealth of Nations' mit der Entstehung von Preisblasen. Laut Smith sind diese das Resultat von ‚Overtrading', also einer Art Überspekulation bzw. einer Spekulation ohne Deckung.

(1) Monetäre Expansion

„Speculative manias gather speed through expansions of money and credit or perhaps, in some cases, get started of an initial expansion of money and credit."[192] Die Beobachtung, dass eine exzessive Ausweitung der Geldmenge zu einem Anstieg der Vermögenspreise führen kann, geht bis in das 18. Jahrhundert zurück. Einer der ersten Autoren, der die Bedeutung der Geldmenge für die Preisstabilität einer Volkswirtschaft in seinen Schriften erwähnt, ist der Franzose Richard Cantillon 1756 mit seinem Werk ‚Essai sur la nature du commerce en général': „Ein Überfluss an fiktivem und eingebildetem Geld verursacht die gleichen Nachteile wie eine Vermehrung des umlaufenden Bargeldes, indem es den Preis des Bodens und der Arbeit in die Höhe treibt oder die Erzeugnisse und Manufakturen verteuert, auf die Gefahr, dass man in der Folge an ihnen verliert; aber dieser versteckte Überfluss schwindet beim ersten Anhauch des Misstrauens und verdoppelt die Wirkung."[193]

Aus theoretischer Sicht bestehen zahlreiche makroökonomische Zusammenhänge bzw. Wechselwirkungen zwischen der Geldmenge und den Immobilienpreisen.[194] Aus einer monetaristischen Sichtweise lässt sich der Zusammenhang zwischen Geldmenge und Immobilienpreisen mit Hilfe des optimalen Portfolioanpassungsmechanismuses herleiten.[195] Dieser Mechanismus besagt, dass ein positiver monetärer Impuls (z. B. eine Leitzinssenkung durch die Zentralbank) die Geldmenge in einer Volkswirtschaft relativ zur Menge der übrigen Vermögensgüter verändert und somit auch zu einer Veränderung der Grenzprodukte von Geld und den anderen Vermögensgütern führt. Die Individuen versuchen nun dieses Ungleichgewicht wieder zu beseitigen, indem sie einen Ausgleich der Grenzprodukte von Geld und den anderen Vermögensgütern herstellen.[196] In der Folge kommt es zu „changes in many relative prices, in spending and in asset portfolios."[197] Die Neuausrichtung der Vermögensportfolios auf Grund der Ausweitung der

---

[192] Kindleberger, C. (1996), S. 44.
[193] Cantillon, R. (1931), S. 199.
[194] Eine Übersicht hierzu bieten Greiber, C. und Setzer, R. (2007). Laut diesen treten die Wechselwirkungen zwischen Geldmenge und Immobilienpreisen über drei unterschiedliche Kanäle auf: den ‚Money Demand Channel', den ‚Asset Inflation Channel' und den ‚Credit Channel'.
[195] Vgl. Goodhart, C. und Hofmann, B. (2008), S. 6.
[196] Vgl. Meltzer, A. (1995), S. 52.
[197] Meltzer, A. (1995), S. 52.

Geldmenge führt zu steigenden Preisen für Vermögensgüter wie z. B. Immobilien und zu einem Rückgang des Zinsniveaus und der Renditen von Geldvermögensgütern.[198]

In den Phasen einer (zu) lockeren Geldpolitik durch die Zentralbanken besteht in Anlehnung an den Portfolioanpassungsmechanismus die latente Gefahr, dass der Überschuss an Liquidität auf den Weltfinanzmärkten zu einer übertriebenen Nachfrage nach Vermögensgütern wie Immobilien führt und es in der Folge zu Preisblasen auf diesen Märkten kommt.[199] Des Weiteren setzt eine liquiditätsmäßige Flutung der Finanzmärkte „den Zins als zentrales Lenkungsinstrument des gesamtwirtschaftlichen Produktionsaufbaus außer Kraft."[200] Eine übermäßige Ausweitung der Geldmenge bewirkt zusätzlich, dass die Zinsen unter ihr natürliches Gleichgewichtsniveau absinken. In der Folge kommt es zu verzerrten Investitionsentscheidungen der Unternehmen, da auf Grund des niedrigen Zinsniveaus auch Investitionen mit einer geringen Rendite realisiert werden, die unter ‚normalen' Verhältnissen auf dem Geldmarkt niemals rentabel gewesen wären. In der Folge kann es zur Überinvestition kommen.[201]

Als Paradebeispiel für die negativen Auswirkungen einer Überliquidierung eines nationalen Finanzmarktes wird immer wieder die Preisblase auf dem japanischen Immobilien- und Aktienmarkt genannt.[202] Mitte der 1980er Jahre gerieten Europa (und hier im besonderen Deutschland) und Japan unter weltweiten politischen Druck, durch eine Ausweitung der inländischen Nachfrage die USA als weltweite ‚Konjunkturlokomotive' abzulösen, um so einen Beitrag zur Verringerung des enormen US-amerikanischen Leistungsbilanzdefizits zu leisten. Während Deutschland diesem Druck standhielt und die Geldmenge nur leicht erhöhte, beugte sich Japan dem internationalen Druck und weitete in der Folge die Geldmenge erheblich aus. „The monetary overhang fueled an increase in house, land and asset prices and started a financial bubble."[203]

---

[198] "[I]ncreases in the supply of money are thought to trigger a rebalancing of the liquidity/asset ratio compatible with optimal portfolio allocation of each institution, which leads to a higher demand for assets and thus asset price increases." Adalid, R. und Detken, C. (2007), S. 10.
[199] Vgl. hierzu Schnabel, G. (2009).
[200] Starbatty, J. (2007), S. 14.
[201] Die Theorie der monetären Überinvestition geht auf Wicksell, K. (1898) zurück. Er sieht Fehler der Notenbanken in Form einer Flutung der Finanzmärkte mit Liquidität als Ursache für Verwerfungen innerhalb einer Volkswirtschaft. Auch Hayek, F.-A. (1976) liefert eine Theorie der monetären Überinvestition. Er macht die ‚perverse Elastizität des Kreditsystems' für die konjunkturellen Schwankungen in einer Volkswirtschaft verantwortlich.
[202] Vgl. u. a. Schnabel, G. und Hoffmann, A. (2007) sowie Siebert, H. (2000).
[203] Siebert, H. (2000), S. 238.

3 Preisblasen auf Immobilienmärkten

Auch die Preissteigerungen auf dem US-amerikanischen Wohnimmobilienmarkt und die hieraus resultierende weltweite Finanzkrise werden in der Literatur immer wieder auf eine weltweite Überliquidisierung zurückgeführt.[204] Diese war das Resultat einer synchronen Senkung der Leitzinsen durch die wichtigsten Zentralbanken. So senkte die Federal Reserve Bank in den USA im Zuge der geplatzten ‚New Economy'-Blase und der Terroranschläge des 11. Septembers die Leitzinsen von 6,5 % auf 1,0 %, um die US-amerikanische Wirtschaft anzukurbeln und eine Rezession zu verhindern. Die Europäische Zentralbank senkte in dieser Zeit ebenfalls ihre Leitzinsen. Diese erreichten im Juni 2003 mit 2 % ihren niedrigsten Stand. Die weltweite Überliquidisierung wurde zusätzlich durch die chinesische Zentralbank angefeuert. Durch die Fixierung des Yuans an den US-amerikanischen Dollar erzielte China einen stetig zunehmenden Außenhandelsüberschuss. Die hieraus resultierenden Devisenreserven der Unternehmen wurden von der Zentralbank gegen Yuan angekauft, in US-amerikanischen Staatspapieren angelegt und heizten somit ebenfalls die Produktion von Zentralbankgeld weiter an. Zu guter Letzt haben die Yen-Carry-Trades zur weltweiten Liquiditätsschwemme beigetragen. Um die im Zuge des Platzens der Immobilien- und Aktienmarktblase der 1990er Jahre in die Deflation geratene japanische Wirtschaft wieder anzukurbeln, hielt die japanische Zentralbank ihren Leitzins viele Jahre nahe an der 0 %-Grenze. Diese Niedrigzinspolitik veranlasste die Anleger weltweit, in Japan niedrig verzinste Kredite aufzunehmen und dieses Geld zu höheren Zinssätzen z. B. in den USA anzulegen. „Im Ergebnis sanken die Realzinsen weltweit und trugen damit zur Bildung der globalen Immobilienblase bei."[205]

Neben dem Portfolioanpassungsmechanismus besteht aus theoretischer Sicht ein weiterer makroökonomischer Zusammenhang zwischen Geldmenge und Immobilienpreisen: Über den Vermögenseffekt[206] ist eine umgekehrte Kausalität ableitbar. Dieser besagt, dass Geld von den Individuen auch als ein Wertaufbewahrungsmittel und somit neben Immobilien und Finanzvermögen als eine alternative Anlagemöglichkeit angesehen wird. Steigen nun die Preise für Immobilien, so kommt es in den Portfolios der Individuen zu einer Verschiebung der Allokation zugunsten des Immobilienanteils. Um in

---

[204] Vgl. hier und im Folgenden Francke, H.-H. (2008), Kölbach, R. et al. (2009), Becker, S. (2007) und Buiter, W. (2007).
[205] Francke, H.-H. (2008), S. 4.
[206] Vgl. hierzu auch Kapitel 3.3.1 und 3.3.2.

ihren Portfolios wieder die erwünschte gleichgewichtige Zusammensetzung herzustellen, erhöhen die Individuen ihre Nachfrage nach Liquidität.[207]

Die Herleitung der Wirkungszusammenhänge zwischen Geldmenge und Immobilienpreisen hat gezeigt, dass die Richtung des Zusammenhangs nicht a priori feststeht. Es existieren theoretische Erklärungsansätze, die sowohl eine Abhängigkeit der Immobilienpreise von der Geldmenge als auch der Geldmenge von den Immobilienpreisen erklären können.[208] Des Weiteren muss die Frage geklärt werden, ob die beobachtete Koinzidenz zwischen den beiden Variablen lediglich ein Effekt eines dritten latenten Faktors ist, oder ob es eine direkte Verbindung zwischen den beiden Variablen gibt. „These (very basic) theoretical considerations suggest that there are probably good reasons to believe that there exists a multidirectional link between money, credit, house prices and the wider economy. However, while these theoretical considerations give us some tentative indications, they do obviously not allow any definite conclusions. […] the issue ultimately has to be addressed empirically."[209] Im Zuge der starken weltweiten Preissteigerungen auf den Märkten für Wohnimmobilien wurde eine Vielzahl an Untersuchungen durchgeführt, die den Zusammenhang zwischen Geldmenge und Immobilienpreisen untersuchen. Tabelle 3 liefert einen Überblick über einige aktuelle Untersuchungen zu dieser Fragestellung.

Bis auf Gouteron und Szpiro (2005) bestätigen die empirischen Analysen den theoretisch hergeleiteten Zusammenhang zwischen der Geldmenge und den Immobilienpreisen. Was die Richtung des Zusammenhangs betrifft, können die empirischen Analysen jedoch keinen eindeutigen Wirkungszusammenhang belegen. Die Ergebnisse aus Tabelle 3 bestätigen lediglich, dass es einen bidirektionalen Zusammenhang zwischen Geldmenge und Immobilienpreisen gibt.

---

[207] Vgl. Greiber, C. und Setzer, R. (2007), S. 3f.
[208] Zu diesem Ergebnis kommt auch die Deutsche Bundesbank in ihrer Untersuchung der Zusammenhänge von Geldmenge und Immobilienpreisentwicklung im Euroraum: „So sprechen mehrere theoretische Gründe für eine enge Beziehung zwischen der monetären Expansion und der Entwicklung auf dem Immobilienmarkt. Dies lässt sich auch empirisch durch Schätzungen belegen, die neben den üblichen Erklärungsvariablen einer Geldnachfragefunktion zusätzlich noch die Entwicklung auf dem Immobilienmarkt berücksichtigen. Darüber hinaus zeigt die Analyse, dass Immobilienpreissteigerungen in einigen Teilen des Euro-Raums zum kräftigen Geldmengenwachstum der letzten Jahre beigetragen haben. Umgekehrt hat aber auch die reichliche Liquiditätsversorgung der Wirtschaft die Entwicklungen auf dem Immobilienmarkt beeinflusst." Deutsche Bundesbank (2007), S. 15.
[209] Goodhart, C. und Hofmann, B. (2008), S. 9.

3 Preisblasen auf Immobilienmärkten

Autoren (Jahr)	Zeit-raum	Länder	Zusammenhang
Goodhart; Hofmann (2008)	1970-2006	17 Industrienationen	Bidirektionaler Zusammenhang zwischen Geldmenge und Hauspreisen.[210]
Adalid; Detken (2007)	1970-2006	18 OECD Länder	In Boom-Phasen stellen Liquiditätsschocks einen wesentlichen Einflussfaktor für die Preisentwicklung auf den Immobilienmärkten dar.[211]
Greiber; Setzer (2007)	1981-2006, 1986-2006	Europa, USA	Bidirektionaler Zusammenhang zwischen Geldmenge und Hauspreisen in beiden Untersuchungszeiträumen.[212]
Belke; Orth (2007)	1970-2004	18 OECD Länder	Exzess-Liquidität ist ein sinnvoller Indikator für Hauspreisinflation.[213]
Gouteron; Szpiro (2005)	1980-2004	USA, Europa, Japan, England	Nur in England beeinflusst Exzess-Liquidität die Immobilienpreise.[214]

Tabelle 3: Zusammenhang zwischen Geldmenge und Immobilienpreisen

Der theoretisch abgeleitete Zusammenhang zwischen Geldmenge und Immobilienpreisen kann zwar empirisch nachgewiesen werden; die Frage, ob ein dritter latenter Faktor hinter der Entwicklung der beiden Variablen steht oder ob eher die Geldmenge die Immobilienpreise beeinflusst, kann mit Hilfe der bis jetzt erfolgten Untersuchungen jedoch nicht eindeutig geklärt werden. Vor diesem Hintergrund ist folglich noch kein abschließendes Urteil möglich, ob eine Flutung der Finanzmärkte mit Liquidität die Bildung von Preisblasen auf Immobilienmärkten verursachen kann. Dieser Zusammen-

---

[210] Die Studie hat ergeben, dass die Zusammenhänge in der zweiten Subperiode (1985-2006) stärker geworden sind. Dies führen die Autoren auf die verstärkte Liberalisierung der Finanzmärkte zurück. Goodhart, C. und Hofmann, B. (2008) räumen jedoch ein, dass ihre Ergebnisse auf Grund des großen Konfidenzbands nicht signifikant sind.

[211] Die Ergebnisse wurden unter der Bedingung erzielt, dass nur Boom-Phasen und keine Non-Boom-Phasen auf den Märkten für Vermögensgüter betrachtet wurden. Wird das gesamte Sample in der Analyse berücksichtigt, so fällt der Zusammenhang zwischen Immobilienpreisen und Geldmenge geringer aus.

[212] Vor allem in den USA spielt die Liquidität eine gewichtige Rolle bei der Erklärung der Immobilienpreise. Dies führen die Autoren auf die institutionellen Charakteristiken des Finanzsystems (z. B. den Markt für Hypothekenfinanzierung) zurück.

[213] Die Autoren stellen fest, dass auf eine lange Sicht (16 Quartale) monetäre Variablen (Geldmenge und Zinsen) rd. 40 % der Volatilität der Immobilienpreise erklären können.

[214] Gouteron, S. und Szpiro, D. (2005) bedienen sich eines linearen Modells, was die Aussagekraft reduziert.

hang ist zwar intuitiv einleuchtend, fragwürdig bleibt aber, ob eine Flutung der Finanzmärkte mit Liquidität alleine derartig extreme Fehlbewertungen und Turbulenzen an den Finanzmärkten (wie z. B. in Japan Ende der 1980er bzw. Anfang der 1990er oder die Subprime-Krise in den USA) auslösen kann oder ob hierzu eine Kombination mit weiteren anderen Faktoren notwendig ist.

(2) Ausweitung der Kreditvergabe

Neben der Flutung der Finanzmärkte mit Zentralbankgeld wird eine Ausweitung der Kreditvergabe durch die privaten Geschäftsbanken immer wieder als mögliche Ursache für das Entstehen von Preisblasen speziell auf Immobilienmärkten verantwortlich gemacht: „Bank lending is the primary source of real estate funding; not surprisingly, there are close connections between real estate prices and bank credit."[215]

Aus theoretischer Sicht lässt sich wiederum ein bidirektionaler Zusammenhang zwischen Kreditvergabe und Immobilienpreisen herleiten. Auf der einen Seite senkt eine Ausweitung der Kreditvergabe die Kreditzinsen und stimuliert somit die allgemeine wirtschaftliche Aktivität. Als eine Folge steigen auch die Immobilienpreise auf Grund erwarteter zukünftig höherer Mieteinnahmen und eines niedrigeren Diskontierungsfaktors. Auf der anderen Seite sorgt die verbesserte Verfügbarkeit von Krediten für einen Anstieg der Nachfrage der privaten Haushalte nach Wohnraum. Unter der auf Immobilienmärkten üblichen Annahme eines kurzfristig fixen Angebots führt eine Ausweitung der Kreditvergabe folglich zu einem Preisanstieg für Immobilien.[216] In Phasen wirtschaftlicher Prosperität besteht auf Grund des hier dargestellten theoretischen Zusammenhangs folglich die Gefahr, dass eine zu exzessiv betriebene Kreditvergabe durch die privaten Geschäftsbanken zur Bildung von Preisblasen auf den Märkten für Immobilien führen kann. Als mögliche Ursachen für einen ungewöhnlich starken Anstieg des Kreditwachstums werden in der Literatur u. a. Liberalisierungen im Finanzsektor,[217]

---

[215] Zhu, H. (2005), S. 16.
[216] Vgl. Goodhart, C. und Hofmann, B. (2008), S. 8f.
[217] Vgl. Goodhart, C. und Hofmann, B. (2008), S. 8.

Finanzinnovationen im Bereich der Hypothekenmärkte[218] und perverse Anreizstrukturen bei der Vergabe von Immobilienkrediten genannt.[219]

Über den sog. Kredit-Kanal[220] bzw. den ‚Collateral Effect' besteht jedoch auch ein in die umgekehrte Richtung wirkender theoretischer Zusammenhang zwischen Kreditwachstum und Immobilienpreisen. Auf Grund der asymmetrischen Informationsverteilung zwischen Kreditnehmern und Kreditgebern verlangen die Kreditgeber eine Sicherheit für die Überlassung eines Kredits. Dies geschieht auf den Immobilienmärkten in den meisten Fällen durch die Eintragung einer Hypothek auf das Immobilieneigentum der Kreditnehmer. Die Kapitalbeschaffungsmöglichkeiten der Kreditnehmer sind folglich in entscheidendem Maße vom Wert ihres Immobilienbesitzes abhängig. Je höher dabei der Wert der Immobilie ist, um so besser sind die Kapitalbeschaffungsmöglichkeiten. Steigende Immobilienpreise verringern die asymmetrische Informationsverteilung zwischen Kreditnehmern und Kreditgebern und führen somit zu einer Ausweitung des Kreditvolumens innerhalb einer Volkswirtschaft. Somit ist die ökonomische Wirkungsrichtung beim Zusammenspiel von Kreditvergabe und Immobilienpreisen ebenfalls nicht a priori vorgegeben.

Die Frage, ob ein übertriebenes Anwachsen der Kreditvergabe durch die privaten Geschäftsbanken zu Übertreibungen auf Immobilienmärkten führt bzw. in welche Richtung der Zusammenhang zwischen Kreditvergabe und Immobilienpreisen wirkt, kann letztendlich ebenfalls nur empirisch beantwortet werden. So hat die Europäische Zentralbank (2005) herausgefunden, dass „das Volumen der aggregierten Kreditvergabe eine recht systematische Vorlaufbeziehung zu Phasen einer turbulenten Entwicklung der Vermögenspreise"[221] aufweist. Um herauszufinden, wie der kausale Zusammenhang zwischen den beiden Variablen gerichtet ist, wurden in der Vergangenheit einige empirische Untersuchungen durchgeführt. Tabelle 4 enthält eine Übersicht der für diese Fragestellung relevanten Studien.

---

[218] Vgl. Ball, M. (2006), S. 221.
[219] Vgl. Herring, R. und Wachter, S. (1999), S. 12ff. In Boom-Phasen neigen die Geschäftsbanken dazu, die Eigenkapitalbeteiligung von Investoren bei Immobilieninvestitionen zu verringern. Die geringeren Eigenkapitalanforderungen bei der Kreditvergabe verleiten nun die Investoren auf den Immobilienmärkten dazu, höhere Risiken einzugehen, da bei einem Ausfall die Banken einen immer größeren Teil des Verlustes tragen müssen.
[220] Vgl. hierfür Greiber, C. und Setzer, R. (2007).
[221] Europäische Zentralbank (2005), S. 55.

Autoren (Jahr)	Zeitraum	Länder	Zusammenhang
Adalid; Detken (2007)	1970-2006	18 OECD Länder	Wachstum der Privatkredite hat keinen nennenswerten Einfluss auf Immobilienpreise.
Basurto et al. (2006)	1990-2004[222]	18 Industrienationen	Bidirektionaler Zusammenhang zwischen Kreditvergabe und Immobilienpreisen.[223]
Gerlach; Peng (2005)	1982-2001	Hong Kong	Die Kausalität läuft eher von den Immobilienpreisen zur Höhe der Kreditvergabe.[224]
Davis; Zhu (2004)	1970-2002	17 Industrienationen	Immobilienpreise beeinflussen die Höhe der Kreditvergabe.[225]
Hofmann (2003)	1985-2001	20 Industrienationen	Langfristkausalität läuft von den Immobilienpreisen zur Höhe der vergebenen Kredite.[226]

Tabelle 4:   Zusammenhang zwischen Kreditvergabe und Immobilienpreisen

Vier der hier aufgelisteten fünf empirischen Untersuchungen bestätigen den theoretisch abgeleiteten Zusammenhang zwischen der Entwicklung der Immobilienpreise und der Höhe der Kreditvergabe durch die Geschäftsbanken. Allerdings kommen auch sie zu keinem eindeutigen Ergebnis, was die Richtung des Zusammenhangs anbelangt. Tendenziell lässt sich aus den Ergebnissen ableiten, dass eher die Immobilienpreise die Höhe der Kreditvergabe beeinflussen als umgekehrt. Die in der Literatur häufig geäußerte These, eine exzessive Kreditvergabe durch die privaten Geschäftsbanken führe zu einer übertrieben starken Nachfrage nach Wohnraum und sei deshalb mitverantwortlich für die Bildung von Preisblasen auf Immobilienmärkten, kann durch die hier präsentierten empirischen Untersuchungen folglich nicht bestätigt werden. Die Studien

---

[222] Bei einigen Ländern abweichende Betrachtungszeiträume.
[223] Die Stärke des Zusammenhangs schwankt von Land zu Land. Die Autoren stellen des Weiteren einen bidirektionalen Zusammenhang zwischen Aktienpreisen und Kreditvergabe fest. Dieser ist jedoch schwächer als der Zusammenhang bei den Immobilienpreisen und der Kreditvergabe.
[224] Dabei haben die Autoren festgestellt, dass die Sensitivität der Kreditvergabe durch die Banken auf Veränderungen bei den Immobilienpreisen im Laufe der 90er Jahre abgenommen hat. Sie führen dies auf ein verbessertes Risikomanagement durch strengere Kreditvergabestandards durch die Banken zurück.
[225] Davis, E. und Zhu, H. (2004) untersuchen die Preisentwicklung bei Gewerbeimmobilien.
[226] Kurzfristig stellt der Autor einen bidirektionalen Zusammenhang zwischen den Hauspreisen und der Kreditvergabe fest.

legen eher den Schluss nahe, dass eine Ausweitung der Kreditvergabe das Ergebnis gestiegener Immobilienpreise und somit verbesserter Besicherungsmöglichkeiten ist.

(3) Externer Schock

Schließlich gelten auch externe Schocks als ein weiterer makroökonomischer Faktor, der die Bildung von Preisblasen auf Immobilienmärkten begünstigen kann. Diese Idee geht auf das bereits in Kapitel 2.1.2 vorgestellte Krisenmodell von Kindleberger (1996) zurück. Ausgangspunkt dieses Modells ist ein externer Schock, den Kindleberger in Anlehnung an Minsky (1982) als ‚Displacement' bezeichnet.[227] Dieser Schock, z. B. eine Fehlernte, der Ausbruch eines Krieges oder die Entdeckung einer neuen Technologie, erreicht zunächst eine bzw. wenige Industriezweige einer Volkswirtschaft. Handelt es sich hierbei jedoch um eine nachhaltige Veränderung – dies ist in der Regel bei der Entdeckung neuer Technologien der Fall – so kann sich der Schock auch auf weitere Zweige einer Volkswirtschaft ausdehnen. Im Zuge eines positiven Schocks kann es zu einem allgemeinen wirtschaftlichen Aufschwung kommen. Die positive Stimmung über die zukünftige wirtschaftliche Entwicklung kommt in der Erwartung der Individuen an steigende Gewinne zum Ausdruck. In Folge dieser Erwartung sind die Individuen bereit, höhere Preise für Vermögensgüter wie z. B. Immobilien zu zahlen. Der ursprüngliche Schock erreicht über die Erwartungen der Individuen an eine zukünftig verbesserte Einkommenssituation schließlich die Märkte für Vermögensgüter und sorgt auf diesen für steigende Preise. Verlieren die Individuen im Zuge der positiven Marktstimmung und der aufkommenden Euphorie den Blick für das fundamental gerechtfertigte Preisniveau, so kann es zu verzerrten Investitionsentscheidungen und in der Folge zur Bildung von Preisblasen auch auf den Immobilienmärkten kommen."[228]

Ein Beispiel für eine Preisblase, die nach herrschender Meinung zu einem großen Teil auf ein ‚Displacement' in Form einer neuen Technologie zurückgeführt wird, ist die ‚New Economy'-Blase. Ausgangspunkt dieser Blase waren die zahlreichen neuen technischen Entwicklungen im Hightech-Bereich während der 1990er Jahre, von denen das

---

[227] Rosser, J. (1991), S. 60 stellt jedoch fest, dass viele bekannte historische Preisblasen wie z. B. die Mississippi Bubble, die South Sea Bubble oder die Preisblasen auf dem amerikanischen Aktienmarkt in den 20er und 80er Jahren durch kein offensichtliches ‚Displacement' ausgelöst wurden.

[228] Das Ende einer durch einen Schock oder ein ‚Displacement' ausgelösten Preisblase beginnt wiederum in der Regel mit einem weiteren Schock, der dann einen umgekehrten Prozess in Gang setzt: Er wirkt zunächst nur auf einen Sektor der Volkswirtschaft aus erfasst dann jedoch auch weitere Sektoren und sorgt dafür, dass die Individuen die entstandene Überbewertung auf den Märkten erkennen und oftmals panikartig ihre Wertpapiere verkaufen, was den Preisrückgang zusätzlich verstärkt.

Internet sicherlich die bekannteste aber nicht die einzige technische Neuerung darstellte. Ausgehend von diesen Innovationen und den durch sie ausgelösten hohen Wachstumsraten der ‚Dot.com-Unternehmen' glaubten viele Marktteilnehmer, von der damaligen Euphorie auf den weltweiten Aktienmärkten angesteckt, die Gesetze der alten Ökonomie, nach denen sich der Wert eines Unternehmens aus den diskontierten zukünftig zu erwartenden Zahlungsströmen ergibt, seien nicht länger gültig. Stattdessen ergebe sich der Wert eines Unternehmens in der ‚New Economy' nur noch aus der dem Unternehmen zu Grunde liegenden Geschäftsidee und dem zukünftig erwarteten Wachstum. So wurden Unternehmen, die nur wenige Mitarbeiter beschäftigten, keinen nennenswerten Umsatz aufwiesen und auf Jahre hinaus hohe Verluste generierten, mit mehreren Milliarden US-$ bewertet. Der Boom endete abrupt, als die Anleger auf den Aktienmärkten mit dem durch die Zinserhöhungen vieler Zentralbanken ausgelösten weltweiten Konjunkturrückgang einsehen mussten, dass das in der allgemeinen Euphorie erzeugte Bewertungsniveau an den Aktienmärkten fundamental nicht mehr gerechtfertigt war.

3.2.2 Institutionelle Erklärungsansätze

Die institutionellen Erklärungsansätze führen das Entstehen von Preisblasen auf ineffiziente staatliche wie auch privatwirtschaftliche Organisationsstrukturen auf den Märkten für Vermögensgüter zurück. Hierzu zählen auch ein ineffizienter gesetzlicher Regelrahmen bzw. die Funktionsfähigkeit der Märkte negativ beeinflussende Regelveränderungen.

(1) Liberalisierung der Finanzmärkte

Die Liberalisierung der Finanzmärkte,[229] wie z. B. die Lockerung der Kapitalverkehrskontrollen und die Deregulierung des Bankensektors in vielen Industrienationen Ende der 1970er und Anfang der 1980er Jahre, wird immer wieder als eine

---

[229] Als Gründe für die Liberalisierung bzw. Deregulierung der Finanzmärkte in den OECD-Ländern nennen Edey, M. und Hviding, K. (1995) zwei unterschiedliche treibende Faktoren. Als einen ‚passiven' Faktor nennen sie die ständigen Innovationen auf den Finanzmärkten, welche die Regulierungsbehörden immer aufs Neue unter Druck setzen, die Regularien dem veränderten Kapitalmarktumfeld anzupassen. Als einen ‚aktiven' Faktor bezeichnen die Autoren das Bestreben der Regulierungsbehörden durch eine Liberalisierung bzw. Deregulierung die Effizienz der Finanzmärkte zu erhöhen. Das Abschaffen von unnötigen Beschränkungen sollte dazu dienen, den Wettbewerb und somit den Wohlstand in den Volkswirtschaften zu erhöhen.

mögliche Ursache für die Entstehung von Preisblasen und Krisen auf den Immobilienmärkten in den 1980er Jahre genannt.[230] Die Liberalisierung eines nationalen Finanzmarktes erhöht durch den Markteintritt ausländischer Institute den Wettbewerbsdruck im inländischen Bankensektor. In der Folge sinken die Finanzierungskosten und es fällt den inländischen Unternehmen zusehends leichter, sich mit frischem Kapital einzudecken. Diese Ausweitung des Finanzierungsspielraums der nationalen Unternehmen führt nun zu einer Ausweitung der Kreditvergabe[231] und einem Anstieg der Investitionen in den Immobiliensektor: „Following liberalization and deregulation, new financial institutions emerge and compete with existing lending institutions by offering loans on cheaper terms. As competition among lenders intensifies and more resources for financing real estate projects become available, the number of potential investors in the real estate sector increases and property prices will rise above their fundamental values."[232]

Während die inländischen Unternehmen durch die Ausweitung der Finanzierungsmöglichkeiten von einer Liberalisierung der Finanzmärkte profitieren, unterliegen die inländischen Banken auf Grund des verstärkten internationalen Wettbewerbs einem enormen Anpassungsdruck an das neue wirtschaftliche Umfeld. Viele inländische Unternehmen verlassen ihre traditionellen Hausbanken und wenden sich renommierten internationalen Banken als neuen Kreditgebern zu oder sie finanzieren sich direkt an ausländischen Finanzmärkten durch die Ausgabe von eigenen Wertpapieren.[233] Der Verlust von traditionellen Kunden und die Senkung der Hypothekenzinssätze auf Grund des zusätzlichen ausländischen Angebots führten zu einem Renditerückgang bei den Banken. Wie besonders am Beispiel der Liberalisierung des japanischen Banken- und Finanzwesens zu sehen war, neigen Banken dazu, höhere Risiken einzugehen und den Fokus verstärkt auf kurzfristige Gewinnmaximierung zu setzen, um dem Rendite-

---

[230] Vgl. u. a. Goodhart, C. et al. (2004), Allen, F. und Gale, D. (2007) sowie Kaminsky, G. und Reinhart, C. (1999). In einer Studie über die Ursachen von Bankenkrisen stellen Kaminsky, G. und Reinhart, C. (1999) fest, dass Liberalisierungen und Deregulierungen des Finanzsektors häufig zu Vermögenspreisblasen führen, die wiederum das Bankensystem destabilisieren. Iacoviello, M. und Minetti, R. (2003) weisen in ihrer Untersuchung der Auswirkungen der Liberalisierung der Finanzmärkte in den europäischen Ländern nach, dass der Effekt einer unerwarteten Zinsänderung auf die Hauspreise in den Ländern stärker ausgeprägt ist und länger anhält, in denen eine stärkere Liberalisierung durchgeführt wurde.
[231] Vgl. Kaminsky, G. und Reinhart, C. (1999), S. 474. Laut Nakamura, R. (2002) erhöhte sich im Zuge der Liberalisierung der Finanzmärkte z. B. das Kreditvolumen in Finnland von 50 % auf 100 % des BSP und in Japan verdreifachte sich sogar das Kreditvolumen im Zeitraum von 1986-1989.
[232] Zhu, H. (2005), S. 10.
[233] Vgl. Herring, R. und Wachter, S. (1999), S. 43.

rückgang entgegenzuwirken.[234] Den Verlust an inländischen Geschäftskunden versuchten z. B. die japanischen Banken speziell durch die Ausweitung der Kreditvergabe in anderen Geschäftsfeldern, wie z. B. dem Immobilienbereich, zu kompensieren.[235] Die massive Ausweitung der Vergabe von Immobilienkrediten gilt als eine wesentliche Ursache für die Bildung der japanischen Immobilienpreisblase.

Neben der Liberalisierung des Finanzwesens einer Volkswirtschaft kann bereits die Deregulierung des Hypothekenmarktes einen erheblichen Einfluss auf die Preisentwicklung auf den Immobilienmärkten nehmen. Bis in die 1980er Jahre hinein waren die Hypothekenmärkte in den meisten OECD Ländern stark reguliert. Häufig anzutreffende Formen der Regulierung waren quantitative Beschränkungen der Vergabe von Hypothekenkrediten und feste Obergrenzen für das Verhältnis von Darlehenshöhe und Wert der hinterlegten Immobilie. Im Laufe der 1980er Jahre wurde in zahlreichen Industrienationen die strenge Regulierung der Hypothekenmärkte – teilweise sogar in er-

---

[234] „[T]he transition from highly regulated main bank system through slow and undirected financial deregulations caused problems for the banks to adjust with the new environment; and that's why their speculative behavior during the asset price bubble to increase short-term profit made them vulnerable after burst of the bubble." Hossain, M. (2004), S. 2. An dieser Stelle drängt sich ein Vergleich mit dem Anlegerverhalten der deutschen Landesbanken im Zeitraum von 2004 bis 2007 auf. Auf Grund des Fehlens einer passenden Geschäftsstrategie erzielten die Landesbanken seit Langem eine im Branchendurchschnitt magere Rendite. Um die eigene Profitabilität zu stärken, begannen die Landesbanken deshalb ab dem Jahr 2004 massiv Zweckgesellschaften sog. SIVs in Steueroasen zu gründen, die sie nicht in ihrer Bilanz ausweisen mussten und für die sie deshalb auch kein (teures) Eigenkapital vorhalten mussten. Diese Zweckgesellschaften finanzierten sich über die Ausgabe von Commercial Papers und investierten das eingesammelte Kapital u. a. in verbriefte amerikanische Hypothekenkredite, sog. strukturierte Finanzprodukte (CMOs und CDOs). Um die Finanzierung möglichst günstig zu gestalten, gaben die Landesbanken Garantien für die Zweckgesellschaften ab, um diesen so ein optimales Rating zu besorgen. Als sich dann jedoch die Angst vor einem Rückgang der amerikanischen Immobilienpreise und einem damit verbundenen Ansteigen der Ausfallraten bei Hypothekarkrediten weltweit ausbreitete, brach der Handel mit den strukturierten Wertpapieren zusammen und es konnten keine Marktpreise mehr für diese Wertpapiere ermittelt werden. In der Folge gelang es den Zweckgesellschaften nicht mehr, sich durch die Ausgabe neuer Commercial Papers zu refinanzieren. Die Landesbanken mussten deshalb in der Folge für die von ihnen abgegebenen Garantien geradestehen und eigenes Kapital in die Zweckgesellschaften nachschießen, was bei den Landesbanken zu hohen Verlusten führte. Die Sachsen LB konnte sogar nur durch die Übernahme durch die LBBW vor der Insolvenz gerettet werden. Das Beispiel der deutschen Landesbanken hat – ähnlich wie das Verhalten der japanischen Geschäftsbanken – gezeigt, welche Risiken entstehen können, wenn sich Banken in neuen Geschäftsfeldern engagieren, in denen sie über keine oder nur wenig Erfahrung verfügen, und höhere Risiken eingehen, um die eigene Rendite zu steigern. Die überdurchschnittlichen Verluste in Form von Abschreibungen der deutschen Landesbanken im Vergleich zu den privaten Geschäftsbanken bei ihrem Engagement auf dem amerikanischen Wohnimmobilienmarkt beziffert der Sachverständigenrat zur Begutachtung der gesamtwirtschaftlichen Entwicklung (2008), S. 137 auf 21 Mrd. US-$. Dies entspricht einem Anteil von 43 % aller deutschen Banken. Da der Anteil der Landesbanken in Deutschland lediglich 21 % beträgt, wird deutlich, wie groß die Verluste der Landesbanken bei ihrem Engagement auf dem amerikanischen Wohnimmobilienmarkt waren.

[235] In einer empirischen Untersuchung zeigt Ueda, K. (1996), dass japanische Banken, die im Zuge der Liberalisierung des japanischen Finanzmarktes ihre traditionellen Kunden verloren haben, tatsächlich das Risiko ihrer Geschäfte erhöhten und speziell ihr Engagement im Immobiliensektor systematisch ausgeweitet haben.

heblichem Maße – gelockert.[236] In vielen Ländern wurde es den privaten Geschäftsbanken ermöglicht, sich verstärkt auf dem Markt für Hypothekenkredite zu betätigen, der durch die Bausparkassen dominiert wurde. Im Gegenzug begannen viele Bausparkassen, sich auch auf den Märkten für Gewerbeimmobilien zu engagieren. Eine andere in den Industrienationen weit verbreitete Deregulierungsmaßnahme war die Abschaffung der Zinsobergrenzen bei Darlehen. Der mit der Deregulierung einsetzende stetige Markteintritt neuer Banken in das Geschäft mit der Vergabe von Hypothekenkrediten resultierte in einem starken Anstieg des Kreditvolumens „which has significantly reduced borrowing constraints on households."[237] Somit stieg in Folge der Deregulierung der Hypothekenmärkte in den 1980er Jahren die Nachfrage seitens der privaten Haushalte nach Wohneigentum und führte somit auch zu einem Ansteigen des Preises für Wohneigentum.[238]

Die Erfahrungen mit der Deregulierung des Finanz- bzw. Hypothekenwesens in den 1970er und 1980er Jahren haben die Folgen einer Ausweitung der Kreditvergabe durch einen intensiveren Wettbewerb und das Vordringen der Geschäftsbanken in neue Geschäftsfelder deutlich gemacht: Beides führte zu einer Erhöhung des durch die Banken eingegangenen Risikos. Wird eine Deregulierung unkontrolliert und überhastet durchgeführt, so besteht die latente Gefahr einer zu exzessiven Kreditvergabe durch die Geschäftsbanken und daraus resultierender Preisausschläge auf den Immobilienmärkten, in deren Folge es zur Bildung von Preisblasen kommen kann. Der im Zuge des anschließenden Rückgangs der Preise auf den Immobilienmärkten einsetzende massenhafte Ausfall von Krediten führte in einigen Banken zu erheblichen Schieflagen mit den bekannten negativen Auswirkungen für die gesamte Volkswirtschaft. „As became evident later, many institutions over-extended mortgage credit in the new competitive environment. Indeed, most of the countries suffered serious problems with mortgage loans, requiring costly public interventions."[239]

---

[236] Für eine Übersicht über die gesetzlichen Beschränkungen der Hypothekenmärkte in den einzelnen Ländern und die unterschiedlichen Deregulierungsmaßnahmen vgl. Girouard, N. und Blöndal, S. (2001), S. 9f.
[237] Girouard, N. et al. (2006), S. 28.
[238] Zum gleichen Ergebnis kommen auch Ortalo-Magne, F. und Rady, S. (1998), S. 9 in ihrem Lebenszyklus-Modell mit Einkommensheterogenität und Kreditbeschränkungen: „In summary, credit liberalization boosts the house price in the model, and raises the owner occupancy rates of young households."
[239] Girouard, N. und Blöndal, S. (2001), S. 11. Eine ausführliche Darstellung der finanzwirtschaftlichen Schwierigkeiten im Bankensektor als Folge der weltweiten Liberalisierung bzw. Deregulierung der Finanzmärkte findet sich in Anhang 2 von Edey, M. und Hviding, K. (1995).

(2) Aufweichen der Hypothekenkreditvergabestandards

Eine zentrale Größe, die einen Einfluss auf die Preisentwicklung von Wohnimmobilienmärkten hat, ist die rechtliche Gestaltung des Hypothekenmarktes und hier im Besonderen die Verfügbarkeit von Hypothekenkrediten für die privaten Haushalte. Je einfacher die privaten Haushalte einen Hypothekenkredit aufnehmen können – d. h. je niedriger die Banken die Bedingungen an die Vergabe von Krediten setzten –, um so flexibler reagiert die Nachfrage nach Wohnimmobilien und um so volatiler verhalten sich die Preise auf den Wohnimmobilienmärkten. Im Zuge weniger restriktiver Hypothekenkreditvergabestandards besteht die Gefahr, dass zu viele Hypothekenkredite an Schuldner mit schlechter Bonität – sog. Subprime-Schuldner – vergeben werden, und es im Zuge dieser Fehlallokation zu übertriebenen Hauspreissteigerungen und Instabilitäten für das gesamte Finanzsystem kommen kann. Diesen Zusammenhang betonte auch der frühere Vorsitzende der US-amerikanischen Notenbank Fed Alan Greenspan: „I was aware that the loosening of the mortgage credit terms for subprime borrowers increased financial risk, and that subsidized home ownership initiatives distort market outcomes. But I believed then, as now, that the benefits of broadened home ownership are worth the risk."[240]

Der starke Zusammenhang zwischen der Preisentwicklung auf den nationalen Wohnimmobilienmärkten und den rechtlichen Rahmenbedingungen auf den Hypothekenmärkten bzw. der Kreditvergabepraktiken der privaten Geschäftsbanken wurde besonders durch den Preisanstieg auf vielen Wohnimmobilienmärkten 2000 bis 2005 deutlich. Laut Ball (2006) haben speziell die europäischen Länder in diesem Zeitraum eine hohe Preissteigerung erlebt, „that were experiencing significant changes in mortgages provision."[241] Er sieht einen direkten Zusammenhang zwischen einer Aufweichung der Hypothekenkreditvergabestandards der privaten Geschäftsbanken und dem folgenden Boom auf den Wohnimmobilienmärkten. Als extremstes Beispiel nennt er Dänemark. Lange Zeit dominierten langfristige Hypothekenkredite mit festen Zinszahlungen den dänischen Markt. Die Einführung von Hypothekenkrediten mit flexiblen einjährigen Zinssätzen und sog. ‚Interest-only Mortgages'[242], die beide sehr schnell einen hohen

---

[240] Greenspan, A. (2007), S. 233.
[241] Ball, M. (2006), S. 221.
[242] ‚Interest-only Mortgages' sind Hypothekenkredite, bei denen für eine gewisse Zeit (in der Regel zwischen 5 und 10 Jahren) nur Zinszahlungen und keine Tilgungen anfallen. Der Schuldner hat bei dieser Art von Hypothekenkredit jedoch häufig die Möglichkeit, Tilgungszahlen zu leisten, wenn er dies wünscht.

3 Preisblasen auf Immobilienmärkten

Marktanteil erreichen, haben seiner Meinung nach zu einem erheblichen Teil dazu beigetragen, die Immobilienpreise in Dänemark explodieren zu lassen und Kopenhagen zur „current house price inflation capital of Europe"[243] zu machen.

Ellis (2008) sieht auch in den USA einen positiven Zusammenhang zwischen den immer weiter gelockerten Standards bei der Vergabe von Hypothekenkrediten durch die privaten Geschäftsbanken und dem folgenden immensen Preisanstieg und anschließenden Rückgang auf dem US-amerikanischen Markt für Wohnimmobilien. Sie identifiziert fünf Lockerungen bei der Vergabe von Hypotheken, die die privaten Geschäftsbanken im Laufe des Preisanstiegs auf dem US-amerikanischen Wohnimmobilienmarkt vorgenommen haben, um den eigenen Marktanteil bei der Vergabe von Hypothekenkrediten auszubauen, und somit eine ständige Ausweitung der Nachfrage nach Wohnimmobilien generiert haben:[244]

- Die privaten Geschäftsbanken haben im Zeitraum nach 2000 den sog. ‚Non-Conforming'-Bereich immer weiter ausgebaut. Dabei handelt es sich um Kredite im Subprime- und im Alt-A-Segment.[245] Einen großen Anteil an der Aufweichung der Vergabestandards hatten die großen Investmentbanken, die sich in diesem Zeitraum verstärkt im Markt für ‚Non-Conforming'-Hypothekenkredite engagierten und mittels verschiedenster Subventionen versuchten, in kurzer Zeit einen hohen Marktanteil zu erreichen.

- Die Anforderungen an die Dokumentation der finanziellen Verhältnisse der Schuldner wurden immer laxer gehandhabt. Die Banken fokussierten sich bei der Kreditvergabe nicht mehr auf die Fähigkeit der Schuldner, ihre Kredite zu tilgen, sondern auf den Sicherungswert der Immobilien, und wetteten damit auf immer weiter steigende Häuserpreise. Teilweise gingen die Banken sogar dazu über, die Einkommenssituation der Kunden gar nicht mehr zu überprüfen und stattdessen blind Hypothekenkredite zu vergeben.

- Im Zuge der Niedrigzinspolitik durch die FED wurde es für die Kreditnehmer immer attraktiver, statt der früher üblichen festen Zinssätze auf sog. ‚Adjustable-

---

[243] Ball, M. (2006), S. 221.
[244] Vgl. Ellis, L. (2008), S. 6ff.
[245] Bei den Alt-A-Krediten handelt es sich um eine Zwischenstufe des Prime- und Subprime-Segments. Die Schuldner dieser Hypothekenkredite verfügen in der Regel über eine einwandfreie Bonitätsgeschichte, aber der Kredit an sich besitzt einige Eigenschaften, die das Risiko des Kredites erhöhen. Beispiele hierfür sind ein hohes Verhältnis der Kredithöhe zum Wert des Grundstücks oder eine unzureichende Dokumentation der finanziellen Verhältnisse des Schuldners.

Rate Mortgages' (ARMs) zu setzen. Mit der Vergabe von niedrigen ‚Teaser Rates' wurde den ARM-Krediten häufig ein zusätzlicher Anreiz verliehen. Laut Ellis (2008) lagen die ‚Teaser Rate' für Subprime-Kredite in den USA um bis zu 4 Prozentpunkte unter dem marktüblichen Zinssatz.

- Ein weiteres Anzeichen für die Aufweichung der Vergabestandards war der Anstieg des LTV-Verhältnisses. 100 %-Finanzierungen wurden im Laufe des stetigen Anstiegs der Immobilienpreise für Wohnimmobilien immer gängiger. So schätzt Cagan (2007), dass in etwa 18 % der im Jahr 2006 vergebenen Hypothekenkredite zum Jahresende den Wert der besicherten Immobilie übertrafen, was auf ein LTV-Verhältnis von 100 % oder zumindest nahe daran schließen lässt.

- Zuletzt fanden auch Hypothekenkredite, bei denen nur die laufenden Zinszahlungen getätigt werden mussten, und Hypothekenkredite mit negativer Amortisation immer größere Verbreitung. Die Kreditschuld wurde folglich nicht zurückgezahlt, sondern sie blieb auf hohem Niveau konstant oder wuchs sogar weiter an (bei negativer Amortisation). Haushalte, die einen derartigen Hypothekenkredit aufnahmen, setzten sich der Gefahr aus, negatives Eigenkapital zu generieren, wenn die Hauspreise nicht ständig weiter steigen. Dieser Fall ist dann aber bekanntlich ab dem Jahr 2006 eingetreten.[246]

Die USA waren bei Weitem nicht das einzige Land, welches die Vergabestandards von Hypothekenkrediten aufweichte.[247] Auch in anderen Ländern wurde die Vergabepraxis von Hypothekenkrediten durch die privaten Geschäfts- und Investmentbanken gelockert, „but the limited available cross-country evidence does suggest that the process went further in the United States."[248] Die extreme Sorglosigkeit bei der Vergabe von Hypothekenkrediten in den USA ist laut Ellis (2008) der Grund für die hohen Zahlungsausfälle auf dem US-amerikanischen Hypothekenmarkt.

---

[246] Gerardi, K. et al. (2008) liefern eine weitere detaillierte Beschreibung der Aufweichung der Kreditvergabepraxis amerikanischer Geschäfts- und Investmentbanken.
[247] Einen Zusammenhang zwischen dem starken Anstieg der Häuserpreise in den Jahren 2004-2006 und der Lockerung der Finanzierungsbedingungen auf den Immobilienmärkten sieht die Europäische Zentralbank (2007) auch in den acht EU Ländern Mittel- und Osteuropas als gegeben. Hier seien die größere Anzahl an zur Verfügung gestellten Hypothekeninstrumenten, deren geringere Kosten, längere Laufzeiten und flexiblere Bedingungen für den ungewöhnlich starken Anstieg der Häuserpreise mitverantwortlich.
[248] Ellis, L. (2008), S. 5. Laut Löhken, K. (2008) wurden die Hypothekenkreditvergabepraktiken in England nicht so stark aufgeweicht wie in den USA, was zu einer insgesamt solideren Finanzierung von Immobilien führte. Als Beispiele nennt sie den durchschnittlichen Beleihungswert, der in England seit mehreren Jahren konstant bei 80 % der Hauspreise liegt und die geringe Anzahl an ‚Lockangeboten' für Kreditsuchende, die mit höheren Zinsen als in den USA versehen sind.

Ein weiteres Merkmal, das die im Vergleich zu anderen Ländern stärkere Aufweichung der Hypothekenkreditvergabestandards in den USA dokumentiert, ist die ungewöhnlich früh ansteigende Anzahl von Zwangsversteigerungen in den USA. Diese setzte bereits ein, bevor das Wirtschaftswachstum in Folge des Rückgangs der Immobilienpreise nachließ, die Arbeitslosigkeit zu steigen anfing und die Banken die Kreditvergabe drosselten. „This was exactly the opposite of the sequence of events in other countries over the current cycle."[249] Durch die Aufweichung der Standards für die Vergabe von Hypotheken wurden in den USA offensichtlich zu viele Hypotheken an private Haushalte vergeben, die auch bei einem Ausbleiben des Preisrückgangs auf dem Immobilienmarkt nicht in der Lage gewesen wären, ihre Zins- und Tilgungszahlungen zu leisten. Diese Schuldner wurden bereits zahlungsunfähig, bevor sich die gesamtwirtschaftlichen Verhältnisse verschlechterten und die Einkommen zurückgingen.

Die Aufweichung der Hypothekenkreditvergabestandards resultiert jedoch nicht nur aus dem Agieren der privaten Geschäftsbanken. Auch die US-amerikanische Sozialpolitik hat maßgeblich zu einer Lockerung der Vergabestandards und damit zu einer Verbreitung von Subprime-Krediten beigetragen.[250] Im Zuge der zum Schutze von Einwanderern ab Mitte der 1990er Jahre eingeführten Antidiskriminierungsgesetze wurde es Kreditwilligen ermöglicht, Hypothekkredite zu bekommen, ohne konkrete Angaben über die eigenen Vermögensverhältnisse machen zu müssen. „Analysen zeigen, dass fast 60 % der späteren ,Subprimer' zu dieser Gruppe gehörten."[251]

(3) Verbriefung von Hypothekarkrediten

Seit dem rasanten Anstieg der Preise auf vielen Märkten für Wohnimmobilien und dem folgenden Ausbruch der Subprime-Krise in den USA werden immer wieder die Verbriefung von Hypothekenkrediten und die hieraus entstandenen strukturierten Finanzprodukte – wie die sog. CDOs – als mögliche Ursachen für das Entstehen von Preisblasen auf Immobilienmärkten genannt.[252]

---

[249] Ellis, L. (2008), S. 9.
[250] Vgl. Francke, H.-H. (2008), S. 5, Akerlof, G. und Shiller, R. (2009), S. 220 sowie Fendel, R. und Frenkel, M. (2009), S. 79.
[251] Francke, H.-H. (2008), S. 5.
[252] Vgl. Ball, M. (2006), S. 221f. und Ball, M. (2007), S. 205.

Die Ursprünge der Verbriefung von Hypotheken gehen bis in die erste Hälfte des 20. Jahrhunderts zurück.[253] Im Jahr 1938 wurde mit der Gründung der Federal National Mortgage Association (genannt Fannie Mae) durch die Regierung Roosevelt ein erster Sekundärmarkt für Hypotheken in den USA geschaffen. Die Aufgabe der staatseigenen Fannie Mae war es, „staatlich garantierte Hypothekarkredite aufzukaufen, um so Liquidität für den Primärmarkt zur Verfügung zu stellen."[254] Im Jahr 1968 wurde mit der Government National Mortgage Association (genannt Ginnie Mae) eine zweite und im Jahr 1970 mit der Federal National Mortgage Corporation (genannt Freddie Mac) eine dritte Institution zur Förderung des privaten Wohneigentums in den USA gegründet. Diese Institutionen werden auch als ‚Government-Sponsored Enterprises' (GSEs) bezeichnet. Obwohl diese mit der Zeit privatisiert wurden und die Regierung nicht weiter explizit für diese bürgte, bestand doch weiterhin eine implizite Staatsgarantie für die GSEs.[255] Durch die Privatisierung waren die GSEs darauf angewiesen, sich verstärkt über private Investoren zu finanzieren. Dies taten sie u. a. durch die Emission von Anleihen, die durch Hypotheken besichert waren, die sog. Mortgages Backed Securities (MBS).[256]

Einen Schub erhielt die Verbriefung von Hypotheken durch die Deregulierung des Finanz- und Bankwesens Anfang der 1970er Jahre.[257] In der Folge engagierten sich immer mehr private Geschäftsbanken auf den Hypothekenmärkten „driven by the belief that the thrift industry would not be capable of meeting the rapidly rising demand for hous-

---

[253] Vgl. Kregel, J. (2008), S. 4. Eine ausführliche Übersicht über den amerikanischen Hypothekenmarkt und das amerikanische System der Wohnungsfinanzierung findet sich in Albrecht, M. (2004).
[254] Albrecht, M. (2004), S. 12.
[255] Vgl. Kregel, J. (2008), S. 4.
[256] Die erste MBS wird 1970 von Ginnie Mae am Kapitalmarkt platziert. Ginnie Mae ist es gesetzlich nicht erlaubt, Hypothekenkredite zu kaufen und in der eigenen Bilanz zu halten. Aus diesem Grund tritt das Unternehmen lediglich als Garantiegeber der von ihm am Kapitalmarkt platzierten MBS auf. Des Weiteren ist es Ginnie Mae vorgeschrieben, lediglich Kredite als MBS am Kapitalmarkt zu platzieren, die durch die staatlichen Programme der Federal Housing Administration (FHA), der Veterans Administration (VA) oder dem Rural Housing Service (RHS) versichert sind. Fannie Mae und Freddie Mac hingegen dürfen sich auch auf dem nicht staatlichen Markt für Hypothekenkredite engagieren. Allerdings dürfen auch sie nur Hypothekarkreidte vergeben, die eine bestimmte Größe nicht überschreiten und deren Schuldner über eine gute Bonität verfügen. Der ‚Non-Conforming'-Bereich, also Hypothekenkredite die zu groß (Jumbo-Mortgages) oder zu riskant (Subprime-Mortgages) sind, ist auch ihnen verboten und bleibt den privaten Geschäftsbanken vorbehalten. Für eine ausführliche Übersicht über die unterschiedlichen Arten von MBS siehe Brueggeman, W. und Fisher, J. (2008), S. 554f.
[257] Vgl. hier und im Folgenden Kregel, J. (2008), S. 5ff. und Ranieri, L. (1998), S. 31ff. Die Deregulierung des Finanzsektors beendete das bis hierhin geltende traditionelle amerikanische System der Immobilienfinanzierung, bei dem die Bausparkassen – die S&Ls – Kredite an private Hausbauer vergaben und diese bis zum Ende der Laufzeit in den eigenen Büchern hielten. Den Arbeitsalltag der Banker in den S&Ls beschreibend wurde dieses System als das 3-6-3 System bezeichnet. „[I]ssue saving deposits at three percent, lend them out on thirty-year house mortgages at six percent, and be on the golf course by three o'clock." Kregel, J. (2008), S. 4.

ing finance."[258] Im Gegensatz zu den traditionellen Bausparkassen, welche Hypothekenkredite bis zum Ende der Laufzeit in den eigenen Büchern hielten oder sie an die GSEs verkauften, waren die privaten Geschäftsbanken daran interessiert, mit Hypotheken besicherte handelbare Wertpapiere zu strukturieren. Dabei hatten sie das Problem zu lösen, dass Hypothekenkredite keine homogenen Güter sind. Jede Hypothek hat einen anderen Schuldner und eine unterschiedliche Sicherheit in Form einer Immobilie. Die Geschäftsbanken mussten folglich aus einem Pool unterschiedlicher Hypothekenkredite ein handelbares Wertpapier konstruieren.[259] Zu diesem Zweck wurden Zweckgesellschaften, sog. SPVs, gegründet, welche die Hypotheken halten und an denen sich Investoren durch den Kauf von ‚Mortgage Pass-Through Securities' (MPTs) beteiligen können. Die MPTs haben jedoch den Nachteil, dass ihre Laufzeit entscheidend von der Anzahl der vorzeitig zurückgezahlten Hypothekenkredite abhängt und daher im Vorhinein nicht eindeutig bestimmt werden kann.[260] „These problems were resolved by separating the passed-through cash flows from the underlying mortgages into specific income flows of different maturity called ‚tranches'."[261] Auf diese Art entstanden die sog. CMOs, die das Prepaymentrisiko auf unterschiedliche Tranchen verteilen. „Thus, the initial CMO structure was designed to provide more precise maturities than allowed by the standard pass-through, mortgage-backed securities."[262] Einen weiteren Schub erhielt die Verbriefung mit dem Ausbruch der ‚thrift crises' 1989 in den USA. In ihrem Verlauf verloren die Bausparkassen und die GSEs ihre dominante Stellung bei der Finanzierung von privatem Wohneigentum an die privaten Geschäftsbanken, die mit ihrer CMO-Struktur sehr erfolgreich waren. Die neueste Weiterentwicklung auf dem Markt für Verbriefungen sind schließlich die sog. CDOs. Der Markt für CDOs entwickelte sich Mitte der 1990er und wies besonders in den Jahren 2004 bis 2006 ein

---

[258] Kregel, J. (2008), S. 5.
[259] „[T]he goal was to create an investment vehicle to finance housing in which the investor did not have to become a home loan savant. He or she did not have to know very much, if anything, about the underlying mortgages. The structure of the deal was designed to place him or her in a position where, theoretically, the only decisions that had to be made were investment decisions. No credit decisions were necessary. The credit mechanisms were designed to be bullet-proof, almost risk-free. The only remaining questions for the investors concerned their outlook on interest rates and their preferences on maturities." Ranieri, L. (1998), S. 38.
[260] In den USA besitzen die Schuldner von privaten Immobilienkrediten ein sog. Prepaymentrecht. D. h. sie können jederzeit ohne die Zahlung einer Vorfälligkeitsentschädigung ihre Hypothek komplett zurückzahlen. Die Ausübung dieses Rechts wird von den privaten Hauskäufern besonders in Phasen fallender Zinsen in Anspruch genommen. Sie tilgen die ausstehenden Raten ihres aktuellen Kredits mit einem hohen Zinssatz durch die Aufnahme eines neuen Kredits mit einem niedrigeren Zinssatz.
[261] Kregel, J. (2008), S. 7.
[262] Kregel, J. (2008), S. 8.

extrem starkes Wachstum auf.[263] Ein CDO ist ein SPV, das ein Portfolio aus unterschiedlichen, in der Regel festverzinslichen Wertpapieren erwirbt und dieses wiederum durch die Ausgabe verschiedener Tranchen mit unterschiedlichen Risikoklassen finanziert.[264] Die CDOs investieren dabei wesentlich in ABS, RMBS und CMBS. Viele CDOs gingen mit der Zeit dazu über, in andere CDOs zu investieren, so dass die Strukturen immer komplexer und damit auch immer schwieriger zu bewerten wurden. Eine weitere Eigenschaft, die die Struktur und somit auch die Bewertung der CDOs zusätzlich erschwert, ist, dass viele CDOs gemanagt werden.[265] D. h., es gibt einen Manager, der alle im Portfolio des CDOs befindlichen Wertpapiere verwaltet und überwacht. Dieser Manager ist befugt, mit einem gewissen prozentualen Anteil der im Portfolio befindlichen Wertpapiere Handel zu betreiben.

An der Verbriefung von Hypothekendarlehen wird kritisiert, sie hätte zu einer exzessiven Vergabe von Hypothekenkrediten speziell an schlechte Schuldner geführt und trage daher eine Mitschuld an den extremen Preissteigerungen auf dem US-amerikanischen Markt für Wohnimmobilien.[266] Die Gefahr einer aus der Verbriefung von Hypothekendarlehen resultierenden exzessiven Kreditvergabe ist das Ergebnis der Informationsasymmetrie zwischen der Bank, die den originären Kredit vergibt, und dem Investor, der das verbriefte Wertpapier schließlich erwirbt. Es können nur effiziente (Kreditvergabe-) Entscheidungen getroffen werden, wenn der Entscheider auch alle Konsequenzen aus seiner Entscheidung selbst tragen muss. Dieser Fall ist bei der Verbriefung von Hypothekenkrediten jedoch nicht gegeben. Hier entscheiden die Banken, welche Individuen bzw. Unternehmen sie als kreditwürdig einstufen. Sie müssen jedoch später nicht die Folgen ihrer (falschen) Kreditvergabe-Entscheidung tragen: Werden ein oder mehrere Gläubiger insolvent, so müssen die Investoren, die die verbrieften Wertpapiere gekauft haben, den resultierenden Verlust tragen. Es besteht folglich die Gefahr, dass die Banken, um ihren eigenen Profit zu maximieren, ihre Kreditvergabekriterien lockern und in der Folge (absichtlich) zu viele Kredite an schlechte Schuldner vergeben, da sie von den möglichen zukünftigen Ausfällen nicht betroffen sind. „[I]n a world of

---

[263] Vgl. Hu, J. (2007), S. 5ff.
[264] Diese Tranchen setzen sich aus einer ‚Senior Tranche' mit dem Rating Aaa/AAA, einer ‚Mezzanine Tranche' mit dem Rating Aa/AA bis Ba/BB und einer ‚Equity Tranche', die in der Regel nicht geratet wird zusammen. Vgl. Gorton, G. (2008), S. 12f.
[265] Vgl. Gorton, G. (2008), S. 13f.
[266] Vgl. hier und im Folgenden Franke, G. und Krahnen, J. (2008), S. 8ff. sowie Krahnen, J. (2007), S. 11.

3 Preisblasen auf Immobilienmärkten 109

asymmetric information the bank inevitably tries to benefit from adverse selection and moral hazard rendering its decisions second best."[267]

Mian und Sufi (2008) stellen in ihrer Analyse der Ausfallraten von Hypothekenkrediten in 18.408 US-amerikanischen Postleitzahlbezirken[268] einen positiven Zusammenhang zwischen der Verbriefung und der Vergabe von Hypothekenkrediten an Subprime-Schuldner fest. Während im Zeitraum von 1996 bis 2002 der Anteil der begebenen Hypothekenkredite, der an die Non-Government Sponsored Enterprises weiterverkauft wurde, bei nur 30 % lag, stieg dieser Anteil im Zeitraum von 2002 bis 2005 auf fast 60 % an.[269] Des Weiteren stellen die Autoren fest, dass die Zunahme der Verbriefungsaktivitäten speziell in den Postleitzahlbezirken höher ausfiel, die über einen hohen Anteil an Subprime-Schuldner verfügen. Zu guter Letzt können die Autoren nachweisen, dass die Ausfallraten im Zeitraum von 2005 bis 2007 speziell in den Postleitzahlbezirken stark anstiegen, in denen im Zeitraum von 2002 bis 2005 ein überdurchschnittlicher Teil der Hypothekenkredite verbrieft wurde. Damit bestätigen die Autoren den Befund von Keys et al. (2008), dass die Banken ihre Kreditvergabekriterien lockern und somit mehr Subprime-Kredite vergeben, wenn sie eine anschließende Verbriefung der Kredite planen.[270]

Des Weiteren wird an der Verbriefung kritisiert, sie sei von den privaten Geschäftsbanken zu exzessiv betrieben worden, nur um den eigenen Profit durch die Emission von strukturierten Wertpapieren zu erhöhen:[271] Die privaten Geschäftsbanken hätten den Wechsel von der ursprünglichen ‚Buy and Hold'-Strategie der S&L-Banken zu der modernen ‚Trade'-Strategie vollzogen, um aus der Differenz aus Kauf- und Verkaufspreis der Wertpapiere einen möglichst hohen Gewinn zu erzielen. Sie haben deshalb bei der Kreditvergabe nicht mehr sorgfältig auf die Bonität der Schuldner geachtet, da sie ihre Kredite im Anschluss weiterverkauften. Vielmehr versuchten sie, so viele Hypothekenkredite wie möglich zu vergeben, um diese in verbriefte Wertpapiere umzuwandeln und mit ihnen ein möglichst hohes Handelsvolumen zu erzielen. Die Ausweitung der Kreditvergabe ließ sich im Laufe der Zeit nur noch durch die Vergabe von

---

[267] Franke, G. und Krahnen, J. (2008), S. 10.
[268] Die untersuchten Postleitzahlbezirke umfassen 92 % der gesamten amerikanischen Bevölkerung. Vgl. Mian, A. und Sufi, A. (2008), S. 8.
[269] Vgl. Mian, A. und Sufi, A. (2008), S. 4f.
[270] Weitere Untersuchungen, die diesen Zusammenhang stützen, finden sich in Purnanandam, A. (2008), Keys et al. (2008), Dell'Ariccia, G. et al. (2008) sowie Kiff, J. und Mills, P. (2007).
[271] Zur Kritik an der Verbriefungsstrategie der privaten Geschäftsbanken vgl. Lim, M. (2008), S. 18 und Kregel, J. (2008), S. 10.

Krediten an die sog. Subprime-Schuldner realisieren. Lim (2008) kommt zu dem Ergebnis, dass die exessive Verbriefung zu einer übertriebenen Kreditvergabe und damit zu einem Anstieg des Risikos geführt hat. „Hence, the system takes on more risks. While risk is dispersed for the individual players, it is amplified for the system."[272]

Des Weiteren wird den strukturierten Finanzprodukten nachgesagt, sie seien Strategien der Geschäftsbanken zur Umgehung der strengen Regelungen der Finanz- und Aufsichtsbehörden.[273] Sie sollen den Geschäftsbanken helfen, die Offenlegungspflichten zu umgehen und die eigene Besteuerung zu minimieren.

Kregel (2008) kritisiert die Ablösung der traditionellen Methoden der Kreditvergabe, die auf erfahrenem Personal, den Charaktereigenschaften der Kreditnehmer und deren Bonitätsgeschichte beruhen, durch die unpersönlichen mathematischen Methoden der Bonitätsprüfung, welche die Rating-Agenturen bei der Beurteilung der CDOs verstärkt anwendeten. Bei diesem fundamentalen Wechsel der Kreditvergabepraxis wurden die Risiken der strukturierten Finanzprodukte in erheblichem Maße unterschätzt, falsch bepreist und somit die Bildung von Preisblasen gefördert. Auch Eichengreen (2008) kritisiert die strukturierten Finanzprodukte scharf. Diese seien schließlich so komplex gewesen, dass die Marktteilnehmer nicht mehr in der Lage gewesen sind, sie angemessen zu bewerten. Daher wurde das in ihnen enthaltene Risiko systematisch unterschätzt. „Finanzingenieure amerikanischer Banken haben die undurchsichtigsten Instrumente ausgeheckt, die man sich vorstellen kann, indem sie die Cashflows von Immobilienhypotheken in Scheiben geschnitten, gewürfelt und tranchiert haben und sie dann in strukturierte Anleiheprodukte, sogenannte CDOs, verpackt haben, CDOs im Quadrat oder noch schlimmer. Zuletzt hatte niemand mehr den blassesten Schimmer davon, welche Qualität die Kredite hatten, die diesen Produkten zu Grunde lagen, oder mit welcher Wahrscheinlichkeit die behaupteten Zahlungsströme tatsächlich gezahlt würden."[274] Auch Warren Buffett kritisiert die strukturierten Finanzprodukte und bezeichnet sie als „financial weapons of mass destructions"[275].

Die im Zuge der Subprime-Krise häufig geäußerte Kritik an der Verbriefung von Hypothekenkrediten zeichnet jedoch ein sehr einseitiges Bild und blendet die zahlreichen Vorteile, die die Verbriefung von Hypothekenkrediten mit sich bringt, komplett aus.

---

[272] Lim, M. (2008), S. 18.
[273] Vgl. Lim, M. (2008), S. 16.
[274] Eichengreen, B. (2008), S. 11.
[275] Economist (2007), S. 80.

Die Verbriefung von Hypothekenkrediten ist ein modernes und zeitgemäßes Instrument im Rahmen der Finanzierung von Wohnimmobilien und bringt für alle Beteiligten am Immobilienmarkt eine Reihe von Vorteilen. An erster Stelle sind hier der durch die Verbriefung ermöglichte Transfer von Kreditrisiken und die hieraus resultierende Verringerung der Risiken durch Diversifikation zu nennen. Mittels Verbriefung werden die Kreditrisiken, die zuvor alleine bei den Banken gelegen haben, auf mehrere Investoren verteilt. „By securitizing otherwise non-tradable assets, like credit card debt, corporate and consumer loans, the creditor can transfer asset risks to other financial intermediaries and private investors (households)."[276] Somit führt die Verbriefung von Hypothekenkrediten zu einer effizienten Allokation der Kreditrisiken. Dies verringert die Wahrscheinlichkeit von Bankenzusammenbrüchen und daraus resultierenden Instabilitäten auf den Finanzmärkten. Des Weiteren ermöglicht es die Verbriefung von Hypothekendarlehen, dass sich auch Individuen, die über kein großes Vermögen verfügen, bereits mit kleinen Beträgen an Immobilienvermögen beteiligen können. Auch aus Renditegesichtspunkten bringt die Verbriefung Vorteile für eine Volkswirtschaft. Sie ermöglicht einen effizienteren Kapitaleinsatz durch die Hinzunahme von Fremdkapital und eine bessere Ressourcenallokation.[277] Zu guter Letzt wird der Verbriefung von Hypothekenkrediten zugeschrieben, die Volatilität der Vergabe von Hypothekenkrediten gesenkt zu haben.[278]

Zusammenfassend kann festgehalten werden, dass die generelle Kritik, die der Verbriefung von Hypothekenkrediten speziell in der letzten Zeit entgegengebracht wird, am Kern der Sache vorbei geht. Die Verbriefung von Hypothekenkrediten ist auch nach dem Ausbruch der Subprime-Krise weiterhin ein zentrales Instrument zur Finanzierung von Immobilien und zur Verteilung von Risiken. Die Probleme im Zusammenhang mit der Verbriefung von Hypothekenkrediten haben ihre Ursachen nicht in der Verbriefung an sich. Die Probleme resultieren viel mehr zu einen aus der sich stetig reduzierenden Prüfungsintesität der Banken bei der Hypothekenkreditvergabe.[279] Zum anderen haben auch die Käufer der verbrieften Hypothekenkredite angesichts der komplexen Strukturen die Bonität der Papiere nicht ausreichend überprüft. Vielmehr haben sich die Investoren weitgehend auf die Bonitätsurteile der Ratingagenturen verlassen, „[d]eren (teil-

---

[276] Franke, G. und Krahnen, J. (2008), S. 8.
[277] Vgl. Lim, M. (2008), S. 15f.
[278] Vgl. hierzu Schnure, C. (2005), S. 4.
[279] Vgl. hierzu ausführlich Punkt (2) in diesem Kapitel.

weise wohl sogar absichtliches) Fehlrating der Risiken [...] die echten Risikostrukturen der hereingenommenen Papiere [verschleierte]."[280]

(4) Moral Hazard

Der Begriff Moral Hazard beschreibt Veränderungen im Verhalten von Wirtschaftssubjekten, die aus einer Umverteilung von Risiken resultieren. So kann z. B. der Abschluss einer Versicherung ein risikofreudigeres Verhalten des neu Versicherten induzieren, weil er das Risiko nun nicht mehr selbst tragen muss. Die Moral Hazard-Problematik wird immer wieder als eine mögliche Ursache für das Entstehen von Preisblasen auf Finanz- und Immobilienmärkten genannt. Als Paradebeispiel werden die Preisblasen auf den Immobilien- und Aktienmärkten in vielen Ländern Südostasiens im Zuge der Asienkrise 1997/98 angeführt.[281] Als Ausgangspunkt dieser Krise gelten die südostasiatischen Banken, deren Verbindlichkeiten häufig durch implizite Staatsgarantien geschützt wurden.[282] „Diese Garantien ließen in den Banken den Glauben entstehen, dass sie zu gut vernetzt seien, um untergehen zu können. Das hat sie zu noch größerer Risikobereitschaft verleitet."[283] Das aus den impliziten Staatsgarantien resultierende sehr gute Rating ermöglichte es den Banken, Kredite zu besonders günstigen Konditionen aufzunehmen. Mit diesem ‚billigen Geld' tätigten die Banken zunehmend hochriskante Investitionen, die ihnen hohe Gewinne einbrachten. Durch diese risikoreiche Anlagepolitik wurden jedoch die Preise für Vermögensgüter – und hier im Besonderen Immobilien – immer weiter in die Höhe getrieben, bis es schließlich zur Bildung von Preisblasen auf vielen Aktien- und Immobilienmärkten Südostasiens kam.[284] Im Zuge der steigenden Vermögenspreise unterlagen die südostasiatischen Banken zusätzlich einer perversen Anreizstruktur:[285] Mit den steigenden Immobilienpreisen erhöhten sich gleichzeitig die Bankaktiva und ermutigten die Banken, ihre Kreditvergabe immer weiter auszudehnen, um den eigenen Marktanteil gegenüber den Konkurrenten zu steigern. Dieses Verhalten der Banken beschleunigte den allgemeinen Anstieg der Vermögenspreise und trug somit zur Bildung von Preisblasen bei.

---

[280] Rehkugler, H. (2009), S. 42.
[281] Vgl. u. a. Krugman, P. (1998b), Sarno, L. und Taylor, M. (1999) sowie Edison, H. et al. (1998).
[282] Diese Form einer kapitalistischen Wirtschaft, in der unternehmerische Erfolge in erster Linie durch Verbindungen zur politischen Führung eines Landes erzielt werden und in der der Regierung wohlgesinnte Unternehmen über einen besonderen Schutz verfügen, wird auch als ‚Crony Capitalism' bezeichnet.
[283] Eichengreen, B. (2008), S. 11.
[284] Vgl. Sarno, L. und Taylor, M. (1999), S. 638.
[285] Vgl. hier und im Folgenden Soerensen, J. (2006), S. 92.

Auch die Subprime-Krise in den USA wird von einigen Beobachtern auf die Moral Hazard-Problematik zurückgeführt. Im Zentrum der Kritik stehen die beiden GSEs Fannie Mae und Freddie Mac. Das Geschäftsmodell dieser beiden ehemals staatlichen Unternehmen besteht darin, den Geschäftsbanken Hypothekenkredite von privaten Hauskäufern abzukaufen, diese zu verbriefen und als MBS, RMBS etc. an institutionelle Investoren weiterzuverkaufen. Damit sind Fannie Mae und Freddie Mac ein zentrales Instrument der Förderung des privaten Wohneigentums in den USA, da sie die Bilanzen der Geschäftsbanken durch den Kauf von risikobehafteten Krediten entlasten und somit die Finanzierungskosten senken, was von den Geschäftsbanken direkt an die privaten Hauskäufer in Form von günstigeren Zinssätzen weitergegeben werden sollte.[286] Die zentrale Stellung der beiden GSEs kommt in der impliziten Garantie der US-Regierung zum Ausdruck, bei finanziellen Problemen für deren Schulden einzustehen.[287] Mit der schützenden Staatsgarantie und dem hieraus resultierenden exzellenten Rating weiteten Fannie Mae und Freddie Mac ihre Verbriefungsaktivitäten stetig aus und gingen gleichzeitig immer höhere Risiken ein. Im Jahr 2007 erreichte das durch sie verbriefte Volumen mit 4,45 Bio. US-$ fast die Größenordnung des gesamtem Marktes für US-amerikanische Unternehmensanleihen in Höhe von 5,4 Bio. US-$.[288] Damit waren Fannie Mae und Freddie Mac schließlich zu groß geworden, dass es die US-Regierung hätte zulassen können, eines der beiden Unternehmen insolvent werden zu lassen. „Jeder Investor, der ihnen Geld gab, hatte verstanden, dass Freddie und Fannie die implizite Garantie des amerikanischen Finanzministeriums hatten, das einspringen würde, falls die Sache schiefginge. Das war reinster ‚moral hazard', der sich aber bitter rächen sollte."[289]

Neben den Geschäftsbanken sehen sich auch die Zentralbanken mit dem Problem des Moral Hazards konfrontiert.[290] Da sich die Zentralbanken der Wichtigkeit des Bankensystems für die Stabilität und die Funktionsfähigkeit einer Volkswirtschaft bewusst sind, haben sie zusammen mit den Regierungen ein Sicherungsnetz rund um den Banken- und Versicherungssektor aufgebaut. Die Zentralbank bzw. die nationalen Regie-

---

[286] Zur Rolle der GSEs als Instrumente staatlicher Wohnungspolitik vgl. Albrecht, M. (2004).
[287] Obwohl es keine Regierungserklärung und keinen Gesetzestext gibt, der die Verpflichtung der Regierung zur Stützung der GSEs regelt, „a consensus exists that there is a widespread perception of an implied guarantee of Fannie's and Freddie's obligations by the federal government, meaning that the federal government will assist them if they were to face financial difficulty." Reiss, D. (2007), S. 20. Im Zuge der Subprime-Krise trat schließlich der Fall ein, dass Fannie Mae und Freddie Mac in eine derartige finanzielle Schieflage gerieten, dass beide Unternehmen nur mittels einer Verstaatlichung vor der Insolvenz gerettet werden konnten.
[288] Vgl. Reiss, D. (2007), S. 3.
[289] Eichengreen, B. (2008), S. 11.
[290] Vgl. hier und im Folgenden Soerensen, J. (2006), S. 92f.

rungen üben im Krisenfall die Rolle des ‚Lender of Last Resort' aus:[291] Sollte es zu finanziellen Schwierigkeiten bei einem Institut kommen, dessen Zusammenbruch die Stabilität des gesamten Finanzsystems gefährden könnte,[292] können sich die Marktteilnehmer sicher sein, dass entweder die Zentralbank oder die Regierung mit finanziellen Mitteln oder Garantien dem betreffenden Institut zu Hilfe kommt.[293] Hierdurch sind die Finanzinstitute wiederum einem perversen Anreiz ausgesetzt: „The knowledge of support during a crises encourages financial institutions to abandon potential market discipline and lend out money."[294]

Auch die Akteure an den Kapitalmärkten sind durch die Rolle des ‚Lender of Last Resort' der Zentralbank einer perversen Anreizstruktur ausgesetzt. Sie treffen ihre Anlageentscheidungen mit der Gewissheit, dass im Krisenfall entweder die Zentralbank oder die Regierung als ‚Lender of Last Resort' einspringen wird, um einen Zusammenbruch des Finanzsystems zu verhindern. Mit dieser Gewissheit neigen die Anleger auf den Kapitalmärkten dazu, hohe Risiken einzugehen, und fördern damit die Bildung von Preisblasen: Geht ihre Wette auf, so erzielen sie hohe Gewinne, geht die Wette schief und kommt es in Folge ihrer Spekulation zu Turbulenzen auf den Finanzmärkten, so greifen Zentralbank und Regierung ein, um ein Ausbreiten der Krise zu verhindern. Die Kosten dieser Rettungsaktion werden dann jedoch von der Gesamtheit der Steuerzahler getragen. „Moral hazard is the equivalent of the privatization of gains and the socialization of risks. It is a form of what economists term as 'externality', i.e., the costs of one's actions are passed on the public."[295]

(5) Mangelhafte gesetzliche Regelungen

Eine wichtige Determinante, die das Verhalten der Individuen beeinflusst, ist der gesetzliche Regelrahmen, der das Zusammenspiel der unterschiedlichen Wirtschaftssubjekte steuert und koordiniert. Im Wirtschaftsbereich kommt besonders den haftungs-

---

[291] Zur Rolle der Zentralbanken als ‚Lender of Last Resort' vgl. Minsky, H. (1986), S. 38ff., Kindleberger, C. (1996), S. 146ff. und Solow, R. (1982), S. 237ff.
[292] Derartige Institute werden auch als ‚systemrelevante Banken' bezeichnet.
[293] Der Fall der Hypo Real Estate im September/Oktober 2008 hat eindrucksvoll gezeigt, dass Regierungen nicht zögern, ein angeschlagenes Institut vor der Insolvenz zu retten, um einen größeren Schaden für das gesamte Finanzsystem zu verhindern. Welche schwerwiegenden Folgen selbst der Bankrott einer verhältnismäßig kleinen, nicht systemrelevanten Bank auf die Stabilität des gesamten Finanzsystems haben kann, hat die Insolvenz der Investment Bank Lehman Brothers eindrucksvoll bewiesen: In Folge der Insolvenz brach der weltweite Interbankenmarkt vollkommen zusammen und brachte innerhalb kürzester Zeit mehrere Finanzinstitute an den Rand der Insolvenz.
[294] Soerensen, J. (2006), S. 92.
[295] Lim, M. (2008), S. 23.

rechtlichen Bestimmungen eine zentrale Bedeutung bei. So hängen z. B. die Entscheidungen der privaten Haushalte darüber, ob ein bestehender Hypothekenkreditvertrag weiter getilgt wird oder nicht, unter anderem entscheidend von den Sanktionen ab, die den privaten Haushalten drohen, sollten diese die Tilgung ihrer Hypothekenkredite einstellen. So stellen Duygan und Grant (2006) in einer empirischen Untersuchung fest, dass Haushalte, die von einem negativen Einkommensschock getroffen werden, bei ihrer Entscheidung, ob sie die Bedienung ihrer Hypothekenschulden fortsetzen oder nicht, die drohenden rechtlichen Sanktionsmöglichkeiten berücksichtigen. Damit weisen die Autoren einen Zusammenhang zwischen den dem gesetzlichen Regelrahmen (speziell der Haftungsregelungen) und der Entscheidung der Haushalte über die Einstellung bzw. Fortführung ihrer Zahlungsverpflichtungen gegenüber ihrer kreditgebenden Bank nach.

Als ein Land, das verhältnismäßig laxe Haftungsregeln im Bereich der Hypothekenkreditbesicherung aufweist, werden in der Literatur die USA genannt.[296] Die laxen haftungstechnischen Regelungen kommen hier besonders in den sog. ‚Non-Recourse Loans' zum Ausdruck. Mit diesem Begriff werden in den USA Hypothekenkredite bezeichnet, bei denen die Banken im Falle einer Einstellung der Tilgungsleistungen nur das Zugriffsrecht auf die beliehene Immobilie besitzen und keinerlei Möglichkeiten haben, auf das private Vermögen bzw. das Einkommen der Schuldner zuzugreifen. Im Gegensatz zu dieser häufig vertretenen Auffassung besteht jedoch in 44 der 50 US-Bundesstaaten – zumindest formal – die Möglichkeit, einen säumigen Hypothekenschuldner auf Schadensersatz zu verklagen und auf dessen Privatvermögen zuzugreifen.[297] Des Weiteren gilt in einem der sechs übrigen Bundesstaaten (Kalifornien) ein ‚Non-Recourse'-Hypothekenkredit nur für die erstmalige Aufnahme eines Krediten und nicht für eventuell folgende Refinanzierungen. Daher unterscheidet sich das US-amerikanische Recht de jure nicht wirklich von den Regelungen anderer Länder wie z. B. Großbritannien. De facto wird die Rückgriffsmöglichkeit auf das Vermögen der privaten Haushalte von den Geschäftsbanken jedoch nur sehr selten angewendet, da es sich hierbei in der Regel um ein kostspieliges juristisches Verfahren handelt, das sich angesichts der zu erwartenden geringen Entschädigungszahlungen in der Regel nicht rentiert. Des Weiteren existiert in der Hälfte aller US-amerikanischen Bundesstaaten die Möglichkeit eines außergerichtlichen Zwangsvollstreckungsprozesses, der sich als schneller

---

[296] Vgl. hier und im Folgenden Ellis, L. (2008), S. 19.
[297] Vgl. Crews Cutts, A. und Green, R. (2004), Tabelle 1.

und günstiger erwiesen hat, als eine Klage auf Schadensersatz vor einem ordentlichen Gericht.

Diese laxe Handhabung der haftungsrechtlichen Regelungen ermöglicht es den privaten Haushalten in den USA, jederzeit die Tilgung ihrer Hypothekenkredite einzustellen und ihre Wohnimmobilie entschädigungslos an die Bank zurückzugeben. Diese Option der privaten Haushalte erzeugt ein klassisches Moral Hazard-Problem: Da die Banken im Fall einer Zwangsvollstreckung nicht auf das Vermögen der privaten Haushalte zugreifen können bzw. wollen, werden diese ermuntert, den Kauf ihrer Wohnimmobilie mittels eines hohen Anteils an Fremdkapital zu finanzieren. Haben sich die privaten Haushalte mit dem Wohnungskauf finanziell übernommen und können sie Zins- und Tilgungsleistungen nicht mehr erbringen, geben sie einfach ihre Immobilie an die Bank zurück. Diese muss anschließend versuchen, durch die Zwangsversteigerung der Immobilie den noch ausstehenden Tilgungsbetrag zu erlösen. Andernfalls hat sie mit dem Hypothekenkredit einen Verlust erzielt. Des Weiteren ermutigt der systematische Verzicht der US-Banken auf die Durchführung einer Zwangsvollstreckung die Haushalte, die Tilgung ihrer Kredite in die Zukunft zu verschieben und mit Hilfe von ‚Mortgage Equity Withdrawals' ihren privaten Konsum auszuweiten. Fallen die Häuserpreise unter den Wert des ausstehenden Kredites, geben die Haushalte ihre Immobilien einfach an ihre Bank zurück und erwerben eine andere Wohnimmobilie zu einem geringeren Preis.[298] ‚Non-Recourse Loans' stellen folglich eine Wette für die privaten Haushalte dar, bei der sie nur gewinnen und nicht verlieren können. Durch diesen falschen Anreiz erhöhen ‚Non-Recourse Loans' die Volatilität auf den Immobilienmärkten und leisten damit einen Beitrag zu Bildung von Preisblasen. Auch wenn ein empirischer Zusammenhang zwischen ‚Non-Recourse Loans' und den Preisen auf Wohnimmobilienmärkten noch nicht erbracht worden ist, so wird doch von verschiedener Seite die Vermutung geäußert, dass die Möglichkeit zum Rückgriff auf das private Vermögen von säumigen Hypothekenschuldnern die Anzahl der Zwangsvollstreckungen mindern könnte. Der bei Zahlungsausfall drohende Verlust des Privatvermögens würde Haushalte beim Kauf einer Immobilie zu einem verstärkten Nach-

---

[298] „If borrowers simply walk away from the mortgage obligation because the property is worth less than the mortgage balance even though they have not experienced an event that reduces their ability to pay the debt, as is frequently modeled in the economics literature, then there is a moral hazard if home values fall or grow too slowly. The borrowers have no incentive to maintain the property and can live in the home rent-free while the foreclosure process unfolds. Or alternatively, the borrowers can purchase a nearby home at depressed prices while their credit rating is intact, stipulating that the old home would become an investor property, and then default on the original mortgage and give up their property in foreclosure." Crews Cutts, A. und Green, R. (2004), S. 7f.

denken darüber anstiften, ob sie sich die erwünschte Immobilie auch wirklich leisten können, und würde somit gleichzeitig die Attraktivität der in den USA gängigen Konsumfinanzierung mittels Entzug von Eigenkapital vermindern. „Although only anecdotal evidence exists of California borrowers ruthlessly using their option to default through moral hazard rather than involuntary inability to repay, the Fannie Mae experience suggests that allowing deficiency judgments at least reduces the incidence of foreclosure when home values decline."[299]

3.2.3 Verhaltensbasierte Erklärungsansätze

Die verhaltensbasierten Erklärungsansätze führen das Entstehen von Preisblasen auf das (fehlerhafte) Verhalten der Marktteilnehmer zurück. Dabei spielen sowohl psychologische als auch kulturelle Faktoren eine wichtige Rolle. Die verhaltensbasierten Erklärungsansätze verwerfen die klassische Annahme der vollkommenen Rationalität und unterstellen stattdessen ein unvollkommenes bzw. beschränkt rationales Verhaltensmuster: Die Marktakteure verfügen nur über ein beschränktes Wissen und eine beschränkte Informationsverarbeitungskapazität. Mit der Abkehr von den neoklassischen Annahmen gelingt es den verhaltensbasierten Erklärungsansätzen, ein Abweichen des Marktpreises eines Vermögensguts von seinem fundamentalen Wert, was unter vollkommener Rationalität nicht möglich ist,[300] zu erklären.[301]

(1) Positives Feedback

Die Theorie des positiven Feedbacks hat eine lange Tradition in den Wirtschaftswissenschaften.[302] Sie beschreibt die Beobachtung, die zuerst auf den Aktienmärkten, mittlerweile aber auch auf den anderen Märkten für Vermögensgüter, gemacht wurde: Die Marktakteure neigen dazu, Vermögensgüter, deren Preis gestiegen ist, zu kaufen und Vermögensgüter, deren Preis gefallen ist, zu verkaufen. Auf den Märkten für Vermögensgüter erhöht folglich ein vorangegangener Preisanstieg (Preisrückgang) die

---

[299] Crews Cutts, A. und Green, R. (2004), S. 8.
[300] Vgl. hierzu die Ausführungen in Kapitel 2.3.
[301] Die drei folgenden unterschiedlichen verhaltensbasierten Ansätze ähneln sich in ihrer Intention und können daher inhaltlich nicht ganz sauber voneinander abgegrenzt werden.
[302] Vgl. hier und im Folgenden Zhou, W. und Sornette, D. (2006) S. 298.

Wahrscheinlichkeit eines weiteren Preisanstiegs (Preisrückgangs).[303] Ein derartiges Anlegerverhalten wird als positive ‚Feedback-Schleife'[304] bezeichnet. Dieser Ausdruck besagt, dass bereits ein gewöhnlicher Preisanstieg eines Vermögensguts zu einer extremen Preisveränderung oder sogar einer Preisblase führen kann, wenn sich weitere Marktteilnehmer lediglich auf Grund des vorangegangenen Preisanstiegs zum Kauf entschließen und damit eine ‚Feedback-Schleife' auslösen. „The feedback can amplify positive forces affecting the market, making the market reach higher levels than it would if it were responding only directly to these positive forces."[305] Erfolgt auf die durch ein positives Feedback erzeugten starken Preisausschläge keine Reaktion, z. B. von Seiten der Zentralbank oder der Regierung, kann sich der Preis derart weit von seinem fundamentalen Wert entfernen, dass es zur Bildung einer Preisblase kommt: „Such positive feedbacks provide the fuel for the development of speculative bubbles."[306]

Positives Feedback kann auf Grund einer Vielzahl unterschiedlicher Verhaltensweisen der Marktteilnehmer entstehen. Stets ist dabei ein unvollkommenes Verhalten wie z. B. Selbstüberschätzung der Anleger die Ursache. Zwei prominente Beispiele sind übermäßiges Vertrauen der Investoren in den Anlageerfolg ihrer Wertpapiere – der sog. ‚Over-Confidence'-Effekt – und imitatives Verhalten der Marktteilnehmer – das sog. Herdenverhalten.

Dem ‚Over-Confidence'-Effekt unterliegen Anleger, die glauben, über bessere Informationen als die übrigen Marktteilnehmer zu verfügen. Dieser Irrglaube veranlasst diese Anleger, Vermögensgüter zu kaufen, von denen sie annehmen, ihr fundamental gerechtfertigter Wert liege über dem aktuellen Marktpreis. Durch ihren Kauf erzeugen sie selbst den Anstieg des Marktpreises, den sie vorausgesehen haben, und fühlen sich somit in ihrer Meinung über den fundamentalen Wert bestätigt und tätigen weitere Käufe.

---

[303] Fraser, P. et al. (2006), S. 19 bezeichnen ein derartiges Verhalten der Investoren als ‚Momentum Investment Behaviour': „Alternatively, prolonged deviations from fundamental value can be due to so called momentum investor behavior driven by price alone, whereby agents buy after price increases and sell after price decreases [...]. Such momentum occurs when a price rise or fall is expected to continue to rise or fall: hence in an 'up' market buyers will pile in pushing prices up even further encouraging other buyers to do likewise, while in a 'down' market price falls lead to falling demand, discouraging buyers as they fear prices will fall further, leading to slowing demand even further."

[304] „In feedback loop theory, initial price increases [...] lead to more price increases as the effects of the initial price increase feed back into increased investor demand. This second round of price increases feeds back again into a third round, and then a fourth, and so on. Thus the initial impact of the precipitating factors is amplified into much larger price increases than the factors themselves would have suggested." Shiller, R. (2005), S. 68f. Andere in diesem Zusammenhang häufig verwendete Ausdrücke sind ‚Teufelskreis', ‚Self-Fulfilling Prophecy' und ‚Mitläufereffekt'.

[305] Shiller, R. (2001), S. 3.

[306] Zhou, W. und Sornette, D. (2006), S. 299.

3 Preisblasen auf Immobilienmärkten

Auf diese Art entfernt sich der Marktpreis immer weiter vom fundamentalen Wert. Die Anleger ignorieren dabei die Tatsache, dass die Wahrscheinlichkeit eines Kursrückgangs mit dem Abweichen des Marktpreises von seinem fundamentalen Wert stetig zunimmt, und unterschätzen somit systematisch das Risiko ihrer Anlagen.

Mit Herdenverhalten (engl. herding) wird in den Wirtschaftswissenschaften das häufig zu beobachtende Phänomen beschrieben, dass Individuen dazu neigen, das Verhalten anderer Individuen zu imitieren und gleichzeitig eigene Informationen nicht zu berücksichtigen.[307] „[H]erding results from an obvious intent by investors to copy the behavior of other investors."[308] Angewendet auf die Finanzmärkte besagt die Theorie des Herdenverhaltens, dass viele Anleger bei ihren Investitionsentscheidungen weder eigene (Fundamental-) Analysen anstellen noch eigene Informationen berücksichtigen, sondern stattdessen einfach den Anlageentscheidungen anderer Investoren folgen. Das Herdenverhalten der Anleger führt zu einem Anstieg der Volatilität und einer Destabilisierung der Finanzmärkte.[309] Das Herdenverhalten kann somit zum Abweichen der Marktpreise von ihrem fundamental gerechtfertigten Niveau führen und damit zur Bildung von Preisblasen beitragen.[310] Bemerkenswert ist in diesem Zusammenhang die Tatsache, dass nicht nur Privatanleger dem Herdentrieb verfallen, sondern auch institutionelle Anleger bzw. Banken dazu neigen, ihre Anlage- bzw. Kreditvergabeentscheidungen nach der Mehrheit des Marktes auszurichten.[311] Aus der Sicht z. B. eines Fondsmanager erscheint eine durch den Herdentrieb geleitete Anlagestrategie durchaus als sinnvoll: Folgt der Fondsmanager immer dem Markt, so wird er zwar auf der einen Seite mit Sicherheit keine überdurchschnittliche Performance generieren können, auf der anderen Seite wird seine Performance aber auch nicht negativ von der Performance der anderen Manager abweichen. Der Fondsmanager wird folglich keinen Misserfolg aufweisen und kann somit seine Reputation und damit auch seine Karrierechancen verbessern.

Feedback zeichnet sich besonders dadurch aus, dass es sich in einem Markt ausbreitet und immer mehr Teilnehmer erfasst. Zu Beginn des Preisanstiegs bei einem Vermögensgut lassen sich zunächst nur wenige Marktakteure von der vergangenen Kurs-

---

[307] Vgl. Freiberg, N. (2004), S. 1. Levine, S. und Zajac, E. (2007) sprechen in diesem Zusammenhang von der ‚Institutionalisierung sozialer Normen'. Damit meinen auch sie die Beobachtung, dass sich die Marktteilnehmer auf den Finanzmärkten bei ihrer Entscheidungsfindung sehr häufig nicht auf ihre persönlichen Wahrnehmungen und Präferenzen verlassen, sondern vielmehr die Entscheidungen anderer Individuen imitieren.
[308] Bikhchandani, S. und Sharma, S. (2001), S. 281.
[309] Vgl. Bikhchandani, S. und Sharma, S. (2001), S. 279f. und die in Fn. 1 angegebene Literatur.
[310] Vgl. Shiller, R. (2005), S. 157ff.
[311] Vgl. Nöth, M. und Weber, M. (2001), S. 5.

entwicklung zu einem Kauf motivieren. Mit der Dauer des Preisanstiegs werden dann jedoch immer mehr Marktakteure von den positiven Berichten in den Medien und der positiven Stimmung unter den anderen Marktakteuren zu einem Kauf bewogen. In der Folge verstärkt sich der Kursanstieg und motiviert weitere Käufer aus immer weiteren Gesellschaftsschichten zum Kauf. Auf Grund dieses Ausbreitens bezeichnet Shiller (2007a) daher das Phänomen Feedback auch als eine soziale Epidemie. „The feedback can also be described as a social epidemic, where certain public conceptions and ideas lead to emotional speculative interest in the markets and, therefore, to price increases; these, then, serve to reproduce those public conceptions and ideas in more people."[312]

Laut Case und Shiller (2003) ist positives wie auch negatives Feedback besonders auf Immobilienmärkten ein häufig auftretendes Phänomen. „The predominant story about home prices is always the prices themselves; the feedback from initial price increases to further price increases is a mechanism that amplifies the effects of the precipitating factors. If prices are going up rapidly, there is much word-of-mouth communication, a hallmark of a bubble. [...] Thus real estate price volatility can be self-perpetuating: once started, it generates more public attention and interest, and thus more volatility in the future."[313] Case und Shiller (2003) haben herausgefunden, dass der Feedback-Effekt in den sog. ‚Glamour Cities' am ausgeprägtesten ist.[314] Diese Städte weisen eine höhere Volatilität bei den Immobilienpreisen auf und veranlassen daher ihre Bewohner, sich intensiver mit dem Geschehen auf dem Immobilienmarkt auseinanderzusetzen, als dies in Kleinstädten der Fall ist.

Ein weiteres verhaltensbasiertes Phänomen, das speziell auf Immobilienmärkten zur Preisblasenbildung beitragen kann und in Verbindung mit positivem Feedback auftritt, sind die sog. ‚Second-Home-Buyers'.[315] Diese Marktakteure besitzen bereits eine eigene Wohnimmobilie. Von einem stetigen Anstieg der Immobilienpreise angelockt, entschließen sie sich zum Kauf einer zweiten, fremd vermieteten Wohnimmobilie, um mit der erwarteten zukünftigen Preissteigerung einen Gewinn zu erzielen.[316] ‚Second-Home-Buyers' lassen sich von positivem Feedback zum rein spekulativen Kauf einer

---

[312] Shiller, R. (2007a), S. 8.
[313] Case, K. und Shiller, R. (2003), S. 338.
[314] In ihrer Untersuchung aus dem Jahr 2003 befragen Case, K. und Shiller, R. (2003) 700 private Hauskäufer in den vier amerikanischen Städten Los Angeles, San Francisco, Boston und Milwaukee nach den Motiven für ihren Hauskauf.
[315] Vgl. McCue, D. und Belsky, E. (2007), S. 12.
[316] In der extremsten Form lassen die ‚Second-Home-Buyers' ihre Zweitimmobilien sogar komplett für einige Jahre leer stehen, bis sie sie zu einem höheren Preis an einen anderen Investor weiterverkaufen können.

zweiten Wohnimmobilie anstecken. Das zentrale Kalkül ihrer Investitionsentscheidung ist die Hoffnung, dass das positive Feedback weiterhin auf dem Immobilienmarkt anhält und somit auch in der Zukunft genügend Investoren zum Kauf von Immobilien bereit sind, denen sie ihre Zweitimmobilien zu einem höheren Preis weiterverkaufen können. Agieren zu viele Akteure auf einem Immobilienmarkt aus der hier beschriebenen rein spekulativen Absicht, so kann es zu einem Abweichen des Marktpreises von dem fundamental gerechtfertigten Niveau kommen.

Weitere Anzeichen für positives Feedback auf den Märkten für Vermögensgüter sind das sog. ‚Survivor Investing'[317] bzw. die ‚Greater Fool'-Theory.[318] Beiden Erklärungsansätzen liegt ein vergleichbares Anlegerverhalten zu Grunde. Durch einen länger anhaltenden Preisanstieg bei einem Vermögensgut entwickeln die Investoren immer optimistischere Erwartungen bzgl. der zukünftigen Preisentwicklung. Schließlich sind sie so sehr von einem weiteren stetigen Preisanstieg überzeugt, dass sie sich zum Kauf des Vermögensguts entschließen. Grundlage ihrer Kaufentscheidung ist dabei allerdings nicht der Glaube an eine momentane fundamental begründbare Unterbewertung des Vermögensguts, sondern vielmehr die feste Überzeugung, in der Zukunft einen anderen Marktteilnehmer, den sog. ‚Greater Fool' zu finden, der ihnen das Vermögensgut zu einem höheren Preis wieder abkauft. Der fundamentale Wert eines Vermögensguts spielt für diese Art von Investoren keine Rolle bei ihrer Kaufentscheidung.

(2) Heterogene Erwartungen der Anleger

Die Idee, dass heterogene Erwartungen der Marktteilnehmer zu Preisblasen führen können, wird zum ersten Mal von Harrison und Kreps (1978) aufgegriffen. Sie konstruieren ein Modell mit heterogenen Erwartungen der Marktteilnehmer bzgl. der zukünftigen Dividendenentwicklung.[319] Unter der zusätzlichen Annahme einer Leerverkaufsbeschränkung zeigen sie, dass ein Abweichen des Marktpreises von Aktien von ihrem fundamentalen Wert möglich ist. Harrison und Kreps (1978) modellieren die Heterogenität der Marktteilnehmer durch eine divergierende Wahrscheinlichkeitsverteilung bzgl. der Höhe der zukünftigen Dividenden.

---

[317] Vgl. Leamer, E. (2002), S. 4ff.
[318] Vgl. Levine, S. und Zajac, E. (2007), S. 2.
[319] Eine Übersicht über heterogene Erwartungen in kapitalmarkttheoretischen Modellen liefert Schnelle, P. (2009).

In der Zwischenzeit wurden weitere Modelle entworfen, um Heterogenität unter den Marktteilnehmern abzubilden. Scheinkmann und Xiong (2003) führen in dem von ihnen entwickelten Modell die Heterogenität unter den Marktteilnehmern auf die unterschiedliche Deutung derselben Informationen zurück.[320] „We all have the same information, and we're just making different conclusions about what the future will hold."[321] Die Marktteilnehmer interpretieren öffentlich zugängliche Informationen auf verschiedene Weise und bilden daher unterschiedliche Erwartungen an die zukünftige Preisentwicklung von Vermögensgütern. Einige Teilnehmer erliegen dabei dem bereits vorher angesprochenen ‚Over-Confidence-Effekt'. Dieser besagt, dass einige Marktteilnehmer davon überzeugt sind, über bessere Informationen als die der Übrigen zu verfügen. Sie glauben, im Gegensatz zu den übrigen Marktteilnehmern den wahren bzw. fundamentalen Wert eines Vermögensguts zu kennen. In der Folge bilden sich zwei Lager von Investoren mit unterschiedlichen Erwartungen über die zukünftigen Cash Flows. „Agents in our model know that their forecasts differ from the forecasts of agents in the other group, but behavioral limitations lead them to agree to disagree."[322] Stellen die Optimisten die Mehrheit unter den Anlegern, so kann es zu Abweichungen des Marktpreises vom fundamentalen Wert kommen.[323] Scheinkmann und Xiong (2003) betonen, „that the bubble in our model is a consequence of the divergence of opinions generated by the overestimation of informativeness of the distinct signals. On average, our agents are neither optimists nor pessimists."[324]

(3) Unwissenheit / beschränkte kognitive Fähigkeiten der Marktteilnehmer

Eine weitere Ursache für das Entstehen von Preisblasen auf Immobilienmärkten sind die beschränkten kognitiven Fähigkeiten speziell der privaten, aber auch der institutionellen Akteure auf den Immobilienmärkten. Wie bereits in Kapitel 2.3 erläutert, würden unter der Annahme vollkommen rational handelnder Marktakteure keine Preisblasen entstehen können, da alle Marktteilnehmer den fundamentalen Wert eines Vermögensguts exakt bestimmen könnten. Eine Vielzahl an experimentellen Untersuchungen hat jedoch den Beweis erbracht, dass die Akteure auf den Finanzmärkten nicht vollkommen ratio-

---

[320] Vgl. hier und im Folgenden das Modell von Scheinkman, J. und Xiong, W. (2003), S. 1185ff.
[321] Scheinkman, J. und Xiong, W. (2003), Fn. 6.
[322] Scheinkman, J. und Xiong, W. (2003), S. 1185.
[323] In ihrem Modell bestimmen Scheinkmann, J. und Xiong, W. (2003) eine Preisblase als die Differenz aus dem aktuellen ‚Demand Price' und dem ‚Resale Option Value', der dem fundamentalen Wert eines Vermögensguts entspricht.
[324] Scheinkman, J. und Xiong, W. (2003), S. 1186.

nal handeln, sondern in ihrer Informationsaufnahme und -verarbeitungskapazität kognitiven Beschränkungen unterliegen und daher bei der Bewertung von Vermögensgegenständen oder bei der Aufstellung von Prognosen bzgl. der weiteren Entwicklung auf den Immobilienmärkten systematisch Fehler machen.[325]

Die Gefahr des Treffens von falschen Prognosen durch die Marktakteure und hieraus resultierenden suboptimalen Investitionsentscheidungen ist besonders auf Immobilienmärkten gegeben. Diese gelten auf Grund der geringen Transaktionshäufigkeit, der Segmentierung in einzelne Teilmärkte, der Heterogenität der einzelnen Objekte etc. als vergleichsweise intransparent. Demzufolge ist es für die Marktakteure besonders schwierig, das fundamental angemessene Preisniveau zu bestimmen. Auf dem Markt für Wohnimmobilien kommt des Weiteren erschwerend hinzu, dass hier besonders viele private Akteure – die sog. ‚kleinen Häuslebauer' – aktiv sind, die in der Regel über keine fundierten ökonomischen Kenntnisse verfügen: „The residential real estate market is fundamentally different in that homebuyers generally do not calculate present values."[326]

In einer Studie über die Motive US-amerikanischer Hauskäufer haben Case und Shiller (1999) herausgefunden, dass die Mehrheit der Hauskäufer die fundamentale Datenlage auf den Wohnimmobilienmärkten gar nicht erst zur Kenntnis nimmt. Stattdessen lassen sie sich bei ihrer Kaufentscheidung von „hearsay, clichés, and casual observations"[327] leiten. Bei ihrer Befragung stellen Case und Shiller (1999) des Weiteren fest, „that investment motivations are high on their list of incentives, and that home buyers in booms except still more appreciation of housing prices and are worried of being priced out of the housing market in the future."[328] Als zentrales Ergebnis ihrer Untersuchung halten Case und Shiller (1999) fest: „We cannot accept prices to be rationally determined."[329] Die Kombination aus mangelhafter Marktkenntnis und dem weitverbreiteten Irrglauben unter den privaten Hauskäufern, dass auf einen vergangenen Preisanstieg ein Weiterer folgt, machen den Markt für Wohnimmobilien anfällig für Preisblasen.

Es sind nicht nur die privaten Hauskäufer, die auf Grund ihrer Unwissenheit bzw. ihrer beschränkten kognitiven Fähigkeiten die Volatilität auf den Wohnimmobilienmärkten

---

[325] Vergleiche hierzu die Ausführungen zum Konzept der ‚Bounded Rationalty' von Herbert Simon (1949/55) in Kapitel 2.3.1.
[326] Smith, M. und Smith, G. (2006), S. 3.
[327] Case, K. und Shiller, R. (1999), S. 426.
[328] Case, K. und Shiller, R. (1999), S. 426.
[329] Case, K. und Shiller, R. (1999), S. 426.

erhöhen. Auch gewerbliche Anbieter, die sog. Projektentwickler, von denen häufig angenommen wird, sie verfügen auf Grund ihrer langen Tätigkeit über einen hohen Grad an Erfahrung und daher auch über eine bessere Marktkenntnis als die privaten Hauskäufer, verhalten sich prozyklisch und erhöhen somit die Volatilität auf dem Markt für Gewerbeimmobilien. Laut Hendershott (2000), der das Verhalten von Projektentwicklern auf dem australischen Markt für Büroimmobilien untersucht hat, ignorieren Projektentwickler, dass in Zeiten steigender Preise das Angebot erhöht wird und in Zeiten fallender Preise auf den Märkten für Gewerbeimmobilien der Neubau zum Erliegen kommt. Sie nehmen damit die Preisentwicklung auf den Immobilienmärkten nicht als einen ‚Mean-Reverting'-Prozess war und ignorieren, dass Phasen mit steigenden Immobilienpreisen zwangsläufig nicht auf ewig fortbestehen können, da steigende Immobilienpreise ein steigendes Flächenangebot induzieren und damit für einen Rückgang der Preise sorgen. Wenn nun aber die Projektentwickler diesen ‚Mean-Reverting'-Prozess nicht in ihren Cash Flow-Berechnungen berücksichtigen, „they will overvalue properties when prices are already high and undervalue properties when prices are low, exaggerating the cyclical swings in office values and thus in office construction and vacancies."[330] In seiner Untersuchung kommt Hendershott (2000) zu dem Ergebnis, dass die Projektentwickler den ‚Mean-Reverting'-Prozess bei ihren Investitionsrechnungen ignorieren und stattdessen einfach die aktuelle Ertragssituation in die Zukunft extrapolieren.[331] „It is expected future demand growth, not actual growth, that should drive construction, and investors may have simply been extrapolating substantially different past demand growth rates into the future."[332]

In einer empirischen Untersuchung des britischen Häusermarktes stellen Brunnermeier und Julliard (2008) fest, dass Preisblasen auf Immobilienmärkten entstehen können, wenn die Individuen nicht in der Lage sind, zwischen realen und nominalen Zinssätzen zu unterscheiden, sie folglich der Geldillusion unterliegen. Diese Gefahr besteht besonders, wenn sich die Individuen beim Kauf eines Hauses einzig am Vergleich der monatlichen Mietkosten mit den monatlichen Zahlungen einer Hypothek mit festen Nominalzinsen orientieren. Die Individuen können in einer derartigen Entscheidungssituation

---

[330] Hendershott, P. (2000), S. 68.
[331] Grenadier, S. (1995) vertritt eine andere Meinung. Er ist der Ansicht, dass sich die Projektentwickler auf den Gewerbeimmobilienmärkten nicht prozyklisch verhalten. „[...] such an explanation assumes myopic behavior on the part of developers. While developers can and do make errors in forecasting demand, the fact that it takes time to build is not a surprise to them. Developers recognize that the key to the success of the project is the state of the market upon the completion of construction, and therefore take this into account in the timing of the development." Grenadier, S. (1995), S. 97f.
[332] Hendershott, P. (2000), S. 78.

3 Preisblasen auf Immobilienmärkten

dem Irrtum unterliegen, die nominalen Zinssätze bewegen sich im Gleichschritt mit den Realen. Die Individuen setzen dann einen Rückgang der Inflation fälschlicherweise mit einem Rückgang der Realzinsen gleich und unterschätzen somit systematisch die realen Kosten der zukünftigen Hypothekenzinszahlungen. Ein Rückgang der Inflation kann folglich die Investitionsentscheidungen verzerren und eine Aufwärtsbewegung bei den Immobilienpreisen auslösen, die die Bildung von Preisblasen zur Folge haben kann. Zur gleichen Einschätzung bzgl. der preistreibenden Auswirkungen von Geldillusion auf die Immobilienpreise kommt auch der Ökonom Ernst Fehr: „Die Geldillusion ölt die Immobilienpreisblase."[333]

Bei den in Kapitel 3.2 dargestellten Erklärungsansätzen[334] handelt es sich um stilisierte und in der Regel empirisch (noch) nicht überprüfte Theorien, wie das Entstehen von Preisblasen auf Immobilienmärkten erklärt werden kann. Aus diesem Grund haben die Ansätze eher den Charakter eines ersten Versuchs, zu beschreiben, wie es zu dem in dieser Form noch nie zuvor aufgetretenen Anstieg der Preise auf den Wohnimmobilienmärkten weltweit kam, und weniger von theoretisch fundierten und empirisch überprüfbaren Modellen. Trotzdem lassen sich aus der hier erfolgten Darstellung der aktuell viel diskutierten Erklärungsversuche einige zentrale Punkte über das Entstehen von Preisblasen herausarbeiten:

- Das Entstehen von Preisblasen ist ein komplexer und vielschichtiger Prozess, bei dem sowohl viele volkswirtschaftliche Variablen als auch menschliche Verhaltensmuster eine Rolle spielen.

- Auf Grund der Komplexität von Preisblasen erscheint es plausibel, dass diese nicht von einer einzigen Ursache, wie z. B. einer Ausweitung der Kreditvergabe, ausgelöst werden, sondern das Ergebnis einer Kombination verschiedener Ursachen sind.

---

[333] O. V. (2008), S. 10.
[334] Neben den hier beschriebenen Ansätzen existieren noch weitere Erklärungsansätze, welche Faktoren die Entstehung von Preisblasen auf Immobilienmärkten verursachen bzw. begünstigen. Mayer, C. und Todd, S. (2007) führen die geringe Liquidität auf den Immobilienmärkten als mögliche Ursache für das Entstehen von Preisblasen an. Belke, A. und Wiedmann, M. (2005) führen die fehlenden Leerverkaufsmöglichkeiten auf den Immobilienmärkten als eine Ursache auf. Guttentag, J. und Herring, R. (1986) sowie Herring, R. und Wachter, S. (2003) weisen den Banken eine Mitschuld an der Entstehung von Preisblasen auf Immobilienmärkten zu. Diese reagieren zu behäbig auf Veränderungen des ökonomischen Umfeldes und reduzieren im Zuge einer aufkommenden Überhitzung auf den Immobilienmärkten ihre Hypothekenkreditvergabe zu langsam. Dieses verzögerte Handeln bzw. das (bewusste) Ignorieren von drohenden ökonomischen Überhitzungserscheinungen bezeichnen die Autoren als ‚Disaster Myopia'.

- Es gibt keine Standardantwort auf die Frage, wie Preisblasen auf Immobilienmärkten entstehen. Jede Preisblase hat eine individuelle Entstehungsgeschichte.[335] Des Weiteren hat die wirtschaftswissenschaftliche Forschung bis jetzt noch keine zufriedenstellende Antwort auf die Frage geben können, welche Faktoren in besonderem Maße für das Entstehen von Preisblasen auf Immobilienmärkten verantwortlich sind und welche eine eher geringe Rolle spielen.

- Die hier präsentierten Erklärungsansätze für das Entstehen von Preisblasen – speziell die institutionellen und verhaltensbasierten Ansätze – sind theoretischer bzw. intuitiver Natur. Ihre empirische Analyse ist mit großen Schwierigkeiten verbunden. Die bisher durchgeführten empirischen Untersuchungen zur Entstehung von Preisblasen beschränken sich auf die makroökonomischen Faktoren (monetäre Expansion und zu hohe bzw. zu billige Kreditvergabe) und liefern, wie in Kapitel 3.2.1 dargestellt, keine eindeutigen bzw. widersprüchliche Ergebnisse.

- Die Vielzahl an Erklärungsansätzen drückt in gewisser Weise auch die Hilflosigkeit der Ökonomie aus, eine Antwort auf die Frage zu geben, was genau die Ursachen des Entstehens von Preisblasen sind.

- In diesem Kapitel ist jedoch deutlich geworden, dass Preisblasen auf Immobilienmärkten das Ergebnis sowohl von Staatsversagen (mangelhafte Kontrolle und Regulierung, verfehlte Sozialpolitik etc.) als auch von Marktversagen (Liberalisierung der Finanzmärkte, Moral Hazard etc.) sind. Die im Zuge der Subprime-Krise immer wieder geäußerte Vermutung, die Finanzmärkte seien alleine für die weltweiten Instabilitäten verantwortlich, kann durch die hier erfolgte Auflistung der Erklärungsansätze für das Entstehen von Preisblasen auf Immobilienmärkten eindeutig widerlegt werden.[336]

Die hier erfolgte Zusammenfassung hat gezeigt, dass die Entstehung von Preisblasen auf den Immobilienmärkten bis zu diesem Zeitpunkt noch nicht ausreichend hinterfragt und untersucht worden ist. Es besteht daher weiterer Forschungsbedarf, um genauere Aussagen bzgl. der Ursachen von Preisblasen ermöglichen zu können.

---

[335] So wird z. B. das Entstehen der Preisblase auf dem japanischen Immobilienmarkt hauptsächlich auf die durch die internationale Staatengemeinschaft erzwungene monetäre Expansion der japanischen Zentralbank zurückgeführt. Vgl. Siebert, H. (2000).

[336] Ähnlich äußern sich Kirchner, C. (2009), S. 13 sowie Fendel, R. und Frenkel, M. (2009), S. 85. Auch sie sehen eine Mischung aus Markt- und Staatsversagen als Ursache für die Subprime-Krise.

3.3 Volkswirtschaftliche Auswirkungen von Preisblasen

Nach der Darstellung der unterschiedlichen Erklärungsansätze für das Entstehen von Immobilienpreisblasen wird im Folgenden eine Übersicht über die (negativen) Auswirkungen von Preisblasen auf Immobilienmärkten für eine Volkswirtschaft gegeben. „[A]sset price bubbles create a multitude of distortions in the economy that affect nearly everyone. They have an undesirable impact on consumption, investment, the path of fiscal policy, and the balance sheets of commercial banks."[337] Dabei kann zwischen kurzfristigen und langfristigen Effekten unterschieden werden. Steigende Immobilienpreise führen in der kurzen Frist zu einem Anstieg des Realvermögens bei Unternehmen und privaten Haushalten und damit zu einer Ausweitung sowohl des Konsums als auch der Produktion. In der langen Frist, wenn sich die Fehlbewertung durch das Platzen der Blase abbaut und sich die Vermögensgüterpreise wieder ihrem fundamental gerechtfertigten Niveau annähern, kann eine Volkswirtschaft in eine Depression abrutschen und von Finanzmarktinstabilitäten betroffen sein.

3.3.1 Kurzfristige Auswirkungen

Zu den kurzfristigen Auswirkungen von Vermögenspreisblasen zählen die aus der Verzerrung der Marktpreise resultierende Fehlallokation der Ressourcen, eine hieraus resultierende Überinvestition der Unternehmen sowie ein positiver Vermögenseffekt bei den privaten Haushalten, der das BIP ansteigen lässt. Diese Auswirkungen treten in der Phase der Bildung von Preisblasen auf und sind somit das Ergebnis des Abweichens des Marktpreises eines Vermögensguts von seinem fundamentalen Wert.

(1) Verzerrung der Marktpreise und Fehlallokation von Ressourcen

In einer Volkswirtschaft kommt den Preisen für Güter und Produktionsfaktoren eine zentrale Bedeutung zu. Sie liefern eine Vielzahl wichtiger Informationen für die Marktakteure und erfüllen die beiden in einer Marktwirtschaft zentralen Indikator- und Allokationsfunktion.

Gemäß der Indikatorfunktion sind Preise Indikatoren für die relativen Knappheiten von Gütern und Faktoren: Steigende Preise signalisieren einen Anstieg der Nachfrage und

---

[337] Cecchetti, S. (2005), S. 9.

damit eine zukünftig zunehmende Knappheit. Fallende Preise hingegen offenbaren eine Abnahme der Nachfrage und signalisieren eine zukünftige Reduzierung der Knappheit.

Die Allokationsfunktion besagt, dass Marktpreise die Ressourcen einer Volkswirtschaft ihrer effizientesten Verwendung zuführen. Können sich die Preise auf einem Markt frei bilden, so werden die vorhandenen Ressourcen automatisch dort eingesetzt, wo sie den größten Nutzen stiften. „Prices are supposed to provide signals for the allocation of resources in the economy. Higher priced items are more valuable and so attract more resources."[338]

Damit die Indikator- und die Allokationsfunktion nicht gestört werden, ist es eine notwendige Bedingung, dass sich die Preise auf sämtlichen Märkten frei aus dem Zusammenspiel von Angebot und Nachfrage ergeben. Kommt es zu störenden Eingriffen wie staatlich festgesetzten Preisober- bzw. Preisuntergrenzen oder diskriminierender Besteuerung, so spiegeln die Marktpreise nicht mehr die wahren Knappheitsverhältnisse in einer Volkswirtschaft wider. Als eine direkte Folge werden Güter und Produktionsfaktoren nicht mehr ihrer optimalen Verwendung innerhalb der Volkswirtschaft zugeführt. Es kommt stattdessen zu einer ineffizienten, im extremen Fall sogar zu einer schädlichen Verwendung der Ressourcen und damit zu einer Verringerung des Wohlstandes.

Vermögenspreisblasen wirken – analog der oben beschriebenen störenden Eingriffe – verzerrend auf die Ressourcenallokation innerhalb einer Volkswirtschaft. „Durch die Bildung von Vermögenspreisblasen wird der Informationsgehalt von Vermögenspreisen verwischt."[339] Ein Abweichen der Preise auf dem Immobilienmarkt vom fundamental gerechtfertigten Wert signalisiert den Anlegern eine (scheinbare) Knappheit bei Immobilien und damit zukünftiges Preissteigerungspotenzial. Die Anleger fragen in der Folge verstärkt Immobilien nach und führen somit einen weiteren Anstieg des Preisniveaus herbei. Es kommt zu einer immer größer werdenden Fehlallokation im Immobiliensektor und damit auch zu einer ständigen Ausweitung der Blasenbildung. Cecchetti (2005) fasst den verzerrenden Effekt von Vermögenspreisblasen wie folgt zusammen: „In theory, the system will allocate capital to its most socially productive uses. But the theory only works when prices correctly reflect fundamental values. That is, when mar-

---

[338] Cecchetti, S. (2005), S. 10f.
[339] Europäische Zentralbank (2005), S. 53.

kets are efficient (as discussed earlier). Bubbles destroy all of that, distorting the information content of the price system."[340]

(2) Überinvestition der Unternehmen

Preisblasen senden nicht nur den Anlegern falsche Signale bzgl. der Knappheit von Vermögensgütern, sie liefern auch den Unternehmen falsche Signale bzgl. der zukünftigen wirtschaftlichen Entwicklung. „[So] kann die Vermögenspreis-Inflation wie die Konsumentenpreis-Inflation das Wirtschaftswachstum besonders dadurch beeinträchtigen, dass sie die Preissignale verzerrt. Ein kräftiger Anstieg der Aktienpreise kann Unternehmen dazu veranlassen, zu viel zu investieren."[341] Steigende Güter- und Vermögenspreise suggerieren den Unternehmen ein anziehendes Wirtschaftswachstum und setzen diese der Gefahr aus, auf Grund der fälschlicherweise antizipierten zukünftig steigenden Nachfrage die Produktion auszuweiten. In der Folge kann es leicht zu Fehlinvestitionen und zur Überproduktion kommen.

Die Finanzierung dieser zusätzlichen Investitionen bereitet den Unternehmen in einer Phase stark steigender Vermögenspreise in der Regel wenige Probleme. Den Unternehmen kommt zugute, dass in Folge der allgemeinen Preissteigerungen bei Vermögensgütern auch der Wert ihrer Aktiva zugenommen hat. Da Vermögensgüter nicht nur zur Wertaufbewahrung, sondern auch zur Besicherung von (Unternehmens-) Krediten herangezogen werden, weitet eine Preissteigerung der Aktiva gleichzeitig den Kreditrahmen und damit die Investitionsmöglichkeiten der Unternehmen aus.[342] Der gleiche Effekt wirkt auch auf die Aktiva der Geschäftsbanken. Diese zeigen auf Grund der gestiegenen Vermögenspreise eine größere Bereitschaft, den für ihre Investitionen kapitalsuchenden Unternehmen zusätzliche Kredite zur Verfügung zu stellen, und tragen somit zu einer Ausweitung des wirtschaftlichen Aufschwungs bei. Des Weiteren neigen die Banken in einer derartigen Phase dazu, speziell bei der Vergabe von Immobilienkrediten das eingegangene Risiko systematisch zu unterschätzen und eine übertriebene Kreditvergabe zu produzieren.[343] Insgesamt verstärkt die Aktivität der Geschäftsbanken

---

[340] Cecchetti, S. (2005), S. 11.
[341] Roth, J.-P. (2002), S. 3.
[342] Vgl. Europäische Zentralbank (2005), S. 62.
[343] Vgl. Herring, R. und Wachter, S. (1999), S. 12ff. Bei ihrer Betrachtung der Rolle von Banken in Boom-Phasen auf Immobilienmärkten stellen die Autoren fest, dass die Banken auf Grund von ‚Disaster Myopia', der schlechten Datenverfügbarkeit auf den Immobilienmärkten und einer perversen Anreizstruktur das Risiko von Immobilienkrediten systematisch unterschätzen und somit zu einer übertriebenen Kreditvergabe neigen.

die Expansion der Unternehmen und damit auch den Anstieg bei den Preisen für Vermögensgüter.

(3) Positiver Vermögenseffekt

In Folge des Auftretens von Vermögenspreisblasen fühlen sich die privaten Haushalte auf Grund der gestiegenen Vermögenspreise reicher. Unter Annahme der Lebenszykluseinkommenshypothese[344] bedeuten höhere Vermögenspreise ein höheres Lebenseinkommen der Haushalte, was diese wiederum zu einer Ausweitung ihres Konsums veranlasst und damit eine zusätzliche Ankurbelung des Wirtschaftswachstums bewirkt.[345] Des Weiteren neigen die Haushalte auf Grund ihres gefühlten Vermögenszuwachses dazu, weniger zu sparen.[346]

Wie stark der Vermögenseffekt in den einzelnen Volkswirtschaften ausgeprägt ist, hängt u. a. von der Ausgestaltung des jeweiligen nationalen Finanzierungssystems ab. In der wirtschaftswissenschaftlichen Literatur wird gemeinhin zwischen bankenbasierten und kapitalmarktbasierten Finanzierungssystemen unterschieden.[347] Den kapitalmarktbasierten Finanzierungssystemen (z. B. USA oder Großbritannien) wird gemeinhin ein höherer Vermögenseffekt unterstellt. Auf stark differenzierten Wertpapiermärkten, wie sie für kapitalmarktbasierte Finanzierungssysteme typisch sind, lassen sich Vermögensaktiva tendenziell in höherem Maße beleihen, was den privaten Konsum ankurbelt. Empirische Untersuchungen bestätigen die stärkere Ausprägung des Vermögenseffekts in kapitalmarktbasierten Finanzierungssystemen.[348]

Die unterschiedlich starke Ausprägung des Vermögenseffekts spiegelt sich auch in den einzelnen nationalen Sparquoten wider. Die kapitalmarktbasierten Finanzierungssysteme weisen in der Regel nicht nur einen größeren Vermögenseffekt, sondern auch eine geringere Sparquote auf. In einer empirischen Analyse bestätigen Leetmaa et al.

---

[344] Den theoretischen Hintergrund für die Lebenszykluseinkommenshypothese liefern die Arbeiten von Friedman, M. (1957) sowie Ando, A. und Modigliani, F. (1963). Die Autoren vertreten die These, dass das Konsumverhalten der Wirtschaftssubjekte nicht durch das laufende Einkommen, sondern durch das Lebenszeiteinkommen maßgeblich bestimmt wird.
[345] Vgl. Purfield, C. (2007), S. 8.
[346] Vgl. Baker, D. (2002), S. 108.
[347] Vgl. u. a. Allen, F. und Gale, D. (2000).
[348] Slacalek, J. (2006) berechnet den Vermögenseffekt für 16 Industrienationen. Für die bankenbasierten Finanzierungssysteme ergibt sich eine langfristige MPC von 0,74 %. Die Länder mit einem kapitalmarktbasierten Finanzierungssystem weisen dagegen mit 3,7 % eine deutlich höhere MPC aus. Zu ähnlichen Ergebnissen bzgl. des Vermögenseffekts in kapitalmarkt- und bankbasierten Kapitalmarktsystemen kommen auch Catão, L. und Sutton, B. (2002), S. 80f.

(2009) diesen Zusammenhang. Die bankenbasierten (in der Regel kontinentaleuropäischen) Finanzierungssysteme wie z. B. die Schweiz (17,1 %) Deutschland (16,7 %) oder Frankreich (15,6 %) weisen signifikant höhere Sparquoten auf als die kapitalmarktfinanzierten (in der Regel angelsächsischen) Finanzierungssysteme wie z. B. die USA (5,2 %) oder Großbritannien (2,2 %).[349]

Welche Exzess-Erscheinungen der Vermögenseffekt bei den privaten Haushalten hervorrufen kann, wird in der Zeit des starken Preisanstiegs der Wohnimmobilien in den USA von Mitte der 1990er Jahre bis in das Jahr 2006 deutlich. In dieser Zeit ließen sich viele private Immobilienbesitzer vom starken Anstieg des Wertes ihrer Wohnimmobilien verleiten, die Tilgung ihrer Darlehen auszusetzen und stattdessen einen zusätzlichen Kredit, der durch den gestiegenen Wert ihrer Wohnimmobilie gedeckt wurde, aufzunehmen. Diese Praxis wird auch als ‚Mortgage Equity Withdrawal'[350] (MEW) – Entzug von Eigenkapital – bezeichnet. David Tice beschreibt das Verhalten der US-amerikanischen Hauskäufer wie folgt: „Die Leute haben ihr Haus jahrelang als Geldautomat genutzt."[351]

In den vergangenen Jahren wurde eine große Anzahl an empirischen Untersuchungen durchgeführt, um die Existenz des Vermögenseffekts zu überprüfen und dessen Höhe zu bestimmen. Die empirischen Untersuchungen bedienen sich in der Regel der ‚Marginal Propensity to Consume' (MPC), um die Höhe des Vermögenseffekts zu quantifizieren.[352] Die MPC gibt an, um wie viel Prozent sich der Konsum der privaten Haushalte erhöht, wenn der Wert des Immobilienvermögens um eine (Geld-) Einheit ansteigt. Tabelle 5 enthält eine Übersicht über einige aktuelle Untersuchungen zur Höhe des Vermögenseffekts auf den Konsum, der aus einem Anstieg des Immobilienvermögens der privaten Haushalte resultiert.

---

[349] Quelle: Eurostat/OECD, Stand: 2007 (Schweiz: 2006).
[350] Vgl. Feldstein, M. (2007) und Kapitel 2.2.4.
[351] Neubacher, B. (2006), S. 6.
[352] Eine andere, häufig vorzufindende Möglichkeit den Vermögenseffekt zu quantifizieren ist die Berechnung von Elastizitäten. Case, K. et al. (2005) untersuchen die Immobilienmärkte von 14 entwickelten Ländern im Zeitraum von 1975-1999 und finden heraus, dass ein 10 %iger Anstieg des Immobilienvermögens den Konsum um 1,1 % ansteigen lässt. In der gleichen Studie berechnen sie auch die Elastizität für die USA im Zeitraum von 1982-1999 und finden folgenden Zusammenhang: Ein 10 %iger Anstieg des Immobilienvermögens erhöht den Konsum um 0,4 %.

Autoren (Jahr)	Zeitraum	Länder	Zusammenhang
Grant; Peltonen (2008)	1989-2002	IT	MPC = über 8 %
Mishkin (2007)	1987-2005	USA	MPC = 7,6 %
Kishor (2007)	1952-2002	USA	MPC = 7 %
Carroll et al. (2006)	1960-2004	USA	MPC = 9,1 %[353]
Bostic et al. (2005)	1989-2001	USA	MPC = 6 %
Hamburg, et al. (2005)	1980-2003	DE	MPC = 4,4 %
Benjamin et al. (2004)	1952-2001	USA	MPC = 8 %
Ludwig; Sløk (2004)	1985-2000	USA; GB; DE; FR; IT	MPC = 3,1 %; 2,1 %; 1,1 %; 1,0 %; 0,9 %[354]
Catte et al. (2004)	1970-2003	AU; CA; IT; JP; NL; ES; GB; USA	MPC = 7 %; 6 %; 1 %; 1 %; 8 %; 2 %; 7 %; 5 %[355]

Tabelle 5: *Vermögenseffekt des Immobilienvermögens auf den Konsum*[356]

Die Ergebnisse in Tabelle 5 zeigen, dass der Vermögenseffekt des Immobilienvermögens auf den Konsum der privaten Haushalte zwischen 6 % und 9 % liegt. Lediglich die Studien von Ludwig und Sløk (2004) und – zumindest in Teilen – Catte et al. (2004) weichen von dieser Größenordnung ab und weisen geringere MPCs für den Vermögenseffekt aus. Unabhängig hiervon ist deutlich geworden, dass ein Anstieg des

---

[353] Das Immobilienvermögen wird hier definiert als das gesamte Vermögen der privaten Haushalte minus das Aktienvermögen.
[354] Hierbei handelt es sich um die Werte der langfristigen MPC. Die Werte für die kurzfristigen MPCs fallen geringer aus. Die MPCs wurden berechnet, indem die Elastizitäten von Ludwig, A. und Sløk, T. (2004) mit dem Anteil des Wohnimmobilienvermögens am BIP 2000 multipliziert wurden. Vgl. hierzu Paiella, M. (2008), Tabelle 2.
[355] Hierbei handelt es sich um langfristige MPCs.
[356] Eine ausführliche Zusammenstellung auch älterer Arbeiten zum Vermögenseffekt sowohl des Immobilien- als auch des Finanzvermögens findet sich in Paiella, M. (2008).

Immobilienvermögens einen signifikanten, positiven Einfluss auf die Konsumbereitschaft der privaten Haushalte hat und somit das Wirtschaftswachstum ankurbelt.

Des Weiteren zeigt Tabelle 5, dass speziell die Länder, in denen der Entzug von Eigenkapital verstärkt angewendet wird – neben den USA zählen hierzu speziell Kanada, Großbritannien, Australien und die Niederlande[357] –, einen höheren Vermögenseffekt aufweisen.

Die hier beschriebenen kurzfristigen Effekte von Preisblasen haben eine stimulierende Wirkung auf die Volkswirtschaft. Sie erhöhen das Vermögen und kurbeln den Konsum der privaten Haushalte und die Investitionen der Unternehmen an. Gleichzeitig bewirken Preisblasen jedoch auch eine Fehlallokation der Ressourcen innerhalb einer Volkswirtschaft. Die Ressourcen werden nicht mehr dort eingesetzt, wo sie langfristig den größten Nutzen stiften, sondern kurzfristig die höchste Rendite erwirtschaften. Die ineffiziente Anhäufung von Ressourcen lockt auf Grund der kurzfristig hohen Renditen weiteres Kapital in diese ineffiziente Verwendung und führt somit zu einer Verstärkung der sich bildenden Fehlbewertung.[358] Die Preise für Vermögensgüter entfernen sich immer weiter von ihrem fundamental gerechtfertigten Niveau: Die Preisblase verstärkt sich selbst.

3.3.2 Langfristige Auswirkungen

Zu den langfristigen Auswirkungen von Vermögenspreisblasen zählen ein negativer Vermögenseffekt, ein Rückgang des Wirtschaftswachstums – in extremen Fällen kann das Platzen einer Vermögenspreisblase auch zu einer Rezession oder gar, wie der Fall Japan in den 1990er Jahren gezeigt, einer Deflation führen –, Finanzmarktinstabilitäten in Form von Firmenzusammenbrüchen, extreme Wechselkursschwankungen etc. Die langfristigen Auswirkungen von Preisblasen treten ein, wenn die Marktpreise für Vermögensgüter ihren Zenit überschreiten und sich wieder in Richtung ihres fundamentalen Wertes nach unten bewegen. In dieser Phase realisieren die Individuen die Fehlbewertung bei den Vermögensgütern und beginnen – häufig panikartig – mit deren Verkauf, was die Preise zusätzlich unter Druck setzt und deren Rückgang beschleunigt.

---

[357] Vgl. Catte, P. et al. (2004), S. 17.
[358] In einer derartigen Situation kann es zu positivem Feedback kommen. Vgl. Kapitel 3.2.3.

(1) Negativer Vermögenseffekt

Analog zum positiven Vermögenseffekt, bei dem sich die Individuen auf Grund der temporär gestiegenen Preise ihrer Vermögensgüter reicher fühlen, wirkt der negative Vermögenseffekt in die entgegengesetzte Richtung. Nach einem Rückgang der Preise für Vermögensgüter fühlen sich die privaten Haushalte ärmer. Die bereits vorher genannte Lebenszykluseinkommenshypothese besagt in diesem Zusammenhang, dass fallende Vermögenspreise ein niedrigeres Lebenseinkommen für die privaten Haushalte bedeuten und zu einem Rückgang des Konsums führen.

Besonders stark wirkt sich laut Baker (2002) ein Rückgang des Immobilienvermögens auf das Konsumverhalten der privaten Haushalte aus.[359] Die eigene Wohnimmobilie stellt für die meisten privaten Haushalte das wichtigste Vermögensgut dar. Ein starker Rückgang der Häuserpreise führt demnach zu einer Verschlechterung der finanziellen Situation der Hausbesitzer. Von einem Rückgang der Hauspreise sind im Besonderen Individuen betroffen, die kurz vor dem Renteneintritt stehen und ein kleineres Haus erwerben möchten, um mit dem so freigesetzten Eigenkapital ihren Lebensabend zu bestreiten bzw. aufzubessern. Sie erleiden durch den Preisverfall ihrer Wohnimmobilie eine ernsthafte Minderung ihrer eingeplanten Ruhestandsbezüge. Des Weiteren sind Haushalte, die sich beim Kauf ihres Eigenheims besonders hoch verschuldet haben, von einem Preisrückgang bei den Wohnimmobilien betroffen. „Personen mit hohen Hypothekenschulden auf überbewerteten Immobilien können feststellen, dass der Anteil ihres Einkommens, den sie für Zins und Tilgungszahlungen aufwenden müssen, untragbar hoch ist."[360] Viele dieser Schuldner werden nicht in der Lage sein, ihre Hypothekenraten pünktlich an ihre Banken zu überweisen, und stehen somit vor der Zwangsversteigerung ihrer Wohnimmobilie.

(2) Rückgang des Wirtschaftswachstums / Rezession

Die Konsumzurückhaltung der privaten Haushalte in Folge von Preisrückgängen bei Vermögensgütern trifft in einem zweiten Schritt die Unternehmen. Diese haben auf Grund der anziehenden Preise eine ansteigende Nachfrage antizipiert, ihre Produktion ausgeweitet und sehen sich nun aber mit einer sinkenden Nachfrage und steigenden Lagerbeständen konfrontiert. Sie müssen daher ihre Produktion drosseln und Arbeitsplätze

---

[359] Vgl. hier und im Folgenden Baker, D. (2002), S. 109ff.
[360] Europäische Zentralbank (2005), S. 63.

3 Preisblasen auf Immobilienmärkten 135

abbauen. Im Zuge dieser Abwärtsspirale sinken die Einkommen der privaten Haushalte, die daraufhin ihren Konsum weiter einschränken und damit das Wirtschaftswachstum weiter verlangsamen.

Neben den Unternehmen werden auch die privaten Geschäftsbanken von einem Rückgang der Immobilienpreise negativ betroffen.[361] Ein Rückgang der Immobilienpreise führt zu einem Anstieg der Kreditausfallraten, da mehr und mehr private Haushalte im Zuge des abnehmenden Wirtschaftswachstums ihre Raten nicht mehr bedienen können oder wollen.[362] Die Kreditausfälle zwingen die privaten Geschäftsbanken zu hohen Abschreibungen auf ihr Kreditportfolio, was zu einer Verringerung des Eigenkapitals der Banken führt. In der Folge halten sich die Geschäftsbanken mit der Vergabe von neuen Krediten an die Unternehmen zurück und es besteht die Gefahr, dass es zu einer ‚Kreditklemme' für die gesamte Volkswirtschaft kommen kann. Die Geschäftsbanken verweigern nun den Unternehmen die Vergabe neuer Kredite in einer Phase, in der die Unternehmen in besonderem Maße auf frisches Kapital angewiesen sind, um die sich anbahnende konjunkturelle Abkühlung zu überstehen. Die Kreditverknappung führt somit direkt zu einem Anstieg der Unternehmensinsolvenzen und damit – in Folge von Entlassungen – der Arbeitslosigkeit. Das Wirtschaftswachstum schwächt sich immer weiter ab, es droht ein Abrutschen in die Rezession: Der Preisrückgang auf dem Immobilienmarkt hat die Realwirtschaft erfasst.

Fällt der Rückgang bei den Immobilienpreisen so stark aus, dass Konsumenten und Unternehmen in hohem Maße über die weitere wirtschaftliche Entwicklung verunsichert sind und sich daher längerfristig beim Konsum bzw. bei den Investitionen zurückhalten, droht sogar ein Abrutschen der Volkswirtschaft in die Deflation. „In Situationen schwerer Verluste insbesondere bei den Immobilienpreisen sowie verstärkter Unsicherheit besteht die Gefahr, dass die Vermögenspreisdeflation in eine Verbraucherpreisdeflation übergeht."[363] Wie stark das Platzen einer Preisblase eine ganze Volkswirtschaft für Jahre in Mitleidenschaft ziehen kann zeigt das Beispiel Japan. Das Platzen der Immobilien- und Aktienblase in den 1990er Jahren versetzte das Land über Jahre hinaus in eine De-

---

[361] Vgl. Europäische Zentralbank (2005), S. 63.
[362] Wie in Kapitel 3.2.2 bereits erwähnt, können in den USA die privaten Haushalte die Tilgung ihrer Hypothekenkredite jederzeit einstellen und ihre Immobilie an die Bank zurückgeben (sog. ‚Non-Recourse Loans'). Diese Option wählen die privaten Haushalte sehr oft dann, wenn der Wert ihrer Wohnimmobilie unter den noch ausstehenden Tilgungsbetrag gefallen ist und sich somit negatives Eigenkapital gebildet hat. In Zeiten stark fallender Häuserpreise können sich durch diesen Mechanismus extreme Belastungen für die Bilanzen der privaten Geschäftsbanken ergeben.
[363] Europäische Zentralbank (2005), S. 54.

flation. An den Folgen dieser Deflation – z. B. in Form der höchsten Staatsverschuldungen innerhalb der Industrienationen – leidet das Land bis heute.[364]

(3) Finanzmarktinstabilität

Preisblasen auf Immobilienmärkten haben nicht nur das Potenzial, das Wirtschaftswachstum einer Volkswirtschaft zu bremsen oder sogar eine Rezession auszulösen, sondern auch die nationale wie internationale Finanzmarktstabilität in erheblichem Maße zu beeinträchtigen.

Extreme Preisrückgänge auf Immobilienmärkten wirken sich besonders negativ auf die Stabilität von Bankensystemen aus. Immobilien sind ein wesentlicher Bestandteil der Aktiva in den Bankbilanzen. Starke Preisrückgänge auf den Immobilienmärkten verringern somit die Aktivposten in den Bilanzen und zehren am Eigenkapital der Banken. Im schlimmsten Fall kann dies zur völligen Vernichtung des gesamten Eigenkapitals einer Bank führen. Gelingt es nun der Bank nicht, sich kurzfristig an den Kapitalmärkten mit frischem (Eigen-) Kapital einzudecken, so droht die Insolvenz wegen Überschuldung. „Movements in real estate prices can have a substantial impact on banking performance. In particular, falling property prices may lead the banking sector into distress via various channels, e.g. through increases in bad loan expenses in real estate loans, or through a deterioration in the financial conditions of borrowers and banks themselves, or indirectly through a contraction in financial transactions and in economic activity."[365] Auf Grund des hier geschilderten Zusammenhangs werden Preisblasen auf Immobilienmärkten häufig von Krisen im Bankensystem begleitet. „Real estate bubbles may occur without banking crises. And banking crises may occur without real estate bubbles. But the two phenomena are correlated in a remarkable number of instances ranging over a wide variety of institutional arrangements, in both advanced industrial nations and emerging economies."[366]

Die Ereignisse in jüngster Zeit haben deutlich gemacht, dass Krisen in Bankensystemen nicht notwendigerweise durch die tatsächliche Insolvenz einer einzelnen Geschäftsbank im Zuge fallender Immobilienpreise ausgelöst werden müssen. Eine Krise kann bereits durch einen (auch ungerechtfertigten) Vertrauensverlust ausgelöst werden: Verlieren die

---

[364] Vgl. hierzu auch Fn. 34.
[365] Zhu, H. (2005), S. 16.
[366] Herring, R. und Wachter, S. (2003), S. 217.

3 Preisblasen auf Immobilienmärkten 137

Sparer das Vertrauen in die Bonität ihrer Bank und beginnen – aus Angst vor einer Insolvenz – ihre Spareinlagen abzuziehen, kann dies tatsächlich zur Insolvenz der Bank führen. Ein derartiges Szenario wird in der wirtschaftswissenschaftlichen Literatur als ‚Bankrun' bezeichnet.[367] Ebenfalls kann ein Vertrauensverlust der Geschäftsbanken untereinander bereits die Insolvenz eines Instituts zur Folge haben. Die Ursache hierin liegt in der gegenseitigen Verflechtung der Geschäftsbanken am Interbankenmarkt.[368] Dieser dient den Geschäftsbanken zur kurzfristigen Liquiditätsbeschaffung. Geschäftsbanken mit Liquiditätsüberschüssen stellen diese anderen Geschäftsbanken mit Liquiditätsbedarf zur Verfügung. Der Interbankenmarkt ist somit eine zentrale Einrichtung, ohne die ein reibungsloses Funktionieren des Finanzsystems nicht möglich ist. Er lebt jedoch vom gegenseitigen Vertrauen der Geschäftsbanken. Verlieren sie – wie es im Zuge der Subprime-Krise im Jahr 2008 eingetreten ist – das Vertrauen in die Bonität der anderen Geschäftsbanken, kann dies zu erheblichen Verwerfungen auf dem Interbankenmarkt führen, da sich die Geschäftsbanken gegenseitig keine kurzfristige Liquidität mehr zur Verfügung stellen. In einem derartigen Umfeld fällt es auch den bonitätsstarken Banken zunehmend schwerer, sich zu refinanzieren, da die Geschäftsbanken im Zuge der allgemeinen Vertrauenskrise dazu übergegangen sind, Liquidität zu horten und bei der Zentralbank anzulegen, anstatt anderen Geschäftsbanken zur Verfügung zu stellen. In der Folge können auch Geschäftsbanken, die eigentlich über eine gute Bonität und ausreichend Liquidität verfügen, in Zahlungsschwierigkeiten geraten. Ein aktuelles Beispiel für eine Bank, die im Zuge des Vertrauensverlusts durch andere Banken und die Kleinanleger beinahe in den Konkurs getrieben worden wäre, ist die ehemalige Investmentbank Bear Stearns.[369] Anfang März 2008 häuften sich die Gerüchte, Bear Stearns könnte auf Grund der hohen Wertverluste seiner strukturierten Wertpapiere in Liquiditätsschwierigkeiten geraten. Von diesen Gerüchten alarmiert stellten viele US-amerikanische Großbanken den Interbankenhandel mit Bear Stearns ein, so dass sich die Bank nicht mehr mit kurzfristiger Liquidität versorgen konnte. Innerhalb weniger Tage war die gesamte Liquidität der Bank aufgebraucht. Nur eine milliardenschwere Liquiditätszusage der FED und der Verkauf an die Bank JP Morgan verhinderten den Kon-

---

[367] Einen Überblick über die Literatur zu ‚Bankruns' geben Calomiris, C. und Gorton, G. (1991). Ein bekanntes Opfer eines klassischen ‚Bankruns' ist die ist die britische Hypothekenbank Northern Rock. Die Bank litt im Zuge der Subprime-Krise unter einem Vertrauensverlust der Anleger, der zu einem massiven Abzug von Kundeneinlagen führte. Die Insolvenz der Bank konnte nur durch eine Verstaatlichung verhindert werden.

[368] Vgl. hierzu Burghof, H.-P. und Rudolph, B. (1996).

[369] Im Zuge der durch die Subprime-Krise ausgelösten weltweiten Finanzkrise kam es zu zahlreichen weiteren ‚Fast-Zusammenbrüchen', da sich viele private Geschäftsbanken nicht mehr kurzfristig mit Liquidität versorgen konnten.

kurs von Bear Stearns.[370] Die Liquiditätskrise von Bear Stearns versetzte sowohl den Interbankenhandel als auch die Finanzmärkte weltweit in große Unruhe und sorgte nicht nur bei den Aktien aus dem Finanzsektor für hohe Kursverluste. „The implications of the Bear Stearns collapse are no longer limited to the mortgage and housing markets in the United States. The Bear Stearns collapse will affect the functioning of all financial markets both nationally and internationally."[371] Das Beispiel Bear Stearns hat gezeigt, wie individuell rationales Verhalten der Geschäftsbanken, nämlich Bear Stearns kein weiteres Geld zu leihen, um eigene Verluste zu vermeiden, in kürzester Zeit zu kollektiver Irrationalität in Form einer weltweiten Vertrauens- und Bankenkrise führen kann.

Das Platzen von Vermögenspreisblasen und die hieraus resultierenden negativen Auswirkungen auf die wirtschaftliche Entwicklung können des Weiteren zu einem Vertrauensverlust der ausländischen Investoren in die Finanzmarktstabilität einer Volkswirtschaft führen und einen massiven Abzug von ausländischem Kapital zur Folge haben. Diese ‚Kapitalflucht' der Anleger aus der Währung eines Landes in eine als sicher erachtete Währung führt zu einem Abwertungsdruck auf die heimische Währung. Die Asienkrise von 1997/98 hat deutlich gemacht, wie negativ sich ein abrupter Abzug von ausländischem Kapital auf die Finanzmarktstabilität einer Volkswirtschaft auswirken kann, speziell wenn sich der Finanzmarkt in einem Liberalisierungsprozess befindet. Damals veranlasste ein massiver Kurseinbruch bei Aktien und Immobilien sowie eine Pleitewelle verschiedenster Finanzintermediäre viele ausländische Anleger, ihr Kapital aus den sog. asiatischen ‚Tigerstaaten' abzuziehen, um es in ‚sicheren' Währungen wie US-$ oder DM anzulegen. Als eine Folge gerieten die Währungen der Tigerstaaten unter einen enormen Abwertungsdruck. Da sich viele asiatische Unternehmen zu einem (Groß-) Teil in ausländischer Währung – hauptsächlich US-$ – finanziert hatten, wuchs mit der Abwertung der heimischen Währung die Höhe der Passivposten in den Bilanzen, während die Aktivposten in der Regel in heimischer Währung notiert waren und durch die Abwertung nicht berührt wurden. Die Abwertung der heimischen Währung bewirkte bei den Unternehmen eine massive Abnahme des Eigenkapitals, was bei vielen Unternehmen, die im Vorhinein nur über eine dünne Eigenkapitaldecke verfügten, zur Insolvenz durch Überschuldung führte. Durch die Insolvenz der ‚ungesunden' Unter-

---

[370] Schlimmer traf es die amerikanische Bank Indymac, eine der größten Sparkassen und Hypothekenbanken Südkaliforniens. Diese wurde durch die vom New Yorker Senator Charles Schumer öffentlich ausgesprochenen Bedenken, Indymac könne in Liquiditätsschwierigkeiten stecken, innerhalb kürzester Zeit von einem massiven Abzug der Kundeneinlagen heimgesucht, der schließlich zum Konkurs der Bank führte. Vgl. Kuls, N. (2008).

[371] Finney, D. (2008), S. 1.

3 Preisblasen auf Immobilienmärkten 139

nehmen wurden auch die Bilanzen der gesunden Unternehmen in Mitleidenschaft gezogen. Wie beim sog. ‚Domino-Effekt' verursachte die Insolvenz von ‚ungesunden' somit die Insolvenz von ursprünglich ‚gesunden' Unternehmen.[372]

Wie bereits in Kapitel 2.1.1 beschrieben, sind Finanzmarktkrisen seit dem letzten Jahrhundert immer weniger auf einzelne Volkswirtschaften beschränkt, sondern besitzen vielmehr die Eigenschaft, auf andere Volkswirtschaften überzugreifen und deren Finanzmärkte mit den eigenen Turbulenzen ‚anzustecken'. Als Ursache für den Ansteckungseffekt von Finanzkrisen werden die gestiegene Finanzmarktintegration und die Synchronisierung der Geldpolitik sowie der allgemeinen Konjunktur in den Industrienationen genannt.[373] Aktuelle Studien[374] zeigen auch für die internationalen Immobilienmärkte einen gestiegenen Gleichlauf der Preiszyklen und belegen somit ein erhöhtes Ansteckungsrisiko durch Preisblasen auf Immobilienmärkten für die weltweite Finanzmarktstabilität.[375]

Die größte Gefahr für die Finanzmarktstabilität geht laut Borio und Lowe (2002) von einem kombinierten Auftreten eines Rückgangs der Vermögenspreise und anderen ‚Störfaktoren' aus. „[T]he historical narratives suggest that it is the combination of events, in particular the simultaneous occurrence of rapid credit growth, rapid increases in asset prices and, in some cases, high levels of investment – rather than any one of these alone – that increases the likelihood of problems."[376] Daher ist es notwendig, nicht nur einzelne Märkte für Vermögensgüter auf die Bildung von Preisblasen zu untersuchen, sondern auch den realen Sektor einer Volkswirtschaft bzgl. der Entwicklung von Ungleichgewichten im Auge zu behalten, um frühzeitig auf mögliche Kombinationen von Störfaktoren aufmerksam zu werden.

Die kurz- und langfristigen Auswirkungen von Preisblasen auf Immobilienmärkten zusammenfassend schreibt Baker (2002): „While the short-term effects of a housing bubble appear very beneficial [...] the long-term effects from its eventual deflation can be

---

[372] Für eine ausführliche Darstellung der Asien-Krise vgl. Edison, H. et al. (1998).
[373] Vgl. Helbling, T. und Terrones, M. (2003).
[374] Vgl. Helbling, T. und Terrones, M. (2003) sowie Terrones, M. et al. (2004).
[375] Terrones, M. et al. (2004), S. 80 berechnen für die Industrienationen für den Zeitraum von 1980-2003 eine durchschnittliche Korrelation der Wohnimmobilienpreise von 0,4.
[376] Borio, C. und Lowe, P. (2002), S. 11.

extremely harmful, both to the economy as a whole and to tens of millions of families that will see much of their equity disappear unexpectedly."[377]

Neben all diesen für eine Volkswirtschaft schädlichen langfristigen Auswirkungen werden jedoch auch immer wieder positive Aspekte von Preisblasen hervorgehoben. So betont z. B. Brunnermeier (2008), dass die Anleger durch das Platzen der ‚New Economy'-Blase zwar viel Geld verloren haben, andererseits flossen jedoch im Zuge der immer weiter ansteigenden Aktienkurse große Investitionen in die noch junge Hightech-Branche. Ohne den großen Optimismus der Anleger in der 2. Hälfte der 1990er Jahre wären die hohen Investitionen, die für den Auf- und Ausbau der jungen Netzwerkindustrie notwendig waren, nicht zustande gekommen. Die Preisblase auf den Märkten für Hightech-Aktien im Laufe der 1990er Jahre hat folglich die Weiterentwicklung der Hightech-Branche entscheidend vorangetrieben.

Auch Schumpeter (1946) kann Preisblasen und den durch sie ausgelösten volkswirtschaftlichen Auswirkungen durchaus positive Aspekte abgewinnen. Der Kapitalismus ist laut Schumpeter durch einen ständigen Entwicklungsprozess gekennzeichnet.[378] Antriebsfedern für diesen Prozess sind die durch die kapitalistische Unternehmung generierten neuen Produkte, Organisationsformen, Produktionsmöglichkeiten und die ständig neu erschlossenen Märkte. Dieser stetige Veränderungsprozess sorgt dafür, dass sich „die Wirtschaftsstruktur von innen heraus revolutioniert, unaufhörlich die alte Struktur zerstört und unaufhörlich eine neue schafft."[379] Im Schumpeterschen Sinne kann somit das Platzen einer Preisblase – ähnlich einem Konjunkturrückgang bzw. einer Rezession – als einen Akt ‚schöpferischer Zerstörung' angesehen werden, der am Ende eines Konjunkturzyklus einsetzt, die konjunkturellen Übertreibungen bereinigt und somit Produktionsfaktoren für einen neuen Innovationsschub bereitstellt.[380] Das Platzen einer Preisblase kann nach dieser Sichtweise als reinigendes Gewitter betrachtet werden, welches in der Vergangenheit entstandene Fehlentwicklungen korrigiert und den Grundstein für einen neuen Aufschwung legt. Aus einer evolutorischen Sichtweise er-

---

[377] Baker, D. (2002), S. 95.
[378] Vgl. hier und im Folgenden Schumpeter, J. (1946), S. 134ff.
[379] Schumpeter, J. (1946), S. 137f.
[380] „Abgesehen von der Verbreitung des Neuen, die uns soeben beschäftigte, leistet der Depressionsprozess noch etwas anderes, das allerdings weniger an die Oberfläche dringt als die Erscheinungen, denen er seinen Namen verdankt: Er erfüllt, was der Aufschwung versprach. Und diese Wirkung ist dauernd, während die als unangenehm empfundenen Erscheinungen temporär sind. Der Güterstrom ist bereichert, die Produktion teilweise reorganisiert, die Produktionskosten sind verringert, und was zunächst als Unternehmergewinn auftrat, vermehrt schließlich die dauernden Realeinkommen." Schumpeter, J. (1952), S. 358.

möglichen Preisblasen, ganz im Sinne der Schumpeterschen ‚schöpferischen Zerstörung', das Experimentieren mit ungewöhnlichen Ideen und Innovationen. Somit sind sie ein zentraler Mechanismus für den institutionellen Wandel in einer Volkswirtschaft.

Auch der Subprime-Krise in den USA wird trotz der weltweiten Finanz- und Vertrauenskrise, die sie maßgeblich mit verursacht hat, ein positiver Aspekt bescheinigt. Wie Abbildung 16 verdeutlicht, hat die massive Kreditvergabe speziell an Schuldner aus dem Subprime-Bereich die Wohneigentumsquote in den USA auf ein noch nie zuvor erreichtes Niveau gehoben.[381]

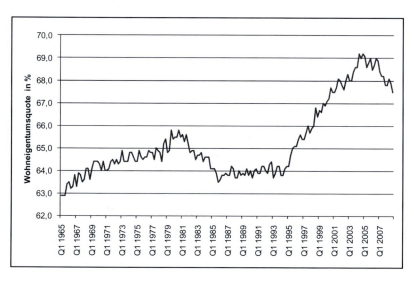

Abbildung 16: Entwicklung der US-amerikanischen Wohneigentumsquote[382]

3.4 Eigenschaften von Preisblasen auf Wohnimmobilienmärkten

Ab diesem Kapitel erfolgt nun für den weiteren Verlauf dieser Arbeit die Fokussierung auf den Wohnimmobilienmarkt. Wohnimmobilien weisen spezielle Eigenschaften auf,

---

[381] „[…] it is important to keep in mind the benefits of homeownership and the expansion of credit to new borrowers, which generated unprecedented levels of homeownership, especially among young, low-income, and minority borrowers, putting them on a road to economic comfort and stability." Zywicki, T. und Adamson, J. (2008), S. 2.
[382] Quelle: Census Bureau.

die sie grundlegend von anderen Vermögensgütern, wie z. B. Aktien, unterscheiden.[383] Eine zentrale Eigenschaft von Wohnimmobilien ist ihre geringe Transaktionshäufigkeit. In Deutschland werden jährlich nur etwa 1 % bis 2 % des Wohnimmobilienbestands gehandelt. Auf Grund dieser geringen Transaktionshäufigkeit herrscht auf den Immobilienmärkten ein Mangel an aktuellen und damit aussagekräftigen, repräsentativen Marktpreisen. Ein weiteres zentrales Merkmal ist die Heterogenität von Wohnimmobilien. Diese besitzen durch ihre mehrdimensionalen Eigenschaften ein extrem hohes Maß an Komplexität. Wohnimmobilien unterscheiden sich durch Größe, Lage, Ausstattung, Baujahr, Anzahl der Zimmer, Stockwerke etc. Durch dieses Bündel an Eigenschaften wird jede Wohnimmobilie zu einem Unikat. Des Weiteren ist die Standortgebundenheit eine zentrale Eigenschaft von Wohnimmobilien. Die Lage von Immobilien wird in der Planungsphase festgelegt und kann danach nicht mehr verändert werden. Sie bestimmt somit entscheidend die Nutzungsmöglichkeiten und hat damit einen großen Einfluss auf den Wert. Abbildung 17 enthält eine Übersicht über weitere spezielle Eigenschaften, die Wohnimmobilien von anderen Vermögensgütern wie Aktien unterscheiden. Es wird deutlich, dass Wohnimmobilien nicht der neoklassischen Vorstellung eines homogenen Gutes entsprechen.

Durch die besonderen Charakteristika von Wohnimmobilien unterscheidet sich auch der Wohnimmobilienmarkt signifikant von anderen Märkten, wie z. B. dem Aktienmarkt. Der durch die speziellen Eigenschaften von Wohnimmobilien bedingte immanente Informationsmangel führt zu einer geringen Markttransparenz und damit zu einer eingeschränkten Informationseffizienz des Wohnimmobilienmarktes. Weitere Besonderheiten des Wohnimmobilienmarktes sind in Abbildung 17 dargestellt. Zusammenfassend lässt sich festhalten, dass der Wohnimmobilienmarkt stark vom neoklassischen Modell eines vollkommenen Marktes abweicht.

---

[383] Vgl. u. a. Jedem, U. (2006), S. 29f. und Dopfer, T. (2000), S. 13ff. Die meisten der hier und im Folgenden genannten speziellen Eigenschaften von Wohnimmobilien und Wohnimmobilienmarkt gelten auf für andere sachliche Immobilienteilmärkte wie z. B. Gewerbeimmobilien.

3 Preisblasen auf Immobilienmärkten

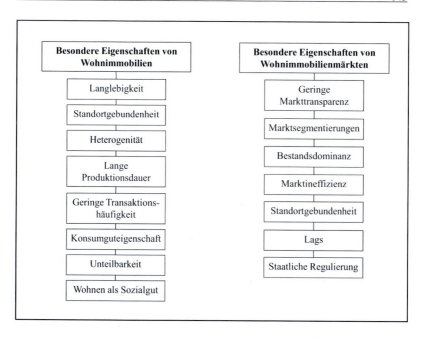

Abbildung 17: Besondere Eigenschaften von Wohnimmobilien und dem Wohnimmobilienmarkt

Die spezielle Marktstruktur des Wohnimmobilienmarktes zeigt sich in eigenständigen Preisbildungsmechanismen und Preiszyklen, die sich sowohl von den Märkten anderer Vermögensgüter, wie z. B. Aktien, als auch anderer sachlicher Immobilienteilmärkte, wie z. B. Gewerbeimmobilien, unterscheiden. Im Folgenden werden die zentralen Charakteristika von Preisblasen auf Wohnimmobilienmärkten erläutert und den Aktienmärkten gegenübergestellt. Empirische Studien haben dabei gezeigt, dass sich Preisblasen auf Immobilienmärkten bzgl. ihres zeitlichen Auftretens, ihrer Erscheinungsform, ihrer Dauer und ihrer Auswirkungen auf die gesamte Volkswirtschaft von Preisblasen auf Aktienmärkten unterscheiden. Dabei muss jedoch einschränkend erwähnt werden, dass die im Folgenden dargestellten empirischen Analysen auf einer charttechnischen Sichtweise beruhen. Preisblasen bzw. Booms und Crashs – wie sie in den folgenden Analysen bezeichnet sind – werden lediglich an Hand der Preisbewegungen auf den Wohnimmobilienmärkten identifiziert. Das fundamentale Marktumfeld bleibt in den Analysen hingegen unberücksichtigt. Somit handelt es sich – vor dem Hintergrund der dieser Arbeit unterliegenden Definition von Preisblasen als Abweichen des Marktpreises von seinem fundamentalen Wert – eher um die Analyse von Preisdynamiken bzw. -zyklen. Der Grund für die häufige Anwendung der charttechnischen Sichtweise bei der Analyse von Märkten auf die Existenz von Preisblasen liegt in der einfachen ökonomischen Intuition und den geringen Datenanforderungen begründet. Trotz dieser Einschränkung liefern die folgenden Analysen aussagekräftige und für den weiteren Verlauf dieser Arbeit weiterführende Ergebnisse, wie sich Preiszyklen und somit auch Preisblasen auf Wohnimmobilienmärkten verhalten.

3.4.1 Lange Dauer

Eine zentrale Eigenschaft von Preisblasen auf Immobilienmärkten ist ihre lange Dauer. In ihrer Studie über Boom-Bust-Zyklen auf den Immobilien- und Aktienmärkten der Industrienationen beziffern Helbling und Terrones (2003) die durchschnittliche Dauer eines Crashs auf den Immobilienmärkten mit vier Jahren. Den durchschnittlichen Aktienmarktcrash hingegen beziffern die Autoren im Untersuchungszeitraum lediglich auf 2,5 Jahre.[384]

Die Ursachen für diesen langen Zeitraum, bis sich die vorangegangenen Übertreibungen auf dem Immobilienmarkt abgebaut und die Preise ihr fundamental gerechtfertigtes Niveau wieder erreicht haben, liegen in den speziellen Eigenschaften des Immobilienmarktes. Die Intransparenz, die hohen Kosten eines direkten Engagements in Immobilien und die Heterogenität des Wirtschaftsguts Immobilie sorgen für eine geringe Effizienz auf den Immobilienmärkten. Diese äußert sich in einer langen Korrekturphase, bis die übertriebenen Immobilienpreise wieder ihr fundamental gerechtfertigtes Niveau erreichen. Black et al. (2006) nennen die eingeschränkten Arbitragemöglichkeiten als weitere Ursache für die verzögerte Preisanpassung. „The characteristics of housing are such that arbitrage is limited and hence correction toward 'true' value is likely to be a prolonged process and any 'inefficient' pricing will be perpetuated for long and often uncertain periods."[385]

---

[384] Helbling, T. und Terrones, M. (2003) untersuchen die Aktienmärkte von 19 Industrienationen im Zeitraum von 1959-2002 und die Immobilienmärkte von 14 Industrienationen im Zeitraum von 1970-2002. Eine Preisbewegung wird als Bust bezeichnet, wenn der Preisrückgang vom Konjunkturhöhepunkt bis zur -talsohle in das Top Quartil aller Rückgänge fällt. Analog dazu bezeichnen sie eine Preisbewegung als Boom, wenn der Anstieg des Preises von der Konjunkturtalsohle bis zum -höhepunkt in das Top Quartil aller Preisanstiege fällt.

[385] Black, A. et al. (2006), S. 1553.

3.4.2 Starker Einfluss auf gesamtwirtschaftliche Größen

Preisblasen auf Immobilienmärkten zeichnen sich des Weiteren durch ihren starken Einfluss auf gesamtwirtschaftliche Größen wie Konsum oder Produktion aus. Wie bereits in Kapitel 3.3.1 beschrieben, fühlen sich die privaten Haushalte durch steigende Vermögenspreise reicher und weiten daher ihren Konsum aus und senken ihre Sparquote. Dieser Effekt steigender Vermögenspreise wird als Vermögenseffekt bezeichnet.[386] Tabelle 5 gibt einen Überblick über die in verschiedenen Untersuchungen gemessene Höhe des Vermögenseffekts, der aus einem Anstieg des Immobilienvermögens resultiert. Die Höhe des Vermögenseffekts wurde mittels der MPC quantifiziert. Diese zeigt die prozentuale Veränderung des Konsums der privaten Haushalte, wenn der Wert des Immobilienvermögens um eine (Geld-) Einheit ansteigt. Bei einem Vergleich des Vermögenseffekts aus dem Anstieg des Immobilienvermögens mit dem aus einer Steigerung des Finanzvermögens der privaten Haushalte haben empirische Studien ergeben: Die MPC aus einem Anstieg des Immobilienvermögens nimmt in der Regel einen höheren Wert als die MPC aus einem Anstieg des Finanzvermögens an. Dies bedeutet, dass die Individuen ihren Konsum bei einem Anstieg des Immobilienvermögens stärker ausweiten, als bei einem Anstieg des Finanzvermögens. Tabelle 6 enthält eine Zusammenstellung der Ergebnisse analog derer aus Tabelle 5, diesmal jedoch für die MPCs, die sich aus einem Anstieg des Finanzvermögens der privaten Haushalte ergeben.

Ein Vergleich der Ergebnisse beider Tabellen zeigt, dass das Konsumverhalten der privaten Haushalte stärker auf Veränderungen des Immobilienvermögens reagiert. Lediglich die beiden Studien von Ludwig und Sløk (2004) sowie Catte et al. (2004) liefern keine eindeutigen Ergebnisse, wobei sie von der Tendenz her auch dem Immobilienvermögen einen stärkeren Einfluss attestieren.

---

[386] Der Vermögenseffekt wirkt – wie in Kapitel 3.3.2 bereits beschrieben wurde – auch in die entgegengesetzte Richtung: Fallen die Preise für Vermögensgüter, so fühlen sich die Individuen ärmer und reduzieren in der Folge ihre Konsumausgaben und erhöhen ihre Sparquote.

Autoren (Jahr)	Zeitraum	Länder	Zusammenhang
Grant; Peltonen (2008)	1989-2002	IT	MPC = 0,4 %[387]
Mishkin (2007)	1987-2005	USA	MPC = 3,8 %
Kishor (2007)	1952-2002	USA	MPC = 0,4 %[388]
Carroll et al. (2006)	1960-2004	USA	MPC = 4,1 %[389]
Bostic et al. (2005)	1989-2001	USA	MPC = 2 %
Benjamin et al. (2004)	1952-2001	USA	MPC = 2 %
Ludwig; Sløk (2004)	1985-2000	USA; GB; DE; FR; IT	MPC = 1,8 %; 1,3 %; 1,9 %; 1,4 %; 3 %[390]
Catte et al. (2004)	1970-2003	AU; CA; IT; JP; NL; ES; GB; USA	MPC = 3 %; 4 %; 1 %; 7 %; 6 %; 2 %; 4 %; 3 %

Tabelle 6: Vermögenseffekt des Finanzvermögens auf den Konsum[391]

Die unterschiedliche Wirkung der Veränderung des Immobilien- und Finanzvermögens auf das Konsumverhalten der privaten Haushalte kann auf die unterschiedliche Dauer der Preisveränderung des jeweiligen Vermögensguts zurückgeführt werden. Während Veränderungen des Immobilienvermögens einen permanenten Charakter aufweisen, sind die Veränderungen des Finanzvermögens eher von vorübergehender Natur. „Since consumption is shown to respond only to permanent movements, therefore, the average

---

[387] Der Vermögenseffekt bezieht sich in dieser Untersuchung nur auf das Aktienvermögen.
[388] Der Vermögenseffekt bezieht sich in dieser Untersuchung auf das Finanzvermögen der privaten Haushalte. Dieses ist definiert als die gesamten Aktiva der Haushalte minus die Verbindlichkeiten (ohne Hypotheken).
[389] Der Vermögenseffekt bezieht sich in dieser Untersuchung nur auf das Aktienvermögen.
[390] Der Vermögenseffekt bezieht sich in dieser Untersuchung nur auf das Aktienvermögen.
[391] Eine ausführliche Zusammenstellung auch älterer Arbeiten zum Vermögenseffekt von Immobilien- und Finanzvermögen findet sich in Paiella, M. (2008).

MPC out of housing wealth turns out to be higher than the average MPC out of financial wealth."[392]

In ihrer Studie über Booms und Busts auf den Aktien- und Immobilienmärkten[393] untersuchen Helbling und Terrones (2003) die Auswirkungen von ‚Asset Price Busts' auf die Produktion. Dabei fanden sie heraus, dass die Produktion drei Jahre nach einem Aktien-Bust im Durchschnitt 4 % unter dem Niveau liegt, das bei einem weiteren Anstieg der Aktienkurse mit der durchschnittlichen Wachstumsrate der drei Jahre vor dem Bust eingetreten wäre. Im Falle eines Immobilien-Busts beträgt der Rückgang der Produktion 8 % im Vergleich zum Niveau, welches ohne den Preisrückgang eingetreten wäre. „Hence, during 1970-2002, even though housing price busts involved much smaller price declines, they were associated with output effects that were about twice as large as those of equity price busts."[394]

3.4.3 Moderate Preisrückgänge

Preisblasen auf Wohnimmobilienmärkten unterscheiden sich von denen auf Aktienmärkten durch ihre moderater ausfallenden Preisrückgänge. Wohnimmobilien sind langlebige Vermögensgüter und stiften ihren Besitzern im Gegensatz zu anderen Vermögensgütern einen zusätzlichen Konsumnutzen in Form einer Unterbringungsmöglichkeit. Aus diesem Grund besitzen Wohnimmobilien sowohl den Charakter eines langlebigen Konsumgutes als auch eines Investitionsgutes.[395] Die Individuen erwerben eine Wohnimmobilie in der Regel nicht aus (kurzfristigen) Renditegesichtspunkten, sondern weil sie eine Unterbringungsmöglichkeit benötigen, in der sie sich wohl fühlen und die ihnen Schutz und eine Rückzugsmöglichkeit bietet. Wohnen besitzt im Gegensatz zu anderen Vermögensgütern eine starke soziale Komponente, die zusätzlich zu den eventuell ebenfalls vorhandenen Renditegesichtspunkten in die Kauf- und Verkaufsentscheidungen mit einfließt. Dass Wohnimmobilien sowohl auf Grund ihrer Eigenschaft als langlebiges Konsumgut als auch aus Renditegesichtspunkten erworben werden, resultiert in einer geringeren Volatilität der Immobilienpreise. Hausbesitzer entschließen sich bei einem Rückgang des Wertes ihrer Wohnimmobilie in der Regel nicht zu einem Verkauf, da sie ihre Wohnimmobilie als Konsumgut erworben haben, aus der

---

[392] Kishor, N. (2007), S. 446.
[393] Vgl. Fn. 384.
[394] Helbling, T. und Terrones, M. (2003), S. 68f.
[395] Vgl. Zhu, H. (2005), S. 11.

sie langfristig einen Nutzen in Form einer Unterbringung ziehen möchten. Gerät ein Wohnimmobilienmarkt in eine Abwärtsspirale, so spiegelt sich dies eher in einem sinkenden Transaktionsvolumen als in sinkenden Häuserpreisen wider.[396]

Eine weitere Ursache für die Preisrigidität nach unten auf den Wohnimmobilienmärkten sehen Genesove und Mayer (2001) in der ausgeprägten Aversion der Hausbesitzer, ihre Wohnimmobilien in Phasen rückläufiger Immobilienpreise mit Verlust zu verkaufen. „The persistence of a large inventory of units for sale and the extent of overpricing of new listings in a bust suggests that sellers may be unable or unwilling to accept market prices for property in the down part of the cycle."[397] In einer Untersuchung des Verkäuferverhaltens auf dem Wohnimmobilienmarkt in Boston im Zeitraum von 1990 bis 1997 stellen Genesove und Mayer (2001) fest, dass potenzielle Verkäufer, deren Wohnungswert unter den ursprünglichen Kaufpreis gefallen ist, trotzdem einen Verkaufspreis fordern, der 25 % bis 35 % über dem aktuellen Marktpreis liegt. Die Aversion der Verkäufer, in Phasen fallender Preise ihre Wohnungen mit Verlust zu verkaufen, resultiert in einem Rückgang des Transaktionsvolumens und einer Preisrigidität nach unten. „In a boom, houses sell quickly at prices close to, and many times above, the sellers' asking prices. In a bust, however, homes tend to sit on the market for long periods of time with asking prices well above expected selling prices, and many sellers eventually withdraw their properties without sale. These observations suggest that sellers` reservation prices may be less flexible downward than buyers` offers."[398]

In ihrer Studie über Boom-Bust-Zyklen auf Immobilien- und Aktienmärkten bestätigen Helbling und Terrones (2003) die moderateren Preisrückgänge auf den Immobilienmärkten: Während die Preisrückgänge im betrachteten Untersuchungszeitraum auf den Aktienmärkten der Industrienationen zwischen 40 % und 60 % liegen, weisen die Immobilienmärkte mit einem durchschnittlichen Preisrückgang von 30 % eine geringere Volatilität auf.

---

[396] Vgl. Zhu, H. (2005), S. 11.
[397] Genesove, D. und Mayer, C. (2001), S. 1234f. Die RICS (2007) spricht in diesem Zusammenhang von einem Sperrklinkeneffekt: Sowohl Käufer als auch Verkäufer neigen dazu, ihre Transaktionen in Marktphasen mit steigenden Preisen auszuführen. „When an owner is faced with a potential capital loss in housing markets, it is often better to wait and see if better times are around the corner." RICS (2007), S. 14.
[398] Genesove, D. und Mayer, C. (2001), S. 1233f. Stevenson, S. (2008) argumentiert in die gleiche Richtung: „In part, due to the illiquidity of the asset, it is commonly seen that, while prices can rise rapidly, they rarely fall in a downturn, illustrating the asymmetry experienced in prices […]. This asymmetry can be partly explained by homeowners being unwilling to trade at reduced prices, wishing instead to ride out any downturn. This would often be due to the high proportion of household wealth tied up in housing and also to prevent the risk of realized negative equity." Stevenson, S. (2008), S. 4.

Die moderaten Preisrückgänge auf den Immobilienmärkten stehen aus intuitiver Sicht im Widerspruch zu der bereits in Kapitel 3.4.2 aufgeführten Eigenschaft von Preisblasen auf Immobilienmärkten, starke Auswirkungen auf gesamtwirtschaftliche Größen wie Output und Konsum auszuüben. Dass schon moderate Preisveränderungen auf den Wohnimmobilienmärkten starken Einfluss auf die gesamte Volkswirtschaft nehmen, liegt in der Größe des Wohnimmobilienmarktes begründet. Wie bereits in Kapitel 3.1.1 beschrieben, sind Wohnimmobilien der bedeutendste Vermögensposten in einer Volkswirtschaft. Des Weiteren setzt die Bau- und Immobilienwirtschaft wichtige Impulse für das volkswirtschaftliche Wachstum und die Beschäftigung. Aus diesem Grund haben bereits geringfügige Preisrückgänge auf den Immobilienmärkten über den negativen Vermögenseffekt und die Verringerung der Bauaktivitäten einen signifikant dämpfenden Effekt auf die gesamte konjunkturelle Entwicklung einer Volkswirtschaft.

3.4.4 Immobilienpreise folgen den Aktienkursen

Ein weiteres Merkmal der Preisentwicklung auf Immobilienmärkten ist ihre Nachlaufeigenschaft gegenüber der Preisentwicklung auf den Aktienmärkten. Für den Zusammenhang zwischen zwei Vermögensgütern existieren in der Theorie zwei unterschiedliche Effekte.[399] Der Substitutionseffekt besagt, dass sich die Preise von zwei Vermögensgütern in unterschiedliche Richtungen entwickeln. Steigt der Preis für ein Vermögensgut, so fragen es die Individuen verstärkt nach, was dessen Preis weiter steigen lässt, und verkaufen gleichzeitig das andere Vermögensgut, was dessen Preis fallen lässt. Der Einkommenseffekt besagt, dass der Anstieg eines Vermögensguts das Vermögen der privaten Haushalte erhöht und es diesen somit erlaubt, ihre Investitionen in andere Vermögensgüter auszuweiten. Als Ergebnis bewegen sich beide Vermögensgüter in die gleiche Richtung. Durch die Interaktion von Substitutions- und Einkommenseffekt können sich auf den Märkten für Vermögensgüter unterschiedliche Entwicklungen ergeben.

Empirische Untersuchungen belegen den Zusammenhang zwischen der Preisentwicklung auf den Aktien- und Immobilienmärkten. Für gewöhnlich folgen die Wohnimmobilienpreise der Entwicklung auf den Aktienmärkten in einem gewissen Zeitabstand. Detken und Smets (2004) untersuchen die Preisentwicklung auf den Aktien- und Immobilienmärkten von 18 Industrienationen und berechnen eine Ver-

---

[399] Vgl. Zhu, H. (2005), S. 12.

zögerung der Preisentwicklung auf den Immobilienmärkten von ein bis zwei Jahren im Verhältnis zu den Aktienkursen. In ihrer Analyse der Zyklen auf den Wohnimmobilien- und Aktienmärkten von 13 Industrienationen stellen Borio und McGuire (2004) fest, dass den Spitzen auf den Aktienmärkten Spitzen auf den Wohnimmobilienmärkten folgen.[400] Als durchschnittlichen Zeitabstand zwischen den Spitzen geben die Verfasser zwei Jahre an, wobei die Bandbreite zwischen zwei und neun Quartalen liegt. Diese empirischen Untersuchungen legen den Schluss nahe, dass der Einkommenseffekt den Substitutionseffekt im Untersuchungszeitraum dominiert.

In jüngster Zeit ist es jedoch zu einer untypischen Abweichung von der Lag-Struktur des Wohnimmobilienmarktes gekommen: Die Preisentwicklung auf den Wohnimmobilienmärkten der Industrienationen hat sich von der Entwicklung auf den Aktienmärkten abgekoppelt. Während die Aktienmärkte im Zuge des Platzens der ‚New Economy'-Blase in den Jahren 2001 bis 2003 einen enormen Kursrückgang verzeichneten, stiegen die Preise für Wohnimmobilien weltweit unbeirrt in immer weitere Höhen. Erst im Jahr 2006 – fünf Jahre nach dem Beginn des Kursrückgangs auf den Aktienmärkten – kündigten sich in den USA erste Anzeichen für einen Rückgang des Preises für Wohnimmobilien an. Abbildung 18 verdeutlicht die Abkopplung des US-amerikanischen Wohnimmobilienmarktes von der Entwicklung auf den weltweiten Aktienmärkten.[401] Während die Preise für Wohnimmobilien in Folge des Rückgangs auf den weltweiten Aktienmärkten im Jahr 1990 zwei Jahre später zumindest leicht fielen – die Lag-Struktur des Wohnimmobilienmarktes also noch Bestand hatte – stiegen die Wohnimmobilienpreise in den USA trotz des Einbruchs auf den weltweiten Aktienmärkten 2001 fünf weitere Jahre unbeirrt in immer neue Höhen.

Laut Zhu (2005) hat der Substitutionseffekt in diesem Zeitraum eine dominante Rolle gespielt: Viele von der Preisentwicklung auf den Aktienmärkten im Jahr 2001 und den Folgejahren enttäuschte Anleger haben ihre Investitionen auf den Aktienmärkten zurückgefahren und stattdessen verstärkt in Wohnimmobilien investiert. Dies habe den üblicherweise zwei Jahre versetzt eintretenden Preisrückgang auf dem Wohn-

---

[400] Eine Spitze ist definiert als ein Preisanstieg, der seit dem Tiefpunkt nach der vorangegangenen Spitze über einem gewissen Schwellenwert liegt. Dieser Schwellenwert ist auf 90 % aller Preissteigerungen zwischen Höchst- und Tiefstwert für alle Länder und Jahre der Stichprobe festgelegt.

[401] Ein ähnliches Verhalten lässt sich auch für die meisten anderen Wohnimmobilienmärkte der entwickelten Volkswirtschaften beobachten. Ausnahmen bilden lediglich Deutschland, Japan und die Schweiz.

3 Preisblasen auf Immobilienmärkten 151

immobilienmarkt verhindert.[402] Als eine weitere Ursache für den ungewöhnlich starken Anstieg der Wohnimmobilienpreise nennt Zhu (2005) das historisch niedrige Zinsniveau.[403]

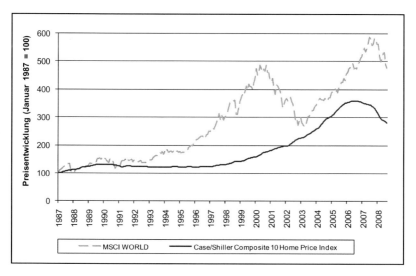

Abbildung 18: Aktien- und Wohnimmobilienpreisentwicklung[404]

Eine weitere Anomalie stellt der Preisrückgang der Wohnimmobilienpreise im Laufe des Jahres 2006 dar. Dieser setzte in etwa ein Jahr vor dem Rückgang auf den weltweiten Aktienmärkten ein. Damit kam es in den USA nicht nur zu einer Abkehr von der Lag-Struktur des Immobilienmarktes, sondern vielmehr zu einer ungewöhnlichen Umkehrung: Die Aktienkurse folgen der Preisentwicklung auf den Immobilienmärkten mit einjähriger Verzögerung.

---

[402] Case, K. und Shiller, R. (2003) diskutieren diesen Erklärungsansatz für das ungewöhnliche Verhalten der Wohnimmobilienpreise ebenfalls.
[403] Eine ähnliche Argumentation liefern Mikhed, V. und Zemcík, P. (2007), S. 7: „A possible explanation for a faster expansion of the house price is the behavior of the mortgage rate which is declining all over the sample, and it is especially low at the end of the period under study. The low mortgage rate should encourage people to buy houses, increase demand, and possibly cause house prices to rise."
[404] Quelle: MSCI, Case/Shiller Composite 10 Home Price Index sowie eigene Berechnungen. Der Case/Shiller Composite 10 Home Price Index enthält die 10 Städte Boston, Chicago, Denver, Las Vegas, Los Angeles, Miami, New York, San Diego, San Francisco und Washington.

3.4.5 Lokalität

Ein zentrales Merkmal, das Preisblasen auf Immobilienmärkten von Aktienmärkten unterscheidet, ist das häufige lokale Auftreten von Immobilienpreisblasen. Während Preisblasen auf den Aktienmärkten in der Regel global auftreten[405] und sämtliche Segmente und Sektoren des Aktienmarktes betreffen,[406] treten Immobilienpreisblasen häufig nur auf einem sachlichen und/oder räumlichen Teilmarkt auf. Abbildung 19 gibt einen Überblick über die unterschiedliche Preisentwicklung in fünf US-amerikanischen Großstädten und den Case/Shiller Composite 10 Home Price Index als nationale Vergleichsgröße. Die Abbildung verdeutlicht, dass sich die Preise für Wohnimmobilien in den einzelnen Städten in der Vergangenheit unterschiedlich entwickelt haben. Von den hier dargestellten fünf Städten weist Denver die konstanteste Preisentwicklung auf. Im gesamten Zeitraum von knapp 22 Jahren weist die Preisentwicklung lediglich im Zeitraum von August 2006 bis März 2008 einen Rückgang von 9 % aus. Ansonsten zeichnet sich die Preisentwicklung in Denver durch einen moderaten jährlichen Anstieg aus. Die Wohnimmobilienmärkte in Los Angeles und San Francisco weisen höhere Volatilität auf. Der Wohnimmobilienmarkt in Los Angeles musste z. B. im Zeitraum von Januar 1990 bis März 1996 einen Rückgang von 27 % hinnehmen, während der Case/Shiller 10 Composite Home Price Index im gleichen Zeitraum lediglich einen Rückgang um 8 % verbuchte. Auch im Zeitraum von Juli 2006 bis August 2008 verzeichnete der Wohnimmobilienmarkt in Los Angeles einen im Vergleich zum Case/Shiller Composite 10 Home Price Index sehr hohen Rückgang von 31 %. Der Wohnimmobilienmarkt San Francisco ist ebenso von einer hohen Volatilität gekennzeichnet. In Abbildung 19 ist zu erkennen, dass San Francisco als einzige Stadt nach der Jahrtausendwende einen leichten Rückgang der Wohnimmobilienpreise erlebt hat: Im Zeitraum von April 2001 bis Januar 2002 gaben die Preise um 7 % nach, während der Case/Shiller Composite 10 Home Price Index um 5 % zulegte.

---

[405] Man denke in diesem Zusammenhang z. B. an den Börsencrash von 1987, der die Aktienmärkte weltweit auf Talfahrt schickte.
[406] Als Beispiel kann hier die ‚New Economy'-Blase genannt werden, in deren Verlauf nicht nur die Kurse der Hightech-, sondern auch der Blue-Chip-Aktien durch die Euphorie der Marktteilnehmer in unrealistische Höhen getrieben wurden und anschließend einbrachen.

3 Preisblasen auf Immobilienmärkten 153

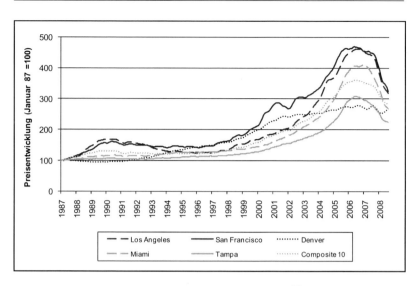

Abbildung 19: Wohnimmobilienpreisentwicklung in den USA[407]

Wie unterschiedlich sich die Preise innerhalb einer Volkswirtschaft entwickeln können, zeigt besonders der deutsche Wohnimmobilienmarkt. Abbildung 20 enthält die Preise für freistehende Einfamilienhäuser mittleren Wohnwertes für sechs deutsche Städte. Es wird deutlich, dass die Preisentwicklung keine Einbahnstraße darstellt. Im Betrachtungszeitraum weisen alle sechs untersuchten Wohnimmobilienmärkte zyklische Schwankungen auf, die sich auf allen Märkten durch temporäre, mehrjährige Preisrückgänge zeigen. Eine stark ausgeprägte Zyklizität weist der (West-) Berliner Wohnimmobilienmarkt auf. Kräftige Preisanstiege Ende der 1970er Jahre und nach der Wiedervereinigung Anfang der 1990er Jahre folgten jeweils kräftige Preisrückgänge von 25 % bzw. 55 %. Seit der Jahrtausendwende stagnieren die Preise für Wohnimmobilienmärkte nahezu. Einzige Ausnahme bildet Berlin, das nach dem 10-jährigen Preisrückgang in Folge des Wiedervereinigungsbooms seit 2005 die ersten Preissteigerungen erlebt.

---

[407] Quelle: Case/Shiller Composite 10 Home Price Indices sowie eigene Berechnungen.

154   3 Preisblasen auf Wohnimmobnilienmärkten

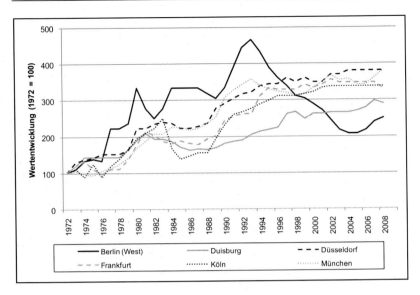

Abbildung 20: Wohnimmobilienpreisentwicklung in Deutschland [408]

---

[408] Quelle: IVD sowie eigene Berechnungen.

> "Real estate markets are among the less transparent asset markets. The lack of good quality and timely data on real estate developments is a major complicating factor in assessing whether these developments are a cause for concern or not."
>
> (Hilbers, P. et al. (2008), S. 5)

4 Besonderheiten des Wohnimmobilienmarktes

Immobilienmärkte weisen eine Vielzahl an spezifischen Charakteristika wie geringe Umschlagshäufigkeit, Segmentierung in Teilmärkte oder Standortgebundenheit auf, die sie von anderen Märkten für Vermögensgüter unterscheiden. Diese spezifischen Eigenschaften resultieren im Vergleich zu den Märkten für liquide Vermögensgüter in einer geringen Markttransparenz und einem geringen Effizienzniveau auf den Immobilienmärkten. Im Folgenden werden nun die zentralen Schwierigkeiten erläutert, die sich aus den besonderen Charakteristika des Wohnimmobilienmarktes[409] für empirische Analysen der Preisentwicklung und damit auch für das Erkennen von Preisblasen ergeben.

Die ausführliche Darstellung der Besonderheiten des Wohnimmobilienmarktes in diesem Kapitel erfolgt vor dem Hintergrund der in Kapitel 5 und 6 durchgeführten theoretischen und empirischen Ausführungen: In Kapitel 5 werden die gängigen Testverfahren zur Erkennung von Preisblasen dargestellt und auf ihre Eignung zur Anwendung auf Wohnimmobilienmärkten untersucht, in Kapitel 6 folgt eine empirische Analyse von 18 nationalen Wohnimmobilienmärkten auf die Existenz von Preisblasen. Sowohl für die theoretischen als auch die empirischen Ausführungen ist es von essenzieller Notwendigkeit, die Besonderheiten des Wohnimmobilienmarktes – im Speziellen die mangelhafte Datenverfügbarkeit und Qualität der Daten – zu berücksichtigen, um die gewonnenen Ergebnisse im richtigen Licht interpretieren zu können und zu keinen falschen Rückschlüssen zu gelangen.

Einige allgemeine Probleme, die bei der Bestimmung von Preisblasen auf den Märkten für Vermögensgüter auftreten, wurden bereits in Kapitel 2 angesprochen. Eine Preisblase wurde dort definiert als ein Abweichen des Marktpreises eines Vermögensguts von seinem fundamentalen Wert. Die Bestimmung des fundamentalen Wertes eines

---

[409] Bis auf den Doppelcharakter als Investitions- und Konsumgut gelten die im Folgenden präsentierten Besonderheiten auch für andere sachliche Immobilienmärkte wie z. B. Gewerbeimmobilien.

Vermögensguts steht somit im Mittelpunkt des Versuchs, Preisblasen auf den Märkten für Vermögensgüter zu erkennen. Der fundamentale Wert wurde in dieser Arbeit definiert als der derjenige Wert, der sich aus der Gesamtheit aller wertbeeinflussenden Determinanten eines Vermögensguts ergibt. Um nun den Markt eines Vermögensguts auf die Existenz von Preisblasen zu untersuchen, muss der Betrachter alle für die Preisbildung des Vermögensguts relevanten ökonomischen Variablen kennen. Werden bei der Betrachtung der Preisentwicklung nicht alle werttreibenden Faktoren berücksichtigt, so kann der fundamentale Wert nicht korrekt ermittelt und damit auch keine korrekte Aussage über die Existenz von Preisblasen getroffen werden. Auf Grund der Vielzahl an relevanten ökonomischen Variablen und dem Problem, dass viele Variablen nicht direkt gemessen werden können und daher durch einen Proxy ersetzt werden müssen, der die Entwicklung der ursprünglichen Variablen lediglich näherungsweise abbildet, kann der fundamentale Wert eines Vermögensguts nicht exakt bestimmt werden. Es lassen sich vielmehr nur näherungsweise Aussagen über die Höhe des fundamentalen Wertes treffen. Das Vorhaben, Preisblasen auf Märkten für Vermögensgüter zu erkennen, bleibt folglich immer mit Unsicherheit behaftet.

Ein weiteres allgemeines Problem bei der Erkennung von Preisblasen ergibt sich aus der Berücksichtigung der Erwartungen der Marktteilnehmer an die zukünftige Ertragsentwicklung von Vermögensgütern. Die Erwartungen der Marktteilnehmer stellen eine wichtige Determinante bei der Bestimmung des fundamentalen Wertes von Vermögensgütern dar. Diese gehen über die zukünftig erwarteten Cash Flows des Vermögensguts in den fundamentalen Wert mit ein. Um nun zu einer Entscheidung bzgl. der Existenz von Preisblasen auf einem Markt zu gelangen, müssen auch die Erwartungen der Marktteilnehmer auf Konsistenz mit der fundamentalen Datenlage untersucht werden. Es erweist sich jedoch als schwierig, die subjektiven Erwartungen bzw. die psychologische Komponente von den fundamentalen Faktoren zu trennen.[410]

Auf den intransparenten Wohnimmobilienmärkten existieren neben den hier auszugsweise dargestellten allgemeinen Schwierigkeiten der Erkennung von Preisblasen wei-

---

[410] „Ein zentrales Problem bei der Identifizierung einer vermuteten Blase liegt darin, dass alle Determinanten eines Vermögenspreises von den nicht bekannten subjektiven Erwartungen der privaten Wirtschaftssubjekte abhängen. Es ist daher äußerst schwierig, die rein psychologische Komponente des Preises von der objektiven Bewertung des Vermögensgegenstands zu unterscheiden. Besonders schwer fällt auch jedem Analysten die Annahme, dass seine Einschätzung der ‚richtigen' Bewertung eines Vermögenswerts zutreffender sei als die Einschätzung, die sich aus den Entscheidungen einer großen Zahl fachlich versierter, in einem Wettbewerbsumfeld agierender Marktteilnehmer ableiten lässt. Dementsprechend kann es durchaus unterschiedliche Ansichten über die angemessene Bewertung von Aktienkursen und Häuserpreisen geben." Europäische Zentralbank (2005), S. 54.

4 Besonderheiten des Wohnimmobilienmarktes

tere, immobilienspezifische Probleme, die aus den besonderen Charakteristika des Vermögensguts Immobilie bzw. des Immobilienmarktes resultieren. Diese werden im Folgenden ausführlich dargelegt.

4.1 Segmentierung in Teilmärkte

Eines der zentralen Merkmale des Wohnimmobilienmarktes ist seine Segmentierung in Teilmärkte. „The housing market is not really a single market in the neoclassical sense, but a series of overlapping submarkets differentiated by location, dwelling type, tenure form, age, quality, and financing."[411] Die einzelnen Teilmärkte unterliegen unterschiedlichen werttreibenden Faktoren und weisen daher unterschiedliche Marktstrukturen auf. Dies äußert sich in differierenden konjunkturellen Schwankungen und Wertentwicklungen auf den einzelnen Teilmärkten. Eine gängige Untergliederung ist die Aufteilung des Wohnimmobilienmarktes in räumliche und sachliche Teilmärkte.

4.1.1 Räumliche Teilmärkte

Abbildung 21 enthält eine Übersicht über die gängige Untergliederung des Immobilienmarktes in seine unterschiedlichen räumlichen Teilmärkte.

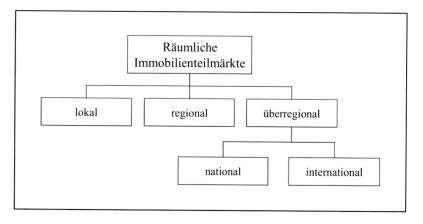

Abbildung 21: Räumliche Immobilienteilmärkte[412]

---

[411] Smith, L. et al. (1988), S. 30.
[412] Vgl. Gondring, H. (2004), S. 52.

Wie unterschiedlich die Preisentwicklung in den einzelnen räumlichen Teilmärkten ausfallen kann, wurde in Abbildung 19 und Abbildung 20 aufgezeigt. Der Wohnimmobilienmarkt lässt sich zusätzlich in einen städtischen und einen ländlichen Teilmarkt untergliedern. Tabelle 7 zeigt die Preisentwicklung der ländlichen und städtischen (räumlichen) Teilmärkte Australiens für den Zeitraum von Juni 2002 bis Juni 2003.[413]

	Hauptstadt (städtischer Teilmarkt)	Rest des Bundesstaates (ländlicher Teilmarkt)
New South Wales	26,8	41,0
Victoria	20,0	27,8
Queensland	37,1	31,8
Western Australia	20,1	31,5
South Australia	17,2	4,7
Tasmania	49,5	45,7
Australian Capital Territory	43,9	n/a

Tabelle 7: Preisentwicklung des australischen städtischen und ländlichen Teilmarktes für Wohnimmobilien in %[414]

Es wird deutlich, wie unterschiedlich die Preisentwicklung selbst in Phasen eines Hauspreisbooms – wie er im betrachteten Zeitraum Juni 2002 bis Juni 2003 in Australien herrschte – in den beiden Teilmärkten ausfallen kann. Während in Sydney – der Hauptstadt des Bundesstaates New South Wales – die Preise um 26,8 % zulegten, betrug die Wertsteigerung des ländlichen Teilmarktes von New South Wales sogar 41,0 %. Der angrenzende Bundesstaat South Australia weist hingegen eine gänzlich unterschiedliche Wertentwicklung aus. Hier stiegen die Preise für Wohnimmobilien insgesamt deutlich geringer. Die Hauptstadt Adelaide wies mit 17,2 % eine deutlich bessere Performance

---

[413] Die Unterscheidung in städtische und ländliche Teilmärkte in Tabelle 7 ist nicht ganz exakt. In den Teilmarkt ‚Rest des Bundesstaates', der die Preisentwicklung der ländlich geprägten Gebiete repräsentieren soll, geht auch die Preisentwicklung der anderen Städte des jeweiligen Bundesstaates (außer der Bundeshauptstadt) mit ein. Da die Hauptstädte der australischen Bundesstaaten wie Perth, Brisbane, Sydney, Melbourne und Adelaide jedoch den Großteil des städtisch geprägten Siedlungsraumes einschließen, repräsentiert die Preisentwicklung des Teilmarktes ‚Rest des Bundesstaates' trotzdem mehrheitlich die Entwicklung der ländlichen Wohnimmobilienmärkte.
[414] Vgl. Berry, M. und Dalton, T. (2004), S. 73. Die Abbildung zeigt die mittlere Preisveränderung für Wohnimmobilien von Erstkäufern.

4 Besonderheiten des Wohnimmobilienmarktes

als der ländliche Teilmarkt auf, der mit 4,7 % einen im Vergleich zum Rest des Landes geringen Wertzuwachs ausweisen konnte. Noch deutlicher wird die divergierende Preisentwicklung bei einem Vergleich der Hauptstadt Tasmaniens, Hobart, und dem ländlichen Teilmarkt von South Australia. Während die Preissteigerung in Hobart mit knapp 50 % den höchsten Wert aller untersuchten Teilmärkte erreichte, betrug die Preisentwicklung im ländlichen Teilmarkt von South Australia nur knapp 4,7 %.

In einer empirischen Untersuchung der Preisentwicklung in 50 US-amerikanischen Metropolen weisen Taylor et al. (2000) die Relevanz des räumlichen Teilmarktes für die Performance von Büro- und Wohnimmobilien nach. Während bei Büroimmobilien im Untersuchungszeitraum von 1989 bis 1999 die Zugehörigkeit zu einem räumlichen Teilmarkt 39 % der Performance einer Immobilie erklären konnte, betrug dieser Wert bei Wohnimmobilien sogar 50 %. Diese Ergebnisse verdeutlichen noch einmal, wie stark die Standortgebundenheit von Immobilien und damit der räumliche Teilmarkt, in dem sich die Immobilie befindet, die Preisentwicklung beeinflusst.

4.1.2 Sachliche Teilmärkte

Neben den räumlichen Teilmärkten lässt sich der Immobilienmarkt auch in sachliche Teilmärkte untergliedern. Eine gängige Untergliederung der sachlichen Teilmärkte ist in Abbildung 22 dargestellt.

Wie die räumlichen Teilmärkte unterscheiden sich auch die sachlichen Teilmärkte in ihrer jeweiligen Marktstruktur und somit auch in ihrer Wertentwicklung. Wie stark die Wertentwicklung in den einzelnen sachlichen Teilmärkten differieren kann, verdeutlicht Abbildung 23, die die Preisentwicklung unterschiedlicher sachlicher Teilmärkte in Deutschland abbildet. Während sich der Preis für Wohnimmobilien im betrachteten Zeitraum bei einer eher geringen Volatilität mehr als verdoppelt, legen Industrie- und Gewerbeimmobilien bei einer höheren Volatilität nur um etwa 80 % zu.

160   4 Besonderheiten des Wohnimmobilienmarktes

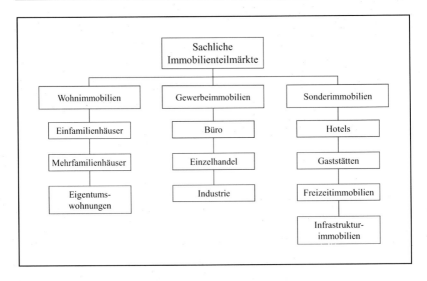

Abbildung 22: Sachliche Immobilienteilmärkte[415]

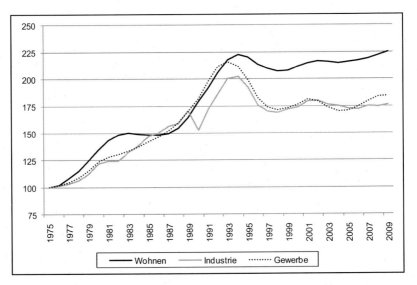

Abbildung 23: Preisentwicklung der sachlichen Teilmärkte in Deutschland[416]

---

[415] Eigene Darstellung in Anlehnung an Gondring, H. (2004), S. 35. Eine ausführlichere Darstellung der sachlichen Teilmärkte findet sich in Walzel, B. (2008), S. 120.
[416] Quelle: Bulwien Gesa AG sowie eigene Berechnungen.

4 Besonderheiten des Wohnimmobilienmarktes

Die einzelnen sachlichen Teilmärkte unterscheiden sich bzgl. der jeweils vorherrschenden Marktstruktur sehr deutlich. Während z. B. auf dem Markt für Wohnimmobilien private Eigennutzer bzw. nicht gewerbliche Privatinvestoren eine dominante Rolle spielen, wird der gewerbliche Immobilienmarkt von nationalen bzw. internationalen institutionellen Investoren wie offene und geschlossene Fonds, Versicherungen oder Banken dominiert. Auch bei den rechtlichen Rahmenbedingungen unterscheiden sich diese beiden Teilmärkte sehr deutlich. Wohnen gilt seit jeher als ein besonderes Grundbedürfnis der Menschen.[417] Es ist daher ein erklärtes Ziel der Wohnungswirtschaftspolitik als Teilbereich der Sozialpolitik, eine „sozialverträgliche Wohnraumversorgung der einkommens- und sozialschwachen Haushalte"[418] zu gewährleisten. Die besondere Bedeutung des Guts Wohnimmobilie kommt auch in der Tatsache zum Ausdruck, dass Wohnimmobilien nicht nur als Wirtschafts-, sondern auch als Sozialgut bezeichnet werden.[419] Als Konsequenz aus dieser zentralen Stellung von Wohnimmobilien im menschlichen Leben hat der Gesetzgeber in Deutschland diesen Markt sehr streng reguliert. Beispiele sind das Mietrecht, das die Rechte der Mieter in Form von Beschränkungen bei der Mieterhöhung und Kündigungsschutz stärkt, und die große Anzahl an staatlichen Subventionen im Bereich der Wohnungswirtschaft.[420] Die hohe staatliche Regelungsdichte führt zur weitverbreiteten Annahme, dass der Wohnungsmarkt eigentlich gar kein richtiger Markt sei, da eine freie Preisbildung nicht gewährleistet ist. Auf der anderen Seite ist der Markt für Gewerbeimmobilien nur sehr schwach reguliert. Mieter und Vermieter besitzen einen sehr großen Spielraum bei der konkreten Ausgestaltung der Mietverträge.

Die hier auszugsweise dargestellten unterschiedlichen Marktstrukturen sind der Grund, warum die einzelnen Teilmärkte unterschiedliche Wertentwicklungen, Volatilitäten und

---

[417] Die besondere Stellung des Wirtschaftsguts Immobilie wird auch durch den Wortlaut des Artikels 13 GG deutlich. Dort heißt es im 1. Absatz: „Die Wohnung ist unverletzlich."
[418] Jenkis, H. (1996), S. 67.
[419] Zur Problematik der Wohnimmobilien als Wirtschafts- oder Sozialgut vgl. u. a. Jenkis, H. (2004), S. 35ff.
[420] Beispiele für staatliche Subventionen sind die mittlerweile abgeschaffte Eigenheimzulage, die verbilligte Baulandabgabe durch die Kommunen, das Wohngeld, das Bausparen, zinsverbilligte Darlehen oder Sonderabschreibungen, die besonders für Ostdeutschland in der Zeit nach der Wiedervereinigung gewährt wurden. Eine ausführliche Übersicht zur direkten und indirekten staatlichen Förderung der Wohnungswirtschaft findet sich in Jenkis, H. (1996), S. 89. Des Weiteren greift der Staat über planungs- und baurechtliche Bestimmungen, Umweltschutzbestimmungen und das Festsetzen von Mindeststandards erheblich in die Bereitstellung von Wohnraum ein.

Wachstumsraten aufweisen.[421] Es kann somit durchaus zu einem zeitlich versetzten Konjunkturzyklus auf den Märkten für Wohn- und Gewerbeimmobilien kommen. Aus diesem Grund erscheint es im Hinblick auf die Frage, ob auf Immobilienmärkten Preisblasen existieren, nicht sinnvoll, die einzelnen Teilmärkte bzgl. ihrer Preisentwicklung miteinander zu vergleichen. Die jeweiligen Wertentwicklungen müssen vielmehr separat voneinander untersucht werden. „The factors that determine the demand, supply, and value of housing are not the same across different property types. Consequently, the price dynamics of different property types within the same market often vary, especially during periods of increased market volatility. In addition, the relative sales volumes of different property types fluctuate, so indices that are segmented by property type will more accurately track housing values."[422]

Der sachlichen Teilmark für Wohnimmobilien lässt sich in weitere (Sub-) Teilmärkte aufgliedern, die wiederum unterschiedliche Preisentwicklungen aufweisen können. Dies wird in Abbildung 24 veranschaulicht. Diese enthält die Wertentwicklung für Einfamilienhäuser, Apartments, Doppelhäuser und Reihenhäuser in Großbritannien. Im betrachteten Zeitraum von Q1 1991 bis Q4 2009 weisen die vier untersuchten Wohnungstypen zwar eine ähnliche Preisentwicklung auf, die absolute Höhe der einzelnen Wohnungstypen schwankt jedoch. Während die Apartments im Untersuchungszeitraum mit über 250 % den stärksten Anstieg verzeichnen, legen Einfamilienhäuser lediglich um knappe 200 % zu.

Die Ursache für das Auseinanderdriften der Preisentwicklung der einzelnen (Sub-) Teilmärkte liegt wiederum in ihren unterschiedlichen werttreibenden Faktoren begründet. So reduziert z. B. eine sinkende Geburtenrate die Nachfrage nach Einfamilienhäusern, da es vermehrt kinderlose Ehepaare gibt, oder ein Rückgang des Wirtschaftswachstums erhöht die Nachfrage nach Wohnungen in Mehrfamilienhäusern, da sich viele private Haushalte in Anbetracht rückläufiger Einkommen Einfamilienhäuser nicht mehr leisten können oder wollen.

---

[421] Eine empirische Untersuchung zu den unterschiedlichen Volatilitäten, Wachstumsraten und Renditen auf sachlichen und räumlichen Teilmärkten findet sich in Taylor, M. et al. (2000). Die Autoren untersuchen die Preisentwicklung von Wohn- und Büroimmobilien in 50 amerikanischen Metropolen und bestätigen die große Bedeutung der Zugehörigkeit zu einem Teilmarkt für die Erklärung der Preisentwicklung einer Immobilie.
[422] Standard & Poor's (2008), S. 5.

4 Besonderheiten des Wohnimmobilienmarktes 163

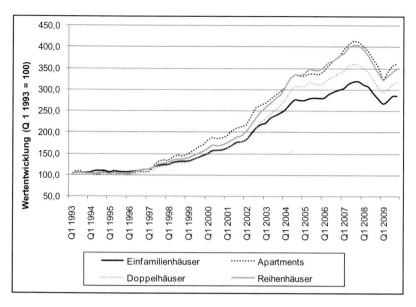

Abbildung 24: Preisentwicklung der britischen Wohnimmobilienteilmärkte[423]

Zusätzlich können die einzelnen Wohnimmobilienteilmärkte nach ihrem Alter in Neubauten und Bestandsimmobilien unterteilt werden. Während der Preis für Neubauimmobilien wesentlich von den Herstellungskosten, der staatlichen Förderung und dem Angebot an Bauland abhängt, ergibt sich der Preis für Bestandsimmobilien u. a. aus den erwarteten Mietpreisen, dem Bestandsangebot und den Anlagealternativen.[424] Aus den verschiedenen werttreibenden Faktoren resultieren unterschiedliche Wertentwicklungen bei Neubauten und Bestandsimmobilien. Die Preise von Bestands- und Neubauimmobilien laufen auch auf Grund von differierenden (bau-) technischen Ausstattungsmerkmalen auseinander. So weist z. B. in Deutschland und Frankreich ein durchschnittlicher Neubau eine um 25 % größere Wohnfläche auf als eine durchschnittliche Bestandsimmobilie.[425]

Abbildung 25 zeigt die Wertentwicklung von Neubau- und Bestandsmietwohnungen in der Schweiz im Zeitraum von 1970 bis 2007. Die beiden Zeitreihen zeichnen sich in den ersten 30 Jahren durch einen starken Gleichlauf aus. Beide Zeitreihen steigen – von einem kurzen Rückgang in den Jahren 1975 bis 1977 abgesehen – parallel an, bis die

---

[423] Quelle: Nationwide sowie eigene Berechnungen.
[424] Zu einer ausführlichen Darstellung des Zusammenwirkens von Miet-, Bestands- und Neubaumarkt und deren jeweiligen Einflussfaktoren vgl. Dopfer, T. (2000), S. 41ff.
[425] Vgl. RICS (2007), S. 13.

Preisentwicklung Ende 1991 ihren Höhepunkt erreicht. Danach brechen die beiden Zeitreihen synchron ein, bis sie im Februar 2000 in etwa wieder ihr Niveau von 1987/88 erreichen. Ab diesem Zeitpunkt läuft die Preisentwicklung bei Neubau- und Bestandsmietwohnungen jedoch auseinander, während Neubaumietwohnungen in den folgenden sieben Jahren eine Wertsteigerung von 48 % erzielen, steigt der Preis für Bestandsmietwohnungen lediglich um 26 % an. Auch diese Abbildung verdeutlicht noch einmal, dass Neubau- und Bestandsimmobilien keineswegs immer eine homogene Wertentwicklung aufweisen müssen, sondern dass es sich hier um zwei unterschiedliche Wohnimmobilientypen handelt, deren (Teil-) Märkte unterschiedliche Preisentwicklungen aufweisen können.

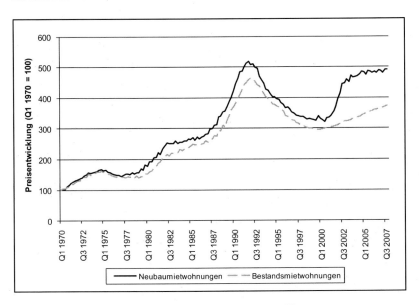

Abbildung 25: Preisentwicklung schweizer Mietwohnungen[426]

Die hier beschriebene Teilmarktproblematik verdeutlicht die komplexen und vielschichtigen Zusammenhänge auf dem Wohnimmobilienmarkt. Die Preise bilden sich nicht auf einem einzigen Wohnimmobilienmarkt, sondern auf einer Vielzahl von sachlichen und räumlichen Wohnimmobilienteilmärkten. Dementsprechend weist auch jeder Teilmarkt eine individuelle Marktstruktur auf, aus der wiederum individuelle Preisentwicklungen resultieren. „Housing [...] provides a heterogeneous collection of attributes, including privacy, shelter, comfort, proximity to employment, and access to

---

[426] Quelle: Schweizer Nationalbank sowie eigene Berechnungen.

public services. The price of housing depends on the demand and supply of these more fundamental attributes, which are embodied to a greater or lesser extend in old versus new construction, starter versus trade-up units, and even well versus poorly run government jurisdictions. As a result, price trends in one segment of the housing market may not be applicable to another."[427]

Der ‚lokale Charakter' von Preisblasen auf Immobilienmärkten muss bei der Fragestellung, ob Blasen auf dem Immobilienmarkt existieren, unbedingt berücksichtigt werden, um zu aussagekräftigen Ergebnissen zu gelangen. Bei der Betrachtung lediglich eines nationalen Indexes wird ‚der lokale Charakter' von Preisblasen auf Wohnimmobilienmärkten nicht berücksichtigt und es besteht die Gefahr, dass Preisblasen auf den einzelnen sachlichen und/oder räumlichen Teilmärkten nicht erkannt werden. Speziell in großen Ländern wie den USA, die in Bezug auf ihre geographischen und klimatischen Bedingungen und auch die wirtschaftliche Struktur in den einzelnen Landesteilen über eine hohe Vielfalt verfügen, werden lokale Schwankungen der Wohnimmobilienpreise im nationalen Index nicht adäquat abgebildet. Nach Bordo (2005) ist im Zeitraum von 1973 bis 2000 in den USA kein einziger Boom-Bust-Zyklus aufgetreten. „As can be seen, the U.S. never experienced a boom-bust. This may reflect the fact that boom-busts in property prices that occurred in New York, California and New England in the 1980's and 90's washed out in the national index employed."[428] Auch Taylor et al. (2000) kommen zu einem ähnlichen Ergebnis: „[...] submarket data is the better measure of performance for both geographic regions and for specific properties. [...] market-level-data is a poor substitute or proxy for more granular sub-market-level data."[429]

Im Vorfeld einer empirischen Analyse sollte folglich sehr genau definiert werden, welcher (sowohl sachliche als auch räumliche) Teilmarkt Gegenstand der Untersuchung sein soll. So empfiehlt es sich, sich auf einen sachlichen Wohnimmobilienteilmarkt, wie z. B. den Markt für Einfamilienhäuser, zu konzentrieren. Des Weiteren sollte der zu untersuchende Teilmarkt nicht zu groß ausgewählt werden, da sonst die unterschiedlichen regionalen Preisentwicklungen ‚im Index untergehen' können.

---

[427] Stephens, W. et al. (1995), S. 390.
[428] Bordo, M. (2005), S. 2.
[429] Taylor, M. et al. (2000), S. 25.

Auf den Wohnimmobilienmärkten ergibt sich bei der Wahl des ‚optimalen Teilmarktes' eine Vielzahl an Problemen.[430] Häufig existieren Indizes zur Abbildung der Preisentwicklung für Wohnimmobilien nur auf nationaler Basis, so dass keine Indizes für die einzelnen räumlichen Teilmärkte zur Verfügung stehen. Des Weiteren sind sehr häufig keine Indizes für die einzelnen sachlichen Wohnimmobilienteilmärkte wie z. B. Einfamilienhäuser erhältlich.[431] In den letzten Jahren ist die Anzahl an verfügbaren Preisindizes sowohl für räumliche als auch sachliche Teilmärkte zwar angestiegen, oftmals sind diese Zeitreihen jedoch für aussagekräftige empirische Untersuchungen zu kurz.

4.2 Abbildung der Preisentwicklung

„The accurate measurement of real estate price change is important to our understanding of aggregate wealth and investment behavior, the efficiency of the housing market, and recent regional real estate cycles."[432] Die Abbildung der Preisentwicklung auf den Wohnimmobilienmärkten ist jedoch mit zahlreichen Schwierigkeiten verbunden.[433] „In private real estate markets, market values are not empirically observable […]. This is because whole assets must be bought and sold, and these 'lumpy' assets are unique and infrequently traded, and exchanged in a private transaction between two parties."[434] Da der wahre Marktwert von Immobilien nicht direkt beobachtbar ist, muss die Preis-

---

[430] So besteht in diesem Zusammenhang das klassische ‚Trade-Off'-Problem: Je kleiner ein Teilmarkt definiert wird, um so weniger Informationen über Transaktionen und Marktpreise sind für diesen Teilmarkt vorhanden. Mit der verfügbaren Datenmenge sinkt somit auch die Aussagekraft der Indizes.

[431] Auch in der empirischen Analyse dieser Arbeit werden auf Grund des Mangels an Indizes zur Abbildung der Preisentwicklung der nationalen Teilmärkte auf nationaler Ebene aggregierte Indizes verwendet.

[432] Meese, R. und Wallace, N. (1997), S. 51.

[433] Vgl. hierzu auch die Ausführungen in Ball, M. (2009), Stephens, W. et al. (1995), Herring, R. und Wachter, S. (1999) sowie Mark, J. und Goldberg, M. (1984).

[434] Geltner, D. und Ling, D. (2006), S. 417. Auch Gatzlaff, D. und Geltner, D. (1998), S. 2 betonen die Schwierigkeiten, die auf Grund des Fehlens von öffentlich zugänglichen Transaktionspreisen für die Bestimmung der Preisentwicklung auf Immobilienmärkten entstehen: „Unlike stock and bond market prices, measuring price movements in property markets is particularly difficult because the assets are highly heterogeneous and infrequently traded. In addition, property markets are dominated by private and negotiated transactions of whole assets, rather than public auctions of homogenous shares as in the stock and bond market."

entwicklung mit Hilfe von empirisch beobachtbaren Transaktionspreisen bzw. Bewertungen von Sachverständigen ermittelt werden.[435]

Um die Preisentwicklung auf den Märkten für Vermögensgüter abzubilden, werden sowohl in Wissenschaft und Forschung als auch in der Praxis unterschiedliche Indizes konstruiert. Diese sollen einen repräsentativen Überblick über die vergangene Preisentwicklung auf einem bestimmten (Teil-) Markt geben. Damit ein Index die Preisentwicklung eines Marktes möglichst genau abbildet, muss er gewissen Anforderungen wie einer breiten Marktabdeckung und Stabilität entsprechen. Auf Wohnimmobilienmärkten, die – wie bereits mehrfach erläutert – einen inhärenten Datenmangel aufweisen, können die Anforderungen an einen repräsentativen Index in der Regel nicht erfüllt werden.[436] Dementsprechend ist die Repräsentativität von Immobilienindizes häufig begrenzt.

4.2.1 Anforderungen an Immobilienindizes und deren zu Grunde liegenden Daten

Einen Überblick über die Anforderungen, die Immobilienmarktdaten erfüllen sollten, damit ein aus ihnen konstruierter Immobilienindex die Wertentwicklung eines nationalen Wohnimmobilienmarktes adäquat wieder gibt und somit Ländervergleiche möglich werden, bietet Arthur (2005). Die hier aufgeführten Anforderungen werden von der Bank für Internationalen Zahlungsausgleich bei der Erstellung ihrer nationalen Hauspreisindizes angewendet. Damit ein Index die Preisentwicklung eines Wohnimmobilienmarktes adäquat abbildet, müssen die dem Index zu Grunde liegenden Daten

---

[435] Eine in der wirtschaftswissenschaftlichen Literatur gebräuchliche Definition für den Marktwert einer Immobilie findet sich bei Geltner, D. und Ling, D. (2006), S. 416. „The market value of a property is frequently defined in real estate as the 'most likely' (or the expected) transaction price of the property, as of a given point in time. It may therefore be thought of as the mean of the ex ante transaction price probability distribution as of the stated date. Market value is therefore the opportunity cost of holding onto the property rather than selling." An selbiger Stelle befindet sich auch eine in der wirtschaftswissenschaftlichen Literatur gebräuchliche Definition für Transaktionspreise: „The classical model (whose roots go back at least to Plato) is that observable transaction prices are individual draws from underlying probability distributions that are centered around the unobservable true market values of the properties being transacted. Transaction prices at any given point in time therefore exhibit cross-sectional dispersion around the underlying (unobservable) true market values as of that point in time." Geltner, D. und Ling, D. (2006), S. 417.

[436] Auf den Aktienmärkten gelten die Anforderungen hingegen in der Regel als erfüllt. Hier wird der Marktwert der Unternehmen börsentäglich durch das Aufeinandertreffen von Angebot und Nachfrage ermittelt. Somit steht tagtäglich eine große Anzahl an Marktpreisen zur Verfügung, aus denen ein Index für die Wertentwicklung der jeweiligen Aktienmärkte konstruiert werden kann.

folgende Kriterien erfüllen:[437] regelmäßige Verfügbarkeit, Vergleichbarkeit, Kontinuität, ein möglichst langer Zeitraum und eine möglichst hohe Frequenz.

(1) Regelmäßige Verfügbarkeit

Eine grundlegende Anforderung an einen zur Indexbildung verwendeten Datensatz ist seine regelmäßige Verfügbarkeit und Aktualisierung. Auf dem Wohnimmobilienmarkt ergeben sich hier Probleme, da es allein auf Grund seiner immensen Größe keinem einzelnen Marktteilnehmer gelingt, das gesamte Marktgeschehen in Statistiken zu erfassen und auszuwerten. Deshalb sind internationale Institutionen wie die Bank für Internationalen Zahlungsausgleich, die Indizes für die Preisentwicklung der nationalen Wohnimmobilienmärkte ermitteln, auf die Kulanz von kommerziellen Datenanbietern, Immobilienunternehmen und Immobilienverbänden bei der Herausgabe von Daten angewiesen. Probleme können sich hier ergeben, wenn auf Grund von Änderungen der Geschäftspolitik, Fusionen oder Insolvenzen einzelne Datenanbieter keine aktuellen Daten mehr zur Verfügung stellen.

(2) Vergleichbarkeit

Indizes verschiedener Länder sollten miteinander vergleichbar sein. Auf den Wohnimmobilienmärkten ist diese Anforderung jedoch auf Grund der folgenden Gegebenheiten in der Regel nicht erfüllt.

Zum einen sind die Methoden der Datenaufnahme in den einzelnen Ländern teilweise sehr unterschiedlich. Wird ein Index z. B. aus den Transaktionsdatenbanken der nationalen Verbände der Immobilienmakler erstellt, so werden in den Ländern, die über keine mitgliedsstarken Maklerverbände verfügen, viele Transaktionen gar nicht erst in die Berechnung des Indexes einbezogen. Werden die Transaktionsdaten von den Notariaten herangezogen, so besteht die Gefahr, dass in einigen Ländern die Preise auf Grund falscher Angaben der Käufer Verzerrungen enthalten. So ist es in einigen Ländern durchaus üblich, den Kaufpreis beim Notar niedriger anzugeben, um Steuern und Gebühren zu sparen, und den restlichen Teil des Kaufpreises bar zu übergeben.

Zum anderen wird die Vergleichbarkeit der Preisentwicklung der Immobilienmärkte auch durch die unterschiedliche geographische Erfassung der nationalen Märkte be-

---

[437] Vgl. im Folgenden Arthur, S. (2005). Eine ausführliche Beschreibung der wünschenswerten statistischen Eigenschaften von Immobilienindizes findet sich in Geltner, D. und Ling, D. (2006).

einträchtigt. Ein Index sollte nach Möglichkeit den gesamten Markt für einen nationalen Teilmarkt abdecken. Oftmals sind jedoch gerade in ländlichen Regionen keine oder nur wenige Daten verfügbar, so dass in diesen Ländern das Marktgeschehen der großen Städte, das in der Regel gut dokumentiert ist, überproportional im nationalen Index berücksichtigt wird.

(3) Kontinuität

Ein zentrales Problem, das nicht nur auf Immobilienmärkten auftritt, ergibt sich aus Veränderungen bei den zur Verfügung stehenden Daten. So kann im Zeitablauf die Erhebung bestimmter Daten komplett eingestellt werden oder die Art der Zusammensetzung bzw. Erhebung verändert werden. Derartige Veränderungen im Bereich der Datenquellen führen zu Brüchen, welche die Aussagekraft der Indexzeitreihen einschränken. Auch wenn derartige Brüche in Zeitreihen oftmals eine Verbesserung der Datenqualität bedeuten, sind sie trotzdem ein Problem, da sich das ‚Verbinden' der beiden Zeitreihen als problematisch erweist.

(4) Langer Zeitraum

Um zu aussagekräftigen Ergebnissen bei der Analyse von makroökonomischen Zusammenhängen zu gelangen, sollten möglichst lange Zeitreihen betrachtet werden. Auf den Wohnimmobilienmärkten besteht der große Nachteil, dass es keine langfristigen, länderübergreifenden Zeitreihen für die Preisentwicklung gibt. Der längste länderübergreifende Datensatz, der die Preisentwicklung auf den nationalen Wohnimmobilienmärkten abbildet, wird von der Bank für Internationalen Zahlungsausgleich erstellt und umfasst 18 nationale Wohnimmobilienmärkte seit 1970.

(5) Hohe Frequenz

Ein Index sollte eine möglichst hohe Frequenz aufweisen. Da die Volatilität auf den Wohnimmobilienmärkten eher gering ausfällt, gilt laut Arthur (2005) eine vierteljährliche Frequenz bereits als ausreichend.[438] Diese Anforderung können die meisten Immobilienindizes erfüllen.

Zusammenfassend kann festgehalten werden, dass Immobilienindizes wegen der mangelhaften Datenverfügbarkeit auf den Wohnimmobilienmärkten die Preisentwicklung

---

[438] Laut Arthur, S. (2005), S. 66 ist bereits eine vierteljährliche Frequenz bei einem Immobilienindex ausreichend, um ihn z. B. als Indikator für monetäre Stabilität bzw. Finanzmarktstabilität einzusetzen.

häufig nicht repräsentativ abbilden, was gleichzeitig einen Vergleich der Preisentwicklungen der nationalen Wohnimmobilienmärkte erschwert.

Um die Repräsentativität von Immobilienindizes zu verbessern, ist es von äußerster Wichtigkeit, sowohl die Qualität als auch die Quantität der vorhandenen immobilienmarktspezifischen Datenmenge zu verbessern.[439]

4.2.2 Hauspreisindizes

Um die Preisentwicklung auf Wohnimmobilienmärkten abzubilden, wurden unterschiedliche Arten von Immobilienindizes entwickelt. Diese unterscheiden sich in ihrer Datenbasis und ihren Berechnungsmethoden, so dass unterschiedliche Immobilienpreisindizes für identische Märkte differierende Wertentwicklungen ausweisen können. Aus diesem Grund müssen vor der Betrachtung der Preisentwicklung eines bestimmten Wohnimmobilienmarktes stets die Charakteristika der zur Verfügung stehenden Preisindizes daraufhin untersucht werden, ob sie sich zur Abbildung der Preisentwicklung eignen.[440] Im Folgenden werden die zur Bildung von Immobilienpreisindizes zur Verfügung stehenden Datenbasen und Berechnungsmethoden ausführlich dargelegt und ihre jeweiligen Vorzüge und Schwächen erörtert.[441]

4.2.2.1 Datenbasis: Transaktionspreise vs Bewertungen

Immobilienpreisindizes können entweder aus Transaktionspreisen oder Bewertungen von Bestandsimmobilien konstruiert werden. Bewertungsbasierte Indizes werden auf der Grundlage regelmäßiger Bewertungen von stabilen Immobilienbeständen erstellt. Bei diesen Beständen handelt es sich in der Regel um die Portfolios ausgewählter großer institutioneller Anleger. In Deutschland sind das z. B. die offenen Immobilienfonds und in den USA typischerweise die großen Pensionsfonds. Diese institutionellen Anleger sind gesetzlich dazu verpflichtet, ihren Immobilienbestand mindestens einmal im

---

[439] „The first is more and better data. There is, in particular, a remarkable dearth of data on real estate prices, despite their proven role in the genesis of financial crises and, increasingly, in influencing the business cycle. Data gathering has so far been largely left to the initiative of private firms, which naturally tailor the data to their own requirements. Given the 'public good' properties of the data, there seems to be a good case for official authorities to put efforts in this area." Borio, C. und Lowe, P. (2002), S. 114.
[440] Vgl. hierzu McCarthy, J. und Peach, R. (2004), S. 2f.
[441] Zur Konstruktion von Immobilienpreisindizes vgl. auch Thomas, M. (1997), S. 44ff.

4 Besonderheiten des Wohnimmobilienmarktes 171

Geschäftsjahr von unabhängigen Gutachtern bewerten zu lassen.[442] Bewertungsbasierte Indizes besitzen den Vorteil, dass sich der Immobilienbestand – abgesehen von einer in der Regel geringen Fluktuation – fast nicht verändert und somit immer wieder die gleichen Immobilien in die Berechnung eingehen. Somit werden auch die Wertsteigerungen immer auf Basis eines (fast) konstanten Immobilienbestands errechnet.[443]

Bewertungsbasierte Indizes besitzen jedoch den Nachteil, dass sie nicht auf der Grundlage der wahren Marktpreise bzw. den am Markt beobachtbaren Transaktionspreisen erstellt werden, sondern aus den Werten, die externe Sachverständige für die Immobilien von institutionellen Investoren wie Fonds, Versicherungen, bestandshaltenden Immobilienunternehmen bzw. REITs[444] etc. ermittelt haben. Damit handelt es sich hier um Wertansätze, die mittels Vergleichen und Schätzungen generiert wurden, um das fehlende Marktgeschehen zu ersetzen.[445] Aus diesem Grund geben die bewertungsbasierten Indizes die Preisentwicklung häufig verzerrt wieder: „The differences between appraisal-based and true returns bias not only the volatility but virtually all the statistics about the returns that are of interest to investment and portfolio analysts, including the mean of the return, the systematic risk or hedging ability measured by covariances with exogenous indices, and the intraportfolio covariance or 'heterogeneity' among real estate assets."[446] Die Problematik der unterschätzten Volatilität und damit fehlerhaften Abbildung des Rendite- und Risikoverhaltens durch die bewertungsbasierten Indizes wird in der wirtschaftswissenschaftlichen Literatur als ‚Glättungsproblem' bezeichnet. Die hieraus für die Analyse von Immobilienmärkten entstehenden Probleme zusammenfassend schreiben Fischer et al. (2007): „This can be problematic for some research and analysis purposes, such as some types of multi-asset class studies and comparisons (including portfolio optimization), and studies of market turning points or historical market conditions."[447]

Das Glättungsproblem liegt im Verhalten der Immobiliensachverständigen begründet, welche die Entwicklung auf den Immobilienmärkten stets mit einer gewissen Ver-

---

[442] Die Bewertungsvorschriften für die offenen Immobilienfonds sind im Investmentgesetz (InvG) geregelt.
[443] Bei den transaktionsbasierten Indizes hingegen ist eine Konstanz des Immobilienbestandes nicht gegeben, da hier nur die Immobilien berücksichtigt werden, die in der betrachteten Periode tatsächlich den Besitzer gewechselt haben.
[444] Zur Problematik der Abgrenzung von bestandshaltenden Immobilienunternehmen, Projektentwickler und REITs vgl. Rehkugler, H. (2003) sowie Rehkugler, H. und Sotelo, R. (2009).
[445] Vgl. Rehkugler, H. (2008), S. 30.
[446] Geltner, D. (1991), S. 327ff. Vgl. hierzu auch die Ausführungen in Firstenberg, P. et al. (1988), S. 23ff. und Miles, M. et al. (1991), S. 204.
[447] Fisher, J. et al. (2007), S. 6.

zögerung in ihren Bewertungen berücksichtigen (‚Lagging Bias'). Geltner (1991) bezeichnet dieses Verhalten als „tyranny of past values".[448] Aber selbst wenn die Sachverständigen bei der Bewertung der einzelnen Immobilien das Marktgeschehen zeitnah berücksichtigen, kann es auf dem aggregierten Niveau des Indexes immer noch zum Problem der Glättung der Renditen kommen, sofern die einzelnen Immobilien des Indexes zu unterschiedlichen Zeitpunkten oder nicht jede Periode wieder neu bewertet werden. Auf der Ebene eines vierteljährlich berechneten Preisindexes tritt das Glättungsproblem somit fast zwangsläufig auf, da die institutionellen Investoren ihren Immobilienbestand in der Regel nur einmal im Jahr neu bewerten lassen.

Um diese Verzerrung in den Immobilienpreisindizes zu beseitigen und das Rendite- und Risikoverhalten der direkten Immobilienanlagen wahrheitsgemäßer abzubilden, wurden mehrere Entglättungstechniken entwickelt.[449] Mittels dieser Techniken ist es gelungen, das Glättungsproblem größtenteils zu beseitigen und die Qualität der bewertungsbasierten Indizes wesentlich zu erhöhen. Die technischen Verfahren besitzen jedoch einen Nachteil: Sie sind „somewhat ad hoc or mathematically complex, and difficult for the broader investment community to understand."[450]

Ein transaktionsbasierter Index berücksichtigt alle in einem gegebenen Zeitraum in einem bestimmten Markt durchgeführten Immobilienveräußerungen. Damit bildet er nach gängiger Meinung sowohl in der Praxis als auch in der wirtschaftswissenschaftlichen Forschung die Marktentwicklung passender ab als ein bewertungsbasierter Index, da er nicht mittels ‚fiktiven' Bewertungen, sondern durch tatsächlich am Markt erzielte Transaktionspreise konstruiert wird und somit das Glättungsproblem der bewertungsbasierten Indizes vermeidet.[451]

Allerdings besitzen auch die transaktionsbasierten Indizes einige Schwachstellen und können die Preisentwicklung auf den Immobilienmärkten nicht optimal wiedergeben. Das zentrale Problem bei der Konstruktion von transaktionsbasierten Immobilienindizes liegt darin, dass die für einen bestimmten Immobilientyp, mit einer bestimmten Größe

---

[448] Geltner, D. (1991), S. 329.
[449] Unterschiedliche Techniken zur Entglättung von bewertungsbasierten Immobilienindizes finden sich u. a. in Ross, S. und Zisler, R. (1991), Geltner, D. (1991) sowie Barkham, R. und Geltner, D. (1995).
[450] Fisher, J. et al. (2007), S. 6.
[451] Vgl. Rehkugler, H. et al. (2005), S. 29 sowie Downs, H. und Slade, B. (1999), S. 95.

4 Besonderheiten des Wohnimmobilienmarktes 173

und in einer speziellen geographischen Lage beobachtbare Zahl von Transaktionsfällen entweder gering oder nicht öffentlich zugänglich ist.[452]

Bei einer zu geringen Anzahl an beobachtbaren Transaktionsfällen leidet die statistische Verlässlichkeit von Wohnimmobilienindizes und als eine Folge kann die Wertentwicklung des Index Verzerrungen enthalten.[453] Diese resultieren u. a durch Ausreißer z. B. durch Notverkäufe oder ungewöhnliche bzw. persönliche Verhältnisse bei der Transaktion (‚Transaction Noise').

Des Weiteren resultiert aus der geringen Datenverfügbarkeit der sog. ‚Sample Selection Bias'.[454] Dieser besagt, dass ein Wohnimmobilienindex die Wertentwicklung verzerrt wiedergibt, wenn die zu seiner Berechnung herangezogenen Wohnimmobilien bzw. deren Transaktionspreise (z. B. auf Grund einer unpassenden geographischen Abdeckung) den durch den Index abzubildenden Markt nicht adäquat repräsentieren. Guilkey et al. (1989) erkennen in ihrer empirischen Untersuchung der NCREIF-Transaktionsdatenbank des Weiteren einen ‚Sales Motivation Bias'. Dieser besagt, dass das jeweilige Verkaufsmotiv des Besitzers (z. B. Liquiditätsnot) einen verzerrenden Einfluss auf die Wertentwicklung eines Immobilienindexes ausübt.

Um das Problem der geringen Anzahl an Transaktionspreisen zu umgehen, können auch Angebotspreise zur Berechnung transaktionsbasierter Immobilienindizes verwendet werden.[455] Horowitz (1992) kritisiert diese Herangehensweise jedoch, da Angebotspreise in der Regel über den später tatsächlich realisierten Transaktionspreisen liegen, da Verkäufer in der Regel erst einmal versuchen, einen hohen Preis für ihr Wohneigentum zu erzielen, und erst nach einiger Zeit ihre Angebotspreise senken, sofern sich keine Interessenten am Markt finden lassen. Der Spread zwischen Angebots- und endgültigem Transaktionspreis muss nicht über die Zeit konstant sein. Vielmehr erscheint es als wahrscheinlich, dass sich Angebotspreise in Phasen rückläufiger Preise noch rigider nach unten als die Transaktionspreise verhalten.[456] Angebotspreise eignen sich folglich nicht zur Abbildung der Preisentwicklung auf Wohnimmobilienmärkten. Sie

---

[452] Vgl. Downs, H. und Slade, B. (1999), S. 95 sowie Thomas, M. (1997), S. 160.
[453] Vgl. Miles, M. et al. (1991).
[454] Vgl. Downs, H. und Slade, B. (1999), Fn. 2.
[455] Vgl. Hoffmann, J. und Lorenz, A. (2006), S. 4.
[456] Vgl. Hoffmann, J. und Lorenz, A. (2006), S. 4.

können jedoch als ein ergänzender Indikator dienen, „as changes in the spread between ask and transaction prices may indicate turning points of the housing market."[457]

Die hier erfolgte Darstellung zeigt deutlich, dass sowohl Transaktionspreise als auch Bewertungen als Grundlage von Immobilienpreisindizes Schwachstellen aufweisen.

4.2.2.2 Berechnungsmethoden zur Konstruktion von Immobilienpreisindizes

Zur Konstruktion von Immobilienpreisindizes wurden unterschiedliche Methoden entwickelt. Im Folgenden werden die drei bekanntesten vorgestellt: die Durchschnitts- bzw. Medianmethode, die hedonische Methode und die Repeat-Sale Methode.

(1) Durchschnitts- bzw. Medianmethode

Die einfachste Art und Weise, eine Indexzahl für die Preisentwicklung auf einem Wohnimmobilienmarkt zu erhalten, ist die Verwendung von Durchschnitts- bzw. Medianwerten. Alle in einem bestimmten Gebiet innerhalb eines bestimmten Zeitraums beobachteten Transaktionspreise bzw. Bewertungen werden zu einem ‚Warenkorb' zusammengefasst. Aus diesem wird im Anschluss der Durchschnitt bzw. Median berechnet, der gleichzeitig die entsprechende Indexzahl für die Abbildung der Wertentwicklung darstellt.[458]

Speziell die Medianmethode ist jedoch sehr anfällig für Verzerrungen. So betonen Case und Shiller (1987), dass es bei einem ‚Median Sales Price'-Index zu Verzerrungen kommen kann, wenn in den einzelnen Perioden überdurchschnittlich viele Immobilien mit extrem hohen bzw. niedrigen Transaktionspreisen gehandelt werden: „[...] if for some reason in a given period a disproportionate number of high priced homes were sold, median prices would rise even if no single property appreciated at all."[459]

Um einen repräsentativen Überblick über die Preisentwicklung eines Wohnimmobilienmarktes zu geben, sollte ein Index nur die generelle Preisveränderung des jeweiligen Wohnimmobilienmarktes abbilden. Mit dem Ausdruck ‚generelle Preisveränderung' sind in diesem Zusammenhang diejenigen Preisveränderungen gemeint, die alle Immobilien im betrachteten Markt gleichermaßen betreffen. Effekte wie z. B.

---

[457] Hoffmann, J. und Lorenz, A. (2006), S. 4.
[458] Vgl. Damaske, M. und Iden, S. (2009), S. 88. Eine Übersicht über die verschiedenen Modelle zur Schätzung von ‚Median Sales Price'-Indizes liefern Thompson, K. und Sigman, R. (1998).
[459] Case, K. und Shiller, R. (1987), S. 4.

4 Besonderheiten des Wohnimmobilienmarktes 175

Renovierungen, die nur die Preise einzelner Immobilien verändern, sollten in einem repräsentativen Index nicht enthalten sein.[460] Preisindizes, die mittels der Durchschnitts- und Medianmethode konstruiert werden, sind jedoch nicht in der Lage, die generellen Preisveränderungen von denjenigen zu unterscheiden, die auf unterschiedliche Qualität der Immobilien zurückzuführen sind. „[...] [I]ndexes based on the average sales prices of all properties of some particular kind sold in a given period [...] are likely to be deficient in two respects: First, variation in the quality of properties sold from period to period will cause the index to vary more widely than the value of any given property. Second, if there is a progressive change in the quality of properties sold at different times, the index will be biased over time."[461]

Um die Preiseffekte, die aus einer Veränderung der Qualität der Immobilien resultieren, zu eliminieren, wurden die hedonischen und Repeat-Sale-Indizes entwickelt, welche die Qualität der in die Indexberechnung eingehenden Immobilien konstant halten und somit lediglich den generellen Preiseffekt widerspiegeln.[462] Diese werden daher auch als ‚Constant Quality'-Indizes bezeichnet.[463]

(2) Repeat-Sale Methode

Die Repeat-Sales Methode geht auf Bailey et al. (1963) zurück und wurde entwickelt, um das Problem der unterschiedlichen Qualität der in den Index eingehenden Immobilien zu beseitigen. Zu diesem Zwecke berücksichtigt ein Repeat-Sale Index lediglich Objekte, die im Betrachtungszeitraum mindestens zweimal veräußert wurden. Durch dieses Vorgehen soll gewährleistet werden, dass nur Preisveränderungen in die Berechnung des Indexes eingehen, die sich auf das gleiche Objekt beziehen. Preisveränderungen, die aus einer Veränderung der Qualität des gesamten betrachteten Immobilienbestandes resultieren, gehen nicht in den Index ein. Ein Repeat-Sale Index bildet somit nur die generelle Preisveränderung auf einem Wohnimmobilienmarkt ab.

Eine Voraussetzung für die Vergleichbarkeit der Preise ist jedoch, dass zwischen den beiden Transaktionen keine wesentlichen Veränderungen an den Objekten vorgenommen wurden. Um dies zu gewährleisten, schlagen z. B. Gatzlaff und Geltner (1998)

---

[460] Vgl. Chau, K. et al. (2005), S. 137.
[461] Bailey, M. et al. (1963), S. 933.
[462] Vgl. hierzu exemplarisch Meese, R. und Wallace, N. (1997), S. 52 sowie Chau, K. et al. (2005), S. 137f.
[463] Eine ausführliche Darstellung, wie die Qualität der Immobilien bei diesen beiden Indexarten konstant gehalten wird, liefert Zabel, J. (1999), S. 224f.

vor, keine Grundstücke in die Berechnung des Indexes einzubeziehen, die im Betrachtungszeitraum einer wesentlichen qualitativen Verbesserung (z. B. durch Renovierung) oder Verschlechterung (z. B. durch Abriss) unterzogen worden sind.[464]

Eine zentrale Schwachstelle des Repeat-Sale Indexes ist der hohe Verlust an Datenmaterial.[465] Da in die Berechnung des Indexes nur Objekte eingehen können, die im Betrachtungszeitraum mindestens zweimal veräußert wurden, können die meisten Transaktionen nicht verwendet werden. Die geringere Datenbasis vermindert die Qualität und damit auch die Aussagekraft der durch die Repeat-Sale Indizes ausgewiesenen Preisentwicklung.[466]

Zusätzlich weisen Repeat-Sale Indizes eine Reihe methodischer Schwachstellen auf. Case und Shiller (1989) finden heraus, dass Repeat-Sale Indizes häufig eine hohe Autokorrelation aufweisen, da bei dieser Art der Indexkonstruktion das gleiche Objekt mehrfach in die Berechnung eingeht. Cho (1996) nennt drei weitere Ursachen von Verzerrungen in Repeat-Sale Indizes.[467] Unterschiede in der Altersstruktur und der geographischen Lage der einzelnen Immobilien können zu einem ‚Hedonic Bias' führen. Der ‚Trading Frequency Bias' beschreibt den empirisch beobachtbaren positiven Zusammenhang zwischen der Wertsteigerung eines Objekts und der Häufigkeit der Verkäufe. So belegen Case et al. (1997) einen positiven Zusammenhang zwischen der durch Repeat-Sale Indizes gemessenen Hauspreiserhöhung und der Transaktionshäufigkeit. Ein Repeat-Sale Index weist somit für Immobilien mit einer geringen Transaktionshäufigkeit einen zu niedrigen Wert aus. Schließlich besagt der ‚Aggregation Bias', dass ein Repeat-Sale Index entweder zu viele irrelevante oder zu wenige relevante Informationen enthalten kann, wenn bei der Indexberechnung nicht das korrekte Zeitintervall gewählt wird. Beträgt z. B. das korrekte Zeitintervall ein Quartal, so enthält der

---

[464] Konkret haben Gatzlaff, D. und Geltner, D. (1998) in ihrer Studie alle Grundstücke entfernt, die entweder beim ersten oder zweiten Verkaufsfall unbebaut waren, die entweder nach dem ersten oder zweiten Verkaufsfall neu bebaut wurden und die einen Zeitraum von weniger als drei Jahre zwischen beiden Verkaufszeitpunkten aufwiesen.
[465] Vgl. Case, K. und Shiller, R. (1987), S. 7.
[466] Besonders auf den Märkten für Gewerbeimmobilien gestaltet sich die Konstruktion von Repeat-Sale Indizes als schwierig, da hier sowohl die Anzahl der Objekte als auch der Transaktionen in der Regel geringer als auf den Märkten für Wohnimmobilien ist. Vgl. Gatzlaff, D. und Geltner, D. (1998), S. 4.
[467] Für eine Darstellung unterschiedlicher Modelle zur Verhinderung von Verzerrungen in Repeat-Sale Indizes siehe Cho, M. (1996), S. 162ff.

4 Besonderheiten des Wohnimmobilienmarktes 177

Index irrelevante Informationen bei einem monatlichen Intervall und zu wenige relevante Informationen bei einem Intervall von einem halben Jahr.[468]

Trotz dieser Vielzahl an Schwachpunkten basieren die beiden populärsten Immobilienindizes zur Abbildung der Preisentwicklung des US-amerikanischen Wohnimmobilienmarktes – die im folgenden Kapitel dargestellten HPI und S&P Case-Shiller US Home Price Index – auf der Repeat-Sales Methode.

(3) Hedonische Methode

„Die hedonische Preisbestimmung versucht das Problem der Vergleichbarkeit heterogener Güter zu lösen, indem die charakterisierenden Merkmale von Gütern monetär im Sinne von Schattenpreisen bewertet werden. Dadurch werden Güter vergleichbar gemacht, die einem Veränderungsprozess in Qualität und Ausstattung (technischer Fortschrittsprozess) unterliegen oder sich untereinander durch (zahlreiche) Charaktereigenschaften voneinander abgrenzen."[469] Die Berechnung von Preisindizes mittels eines hedonischen Verfahrens erfolgt indirekt. In einem ersten Schritt wird ein Modell gebaut, welches die beobachteten Immobilienpreise auf die Merkmale der Objekte zurückführt. In einem zweiten Schritt wird dann mit Hilfe dieses Modells der Preis eines durchschnittlichen Objektes berechnet, aus welchem dann der Hauspreisindex konstruiert wird.[470]

Die traditionelle und beliebteste Methode zur Erstellung von hedonischen Preisindizes ist die Methode der kleinsten Quadrate.[471] Diese besitzt den Vorteil, dass sie leicht zu berechnen ist und ihre Eigenschaften einem großen Publikum bekannt sind. Gleichzeitig hat sie jedoch den Nachteil, dass sie bei Vorliegen von ausgelassenen Variablen (‚Omitted Variable Bias') die Schätzer, z. B. in Form einer zu hoch ausgewiesenen Varianz, erheblich verzerren und deren Aussagekraft somit massiv beeinträchtigen kann. Als typische Beispiele für ausgelassene Variablen bei der Bestimmung von Immobilienindizes nennen Brasington und Hite (2006) die Charakteristika der Hauskäufer sowie Bao und Wan (2006) die Erfahrung bzw. Qualifikation der Immobilienbewerter, sofern der hedonische Preisindex auf der Grundlage von Bewertungen berechnet wird.

---

[468] Weitere Studien, welche die diversen Verzerrungen der Repeat-Sale Indizes belegen, finden sich in Gatzlaff, D. und Haurin, D. (1997), Dombrow, J. et al. (1997) sowie Steele, M. und Goy, R. (1997).
[469] Heiser, H. (2006), S. 91. Eine ausführliche Übersicht über die zahlreiche Literatur zur Entwicklung der hedonischen Preisindizes findet sich in Griliches, Z. (1990).
[470] Vgl. Meese, R. und Wallace, N. (1997), S. 52.
[471] Vgl. u. a. Bao, H. und Wan, A. (2006), S. 1f. sowie Brasington, D. und Hite, D. (2006), S. 4f.

Des Weiteren wird das häufig auftretende Phänomen der Kollinearität als weiterer Schwachpunkt der Methode der kleinsten Quadrate genannt. Um diese Probleme der traditionellen Berechnung hedonischer Preisindizes mittels der Methode der kleinsten Quadrate zu beseitigen, wurden zahlreiche fortgeschrittenere Modelle entworfen, die sich u. a. Panel Daten Analysen, dem ‚Border Approach' oder einem ‚gemischten Ansatz' bedienen.[472] Eine weitere Schwierigkeit neben den oben beschriebenen methodischen Problemen sind die hohen Anforderungen der hedonischen Methode an die Verfügbarkeit einer großen Anzahl an objektspezifischen Informationen. Bei der hedonischen Methode können nur diejenigen Objekte in die Berechnung des Indexes übernommen werden, für die sämtliche wertrelevante Objektcharakteristika bekannt sind. Sobald ein wertrelevantes Charakteristikum nicht bekannt ist, kann das Objekt nicht zur Berechnung des Indexes verwendet werden. Aus diesem Grund können hedonische Preisindizes häufig nur auf Grundlage einer geringen Anzahl von Objekten berechnet werden, was deren Aussagekraft einschränkt.[473]

Die Darstellung der drei gängigsten Methoden zur Konstruktion von Immobilienpreisindizes hat deutlich gemacht, dass jede Methode Vor- und Nachteile aufweist und es somit keine in jeder Hinsicht optimale Methode zur Abbildung der Preisentwicklung gibt. Die Frage, welche der hier präsentierten Methoden die Preisentwicklung auf Immobilienmärkten am geeignetsten abbildet, hängt entscheidend von der Art der Untersuchung ab, die mittels eines Immobilienindexes durchgeführt werden soll. Laut Zabel (1999) muss hier zwischen einer Mikro- und einer Makro-Ebene unterschieden werden. Auf der Makro-Ebene ist im Besonderen der Vergleich der Preisentwicklung zwischen bestimmten Regionen, Ballungsräumen oder Ländern von Interesse. In diesem Fall eignet sich ein Index, dem ein bestimmtes Standardhaus zu Grunde liegt und der somit ein konstantes Qualitätsniveau aufweist. Damit bleibt gewährleistet, dass nur generelle Wertveränderungen erfasst werden, was einen aussagekräftigen Vergleich mit anderen makroökonomischen Variablen wie Mietpreisen, Einkommen oder Zinsen gewährleistet. Auf der Mikro-Ebene hingegen spielen im Besonderen Investitionsaspekte eine entscheidende Rolle. In diesem Fall steht die Preisentwicklung der konkret erworbenen Immobilie im Mittelpunkt der Betrachtung. Aus diesem Grund sind hier laut Za-

---

[472] Für eine ausführliche Darstellung des gemischten Ansatzes und einen Überblick über weitere Fortentwicklungen des hedonischen Ansatzes vgl. Brasington, D. und Hite, D. (2006). Kempf, S. (2008) entwickelt hedonische Preisindizes zur Abbildung der Preisentwicklung des deutschen Büroimmobilienmarktes.
[473] Vgl. Gatzlaff, D. und Geltner, D. (1998), S. 4.

4 Besonderheiten des Wohnimmobilienmarktes 179

bel (1999) Immobilienpreisindizes geeignet, „that reflect changes in the price of a 'representative' house whose characteristics may change over time."[474]

Für den in dieser Arbeit verfolgten Zweck, Wohnimmobilienmärkte auf die Existenz von Preisblasen zu untersuchen, wird eine makroökonomische Sichtweise eingenommen. Die Preisentwicklungen verschiedener nationaler Wohnimmobilienmärkte sollen miteinander verglichen werden und durch den Vergleich mit anderen makroökonomischen Variablen wie Mietpreise, Einkommen und Zinsen sollen Rückschlüsse auf die Existenz von Preisblasen gezogen werden. In diesem Zusammenhang steht die generelle Preisentwicklung auf den Wohnimmobilienmärkten im Mittelpunkt der Betrachtung. Deshalb eignen sich besonders transaktionsbasierte hedonische und Repeat-Sale Immobilienpreisindizes, die das Qualitätsniveau der in den Index eingehenden Immobilien konstant halten.[475] Dies wird auch durch die folgende Überlegung deutlich. Ein Immobilienpreisindex, der die Qualität des Immobilienbestandes nicht konstant hält, weist in der Regel einen stärkeren Preisanstieg auf als ein Index, der die Qualität des Immobilienbestandes konstant hält. Dadurch besteht bei dieser Indexart die Gefahr, Preisanstiege, die auf eine Veränderung der Qualität des Immobilienbestandes zurückzuführen sind und somit fundamental erklärt werden können, fälschlicherweise als Preisblase zu charakterisieren. Bei Anwendung eines Immobilienpreisindexes, der nicht auf die Veränderung der Qualität der Immobilien kontrolliert, besteht somit eine größere Unsicherheit über die den Preisveränderungen zu Grunde liegenden Ursachen. Bei einem Immobilienpreisindex, der die Qualität des Immobilienbestandes konstant hält, resultieren hingegen die widergegebenen Preisveränderungen nicht aus qualitativen Verbesserungen des Immobilienbestands.

Empirische Untersuchungen, welche die Preisentwicklungen unterschiedlicher Indexarten für einen identischen Zeitraum und Teilmarkt miteinander vergleichen, sind Mangelware. Gatzlaff und Geltner (1998) vergleichen die Preisentwicklung eines von ihnen selbst entwickelten Repeat-Sale Index mit dem bewertungsbasierten NCREIF-Index für Gewerbeimmobilien in der Region Florida im Zeitraum von 1975 bis 1997. Die Autoren kommen zu dem etwas überraschenden Ergebnis, „that there appears to be relatively little difference between the appraisal-based and transaction based indices in terms of overall performance and annual volatility."[476] Sie attestieren jedoch dem Repeat-Sale

---

[474] Zabel, J. (1999), S. 223.
[475] Vgl. Feinmann, J. (2006), S. 43 sowie McCarthy, J. (2004), S. 3f.
[476] Gatzlaff, D. und Geltner, D. (1998), S. 23f.

Index eine leicht bessere Abbildung der Preisentwicklung, da er einige Preisbewegungen anzeigt, die der NCREIF-Index nicht offenbart, und diesem leicht vorausläuft. Meese und Wallace (1997) untersuchen den Wohnimmobilienmarkt in den beiden Städten Oakland und Fremont in Kalifornien im Zeitraum von 1970 bis 1988. Das untersuchte Sample umfasst 50.000 Verkaufsfälle, von denen 6.700 mehr als einmal erkauft wurden und somit in die Indexberechnung übernommen werden konnten. Die Autoren bescheinigen dem Repeat-Sale Index auf der kommunalen Ebene einige Nachteile wie den ‚Sample Selection Bias' und empfehlen daher bei der Untersuchung von kommunalen Wohnimmobilienmärkte einen hedonischen Preisindex zu verwenden. Soll lediglich der Trend einer regionalen Preisentwicklung untersucht werden, so ist laut den Autoren ein einfacher ‚Median Sales Price'-Index – wie ihn die National Association of Realtors (NAR) veröffentlicht – ausreichend.

Im Folgenden werden nun die Eigenschaften aufgelistet, die ein Immobilienpreisindex idealer Weise aufweisen sollte, wenn er zur Beantwortung der Fragestellung herangezogen wird, ob Preisblasen auf einem nationalen Wohnimmobilienmarkt existieren oder nicht:

1. Der Index sollte transaktionsbasiert sein, um verzerrende Effekte wie die Glättung der Preisentwicklung bei den bewertungsbasierten Indizes zu vermeiden.

2. Der Index sollte eine konstante Qualität der zu Grunde liegenden Objekte aufweisen, um Preiseffekte, die aus der qualitativen Verbesserung des Immobilienbestandes resultieren, zu eliminieren und nur die generelle Preisentwicklung wiederzugeben.

3. Der Index sollte einen eng definierten Teilmarkt – z. B. den Markt für Einfamilienhäuser – möglichst genau abbilden, d. h. er sollte keine Transaktionspreise von einzelnen Wohnungen oder ganzen Wohnblöcken enthalten. Des Weiteren sollte der Index nach Möglichkeit keinen Mix aus Neu- und Bestandsbauten enthalten, sondern sich auf einen dieser Teilmärkte fokussieren.

4. Der Index sollte den ihm zu Grunde liegenden Markt möglichst breit abdecken. Im geographischen Sinne bedeutet dies, dass sowohl städtische als auch ländliche Gebiete gemäß ihrem Anteil an der Gesamtmenge aller Immobilien im betrachteten Teilmarkt in den Index eingehen sollten.

5. Der Index sollte eine möglichst hohe Frequenz aufweisen.

4 Besonderheiten des Wohnimmobilienmarktes

6. Der Index sollte für einen möglichst langen Zeitraum vorliegen.

4.2.2.3 Immobilienindizes für den US-amerikanischen Wohnimmobilienmarkt

Im folgenden Kapitel werden nun die fünf bekanntesten Hauspreisindizes des US-amerikanischen Wohnimmobilienmarktes präsentiert und daraufhin untersucht, ob sie die hier aufgelisteten sechs wünschenswerten Eigenschaften erfüllen und damit die Preisentwicklung des US-amerikanischen Wohnimmobilienmarktes adäquat abbilden.

(1) Home Price Index (HPI)

Der HPI wird von der Federal Housing Finance Agency (FHFA)[477] quartalsweise veröffentlicht. Er bildet die Preisentwicklung US-amerikanischer freistehender Einfamilienhäuser ab und wird für die neun ‚Census Bureau Divisions', die 50 US-Bundesstaaten sowie die Metropolitan Statistical Areas (MSAs) erstellt.[478] Der HPI wird mittels Daten aus abgeschlossenen Hypothekenverträgen erstellt, die von den beiden GSEs Fannie Mae und Freddie Mac zur Verfügung gestellt werden. Es werden lediglich Grundstücke in die Berechnung aufgenommen, auf die von einem der beiden GSEs mindestens zweimal eine Hypothek vergeben wurde. Der Index wird mittels einer modifizierten gewichteten Repeat-Sale-Methode erstellt, die Case und Shiller (1989) entwickelt haben. Da nur Objekte in der Berechnung berücksichtigt sind, für die mehrere Transaktionen vorliegen, wird der Index auch als ‚Constant Quality'-Index bezeichnet. Feinman (2006) sowie McCarty und Peach (2004) merken jedoch an, dass bei der Berechnung des HPI keine Immobilien ausgeschlossen werden, die einer physischen Veränderung wie z. B. einer Renovation unterzogen worden sind. Deshalb könne der HPI nicht als reiner ‚Constant Quality'-Index bezeichnet werden.

Als großer Vorteil des HPI gilt seine breite geographische Marktabdeckung, die in der nationalen Präsenz von Fannie Mae und Freddie Mac begründet liegt. Beide GSEs sind flächendeckend im gesamten US-amerikanischen Bundesgebiet tätig. Der HPI weist jedoch auch einige Schwachstellen bei der Marktabdeckung auf. So kritisiert Calhoun (1996), der Index enthalte lediglich Daten von freistehenden Einfamilienhäusern, die als ‚Conforming Conventional Mortgages' durch die GSEs finanziert wurden. Damit ent-

---

[477] Das FHFA wurde im Jahr 2008 durch den Zusammenschluss des Office of Federal Housing Enterprise Oversight (OFHEO), welches bis dato den HPI erstellte, und des Federal Housing Finance Board (FHFB) gegründet. Aus diesem Grund wurde und wird der HPI auch immer noch häufig als OFHEO-Index bezeichnet.
[478] Vgl. hier und im Folgenden Calhoun, C. (1996).

hält er keine Transaktionen von Reihenhäusern, Mehrfamilienhäuser, Objekten, die durch gesicherte Kredite der Regierung finanziert wurden, Subprime-Finanzierungen und Objekten, welche die für Freddie Mac und Fannie Mae bei der Finanzierung von Einfamilienhäusern geltenden Preisobergrenzen überschreiten.[479] Bedingt durch den Ausschluss von teuren Objekten ist der HPI kein exaktes Barometer für die Abbildung der Preisbewegungen des Marktes für hochpreisige Immobilien.[480] Die Fokussierung auf Einfamilienhäuser stellt jedoch auf der anderen Seite einen Vorteil des HPI dar: Auf Grund des Ausschlusses von Reihenhäusern, Mehrfamilienhäusern etc. weist der HPI jedoch eine sehr homogene Struktur auf, so dass er die Preisentwicklung des sachlichen Teilmarktes Einfamilienhäuser adäqut widerspiegelt. Des Weiteren wird am HPI kritisiert, dass er auf Grund seiner Beschränkung auf den ‚Conforming Conventional Mortgages'-Bereich keine Immobilientransaktionen aus dem Alt-A- und Subprime-Marktsegment enthält, „where a lot of action has taken place in recent years."[481] Laut einer aktuellen Untersuchung des Office of Federal Housing Enterprise Oversight (2008) ist in besonderem Maße die Preisentwicklung der Wohnimmobilien aus dem Niedrigpreissektor mit einer alternativen (‚Non-Enterprise') Finanzierung,[482] die nicht in die Berechnung des HPI eingehen, für die Unterschiede in der Preisentwicklung zum Case/Shiller-Index verantwortlich.

Des Weiteren kritisieren Mayer und Sinai (2007), der HPI enthalte nicht nur Daten aus Transaktionen, sondern auch aus Bewertungen, die immer dann erstellt werden müssen, sobald sich ein Hypothekschuldner refinanzieren möchte. Diesen Bewertungen bescheinigen Mayer und Sinai (2007) eine geringere Genauigkeit gegenüber Transaktionspreisen. Dies gilt besonders in Marktphasen mit rückläufiger Preisbewegung. In empirischen Untersuchen können Cho und Megbolugbe (1996) sowie Chinloy et al. (1997) den ‚Appraisal Bias' der Fannie Mae / Freddie Mac Datenbasis belegen. In beiden Untersuchungen führt die Berücksichtigung von Bewertungen in der Indexberechnung zu höheren Wertsteigerungen als bei einer ausschließlichen Berücksichtigung

---

[479] Das sog. ‚Conforming Loan Limit' für ein durch Fannie Mae und Freddie Mac finanziertes Einfamilienhaus mit einer Einheit liegt im Jahr 2009 bei 417.000 US-$ und für bestimmte Hochpreisregionen bei 625.500 US-$. Für Alaska, Guam, Hawaii und die Virgin Islands liegen die Obergrenzen deutlich höher. Vgl. Fannie Mae (2010).
[480] Vgl. Leventis, A. (2007), S. 2.
[481] Klyuev, V. (2008), S. 5.
[482] Damit sind Immobilienfinanzierungen gemeint, die nicht über die GSEs durchgeführt werden.

4 Besonderheiten des Wohnimmobilienmarktes 183

von Transaktionsdaten. Trotz der hier beschriebenen Nachteile gilt: „[T]he OFHEO index is generally considered the best overall barometer of changes in house prices."[483]

(2) S&P Case-Shiller US Home Price Index

Der S&P Case-Shiller US Home Price Index wird vom auf Finanzmarktanalysen spezialisierten Unternehmen Standard & Poor's quartalsweise veröffentlicht.[484] Der Index bildet die Wertentwicklung des gesamten Bestands aller Einfamilienhäuser ab. Dabei werden bewusst keine Neubauten, Eigentumswohnungen, Genossenschaftswohnungen und Mehrfamilienhäuser bei der Indexberechnung berücksichtigt, da diese Teilmärkte andere Preisdynamiken aufweisen und somit die Preisentwicklung der Einfamilienhäuser verzerren würden. Des Weiteren werden keine Objekte, die im Zuge von Zwangsversteigerungen oder sonstigen nicht dem gewöhnlichen Geschäftsverkehr entsprechenden Transaktionen zu Stande gekommen sind oder deren Transaktionsdaten z. B. auf Grund von Datenfehlern als unrealistisch erscheinen, berücksichtigt.

Dem S&P Case-Shiller US Home Price Index liegt eine intervall- und wertgewichtete Repeat-Sale Methode zu Grunde. Bei dieser Methode werden nur Objekte berücksichtigt, für die mindestens zwei Verkaufsfälle registriert wurden. Um dies zu erreichen, werden sämtliche Transaktionsdaten von Objekten wie Adresse, Verkaufsdatum, Größe, Kaufpreis oder Art des Objekts von unterschiedlichen lokalen Quellen gesammelt. Anschließend wird jedes verkaufte Objekt daraufhin überprüft, ob Informationen über eine frühere Transaktion vorliegen. Ist dies der Fall, so handelt es sich um ein ‚Repeat-Sale'-Paar, das in die Berechnung des Indexes eingehen darf.

Da bei der Indexberechnung sämtliche Objekte, die einer Veränderung der physischen Gebäudecharakteristika unterzogen worden sind, unberücksichtigt bleiben, misst der S&P Case-Shiller US Home Price Index die Wertentwicklung von Einfamilienhäusern bei einem gegebenen, konstanten Qualitätsniveau.

Der zentrale Kritikpunkt am S&P Case-Shiller US Home Price Index liegt in seiner mangelhaften Marktabdeckung. Insgesamt beträgt die Abdeckung des US-amerikani-

---

[483] Feinman, J. (2006), S. 43. Das FHFA veröffentlicht zusätzlich einen monatlichen Index, in dessen Berechnung nur transaktionsbasierte Daten eingehen (‚Purchase Only'-Index). Dieser Index ist jedoch nur ab 1991 erhältlich.
[484] Die beiden geographischen Subindizes für die 10 bzw. 20 größten MSAs werden monatlich veröffentlicht. Vgl. hierfür und im Folgenden Standard & Poor's (2008).

schen Bundesgebietes lediglich 70,8 %.[485] Der Index deckt lediglich acht Bundesstaaten und den District of Colombia zu 100 % ab. 13 Bundesstaaten fehlen in der Erfassung komplett, die übrigen werden teilweise erfasst. Speziell die Census Divisions East South Central (38,3 %), West South Central (48,7 %) und West North Central (53,0 %) sind im Index unterrepräsentiert. Viele dünn besiedelte Staaten wie Wyoming, Montana, Alaska sowie North und South Dakota sind aus der Berechnung des S&P Case-Shiller US Home Price Indexes komplett ausgeschlossen, so dass die Preisentwicklung der ländlichen Regionen in der Indexberechnung untergewichtet ist.[486] Dies ist ein wesentlicher Grund für die Differenzen zwischen dem S&P Case-Shiller US Home Price Index und dem HPI.

(3) Conventional Home Mortgage House Price Index (CMHPI)

Der CMHPI wird von den beiden GSEs Fannie Mae und Freddie Mac auf einer quartalsweisen Basis veröffentlicht und bildet die Preisentwicklung US-amerikanischer freistehender Einfamilienhäuser ab.[487] Wie der HPI wird auch der CMHPI aus der Datenbasis der beiden GSEs Fannie Mae und Freddie Mac berechnet. Er weist somit die gleiche regionale Abdeckung wie der HPI auf. Aus diesem Grund sind die Unterschiede zwischen beiden Indizes minimal.[488] Auch der CMHPI wird mittels der Repeat-Sale Methode berechnet, um eine gewisse Konstanz der Qualität der in die Indexberechnung eingehenden Immobilien zu gewährleisten. Da jedoch auch hier keine Immobilien, die eine wesentliche Veränderung der physischen Charakteristika erfahren haben, aus der Indexberechnung entfernt werden, handelt es sich wie auch beim HPI um keinen reinen ‚Constant Quality'-Index. Des Weiteren weist der CMHPI die gleichen Schwachstellen wie auch der HPI auf.[489]

(4) Median Sales Price of Existing Homes

Der Median Sales Price of Existing Homes wird monatlich von der National Association of Realtors (NAR) veröffentlicht.[490] Der Index bildet die Preisentwicklung des Marktes für Einfamilienhäuser, Eigentumswohnungen und Genossenschaftswoh-

---

[485] Vgl. Standard & Poor's (2008), S. 29f.
[486] Vgl. Standard & Poor's (2008), S. 29f.
[487] Vgl. hier und im Folgenden Stephens, W. et al. (1995).
[488] Vgl. Freddie Mac (2010).
[489] Eine Übersicht über die zahlreichen Verzerrungen des CMHPI findet sich bei Stephens, W. et al. (1995), S. 403ff.
[490] Im Zeitraum von 1989 bis 1998 existierte der Index nur in jährlichen Intervallen.

nungen ab.[491] Die Transaktionsdaten zur Indexberechnung werden von 700 lokalen Verbänden und sog. ‚Multiple Listing Services' (MLS) im gesamten Bundesgebiet der USA zusammengetragen. Laut Informationen auf der Homepage der NAR liegt die Abdeckung des Median Sales Price of Existing Homes für den betreffenden Markt bei 30 % bis 40 %. Dabei werden jedoch nur Transaktionen berücksichtigt, die sich im Bereich von 30.000 US-$ bis 600.000 US-$ bewegen.

Der Median Sales Price of Existing Homes besitzt auf Grund seiner Erstellungsmethodik einige Nachteile. Laut Meese und Wallace (1997) berücksichtigt ein ‚Median Sales Price'-Index nicht die sich im Konjunkturverlauf verändernde Zusammensetzung der gehandelten Immobilienarten. Da dieser verzerrende Effekt nicht kontrolliert wird, eignet sich laut Meese und Wallace (1997) diese Indexmethode nicht, um z. B. regionale Schwankungen des Wohnimmobilienmarktes zu untersuchen. Nach Zabel (1999) verändert sich bei der ‚Median Sales Price'-Methode die Qualität der in den einzelnen Perioden gehandelten Immobilien. Die daraus resultierende Preisentwicklung bildet somit nicht nur die generelle Wertentwicklung, sondern auch Veränderungen bei der Qualität der Immobilien mit ab. „Thus, the NAR index does not correspond to a standard house."[492]

(5) Median Sales Price of New Homes Sold

Der Median Sales Price of New Homes Sold wird vom Census Bureau seit 1963 auf monatlicher Basis veröffentlicht.[493] Das Census Bureau erstellt den Median Sales Price of New Homes Sold auf Grundlage der regelmäßigen Befragung US-amerikanischer Hausbauer durch die sog. Survey of Construction (SOC). Das Census Bureau berücksichtigt eine Wohnimmobilie bereits in ihrem Index, sobald entweder der Kaufvertrag unterschrieben oder eine Anzahlung für den Grundstückskauf geleistet wurde. Somit ergeben sich drei unterschiedliche Zustände, in denen eine Wohnimmobilie in die Berechnung eingehen kann: Der Bau des Hauses wurde noch gar nicht begonnen, das Haus befindet sich gerade im Bau oder es ist bereits fertig gestellt. Erfahrungsgemäß sind in etwa 25 % der Häuser bei der Transaktion fertiggestellt, die übrigen 75 % sind je zur Hälfte noch im Bau bzw. der Bau wurde noch gar nicht begonnen. Als Kritikpunkte

---

[491] Vgl. National Association of Realtors (2010). Der Index wird für das gesamte amerikanische Bundesgebiet sowie die vier Census Regions (Northeast, South, Midwest und West) ausgewiesen.
[492] Zabel, J. (1999), S. 224. Des Weiteren gelten auch für den Median Sales Price of Existing Homes die in Kapitel 4.2.2.2 beschriebenen allgemeinen Nachteile der Medianmethode.
[493] Vgl. hier und im Folgenden Census Bureau (2010).

werden dieselben Argumente wie auch beim Median Sales Price of Existing Homes der NAR genannt: Der Index kontrolliert nicht auf die sich ändernde Qualität der gehandelten Immobilien.

In Tabelle 8 werden nun die Eigenschaften der fünf bekanntesten Indizes zur Abbildung der Preisentwicklung des US-amerikanischen Wohnimmobilienmarktes an Hand der sechs wünschenswerten Eigenschaften vergleichend gegenübergestellt.[494]

Die vergleichende Gegenüberstellung in Tabelle 8 hat gezeigt, dass keiner der fünf bekanntesten Immobilienindizes alle in Kapitel 4.2.2 zusammengestellten Anforderungen an einen repräsentativen Immobilienindex erfüllen kann. Am ehesten entspricht der S&P Case-Shiller US Home Price Index diesen Anforderungen. Er enthält ausschließlich Transaktionspreise, er kommt einem ‚Constant Quality'-Index am nächsten, er bildet den Teilmarkt für Einfamilienhäuser gut ab und wird quartalsweise veröffentlicht. Nachteilig wirkt sich seine mangelhafte geographische Abdeckung sowie die Tatsache aus, dass er erst ab 1987 zur Verfügung steht. Aber auch der CMHPI und der HPI erfüllen die meisten Anforderungen an einen repräsentativen Immobilienindex. Sie bilden beide die Preisentwicklung des Teilmarktes Einfamilienhäuser relativ genau ab, erfassen das gesamte US-amerikanische Bundesgebiet, sie sind für einen langen Zeitraum verfügbar und werden beide quartalsweise veröffentlicht. Nachteilig wirkt sich die Berücksichtigung von Bewertungen und Wohnhäusern aus, die eine physische Veränderung der Bausubstanz erfahren haben.

---

[494] Eine Übersicht über Preisindizes für den deutschen Wohnimmobilienmarkt findet sich in Kajuth, F. (2009). Hier wird deutlich, dass die deutschen Indizes eine viel geringere Qualität gegenüber den Amerikanischen aufweisen.

Index (Herausgeber)	1) HPI (FHFA)	2) S&P Case-Shiller US Home Price Index (S&P Case-Shiller)	3) CMHPI (Fannie Mae / Freddie Mac)	4) Median Sales Price of Existing Homes (NAR)	5) Median Sales Price of New Homes Sold (Census Bureau)
1) Datenbasis	Transaktionspreise und Bewertungen	Transaktionspreise	Transaktionspreise und Bewertungen	Transaktionspreise	Transaktionspreise
2) Indexart/ Qualität der Immobilien	Gewichteter Repeat-Sale Index Qualität nicht komplett konstant	Gewichteter Repeat-Sale Index Qualität konstant	Gewichteter Repeat-Sale Index Qualität nicht komplett konstant	Medianindex Qualität nicht konstant	Medianindex Qualität nicht konstant
3) Teilmarkt	Einfamilienhäuser	Einfamilienhäuser	Einfamilienhäuser	Einfamilienhäuser, Eigentums- und Genossenschaftswohnungen	Häuser, die entweder bereits fertiggestellt, im Bau oder noch gar nicht begonnen wurden
4) Abdeckung des Teilmarktes	Sehr gute geographische Abdeckung, teure Objekte fehlen	13 Bundesstaaten fehlen gänzlich, 29 Bundesstaaten sind nicht komplett abgedeckt	Sehr gute geographische Abdeckung, teure Objekte fehlen	30 % - 40 % Marktabdeckung, Objekte über 600.000 US-$ fehlen	Alle durch das SOC erfasste Hauskäufe
5) Frequenz	Quartalsweise	Quartalsweise	Quartalsweise	Monatlich	Monatlich
6) Verfügbar seit	1975	1987	1970	1989	1963

Tabelle 8: Vergleichende Gegenüberstellung der US-amerikanischen Hauspreisindizes

Zum Abschluss der Betrachtung der unterschiedlichen Preisindizes sind in Abbildung 26 die Wertentwicklungen aller fünf Indizes für den Zeitraum von 1989 bis 2007 dargestellt. Bis zur Jahrtausendwende weisen alle Indizes eine ähnliche, konstant positive Wertentwicklung auf. Ab dem Jahr 2000 läuft die Wertentwicklung der einzelnen Indizes jedoch auseinander.

Die sehr ähnliche Preisentwicklung des HPI und des CMHPI über den gesamten Betrachtungszeitraum ist darauf zurückzuführen, dass beide eine nahezu identische Datenbasis besitzen. Als sehr volatil erweisen sich der Median Sales Price of Existing Homes und der Median Sales Price of New Homes Sold. Dies resultiert aus ihrer Eigenschaft als ‚Median Sales Price'-Index.

Abbildung 26 verdeutlicht, dass nur der S&P Case-Shiller US Home Price Index den die Subprime-Krise auslösenden Preisrückgang auf dem US-amerikanischen Wohnimmobilienmarkt zeitnah anzeigt. Dies liegt in erster Linie in der geographischen Zusammensetzung des Indexes begründet. Wie bereits in diesem Kapitel erwähnt, sind die ländlichen Regionen im S&P Case-Shiller US Home Price Index unterrepräsentiert, so dass der Index durch die volatilere Preisentwicklung der städtischen Regionen dominiert wird. Des Weiteren kommt beim S&P Case-Shiller US Home Price Index denjenigen Census Divisions ein hohes Gewicht zu, die von der Subprime-Krise besonders hart getroffen wurden. So besitzt z. B. die Census Division Pacific, die in Q4 2008 gegenüber dem Vorjahr mit einem Minus von 22 % den stärksten Preisrückgang aller neun Census Divisions aufwies, im S&P Case-Shiller US Home Price Index ein Gewicht von 28,58 %[495] während die Region im HPI lediglich mit einem Gewicht von 13,91 %[496] berücksichtigt wird.

---

[495] Vgl. Standard & Poor's (2008), S. 30.
[496] Vgl. Federal Housing Agency (2010).

4 Besonderheiten des Wohnimmobilienmarktes

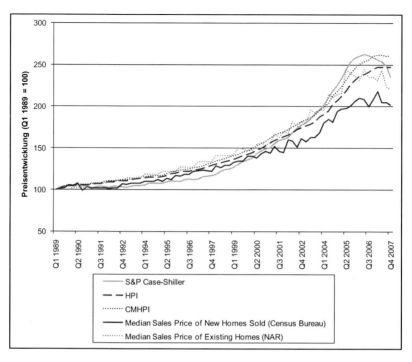

Abbildung 26: Preisindizes für den US-amerikanischen Wohnimmobilienmarkt [497]

Exkurs: NCREIF Property Index (NPI) ‚Apartments'

Bei der Darstellung der Preisindizes für den US-amerikanischen Wohnimmobilienmarkt ist der Property Index der National Association of Real Estate Investment Fiduciaries (NCREIF) nicht aufgeführt worden, da dieser für die Abbildung der Preisentwicklung des US-amerikanischen Wohnimmobilienmarktes nur bedingt geeignet ist.[498] Hierfür gibt es im Wesentlichen drei Gründe:

- Die NCREIF Property Indizes für Hotels, Wohn-, Büro-, Industrie- und Einzelhandelsimmobilien werden auf Grundlage des Immobilienbestands großer US-amerikanischer institutioneller Investoren wie z. B. der Pensionsfonds errechnet. Der Wohnimmobilienbestand dieser Investoren besteht jedoch zum überwiegenden Teil aus großen Wohnblöcken mit einzelnen Mietwohnungen und nur zu einem sehr geringen Teil aus Einfamilienhäusern. Somit bildet der

---

[497] Quelle: S&P Case/Shiller, OFHEO, Fannie Mae/Freddie Mac, Census Bureau, NAR sowie eigene Berechnungen.
[498] Vgl. National Council of Real Estate Investment Fiduciaries (2010).

NPI ‚Apartments' die Preisentwicklung für den Teilmarkt fremdgenutzte Mietwohnungen ab und ist daher ungeeignet, die Wertentwicklung des gesamten US-amerikanischen Wohnimmobilienmarktes abzubilden, der von den selbst genutzten Einfamilienhäusern dominiert wird.

- Die institutionellen Investoren liefern die Ergebnisse ihrer der jährlichen Bewertung ihres Immobilienbestandes an NCREIF und die Gesellschaft berechnet anschließend aus den Wertveränderungen ihre Indizes. Somit wird der NPI ‚Apartments' auf Grundlage von Bewertungen und nicht von Transaktionspreisen gebildet.

- Der NPI unterscheidet sich von den hier präsentierten Indizes auch durch seine Berechnung. Sein Total Return setzt sich sowohl aus Mieterträgen (Income Return) als auch aus den Wertsteigerungen des Immobilienbestandes (Capital Return) zusammen. Somit übertrifft die Wertsteigerung des NPI ‚Apartments' die Wertzuwächse der weiter oben präsentierten Indizes, da diese lediglich die Wertveränderung des Bestandes ausweisen.[499]

Abbildung 27 enthält die Wertentwicklung des NPI ‚Apartments' seit 1984 und vergleicht diese mit der des HPI. Hier wird die starke Differenz in der Wertentwicklung deutlich. Die Ursache für das Auseinanderdriften der beiden Indizes liegt in den unterschiedlichen Renditekomponenten und Teilmärkten begründet, die den beiden Indizes zu Grunde liegen. Der NPI ‚Apartments' berücksichtigt sowohl die Mieterträge als auch die Wertgewinne des Immobilienbestandes und weist somit zwangsläufig eine höhere Wertentwicklung als der HPI aus, der nur die Wertsteigerungen des Immobilienbestands berücksichtigt. Des Weiteren zeigt sich in der folgenden Abbildung die Nachlaufeigenschaft des NPI ‚Apartments'. Während der HPI bereits ab dem Jahr 2006 stagniert und damit die auf dem US-amerikanischen Wohnimmobilienmarkt – speziell für Einfamilienhäuser – einsetzenden Probleme widerspiegelt, steigt der NPI ‚Apartments' weiter an und weist erst ab Q3 2008 eine rückläufige Preisentwicklung aus.

---

[499] NCREIF ermittelt getrennte Renditen von Miet- und Kapitalerträgen, veröffentlicht diese jedoch nicht für Außenstehende.

4 Besonderheiten des Wohnimmobilienmarktes 191

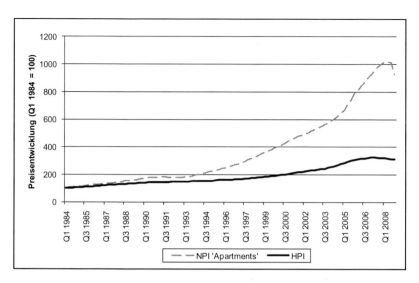

Abbildung 27: Wertentwicklung des NPI ‚Apartments' und des HPI [500]

Da in dieser Arbeit die Preisentwicklung von selbst genutzten Wohnimmobilien im Vordergrund der Betrachtung steht und somit die Mieterträge der Immobilien keine Rolle spielen, wird der NPI ‚Apartments' im weiteren Verlauf dieser Arbeit nicht berücksichtigt.

4.3 Nationale, wohnimmobilienspezifische Besonderheiten

Wohnimmobilienmärkte zeichnen sich durch nationale Besonderheiten bzgl. der rechtlichen Regelungen, Eigentumsverhältnisse, Datenverfügbarkeit oder der steuerlichen Regelungen aus.

Die individuelle Struktur der nationalen Wohnimmobilienmärkte kommt u. a. in der unterschiedlichen Höhe der Wohneigentumsquoten in den einzelnen Ländern zum Ausdruck. Wie Abbildung 28 zu entnehmen ist, schwankt die Wohneigentumsquote im europäischen Vergleich erheblich. Während Spanien, Norwegen und Irland Eigentumsquoten von über 80 % aufweisen, betragen diese in der Schweiz und Deutschland nur 38 % bzw. 42 %. Die meisten Länder haben eine Wohneigentumsquote zwischen 50 % und 70 %.

---

[500] Quelle: OFHEO, NCREIF sowie eigene Berechnungen.

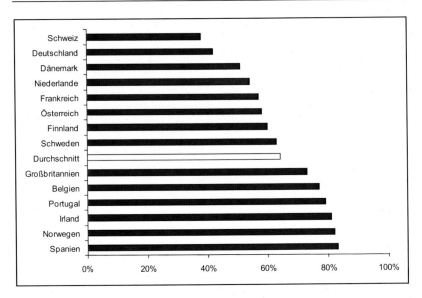

Abbildung 28: Wohneigentumsquoten im europäischen Vergleich [501]

Bei einer Gegenüberstellung der Hauspreisentwicklung und der Wohneigentumsquoten der nationalen Wohnimmobilienmärkte für den Zeitraum des weltweiten Immobilienbooms fällt ein Zusammenhang besonders auf: Während die Länder mit einer hohen Wohneigentumsquote wie Spanien und Irland seit Mitte der 1990er Jahren stets hohe Wachstumsraten bei den Hauspreisen ausweisen konnten, stagnieren oder fallen die Preise für Wohnimmobilien in Ländern mit einer geringen Wohneigentumsquote wie z. B. der Schweiz und Deutschland. Dieser Zusammenhang legt den Schluss nahe, dass der weltweite Preisanstieg bei Wohnimmobilien hauptsächlich die Märkte für selbst genutztes Wohneigentum erfasst hat.

Auch bei der durchschnittlichen Haushaltsgröße und der Pro-Kopf-Wohnfläche ergeben sich im europäischen Vergleich Unterschiede, auch wenn diese nicht so groß ausfallen wie bei der Wohneigentumsquote. Abbildung 29 enthält die durchschnittliche Haushaltsgröße für 14 europäische Staaten. Mit drei Personen pro Haushalt ist diese in Irland und Portugal am größten, in Finnland und Deutschland mit knapp über zwei am geringsten. Tendenziell lässt sich aus Abbildung 29 der Zusammenhang ableiten, dass Länder, die in den letzten Jahren ein hohes Wirtschaftswachstum aufweisen konnten und sich dem wirtschaftlichen Entwicklungsstand des europäischen Durchschnitts an-

---

[501] Quelle: Europäisches Statistikamt (Stand 2006).

4 Besonderheiten des Wohnimmobilienmarktes 193

näherten – dies sind Portugal, Irland und Spanien – eine hohe Personenzahl an Personen pro Haushalt aufweisen. Da mit dem Anstieg des Einkommens in der Regel die Personenzahl pro Haushalt abnimmt, liegt die Interpretation nahe, dass der durch das hohe Wirtschaftswachstum generierte Wohlstandsgewinn in Form einer geringeren Anzahl an Personen pro Haushalt noch nicht auf dem Wohnimmobilienmarkt angekommen ist. Eine weitere Ursache für die hohe durchschnittliche Haushaltsgröße könnte in der tendenziell jungen Bevölkerung der Ländern wie Spanien und Portugal liegen.[502] Diese verfügen über eine geringe Anzahl der hauptsächlich im Rentenalter dominierenden Ein- und Zweipersonenhaushalte.

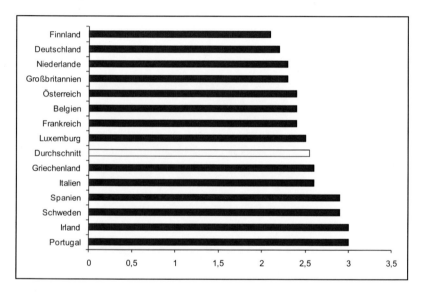

Abbildung 29: Durchschnittliche Haushaltsgröße (Einwohner/Haushalt)[503]

Abbildung 30 zeigt, wie die durchschnittliche Pro-Kopf-Wohnfläche in den einzelnen europäischen Staaten schwankt. Die niedrigste Pro-Kopf-Wohnfläche mit nur 35 m² weist dabei Irland auf. Mit knapp über 50 m² besitzt Dänemark die höchste Pro-Kopf-Wohnfläche aller hier dargestellten europäischen Nationen.

---

[502] Das Durchschnittsalter beträgt laut United Nations Department of Economic and Social Affairs in Spanien nur 38,6 Jahre und in Portugal nur 39,5 Jahre, während es z. B. in Deutschland bei 42,1 Jahren liegt.
[503] Quelle: UNECE, The Statistical Yearbook of the Economic Commission for Europe 2005.

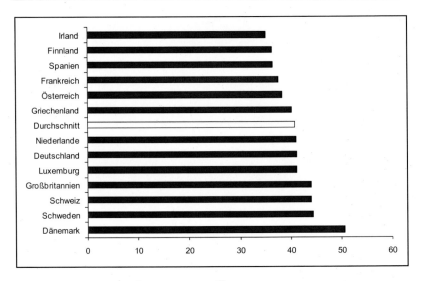

Abbildung 30: Pro-Kopf-Wohnfläche in m² [504]

Neben den hier präsentierten sozioökonomischen Unterschieden im Bereich der Wohnart und -qualität weisen die nationalen Wohnimmobilienmärkte auch große Unterschiede in der Qualität und Menge der zur Verfügung stehenden immobilienspezifischen Daten auf. Wie mehrfach in dieser Arbeit angedeutet ist für viele Wohnimmobilienmärkte qualitativ hochwertiges und aktuelles Datenmaterial nur in geringem Umfang erhältlich. Lediglich die USA bilden hier eine Ausnahme.[505] Für den US-amerikanischen Wohnimmobilienmarkt werden sowohl von Behörden als auch privatwirtschaftlich organisierten Verbänden mehrere Indizes zur Abbildung der Preisentwicklung auf den Wohnimmobilienmärkten veröffentlicht. Diese liegen in der Regel sowohl über lange Zeiträume als auch für einzelne räumliche Teilmärkte wie die MSAs vor und weisen eine hohe Marktabdeckung auf.[506] Aus diesem Grund wird der US-amerikanische Wohnimmobilienmarkt als verhältnismäßig transparent und die durch die Indizes abgebildete Preisentwicklung als repräsentativ für das wahre Marktgeschehen angesehen. Andere Wohnimmobilienmärkte gelten hingegen als weniger transparent, da für sie nur wenige Indizes vorliegen, die häufig nur für kurze Zeiträume zur Verfügung stehen, einzelne Teilmärkte nicht separat ausweisen oder die nationalen Wohnimmobilienmärkte nur unzureichend abdecken. Dementsprechend ist die Aussagekraft

---

[504] Quelle: ifs, Wohnungswirtschaft und Bausparwesen e.V., Berlin (Stand 2006).
[505] Vgl. hierzu auch die Ausführungen in Kapitel 4.2.2.3.
[506] Vgl. hierzu Tabelle 8.

4 Besonderheiten des Wohnimmobilienmarktes 195

dieser Indizes beschränkt, da ihre Preisentwicklung auf Grund von Verzerrungen häufig nicht die wahre Marktbewegung wiedergibt.

Die Preisentwicklung auf den nationalen Wohnimmobilienmärkten wird des Weiteren von der Größe des nationalen Marktes beeinflusst. Speziell in kleinen Volkswirtschaften weist die Preisbildung einige Besonderheiten auf: Sowohl Preisanstiege als auch Preisrückgänge fallen in kleinen Volkswirtschaften wie den skandinavischen Ländern oder den baltischen Staaten stärker aus als in großen Volkswirtschaften.[507] Das Marktgeschehen ist in diesen Ländern räumlich sehr eng konzentriert, so dass der ausgleichende Effekt regionaler Schwankungen, wie er in großen Volkswirtschaften auftritt, hier nicht zum Tragen kommt. Zusätzlich wirkt der sog. ‚Superstar City'-Effekt erhöhend auf die Volatilität.[508] Der Wohnimmobilienmarkt kleiner Volkswirtschaften wird in der Regel von einer ‚Superstar City' dominiert, die im Normalfall gleichzeitig die Hauptstadt ist (z. B. Kopenhagen in Dänemark oder Riga in Lettland). In dieser Stadt findet nahezu das gesamte dokumentierte Geschehen der Wohnimmobilienmärkte statt, so dass ein nationaler Index eher die Preisentwicklung einer Stadt oder ‚Superstar City' als einer Volkswirtschaft repräsentiert.

Wie dieses Kapitel gezeigt hat, unterscheiden sich die einzelnen nationalen Wohnimmobilienmärkte in ihrer Struktur teilweise erheblich voneinander.[509] Diese unterschiedlichen Strukturen erschweren einen direkten Vergleich der Preisentwicklungen der einzelnen nationalen Wohnimmobilienmärkte – wie er im weiteren Verlauf Teil dieser Arbeit sein wird. So wird z. B. ein durch Wohneigentum geprägter Markt wie Spanien von anderen werttreibenden Faktoren dominiert als ein typischer ‚Mietermarkt', wie ihn die Schweiz und Deutschland aufweisen. Da jedoch eine Berücksichtigung sämtlicher nationaler wertreibender Faktoren nicht durchführbar ist, müssen die Ergebnisse von länderübergreifenden empirischen Analysen stets mit Vorsicht interpretiert werden.

---

[507] Vgl. RICS (2007), S. 8.
[508] Für eine ausführliche Analyse des Preisverhaltens der sog. ‚Superstar Cities' vgl. Gyourko, J. et al. (2006).
[509] Weitere Bereiche, in denen sich die nationalen Wohnimmobilienmärkte voneinander unterscheiden, auf die jedoch an dieser Stelle nicht genauer eingegangen werden soll, sind die steuerliche Behandlung von Wohnimmobilien, die nationalen Wohnimmobilienfinanzierungssysteme, die Verteilung der Wohnbevölkerung auf ländliche und städtische Bereiche sowie die staatliche Förderung von Wohnimmobilien.

4.4 Weitere Besonderheiten des Wohnimmobilienmarktes

Neben der Segmentierung in Teilmärkte, der Abbildung der Preisentwicklung und den nationalen, wohnimmobilienspezifischen Gegebenheiten werden in der wirtschaftswissenschaftlichen Literatur weitere Besonderheiten genannt, durch die sich der Wohnimmobilienmarkt auszeichnet und von den anderen Märkten für Vermögensgüter unterscheidet. Im Gegensatz zu den drei bis jetzt behandelten Besonderheiten bestehen an den beiden folgenden Charakteristika jedoch einige Zweifel, ob sich die Wohnimmobilienmärkte hier wirklich signifikant von den übrigen Märkten unterscheiden.

4.4.1 Wohnimmobilien als Investitions- und Konsumgut

In der wirtschaftswissenschaftlichen Literatur wird Wohnimmobilien immer wieder ein ‚Doppelcharakter' als Konsum- und Investitionsgut unterstellt.[510] Einerseits besitzen sie die Eigenschaften eines Konsumguts: Individuen kaufen Wohnimmobilien, um aus diesen einen direkten Konsumnutzen zu ziehen. Sie dienen den Individuen als Dach über dem Kopf und stellen einen Rückzugsort dar, an dem sich die Individuen wohl und geborgen fühlen. Andererseits erwerben Individuen Wohnimmobilien aber auch aus der Intention heraus, diese zu vermieten und Erträge in Form von regelmäßigen Mieteinnahmen und einer Wertsteigerung bei Wiederverkauf zu generieren. In diesem Fall steht nicht das Konsum-, sondern das Investitionsmotiv im Fokus der Kaufentscheidung.

Ob das Konsum- oder das Investitionsmotiv die Kaufentscheidung dominiert, hängt u. a. von der Art der Wohnimmobilie ab. Bei Ein- und Zweifamilienhäusern kommt dem Konsummotiv die zentrale Rolle zu. Diese Arten von Wohnimmobilien werden von den Individuen zur Selbstnutzung erworben. Die Individuen achten dabei genau darauf, dass die Wohnimmobilie ihren persönlichen Präferenzen entspricht, die sich aus der augenblicklichen und zukünftig erwarteten Lebenssituation ergeben. Planen die Käufer einer Wohnimmobilie z. B. die Gründung einer Familie, muss die Wohnung eine Größe aufweisen, die der geplanten Kinderzahl gerecht wird; planen sie hingegen in der erworbenen Immobilie ihren Lebensabend zu verbringen, so sollte die Wohnimmobilie ein altersgerechtes Wohnen ermöglichen. Dominiert bei einer Kaufentscheidung das

---

[510] Vgl. z. B. Just, T. und Ebner, S. (2006), S. 3. Gewerbeimmobilien wird hingegen kein ‚Doppelcharakter' zugeschrieben. Der Markt für Gewerbeimmobilien wird durch institutionelle (Groß-) Investoren dominiert, die ihre Investitionen aus reinen Renditegesichtspunkten durchführen. Somit handelt es sich bei Gewerbeimmobilien um klassische Investitionsgüter.

4 Besonderheiten des Wohnimmobilienmarktes 197

Konsummotiv, sind Größe und Schnitt, Anzahl der Zimmer oder die vorhandene Ausstattung die entscheidenden Determinanten.

Bei Wohnungen und Mehrfamilienhäusern, die zum Zwecke der Fremdvermietung erworben werden, steht hingegen in der Regel das Investitionsmotiv im Vordergrund der Kaufentscheidung. Ziel der Käufer derartiger Wohnimmobilien ist, eine möglichst hohe Rendite mit der Vermietung und dem anschließenden Wiederverkauf der Immobilie zu erzielen. Dementsprechend spielen bei der Kaufentscheidung andere Determinanten eine entscheidende Rolle: Die Immobilie sollte eine hohe Miete pro Quadratmeter erbringen, ein hohes Wertsteigerungspotenzial besitzen und nach der geplanten Haltedauer schnell am Markt wieder veräußerbar sein.

Der ‚Doppelcharakter' von Wohnimmobilien – so wird häufig argumentiert – führt zu einigen Problemen bei der Bestimmung des fundamentalen Wertes. Ein- und Zweifamilienhäuser werden nicht aus Renditegesichtspunkten erworben, sondern weil sie den individuellen Bedürfnissen der Käufer entsprechen und diese sich in der Immobilie wohl fühlen möchten. Neben den oben bereits genannten Ausstattungsmerkmalen der Immobilie sind somit Sicherheits- und Wohlfühleffekte wesentliche Determinanten bei der Kaufentscheidung. Die Käufer sind vielfach bereit, einen höheren Preis als die Ersatzbeschaffungskosten für eine Wohnimmobilie zu bezahlen, wenn sie alle erwünschten Eigenschaften aufweist und damit starke Sicherheits- und Wohlfühleffekte beim Erwerber bewirkt. Diese subjektiven Determinanten der Kaufentscheidung lassen sich jedoch nicht adäquat in monetäre Größen fassen und bei der Bestimmung des fundamental gerechtfertigten Bewertungsniveaus berücksichtigen. Folglich liegen die Marktpreise für Ein- und Zweifamilienhäuser tendenziell höher, als es durch die Fundamentaldaten gerechtfertigt werden würde. Renditeobjekte, wie z. B. Mehrfamilienhäuser, sind von dieser Problematik in der Regel nicht betroffen. Bei diesen Objekten stellen subjektive Determinanten wie Sicherheits- und Wohlfühleffekte eine vernachlässigbare Größe dar. Der Wert ergibt sich hier aus den vergleichsweise objektiven Determinanten wie zukünftige Mieteinnahmen und Diskontierungszinssatz. Demnach sind die Marktpreise dieser Wohnimmobilientypen in geringerem Maße verzerrt.

Insgesamt bleibt es jedoch fragwürdig, ob der Doppelcharakter von Wohnimmobilien zu signifikanten Unterschieden bei der Preisbildung auf den sachlichen Teilmärkten des Wohnimmobilienmarktes führt. So erscheint es z. B. als unwahrscheinlich, dass sich die privaten Haushalte bei einem Wohnungskauf ausschließlich an den (Ausstattungs-) Eigenschaften der Wohnimmobilie orientieren. Dies würde implizieren, dass ein privater Haushalt, wenn er seine ‚Traumwohnung' gefunden hat, dazu bereit ist, nahezu jeden Preis für diese zu bezahlen. Wahrscheinlicher ist es jedoch, dass sich die Haushalte – allein schon auf Grund der Budgetrestriktion, der sie unterliegen – bei einem Hauskauf im Vorfeld informieren, welcher Preis im Augenblick für eine entsprechende Wohnimmobilie gezahlt wird und daher angemessen ist. Liegt der geforderte Preis für die Wohnimmobilie signifikant über dem aktuell üblichen Niveau, werden die privaten Haushalte in der Regel vom Kauf der Wohnimmobilie ablassen. Somit spielt auch beim Erwerb von (selbstgenutzten) Ein- und Zweifamilienhäusern das Investitionsmotiv in der Regel eine nicht zu unterschätzende Rolle.

4.4.2 Anlegerverhalten

Eine weitere, kontrovers diskutierte Besonderheit des Wohnimmobilienmarktes ist das Anlegerverhalten. Immer wieder wird in der wirtschaftswissenschaftlichen Literatur die Ansicht vertreten, die Akteure auf den Wohnimmobilienmärkten verhielten sich signifikant anders als auf liquiden Märkten für Vermögensgüter: „While it is generally accepted that investors in capital markets operate under rational expectations, this is not so in illiquid markets such as housing."[511] Die Ursache für das differierende Anlegerverhalten wird mit den spezifischen Eigenschaften des Wohnimmobilienmarktes begründet.

Die Verfügbarkeit von aktuellen Daten über das Marktgeschehen ist auf den Wohnimmobilienmärkten geringer als auf anderen Märkten für Vermögensgüter. Der inhärente Mangel an aussagekräftigen und aktuellen Marktpreisen resultiert in einer geringen Transparenz bzw. Markteffizienz. In der Folge müssen die Marktteilnehmer ihre Investitionsentscheidungen unter einem hohen Maß an Unsicherheit treffen. Die Voraussetzungen für rationale Entscheidungen sind auf den Aktienmärkten hingegen entschieden besser, da diese eine umfangreiche und aktuelle Datenbasis aufweisen. Aktien sind homogene Güter, die täglich in großem Umfang gehandelt werden und für die sowohl lange als auch hochfrequente Zeitreihen vorliegen, was eine intensive Analyse ihrer Rendite- und Risikoeigenschaften ermöglicht. Eine derart intensive Analyse ist auf Grund des Datenmangels für Wohnimmobilienmärkte nicht möglich. Um rationales Anlegerver-

---

[511] Stevenson, S. (2008), S. 3. Vgl. hierzu auch Gneuss, M. (2008).

4 Besonderheiten des Wohnimmobilienmarktes

halten auf Wohnimmobilienmärkten zu fördern, muss zunächst das Verständnis für die Abläufe und Besonderheiten der Wohnimmobilienmärkte verbessert werden.[512]

Als eine weitere Ursache für den geringen Grad an rationalem Anlegerhandeln auf den Wohnimmobilienmärkten wird die hohe Zahl unerfahrener Marktteilnehmer genannt. „The residential real estate market is populated by amateurs making infrequent transactions on the basis of limited information and with little or no experience in gauging the fundamental value of the houses they are buying and selling."[513] Da viele Marktteilnehmer mit der Bewertungspraxis und den Abläufen des Wohnimmobilienmarktes nicht vertraut sind, orientieren sie sich bei ihren Investitionsentscheidungen nicht an der fundamentalen Datenlage, sondern an der aktuellen Marktstimmung. Mit diesem prozyklischen Verhalten vergrößern die unerfahrenen Anleger die Preisschwankungen auf den Wohnimmobilienmärkten, da sie sich verstärkt in Phasen positiver Anlegerstimmung zum Kauf entschließen und somit vorangegangene Preisanstiege verstärken. Damit tragen die unerfahrenen Anleger zur Bildung von positivem Feedback auf den Wohnimmobilienmärkten bei.

Der Datenmangel und die hohe Zahl unerfahrener Akteure auf den Wohnimmobilienmärkten zeigen sich in einigen speziellen Verhaltensweisen der Marktteilnehmer, die auf diesen Märkten stärker ausgeprägt sind als auf den Märkten für liquide Vermögensgüter.

---

[512] Vgl. Gneuss, M. (2008), S. 18.
[513] Smith, M. und Smith, G. (2006), S. 3. Ähnlich formulieren dies Krainer, J. und Wie, C. (2004), S. 1: „Most market participants have little experience, making transactions only infrequently. Asymmetric or incomplete information between buyers and sellers about demand and prices is acute. Even with the advent of new technologies, the matching of buyers with sellers remains cumbersome and slow. And unlike other markets, there are no good ways to 'short' the housing market if prices get too high." Seit 2006 bietet jedoch die Chicago Mercantile Exchange (CME) den Kauf von Futures und Optionen auf den S&P Case/Shiller Home Price Index an. Vgl. Hierzu Fabozzi, F. et al. (2009).

Die Marktakteure auf den Wohnimmobilienmärkten:

- orientieren sich bei ihren Investitionsentscheidungen nicht an den Fundamentaldaten,[514]

- leiden unter der sog ‚Disaster Myopia'[515] und

- unterliegen dem sog. ‚Anchoring-Effekt'.[516]

Die immer wieder vertretene Sichtweise, dass sich die Marktakteure auf den Wohnimmobilienmärkten signifikant anders als auf den Märkten für liquide Vermögensgüter verhalten, muss jedoch sehr kritisch hinterfragt werden. Sämtliche weiter oben auszugsweise aufgelisteten Verhaltensweisen treffen nämlich keineswegs nur auf die Akteure auf den Wohnimmobilienmärkten, sondern ebenso auch auf die Teilnehmer an den Aktienmärkten zu. Bestes Beispiel hierfür ist der ‚Anchoring Effekt': Auch auf den Aktienmärkten orientieren sich die Anleger bei der Frage, ob sie eine Aktie weiter halten oder doch besser verkaufen sollten, am Kaufpreis der Aktie.[517] Des Weiteren spricht die Tatsache, dass auch an den Aktienmärkten viele Anleger nur über geringes Wissen und Erfahrung verfügen, gegen die These des unterschiedlichen Anlegerverhaltens. Dass gerade in Phasen steigender Kurse vermehrt unerfahrene Anleger auf den Aktienmärkten aktiv werden und ihre Kaufentscheidungen nicht auf Grundlage rationaler Erwartungen treffen, wurde zu Zeiten der ‚New Economy'-Blase eindrucksvoll bewiesen. Zusammenfassend lässt sich festhalten, dass es schlüssige Argumente gegen die häufig angeführte These gibt, die Akteure auf den Wohnimmobilienmärkten verhielten sich signifikant anders als auf liquiden Märkten für Vermögensgüter.

---

[514] Vgl. hierzu Case, K. und Shiller, R. (1999) sowie Smith, M. und Smith, G. (2006).

[515] Auf Grund der geringen Frequenz an neuen Informationen zum aktuellen Marktgeschehen und des seltenen Auftretens von Preisrückgängen entwickeln die Marktakteure ein kurzsichtiges Anlegerverhalten. Da die Wahrscheinlichkeit eines Preisrückgangs eher gering ausfällt und die Individuen durch das seltene Auftreten von Preisrückgängen nicht in der Lage sind, subjektive Wahrscheinlichkeiten über das Eintreten von Preisrückgängen zu bilden, ziehen die Anleger einen derartigen Preisrückgang nicht in Betracht. Vgl. Herring, R. und Wachter, S. (1999) sowie Malpezzi, S. und Wachter, S. (2005).

[516] Der ‚Anchoring-Effekt' besagt, dass sich die Marktakteure sehr stark an bestehenden Preisen orientieren. Bei der Verkaufsentscheidung orientieren sich die Marktakteure sehr stark an dem Preis, den sie selbst beim Kauf der Immobilie bezahlt haben. In Phasen mit einer rückläufigen Preisentwicklung bewirkt der ‚Anchoring-Effekt' somit eine gewisse Preisrigidität nach unten, da die Anleger nicht gewillt sind, ihre Immobilien unter dem Kaufpreis zu veräußern, und statt dessen lieber mit dem Verkauf warten, bis sich die Stimmung wieder verbessert hat. Vgl. Gneuss, M. (2008), S. 18f.

[517] Vgl. hierzu u. a. Kaustia, M. et al. (2008).

4 Besonderheiten des Wohnimmobilienmarktes

In Kapitel 4 wurden die zentralen Besonderheiten von Wohnimmobilienmärkten dargestellt und die sich hieraus ergebenden Probleme sowohl für die theoretische als auch empirische Analyse von Wohnimmobilienmärkten diskutiert. Abschließend werden noch einmal die zentralen Ergebnisse dieses Kapitels zusammengefasst, die berücksichtigt werden müssen, um die im weiteren Verlauf dieser Arbeit gewonnenen theoretischen und empirischen Erkenntnisse richtig zu interpretieren:

- Es gibt nicht den einen nationalen Wohnimmobilienmarkt. Dieser unterteilt sich vielmehr in diverse räumliche sowie sachliche (Sub-) Teilmärkte. Da die einzelnen Teilmärkte unterschiedlichen werbetreibenden Faktoren unterliegen und somit unterschiedliche Wertentwicklungen aufweisen, ist eine separate Analyse der einzelnen Teilmärkte von Nöten, um zu aussagekräftigen Ergebnissen zu gelangen.

- Durch den inhärenten Mangel an öffentlich zugänglichen wohnimmobilienmarktspezifischen Daten ist bereits die Bestimmung von aktuellen Marktpreisen, was bei liquiden Vermögensgütern wie z. B. Aktien wegen des Vorliegens tagesaktueller Preise kein Problem darstellt, mit vielen Schwierigkeiten behaftet.

- Wohnimmobilienmärkte zeichnen sich durch zahlreiche nationale Besonderheiten aus, die einen direkten Vergleich der nationalen Preisentwicklungen erschweren.

- Auf Grund der Intransparenz und der mangelhaften Datenqualität auf Wohnimmobilienmärkten und der hieraus resultierenden beschränkten Aussagekraft von Immobilienpreisindizes müssen die Ergebnisse von empirischen Untersuchungen stets sehr kritisch hinterfragt werden.

> *"There still is considerable uncertainty about how to measure bubbles, if they exist at all. Moreover, it may be reasonable to conclude that despite the fact that economists have had a long fascination with asset price bubbles, the state of the empirical asset price bubble research is still in its infancy."*
>
> (Filardo, A. (2003), S. 296)

5 Erkennung von Preisblasen auf Wohnimmobilienmärkten

Wie bereits früher betont, wurden in der wirtschaftswissenschaftlichen Literatur hauptsächlich die (liquiden) Märkte für Aktien, Rohstoffe und Währungen auf die Existenz von Preisblasen untersucht. Der Immobilienmarkt wurde bis vor wenigen Jahren in der wirtschaftswissenschaftlichen Forschung dagegen systematisch vernachlässigt. Aus diesem Grund sind die im Folgenden dargestellten Testverfahren zur Überprüfung der Märkte für Vermögensgüter auf die Existenz von Preisblasen ursprünglich für Aktien, Rohstoffe und Währungen entwickelt worden, die an organisierten Kapitalmärkten gehandelt werden und somit ein hohes Maß an Liquidität aufweisen. Der Wohnimmobilienmarkt unterscheidet sich jedoch – wie bereits in Kapitel 3.4 und Kapitel 4 ausführlich dargestellt – in einigen zentralen Punkten von den Märkten für liquide Vermögensgüter. Er zeichnet sich u. a. durch eine geringe Transparenz, Marktsegmentierung und einer hieraus resultierenden geringen Markteffizienz aus. Aus der mangelhaften Transparenz des Immobilienmarktes ergeben sich zusätzliche Schwierigkeiten bei der Preisfindung und damit auch bei der Erkennung von Preisblasen.

Ziel dieses Kapitels ist es, die Testverfahren zur Analyse von Preisblasen ausführlich darzustellen und speziell auf ihre Eignung zur Anwendung auf Wohnimmobilienmärkten hin zu überprüfen, bevor in Kapitel 6 die empirische Analyse der internationalen Wohnimmobilienmärkte erfolgt.

5.1 Charttechnische Analyse

Eine einfache und intuitive Möglichkeit, (Wohnimmobilien-) Märkte auf die Existenz von Preisblasen zu untersuchen, ist die charttechnische Analyse. Diese unterscheidet zwischen Boom- und Bust-Phasen. Preisentwicklungen, die durch einen starken Preisanstieg und einen folgenden starken Rückgang gekennzeichnet sind, werden häufig als

Boom-Bust-Zyklen bezeichnet. Zu Beginn der charttechnischen Analyse wird mittels einer einfachen Daumenregel festgelegt, durch welches Kursverlaufsmuster eine Preisblase gekennzeichnet sein soll. Hierzu bedienen sich empirische Analysen in der Regel einer prozentualen Höhe. So bezeichnen Helbling und Terrones (2003) einen prozentualen Rückgang der Preise von Wohnimmobilienmärkten von 14 % oder mehr als einen Bust. Detken und Smets (2004) definieren einen Bust (Boom) als ein Abweichen des Preises von 10 % oder mehr unter (über) den langfristigen Trend.[518] Je nach Herangehensweise ergibt sich eine unterschiedliche Anzahl an Boom- und Bust-Phasen bzw. Boom-Bust-Zyklen.

Zur Durchführung der charttechnischen Analyse wird lediglich die Preisentwicklung des zu untersuchenden Marktes benötigt. Der große Vorteil dieses Testverfahrens sind somit die sehr geringen Anforderungen an die Datenverfügbarkeit. Des Weiteren können die Boom- und Bust-Phasen im Rahmen der charttechnischen Analyse genau identifiziert werden, so dass die Analyse stets zu einem eindeutigen Ergebnis bzgl. der Existenz von positiven bzw. negativen Preisblasen kommt.

Die charttechnische Analyse besitzt jedoch einige zentrale Nachteile. Zum einen schwankt die Anzahl der identifizierten Phasen der Über- bzw. Unterbewertung stark mit der im Vorfeld festgelegten prozentualen Kursveränderung, durch die eine Preisblase definiert wird. Wird die Prozentangabe hoch (niedrig) angesetzt, so ergibt sich eine geringe (hohe) Anzahl an Über- bzw. Unterbewertungen. Die Ergebnisse empirischer Analysen werden somit immer durch das subjektive Empfinden des Autors beeinflusst, der die prozentuale Kursveränderung festlegt.

Zum anderen – hier handelt es sich um den schwerwiegenderen Nachteil – wird eine Preisblase in der charttechnischen Analyse durch ein bestimmtes Kursverlaufsmuster definiert und berücksichtigt somit bei der Erkennung von Preisblasen lediglich die Preisentwicklung des betrachteten Wohnimmobilienmarktes. Bei einer isolierten Betrachtung der Preisentwicklung lassen sich jedoch Preisblasen – wie sie in dieser Arbeit als Abweichen des Marktpreises von seinem fundamentalen Wert definiert wurden – nicht erkennen. „While […] graphs provide some intuition about the possible reasons for the behavior of house prices […], they are not very useful in determining formally

---

[518] Ähnliche Herangehensweisen finden sich in McCue, D. und Belsky, E. (2007), Helbling, T. und Terrones, M. (2005), Bordo, M. (2005) sowie Bordo, M. und Jeanne, O. (2002).

whether changes in fundamentals explain changes in house price."[519] Um zu einer Aussage über die Existenz von Preisblasen zu kommen, muss ein Testverfahren folglich zwingend das fundamentale (Markt-) Umfeld berücksichtigen. Die charttechnische Analyse ist hierzu nicht in der Lage. Sie ist somit lediglich als Ausgangspunkt einer empirischen Analyse anzusehen, da sie nur Hinweise auf mögliche Fehlbewertungen auf den internationalen Wohnimmobilienmärkten liefern kann.

5.2 Analyse des Verhaltens der Marktakteure

Das Verhalten der Marktakteure ist speziell mit dem Platzen der ‚New Economy'-Blase in den Fokus der wirtschaftswissenschaftlichen Forschung gerückt. In jüngster Zeit wurde besonders bei der Beantwortung der Fragestellung, ob sich in den letzten Jahren auf den weltweiten Wohnimmobilienmärkten Preisblasen gebildet haben, in verstärktem Maße das Verhalten der Marktakteure wie Hauskäufer, finanzierende Banken oder Immobilienunternehmen beobachtet, um Rückschlüsse auf das Bewertungsniveau zu ziehen.

Die Analyse des Verhaltens der Marktakteure basiert auf der zentralen Überlegung bzw. Beobachtung, dass sich die Marktteilnehmer auf den Wohnimmobilienmärkten nicht als (perfekt) rational handelnde Nutzenmaximierer verhalten, sondern als Individuen, die ihre Entscheidungen unter beschränktem Wissen und limitierter Informationsverarbeitungskapazität treffen. Die Marktteilnehmer handeln folglich nicht wie programmierte Computer, die in kürzester Zeit unter Beachtung sämtlicher zur Verfügung stehender Informationen eine optimale Entscheidung treffen. Stattdessen wird berücksichtigt, dass sie bei ihren Investitionsentscheidungen ihren eigenen Emotionen unterliegen und somit ein im Zeitablauf variierendes Denk- und Verhaltensmuster offenbaren. Besonders in Boom-Phasen verändern sich die Investitionsmotive und Verhaltensweisen der Marktakteure. Typische Denk- bzw. Verhaltensmuster in Boom-Phasen sind die Erwartung immer weiter steigender Preise und eine systematische Unterschätzung der eingegangenen Risiken: „The notion of a bubble is really defined in terms of people's thinking: their expectations about future price increases, their theories about the risk of falling prices, and their worries about being priced out of the housing market in the future if they do not buy."[520]

---

[519] Mikhed, V. und Zemcík, P. (2007), S. 7. Vgl. hierzu auch Case, K. und Shiller, R. (2003), S. 300.
[520] Case, K. und Shiller, R. (2003), S. 301.

Durch die Beobachtung des Verhaltens der Marktakteure können Rückschlüsse auf die Existenz von Preisblasen auf Wohnimmobilienmärkten in der Form gezogen werden, dass bestimmte Denk- bzw. Verhaltensweisen der Anleger mit der Existenz von Preisblasen gleichgesetzt werden. Im Zuge des lang anhaltenden Booms auf den internationalen Wohnimmobilienmärkten wurden viele wissenschaftliche Aufsätze veröffentlicht, die die Denk- und Verhaltensweisen der Hauskäufer oder der finanzierenden Banken genauer untersuchen und dabei immer wiederkehrende Muster entdeckt haben. Im Folgenden werden diese zentralen Denk- und Verhaltensweisen der Marktakteure dargelegt, die unter vielen Ökonomen als Anzeichen für die Existenz von Preisblasen auf den Wohnimmobilienmärkten angesehen werden.

(1) Häuser als reine Spekulationsobjekte

In der Regel erwerben Individuen Wohnimmobilien, um in diesen zu leben und einen Ort zu besitzen, an dem sie sich wohl und geborgen fühlen. Sie erwerben Wohnimmobilien jedoch auch zum Zwecke der Geldanlage. Ihr Ziel ist dann, die eigene Immobilie zu vermieten, um einen regelmäßigen Cash Flow zu erzielen, und am Ende der Investition durch den Wiederverkauf einen Gewinn zu erzielen. Erwerben die Individuen in Phasen steigender Vermögenspreise Wohnimmobilien vermehrt zum Zwecke der Geldanlage und nicht mit einer Konsumabsicht, ist dies als ein Anzeichen für spekulative Übertreibungen und damit die mögliche Existenz von Preisblasen zu werten.[521] „A tendency to view housing as an investment is a defining characteristic of a housing bubble. [...] That is what a bubble is all about: buying for the future price increases rather than simply for the pleasure of occupying the home. And it is this motive that is thought to lend instability to bubbles, a tendency to crash when the investment motive weakens."[522]

(2) ‚Momentum Investor Behaviour'

Ein weiteres Anlegerverhalten, das ein Abweichen des Marktpreises von seinem fundamentalen Wert bewirken kann, ist das sog. ‚Momentum Investor Behaviour'.[523] Dieser Term beschreibt das Verhaltensmuster der Anleger, bei steigenden Preisen für Ver-

---

[521] Die Idee, das vermehrte Auftreten von spekulativen Hauskäufen als Anzeichen für die Existenz von Preisblasen zu deuten, muss jedoch kritisch hinterfragt werden. So unterliegt z. B. einem Hauskauf mit dem Motiv, sich gegen eine zukünftig erwartete höhere Inflation abzusichern, sicherlich keine spekulative Absicht. Auf realen Wohnimmobilienmärkten gestaltet es sich jedoch als schwierig, Spekulations- und Absicherungsmotiv klar voneinander zu trennen.
[522] Case, K. und Shiller, R. (2003), S. 321.
[523] Vgl. Fraser, P. et al. (2006), S. 18f. und Black, A. et al. (2006), S. 1535.

mögensgüter zu kaufen und bei fallenden Preisen zu verkaufen. Mit diesem prozyklischen Verhalten verstärken die Anleger die Preisvolatilität auf den Märkten. Hand in Hand mit dem ‚Momentum Investor Behaviour' treten die sog. ‚Feedback-Schleifen' auf den Märkten für Vermögensgüter auf:[524] In Phasen steigender Vermögenspreise bekommen die Marktakteure durch einen andauernden Anstieg der Vermögenspreise das positive Signal, ihre Kaufentscheidung sei – im Nachhinein betrachtet – richtig gewesen. Dieses positive Feedback ermutigt die Marktteilnehmer, weitere Käufe zu tätigen, wodurch die Preise immer weiter steigen. Das ermutigt wiederum neue Käufer zum Markteintritt und lässt die Preise weiter steigen. Derartige ‚Feedback-Schleifen' können dazu führen, dass sich die Marktpreise von ihrem fundamental gerechtfertigten Niveau entfernen.

(3) ‚New Era Stories'

Übertreibungen auf den Märkten für Vermögensgüter gehen häufig mit der allgemein verbreiteten Ansicht einher, eine neue Ära sei angebrochen. „Speculative market expansions have often been associated with popular perceptions that the future is brighter or less uncertain than it was in the past. The new era has periodically been used to describe these times."[525] Als klassisches Beispiel für Übertreibungen auf den Märkten für Vermögensgüter, die Hand in Hand mit der Überzeugung der Marktteilnehmer einhergingen, ein neues Zeitalter sei angebrochen und die alten Gesetzmäßigkeiten würden nicht mehr länger fortbestehen, wird der ‚New Economy'-Boom um die Jahrtausendwende genannt.[526] ‚New Era Stories' treten verstärkt gegen Ende eines Booms auf. Sie dienen den Marktakteuren als letztes Mittel, um die Kurssteigerungen auf den Märkten noch erklären zu können, da die fundamentale Datenlage – isoliert betrachtet – das erreichte Kursniveau nicht mehr rechtfertigen kann. Das verstärkte Auftreten von ‚New Era Stories' kann somit einen Hinweis auf die Existenz von Übertreibungen liefern. Dies hat auch der ehemalige Vorsitzende der FED Alan Greespan erkannt, als er im Jahr 1997 angesichts der enormen Anlegereuphorie auf den Aktienmärkten zur Vorsicht gegenüber dem Bewertungsniveau mahnte: „Is it possible that there is something fundamentally new about this current period that would warrant such complacency? Yes, it is possible. Markets may have become more efficient, competition is more glob-

---

[524] Vgl. Aklerlof, G. und Shiller, R. (2009), S. 200f., Shiller, R. (2005), S. 68f. sowie Kapitel 3.2.3.
[525] Shiller, R. (2005), S. 106.
[526] Vgl. Shiller, R. (2005), S. 118f. sowie Sornette, D. und Woodward, R. (2009), S. 21f. Eine Übersicht über historische ‚New Era Stories' auf den Märkten für Wohnimmobilien liefert Shiller, R. (2005), S. 120ff.

al, and information technology has doubtless enhanced the stability of business operations. But, regrettably, history is strewn with visions of such new eras that, in the end, have proven to be a mirage. In short, history counsels caution."[527]

(4) Übertriebene Erwartungen

Fehlbewertungen auf den Wohnimmobilienmärkten zeigen sich auch in einer übertriebenen Erwartungshaltung der Marktteilnehmer an die zukünftige Preisentwicklung. In Phasen lang anhaltender Preisanstiege neigen die Akteure dazu, den vorangegangenen Anstieg eins zu eins in die Zukunft fortzuschreiben. Dabei ignorieren sie, dass es sich bei dem vorangegangenen Preisanstieg um eine Boom-Phase handelt, die sich nicht unendlich fortsetzen kann und der in der Regel eine Phase der Stagnation oder sogar rückläufiger Kurse folgt. In ihren Befragungen weisen Case und Shiller (1988/03) die übertriebene Erwartungshaltung US-amerikanischer Hauskäufer im Verlauf von Boom-Phasen nach, indem sie diese nach ihrer erwarteten Preissteigerung befragen und unrealistisch hohe Werte als Antwort erhalten.[528]

Eine weitere Ausprägungsart übertriebener Erwartungen in Phasen steigender Wohnimmobilienpreise ist der sog. ‚Uniqueness Bias', dem die privaten Hauskäufer unterliegen.[529] Danach überschätzen die privaten Hauskäufer auf Grund von Anomalien in der menschlichen Entscheidungsfindung wie z. B. übermäßigem Selbstvertrauen systematisch die Qualität ihres Investments. Auf den Wohnimmobilienmärkten äußert sich der ‚Uniqueness Bias' in der Vorstellung der Hauskäufer, die Stadt/Region ihres Hauskaufs sei einzigartig und wird es auch in der Zukunft bleiben. Diese Denkweise verkennt jedoch den Angebotseffekt: Steigende Preise für Wohnimmobilien signalisieren die gestiegene Attraktivität eines Investments in Wohnimmobilien und führen zu einer Ausweitung des Angebots an neuen Wohnungen durch den Markteintritt neuer Akteure. Die Ausweitung des Wohnungsangebots führt dann zu einem Rückgang bzw. einer Verlangsamung des Preisanstieges.

Der feste Glaube an stetig weiter steigende Wohnimmobilienpreise zeigt sich bei den Haushalten, die über kein Wohneigentum verfügen und zur Miete wohnen, auch in der Befürchtung, sich auf Grund der stetig weiter steigenden Preise in der Zukunft kein Wohneigentum mehr leisten zu können. Von dieser Angst getrieben, versuchen viele

---

[527] Greenspan, A. (1997).
[528] Für eine ausführliche Darstellung der Ergebnisse dieser Studie vgl. auch Kapitel 2.2.4.
[529] Vgl. Shiller, R. (2007b), S. 9f.

Haushalte inmitten von Boom-Phasen, den ersehnten Hauskauf zu finanzieren.[530] Diese ‚Panik-Käufe' heizen die Preisentwicklung weiter an.

Mit übertriebenen Erwartungen an die zukünftige Preisentwicklung ist in Phasen steigender Wohnimmobilienpreise die systematische Unterschätzung des mit einem Hauskauf eingegangenen Risikos eng verbunden. Diese äußert sich u. a. in einer ‚Sure Thing'-Mentalität, nach der die privaten Hauskäufer in der festen Erwartung immer weiter steigender Preise überzeugt sind, mit ihrer Kaufentscheidung einen ‚guten Deal' gemacht zu haben.[531] Ein weiteres Anzeichen für die systematische Unterschätzung des Risikos eines privaten Hauskaufs ist die sog. ‚Buy Now, Pay Later'-Mentalität, bei der die privaten Hauskäufer in Erwartung immer weiter steigender Preise die Tilgung ihrer Kredite aussetzen und nur die Zinsen bezahlen oder den Kredit durch den Entzug von Eigenkapital (MEW) sogar erhöhen.[532]

(5) Eintritt neuer Marktakteure

Ein häufig genanntes Anzeichen für die Existenz von Preisblasen ist der verstärkte Eintritt neuer Akteure. Hierbei kann zwischen privaten Hauskäufern und Unternehmen unterschieden werden.

Im Bereich der privaten Hauskäufer wurde in der Literatur in den letzten Jahren sehr häufig das Phänomen der ‚Second-Home-Buyers'[533] beschrieben. Diese Investoren sind private Hauskäufer, die bereits eine eigene Wohnimmobilie besitzen, sich aber durch die Aussicht auf schnell ansteigende Preise zum spekulativen Kauf einer zweiten Wohnimmobilie entscheiden. Die ‚Second-Home-Buyers' achten in der Regel nicht darauf, ob die Preise für Wohnimmobilien noch durch die fundamentale Datenlage gerechtfertigt sind. Sie setzen stur auf ein fortwährendes Ansteigen der Preise und leisten somit einen Beitrag zur Vergrößerung der bestehenden Ungleichgewichte auf den Wohnimmobilienmärkten. Laut Wheaton und Nechayev (2008) hat sich der prozentuale Anteil der ‚Second-Home-Buyers' am Gesamtvolumen der vergebenen Kredite während des Hauspreisbooms in den USA deutlich erhöht. Während er im Jahr 1999 noch bei deutlich unter 10 % lag, stieg er bis zum Jahr 2005 auf über 15 % deutlich an.

---

[530] Vgl. Sornette, D. und Woodard, R. (2009), S. 21 sowie Case, K. und Shiller, R. (2003), S. 299.
[531] Vgl. hierzu auch Kapitel 2.2.4.
[532] Vgl. hierzu auch Kapitel 2.2.4.
[533] Vgl. McCue, D. und Belsky, E. (2007), S. 12 sowie Wheaton, W. und Nechayev, G. (2008), S. 15ff.

Aber auch bei den privaten Unternehmen zeigt sich in Phasen spekulativer Übertreibungen eine verstärkte Tendenz zum Markteintritt neuer Akteure.[534] Ähnlich wie die privaten Hauskäufer möchten auch die ‚neuen Unternehmer' von der auf den Märkten vorherrschenden Euphorie profitieren. Obwohl auch Firmen mit solidem, auf langfristigen Erfolg ausgerichtetem Geschäftsmodell in Phasen der Überhitzung neu in den Markt eintreten, unterstellt Simon (2003) jedoch der überwiegenden Anzahl der neuen Unternehmen, kurzfristig einen möglichst großen Gewinn erzielen zu wollen. Häufig schrecken diese Unternehmen auch vor betrügerischen Handlungen nicht zurück: „Scandals are an inevitable consequence of any period of speculative excess."[535]

(6) Kreditvergabepraxis der Banken

Neben privaten Akteuren und Unternehmen verändern auch die Banken in Phasen spekulativer Übertreibungen ihr Verhaltensmuster. Diese möchten ebenfalls von den stetig steigenden Preisen für Wohnimmobilien profitieren und weiten die Vergabe von Krediten zur Finanzierung von Wohneigentum aus, was den Preisanstieg weiter anheizt. Um eine Ausweitung der Kreditvergabe zu erreichen, sind sie gezwungen, ihre Kreditvergabekriterien zu lockern. Speziell in den USA ist das systematische Aufweichen der Kreditvergabestandards im Vorfeld der Subprime-Krise durch empirische Untersuchungen ausführlich analysiert und dokumentiert worden. Um den privaten Haushalten die Aufnahme eines Krediates ‚schmackhaft' zu machen, wurde eine Vielzahl an Lockerungsmaßnahmen wie z.B. ‚Teaser Rates' eingeführt.[536]

Fazit

Die Analyse des Verhaltens der Marktakteure greift die Denkweisen und Handlungsmotivationen der Marktteilnehmer auf und berücksichtigt somit psychologische Aspekte. Sie kann somit als eine Ergänzung zu den im Folgenden präsentierten ‚klassischen' Testverfahren gesehen werden. Diese blenden psychologische Aspekte weitestgehend aus und stützen sich stattdessen auf quantifizierbare, ökonomische Variablen.

Speziell auf den Immobilienmärkten kommt der Analyse des Verhaltens der unterschiedlichen Marktakteure eine besondere Bedeutung zu. Bedingt durch die mangelhafte Datenverfügbarkeit und die begrenzte Aussagekraft vieler wohnimmobilien-

---

[534] Vgl. Simon, J. (2003), S. 18.
[535] Wood, C. (1992), S. 2. Zum verstärkten Auftreten von (Finanz-) Skandalen und Betrügereien in Phasen steigender Vermögenspreise vgl. auch Rosser, J. (1991), S. 63f.
[536] Vgl. hierzu die Ausführungen in Kapitel 3.2.2.

5 Erkennung von Preisblasen auf Wohnimmobilienmärkten 211

spezifischer Variablen sind sämtliche auf quantitativen Modellen beruhende Analysen stets mit großer Sorgfalt zu interpretieren. Die Analyse des Anlegerverhaltens kann die dominant angewandten, auf quantitativen Modellen beruhenden Testverfahren ergänzen und weitere hilfreiche Informationen zur Analyse des Bewertungsniveaus von Wohnimmobilienmärkten liefern.

Die zentrale Schwachstelle der Analyse des Verhaltens der Marktakteure ist die Generierung geeigneter Informationen. So ist es extrem schwierig, das Verhalten der Marktakteure (Hauskäufer) bzw. die Stimmung der Akteure quantitativ zu erfassen. In der wirtschaftswissenschaftlichen Literatur kommen bis zum jetzigen Zeitpunkt besonders folgende Methoden zur Anwendung:

- Datenerhebung mittels der Auswertung von Zeitungsartikeln[537] und

- Datenerhebung mittels der Auswertung von Umfragen.[538]

Beide Methoden sind jedoch entweder sehr aufwendig in der Generierung von Informationen und/oder ihre Auswertung ist mit Problemen behaftet.[539] Hierin liegt auch die Ursache für die geringe Zahl an empirischen Analysen zum Verhalten der Marktteilnehmer auf Wohnimmobilienmärkten.

Etwas besser dokumentiert wird hingegen die Kreditvergabepraxis der Banken. So veröffentlich z. B. die Europäische Zentralbank regelmäßig die Ergebnisse ihrer ‚Umfrage zum Kreditgeschäft' (‚Bank Lending Survey'). „Darin werden einer fest vorgegebenen Gruppe von Banken im Euro-Währungsgebiet qualitative Fragen zur Entwicklung der Kreditrichtlinien, der Kreditkonditionen und der Kreditnachfrage im Geschäft mit Unternehmen sowie privaten Haushalten gestellt."[540] Die ‚Umfrage zum Kreditgeschäft' wird jedoch erst seit 2003 erhoben und weist nur eine vierteljährliche Frequenz auf.

---

[537] Vgl. u. a. Wong, G. (2005), S. 5ff. sowie Case, K. und Shiller, R. (2003), S. 301f.
[538] Vgl. u. a. Case, K. und Shiller, R. (2003), S. 315ff. sowie Piazessi, M. und Schneider, M. (2009), S. 1ff.
[539] So ist z. B. die Auswertung von Zeitungsartikeln in die drei Kategorien ‚positiv', neutral' und ‚negativ' – wie es Wong (2005) praktiziert – sehr vom subjektiven Empfinden der auswertenden Person abhängig.
[540] Europäische Zentralbank (2010a), S. XVII.

5.3 Barwertmodell

Barwertmodelle sind in der wirtschaftswissenschaftlichen Literatur der dominante Ansatz zur Bestimmung des Preises von Vermögensgütern.[541] Mit ihrer Hilfe wird der fundamentale Wert eines Vermögensguts durch die Diskontierung der zukünftig zu erwartenden Erträge mit einem risikoadjustierten Zinssatz bestimmt.

Im Zuge der Preissteigerungen auf den internationalen Wohnimmobilienmärkten seit Mitte der 1990er Jahre werden Barwertmodelle in verstärktem Maße zur Überprüfung der Fragestellung herangezogen, ob es sich um fundamental begründete Preisbewegungen oder um Preisblasen handelt. Zur Überprüfung dieser Fragestellung wird der durch ein Barwertmodell ermittelte fundamental angemessene Wert eines betrachteten Wohnimmobilienmarktes mit dem aktuellen Preisniveau des Marktes verglichen. Liegt das aktuelle Preisniveau deutlich über (unter) dem mittels des Barwertmodells errechneten fundamental gerechtfertigten Wert, so existiert auf dem betrachteten Markt eine positive (negative) Preisblase.[542]

Die in den empirischen Analysen verwendeten Barwertmodelle zur Bestimmung des fundamental angemessenen Bewertungsniveaus von Wohnimmobilienmärkten entsprechen in ihrer Grundstruktur Formel 2.2, wurden jedoch im Zeitablauf stetig verfeinert und weiterentwickelt.[543]

Die beiden Variablen eines Barwertmodells zur Bestimmung des fundamentalen Wertes von Wohnimmobilien, die den größten Einfluss auf die Höhe des fundamentalen Wertes haben, sind die zukünftig erwarteten Mieteinnahmen und der risikoadjustierte Diskontierungszinssatz. Die Bestimmung beider Variablen ist speziell auf Wohnimmobilienmärkten mit großen Schwierigkeiten verbunden, da sie nicht direkt beobachtbar sind und daher geschätzt oder durch Proxys ersetzt werden müssen.

---

[541] Vgl. hierzu auch Kapitel 2.2.5.
[542] In ihrer Barwertbetrachtung kommen Fraser, P. et al. (2006) im Untersuchungszeitraum von 1970 bis 2005 zu dem Ergebnis, dass in den frühen 1970er, 1980er und seit dem Jahr 2000 Preisblasen auf dem neuseeländsichen Wohnimmobilienmarkt existierten/existieren. Black, A. et al. (2006) untersuchen den britischen Wohnimmobilienmarkt im Zeitraum von 1973 bis 2004 mittels einer Barwertbetrachtung und kommen ebenfalls zum Ergebnis der Existenz von Preisblasen Mitte/Ende der 1980er Jahre und ab dem Jahr 2001.
[543] So entwickeln z. B. Black, A. et al. (2006) in ihrer empirischen Analyse des britischen Wohnimmobilienmarktes ein ‚Time Varying Present Value'-Barwertmodell, indem sie eine im Zeitablauf variierende Risikoprämie in Anlehnung an Merton, R. (1973/80) konstruieren.

Zukünftig erwartete Mieteinnahmen

Bei der Abbildung der zukünftig erwarteten Mieteinnahmen ergeben sich zwei zentrale Probleme. Zum einen liefert das Barwertmodell fehlerhafte Ergebnisse, wenn die Erwartungen der Marktteilnehmer über die zukünftige Mietentwicklung falsch sind. In diesem Fall ist das zu Grunde liegende Modell zwar formal korrekt, es liefert aber auf Grund der falschen Annahmen fehlerhafte Barwerte.

Ein anderes Problem ergibt sich aus der Tatsache, dass die Erwartungen der Marktteilnehmer über die zukünftige Mietentwicklung nicht direkt beobachtbar sind und daher durch Proxys abgebildet werden müssen. Bei Verwendung eines falschen Proxys ist das Barwertmodell nicht korrekt spezifiziert und liefert somit falsche Ergebnisse. In empirischen Analysen wird häufig die vergangene Ertragsentwicklung als Proxy angesetzt.[544] Aus ökonomischer Sicht lassen sich jedoch keine überzeugenden Argumente finden, warum sich die vergangene Ertragsentwicklung konstant in der Zukunft fortsetzen und somit ein geeigneter Proxy für die Erwartungen der Marktteilnehmer darstellen sollte.[545] Eine andere Möglichkeit, Erwartungen über die zukünftige Ertragsentwicklung abzubilden, ist die direkte Befragung der Marktteilnehmer.[546] Capozza und Seguin (1996) kritisieren, dass bei einer direkten Befragung von Besitzern und Mietern nach deren Erwartungen über die zukünftige Ertragsentwicklung von Wohnimmobilien lediglich die durchschnittlichen Erwartungen der Marktteilnehmer bestimmt werden können. Märkte für Vermögensgüter reflektieren jedoch die Erwartungen der marginalen Käufer und Verkäufer. „Because we cannot identify these marginal traders from a survey, we cannot infer from surveys how the expectations that influence prices are formed."[547] Aus diesem Grund lehnen die Autoren Umfragen zur Bestimmung der Erwartungen der Marktteilnehmer ab.

Wird zur Abbildung der Erwartungen der Marktteilnehmer ein falscher Proxy verwendet oder sind die in die Berechnung eingehenden Erwartungen der Marktteilnehmer falsch, sind die Ergebnisse des Blasentests mittels eines Barwertmodells wertlos: „If the

---

[544] Vgl. Capozza, D. und Seguin, P. (1996), S. 373.
[545] Vgl. hierzu u. a. Flood, R. et al. (1994), S. 114.
[546] Diesen Weg wählen Case, K. und Shiller, R. (1988) sowie Case, K. und Shiller, R. (1999) in ihren Studien.
[547] Capozza, D. und Seguin, P. (1996), Fn. 5.

model of expectations is flawed, incorrect inference can result. This problem is particular serious in bubble tests, but it is not just in these tests that the problem arises."[548]

Risikoadjustierter Diskontierungszinssatz

Neben der zukünftig erwarteten Ertragsentwicklung von Wohnimmobilien übt auch der Diskontierungszinssatz einen wesentlichen Einfluss auf die Höhe des mittels eines Bartwertmodells berechneten fundamentalen Bewertungsniveaus aus. Daher ist es von entscheidender Bedeutung, den risikoadjustierten Diskontierungszinssatz sachgerecht zu ermitteln, um zu aussagekräftigen Ergebnissen zu gelangen. „The appropriate modeling of the discount rate is crucial or else a bubble could be identified when in fact there is no discrepancy between actual and fundamental values."[549]

Zur Bestimmung des risikoadjustierten Diskontierungszinssatzes werden kapitalmarkttheoretische Modelle wie das Capital Asset Pricing Model (CAPM) oder das Arbitrage Pricing Model (APT) angewendet. Diese Modelle leiten die Renditeforderung der Marktakteure in Abhängigkeit des Risikos ab, das am Kapitalmarkt entschädigt wird.[550] Hierbei handelt es sich um das systematische Risiko bzw. das Marktrisiko. Das unsystematische Risiko können die Marktteilnehmer selbst durch Diversifikation ihrer Anlagen eliminieren. Deshalb wird es am Markt nicht entgolten. Bei der Erfassung des systematischen Risikos für Immobilienanlagen mittels der hier genannten kapitalmarkttheoretischen Modelle ergeben sich jedoch einige Schwierigkeiten. Während für börsennotierte Wertpapiere durch das Aufeinandertreffen von Angebot und Nachfrage tägliche Marktpreise verfügbar sind und sich z. B. mittels des CAPMs risikoadjustierte Diskontierungszinssätze ableiten lassen, liegen für Immobilien auf Grund der starken Intransparenz des Immobilienmarktes keine täglichen Informationen über die aktuelle Marktpreisentwicklung vor. Da – wie bereits in Kapitel 4.2.2 ausführlich dargestellt – die mittels Transaktionspreisen oder Bewertungen konstruierten Immobilienindizes häufig nur eine vierteljährliche Frequenz aufweisen und diverse methodische Probleme bestehen, eignen sie sich nur bedingt zur Abbildung des systematischen Risikos von Immobilienanlagen.

In empirischen Analysen wird deshalb auf unterschiedliche Proxys zurückgegriffen, um den risikoadjustierten Diskontierungszinssatz zu modellieren. Beispiele hierfür sind der

---

[548] Flood, R. et al. (1994), S. 114.
[549] Black, A. et al. (2006), S. 1536f.
[550] Vgl. hier und im Folgenden Wöhle, C. (2005), S. 219f.

Zinssatz 10-jähriger Staatsanleihen (Fraser et al. 2006) oder die risikoadjustierten Finanzierungskosten (Hendershott 2000). Beide Wege geben jedoch das wahre Risiko eines Engagements auf dem Wohnimmobilienmarkt nicht adäquat wieder. Um die Besonderheiten bei Wohnimmobilienmärkten zu berücksichtigen, sind gegebenenfalls Anpassungen im Bereich des Diskontierungszinssatzes erforderlich, um das unsystematische Risiko des Immobilienmarktes korrekt abzubilden.[551] Zu denken wäre in diesem Zusammenhang z. B. an einen Risikozuschlag für den Diskontierungszinssatz, um die mangelnde Liquidität des Immobilienmarktes zu berücksichtigen. Probleme ergeben sich aber weiterhin bei der Bestimmung der konkreten Höhe des Risikozuschlags.

Die Probleme bei der Abbildung der beiden zentralen Größen zukünftig erwartete Mieteinnahmen und risikoadjustierter Diskontierungszinssatz führen dazu, dass die Ergebnisse einer Analyse von Wohnimmobilienmärkten mittels des Barwertansatz stets mit einem hohen Maß an Unsicherheit verbunden sind und daher sehr vorsichtig interpretiert werden müssen.

5.4 Volatilitätstest

Die ersten Volatilitätstests[552] gehen auf die Arbeiten von Shiller (1981) sowie LeRoy und Porter (1981) zurück. Diese wurden in ihrer ursprünglichen Form konstruiert, um die Gültigkeit des Barwertansatzes zur Bewertung von Aktien zu testen.[553] Im Allgemeinen wird mit Hilfe von Volatilitätstests überprüft, ob die Schwankungen von Vermögenspreisen durch die zukünftig erwarteten Erträge erklärt werden können. Zu diesem Zweck werden ‚fundamental gerechtfertigte' Varianzober- und -untergrenzen berechnet und mit der tatsächlich zu beobachtenden Varianz der Aktie verglichen. Die in zahlreichen empirischen Untersuchungen nachgewiesenen Verletzungen der Varianzgrenzen sind für Shiller (1981) sowie Grossman und Shiller (1981) Anlass zur allgemeinen Kritik an der Verwendung von Barwertmodellen.

Andere Autoren – darunter Tirole (1985) sowie Blanchard und Watson (1982) – sehen in der Verletzung der Varianzgrenzen ein Anzeichen für die Existenz von Preisblasen. Hinter dieser Interpretation steht die zentrale Überlegung, dass „bubbles could make

---

[551] Vgl. Damodaran, A. (2002), S. 735ff.
[552] Diese werden in der Literatur auch als ‚Variance Bounds'-Tests oder ‚Excess Volatility'-Tests bezeichnet.
[553] Vgl. hierzu Gürkaynak, R. (2005) sowie Flood, R. et al. (1994).

asset prices more volatile than their market fundamentals."[554] Stiglitz (1990) sieht in den Volatilitätstests eine indirekte Methode, Preisblasen auf den Märkten für Vermögensgüter zu erkennen.

Die folgenden Ausführungen orientieren sich an Shillers ‚Variance Bounds'-Test von 1981. Dieser basiert auf der Nullhypothese, dass der fundamentale Wert einer Aktie K_t^F gemäß dem Barwertkonzept den zukünftig erwarteten, diskontierten Dividendenzahlungen entsprechen muss:

(5.1) $\quad K_t^F = \sum_{i=1}^{\infty} \left(\frac{1}{1+r} \right)^i E_t(D_{t+i})$.

Der ‚ex post' rationale Preis einer Aktie K_t^{F*} ergibt sich aus dem Barwert der diskontierten, tatsächlich erzielten Dividendenzahlungen:

(5.2) $\quad K_t^{F*} = \sum_{i=1}^{\infty} \left(\frac{1}{1+r} \right)^i D_{t+i}$.

Unter der Prämisse rationaler Erwartungen der Marktteilnehmer entspricht die Differenz zwischen tatsächlichem und erwartetem Preis χ_t einer Zufallsvariable mit einem Mittelwert von Null. Es ergibt sich die folgende Gleichung:

(5.3) $\quad K_t^{F*} = \sum_{i=1}^{\infty} \left(\frac{1}{1+r} \right)^i [E_t(D_{t+i}) + \chi_{t+i}] = K_t^F + \sum_{i=1}^{\infty} \left(\frac{1}{1+r} \right)^i \chi_{t+i}$.

Das Testverfahren beruht auf der Beobachtung, dass – auf Grund der Unkorreliertheit von χ_t mit sämtlichen zum Zeitpunkt t verfügbaren Informationen – die Varianz von K_t^{F*} wie folgt dargestellt werden kann:

(5.4) $\quad V(K_t^{F*}) = V(K_t^F) + \varphi V(\chi_t) \geq V(K_t^F)$,

mit: $\quad \varphi : \quad [1/(1+r)]^2 / [1-(1/(1+r))^2]$.

Unter der Annahme, dass der Preis für die betrachtete Aktie tatsächlich entsprechend Formel 5.1 gebildet wird, stellt Formel 5.4 die obere Grenze für die beobachtete Volatilität dar. „The ex-post rational price should be at least as variable as the observed prices

---

[554] Flood, R. und Hodrick, R. (1994), S. 93. Vgl. hierzu auch Brooks et al. (2001), S. 44.

because observed prices are based on expected dividends and do not have the variation introduced by future forecast errors, which the ex-post price includes."[555] Bei einer Verletzung der oberen Grenze bildet sich der Preis der Aktie nicht gemäß Formel 5.1, was von einigen Ökonomen als Beweis für die Existenz einer Preisblase angesehen wird.[556]

Die Mehrzahl der Ökonomen steht dem ‚Variance Bounds'-Test als Testverfahren zur Überprüfung der Märkte für Vermögensgüter jedoch kritisch gegenüber. Dies liegt speziell in den zahlreichen empirischen Problemen des Testverfahrens begründet. So bemerkt Gürkaynak (2005), dass der ‚ex post' rationale Preis einer Aktie K_t^{F*} niemals beobachtet werden kann, da die zukünftigen Dividendenzahlungen, die aus theoretischer Sicht in unendlicher Länge in die Berechnung eingehen müssten, nicht bekannt sind. In seiner empirischen Umsetzung des ‚Variance Bounds'-Tests für den S&P 500 benutzt Shiller (1981) den trendbereinigten, realen Durchschnittswert des gesamten Beobachtungszeitraums als Proxy für den Endwert. Flavin (1983) kritisiert jedoch an diesem Vorgehen, dass speziell bei kleinen Stichproben der Test in Richtung der Ablehnung der Nullhypothese verzerrt wird. Um diesen Kritikpunkt zu entkräften, wird in empirischen Untersuchungen häufig ein Endwert K_T^{F*} angesetzt, der dem letzten beobachteten Datenpunkt also ‚heute' entspricht.[557]

Kleidon (1986) spricht einen weiteren problematischen Punkt des ‚Variance Bounds'-Tests an. Bei den in den Schätzungen verwendeten Varianzen handelt es sich nicht wie sonst üblich um Querschnittsdaten, sondern um Zeitreihen. Kleidon (1986) zeigt, dass bei einer Anwendung des Barwertmodells die Varianzgrenzen verletzt werden, sobald nicht-stationäre Zeitreihen in das Modell eingehen. Zum gleichen Ergebnis gelangen Marsh und Merton (1983). Sie zeigen, dass bei nicht-stationären Dividenden und Aktienkursen der ‚Variance Bounds'-Test versagt.

Einen weiteren Kritikpunkt liefern Mankiw et al. (1985) sowie Flood und Hodrick (1986). Die Autoren bemängeln das Design vieler ‚Variance Bounds'-Tests. Ihre Kritik trifft auch auf das hier beschriebene Testverfahren von Shiller (1981) zu.[558] Das Prob-

---

[555] Gürkaynak, R. (2005), S. 8.
[556] Vgl. u. a. Blanchard, O. und Watson, M. (1982) sowie Tirole, J. (1985).
[557] Vgl. Gürkaynak, R. (2005), S. 9. Zahlreiche Autoren wie z. B. Mankiw, G. et al. (1985) kritisieren die Methode, den letzten aktuellen Datenpunkt als Endwert anzusetzen. So zeigen z. B. Flood, R. et al. (1994), dass bei dieser Methode unter der Annahme einer rationalen Preisblase die Varianzunter- und -obergrenzen nicht verletzt werden und dass der ‚Variance Bounds'-Test aus diesem Grund kein geeignetes Testverfahren zur Erkennung von Preisblasen darstellt.
[558] Vgl. Flood, R. und Hodrick, R. (1990), S. 94f.

lem liegt darin, dass die Spezifikation der Nullhypothese des Testverfahrens die Existenz von Preisblasen einschließt. „The violation of [5.4] cannot be due to rational asset price bubbles since [5.4] was derived in a model that allowed bubbles."[559]

Die Kritik am ‚Variance Bounds'-Test zusammenfassend, schreibt Gürkaynak (2005): „In general, variance bounds tests are tests of the present value model and rejection (even when there are no econometric problems) may be due to any assumption of the model failing."[560] In die gleiche Richtung argumentieren auch Flood et al. (1994): „[The] failure of an asset-pricing model in certain variance bounds tests gives no information about bubbles. Such results are correctly interpreted as providing information about the adequacy of the underlying model."[561]

Die bislang vorgetragenen Kritikpunkte beziehen sich auf die in der wirtschaftswissenschaftlichen Literatur dominant durchgeführten empirischen Überprüfungen der Varianzgrenzen auf Aktienmärkten. Bei einer Anwendung des ‚Variance Bounds'-Tests auf Wohnimmobilienmärkte gibt es weitere Probleme speziell empirischer Natur. Diese resultieren aus den bereits ausführlich in Kapitel 4 erläuterten Besonderheiten des Vermögensguts Wohnimmobilie und des Wohnimmobilienmarktes wie das hohe Maß an Intransparenz und der inhärente Datenmangel. An erster Stelle ist hier die geringe (in der Regel nur vierteljährlich vorliegende) Frequenz der Wohnimmobilienpreisindizes zu nennen, die eine Analyse mittels ‚Variance Bounds'-Tests erschweren.

Die datentechnischen Probleme sind der Grund, weshalb eine empirische Analyse direkter Wohnimmobilienmärkte mittels ‚Variance Bounds'-Tests bis zu diesem Zeitpunkt unterblieben ist.[562]

5.5 Stationarität und Kointegration: Das Testverfahren nach Diba und Grossman (1988b)

Zahlreichen ökonomischen Variablen wird eine stabile Gleichgewichtsbeziehung zu einer oder mehreren anderen Variablen zugeordnet. Ein stabiles Gleichgewicht impliziert dabei, dass „systemimmanente Kräfte eine Rückkehr zum Gleichgewicht bewir-

---

[559] Flood, R. et al. (1994), S. 113. Vgl. hierzu auch Flood, R. und Hodrick, R. (1990), S. 94.
[560] Gürkaynak, R. (2005), S. 10.
[561] Flood, R. et al. (1994), S. 110.
[562] Empirische Analysen zum ‚Variance Bounds'-Test wurden bis zu diesem Zeitpunkt lediglich für indirekte Immobilienmärkte (REITs) durchgeführt. Vgl. hierfür exemplarisch Kallberg, J. et al. (1998) sowie Mühlhofer, T. und Ukhov, A. (2009).

ken."[563] Jegliche Abweichungen vom gemeinsamen Gleichgewichtspfad sind folglich nur von transitorischer Natur und werden im Zeitablauf wieder korrigiert. Als prominentes Beispiel seien die Geldmenge und das Volkseinkommen genannt. Die Kointegrationsanalyse ist in der Wirtschaftswissenschaft das zentrale Instrument zur Analyse des langfristigen Gleichlaufs zweier ökonomischer Zeitreihen. Sie besitzt ein „facettenreiches Anwendungsgebiet zur Überprüfung von ökonomischen Theorien und deren empirischer Evidenz."[564]

Die Idee, die Gleichgewichtsbeziehung zwischen dem Preis eines Vermögensguts und seinen zentralen fundamentalen Bestimmungsfaktoren als Grundlage eines Testverfahrens zur Erkennung von Preisblasen zu verwenden und diese mit Hilfe der Kointegrationsanalyse zu testen, geht auf die Arbeit von Diba und Grossman (1988b) zurück. Die Autoren entwerfen ein Modell für den Aktienmarkt, welches eine stabile Gleichgewichtsbeziehung zwischen dem Aktienkurs und der Dividendenentwicklung unterstellt und eine empirische Überprüfung auf die Existenz von Preisblasen ermöglicht.

In ihrem Modell spezifizieren die Autoren den fundamentalen Wert einer Aktie als

(5.5) $\quad K_t^{FA} = \sum_{i=1}^{\infty} \left(\frac{1}{1+r}\right)^i E_t(D_{t+i} + o_{t+i})$,

mit: o_{t+i}: Fundamentale Einflussfaktoren, die nicht ökonometrisch erfasst werden können.

Unter der Annahme, dass o_{t+i} den gleichen Integrationsgrad wie D_{t+i} besitzt, müssen auch der fundamentale Wert und die Dividendenzahlungen den gleichen Integrationsgrad besitzen. Aus diesem Zusammenhang leiten Diba und Grossman (1988b) ihren Blasentest ab:

- Sind sowohl der Marktpreis als auch die Dividenden nach n-Differenzenbildungen stationär und sind sie kointegriert, so existiert keine Preisblase.

- Sind Marktpreis und Dividenden nicht nach einer gleichen Anzahl an Differenzenbildungen stationär oder sind sie nach n-Differenzenbildungen zwar stationär, aber nicht kointegriert, existiert eine Preisblase.

---

[563] Rehkugler, H. und Jandura, D. (2002), S. 661.
[564] Schindler, F. (2009), S. 198.

Auch für Wang (2000) ist das Fehlen einer Kointegrationsbeziehung ein Beweis für die Existenz einer Preisblase auf dem betrachteten Markt: „If the market is rational for an asset, then its price and income variables should be cointegrated and its spread stationary. Without a cointegration relation between the price and income, the spread is nonstationary and a 'rational bubble', which by definition is explosive, would exist in the market."[565]

Das ursprünglich für den Aktienmarkt konzipierte Modell von Diba und Grossman (1988b) lässt sich auch auf den Immobilienmarkt übertragen.[566] Hier wird in der Theorie eine Gleichgewichtsbeziehung der Immobilienpreise mit den Mieten,[567] dem verfügbaren Einkommen[568] oder den Wiederherstellkosten unterstellt.

Die in der wirtschaftswissenschaftlichen Forschung am häufigsten verwendete Gleichgewichtsbeziehung zwischen Immobilienpreisen und Mieten ergibt sich dem Modell von Diba und Grossman (1988b) folgend als:

$$(5.6) \quad K_t^{FI} = \sum_{i=1}^{\infty} \left(\frac{1}{1+r}\right)^i E_t(I_{t+i} + o_{t+i}),$$

mit: I_{t+i}: Mieterträge.

Im ersten Schritt des Testverfahrens müssen beide Zeitreihen auf ihren Integrationsgrad untersucht werden. Weisen beide Zeitreihen unterschiedliche Integrationsgrade auf, so können zwei Fälle unterschieden werden:

Fall 1: Hauspreise besitzen einen höheren Integrationsgrad als die Mieten.

Fall 2: Hauspreise besitzen einen geringeren Integrationsgrad als die Mieten.

Weisen beide Zeitreihen einen identischen Integrationsgrad auf, können sie auf eine Kointegrationsbeziehung untersucht werden. Es ergeben sich zwei weitere Fälle:

Fall 3: Hauspreise und Mieten besitzen den gleichen Integrationsgrad, sie sind jedoch nicht kointegriert.

---

[565] Wang, P. (2000), S. 190.
[566] Vgl. hierzu u. a. Arshanapalli, B. und Nelson, W. (2008), S. 37ff.
[567] Vgl. u. a. Mikhed, V. und Zemcík, P. (2009), Klyuev, V. (2008) oder Gallin, J. (2008).
[568] Vgl. u. a. Black, A. et al. (2006), Malpezzi, S. (1999) oder Gallin, J. (2006).

5 Erkennung von Preisblasen auf Wohnimmobilienmärkten

Fall 4: Hauspreise und Mieten besitzen den gleichen Integrationsgrad und sind kointegriert.[569]

Beim Vorliegen von Fall 1 ist der durch Formel 5.6 hergeleitete Zusammenhang nicht mehr gültig und es liegt eine positive Preisblase vor, da die Hauspreise sich von der Mietpreisentwicklung abgekoppelt haben. Im Fall 2 haben sich die Mieten von der Hauspreisentwicklung abgekoppelt, was auf die Existenz einer negativen Preisblase schließen lässt.

Diba und Grossman (1988b) unterscheiden in ihrem Originalpaper nicht zwischen positiven (Fall 1) und negativen (Fall 2) Preisblasen. Die in dieser Arbeit in Anlehnung an die theoretischen Überlegungen in Kapitel 2.2.6 durchgeführte Differenzierung zwischen positiven und negativen Preisblasen weicht somit vom originären Testverfahren ab. Trotz dieser Erweiterung wird das Testverfahren im weiteren Verlauf dieser Arbeit weiterhin als Testverfahren nach Diba und Grossman (1988b) bezeichnet.

Besitzen Hauspreise und Mieten eines nationalen Wohnimmobilienmarktes den gleichen Integrationsgrad so ist die Voraussetzung für eine Kointegrationsanalyse gegeben. Ergibt sich für Hauspreise und Mieten keine Kointegrationsbeziehung, liegt Fall 3 vor und die beiden Variablen befinden sich nicht in ihrem langfristigen Gleichgewichtszustand. Dies ist mit der Existenz einer Preisblase gleichzusetzen.

Existiert hingegen eine Kointegrationsbeziehung zwischen Hauspreisen und Mieten, liegt Fall 4 vor: Beide Variablen weisen einen „gemeinsamen, langfristig wirkenden Gleichlauf"[570] auf. Sämtliche Abweichungen vom gemeinsamen Gleichgewichtspfad besitzen lediglich einen vorübergehenden Charakter und bauen sich im Zeitablauf wieder von selbst ab. Die Dynamik des Anpassungsprozesses der beiden Variablen an den gemeinsamen Gleichgewichtspfad kann nun durch ein Fehlerkorrekturmodell beschrieben werden. Kernaussage ist in diesem Fall, dass es keine Preisblasen auf dem untersuchten Markt gibt, da sich Hauspreise und Mieten in einem Gleichgewichtszustand befinden. Abschließend werden noch einmal die vier möglichen Fälle des Testverfahrens in Tabelle 9 zusammengestellt.

---

[569] Eine ähnliche Fall-Unterscheidung für ihren Preisblasentest verwenden Mikhed, V. und Zemcík, P. (2009).
[570] Schindler, F. (2009), S. 224.

	Verhältnis von Haus- und Mietpreisen	**Aussage**
Fall 1	Hauspreise besitzen einen höheren Integrationsgrad als die Mieten.	Es existiert eine positive Preisblase.
Fall 2	Hauspreise besitzen einen geringeren Integrationsgrad als die Mieten.	Es existiert eine negative Preisblase.
Fall 3	Hauspreise und Mieten besitzen den gleichen Integrationsgrad, sind jedoch nicht kointegriert.	Es existiert eine Preisblase. Es kann jedoch keine Aussage über die Art der Preisblase (positiv oder negativ) gemacht werden.
Fall 4	Hauspreise und Mieten besitzen den gleichen Integrationsgrad und sind kointegriert.	Es existiert keine Preisblase auf dem betrachteten Markt. Das Anpassungsverhalten von Haus- und Mietpreisen kann mittels eines ECM genauer spezifiziert werden.

Tabelle 9: Die vier möglichen Fälle des Testverfahrens nach Diba und Grossman (1988b)

Ökonometrische Methode

Im ersten Schritt des Testverfahrens von Diba und Grossman (1988b) müssen die Zeitreihen auf Stationarität untersucht werden. Das klassische Testverfahren zur Überprüfung von Zeitreihen auf Stationarität geht auf Fuller (1976) sowie Dickey und Fuller (1979/81) zurück.[571] Dieser ist auch als Dickey-Fuller-Test (DF-Test) bekannt.[572] In seinem einfachen Fall beschreibt der DF-Test einen autoregressiven Prozess erster Ordnung, der zu testen ist:

(5.7) $y_t = \beta \cdot y_{t-1} + \varepsilon_t$,

mit: y_t: Beobachtungswert zum Zeitpunkt t,

   β: Regressionskoeffizient,

   ε_t: Residuum.

---

[571] Der Stationaritätstest wird auch als Einheitswurzel- oder Unit-Root-Test bezeichnet.
[572] Mit Hilfe des DF-Tests können Zeitreihen auf schwache Stationarität überprüft werden. Strenge Stationarität liegt vor, wenn ein Prozess keinen bestimmten Erwartungswert und/oder keine bestimmte Varianz besitzt. Auf Grund dieser strengen Annahmen, ist eine empirische Überprüfung der strengen Stationarität mit vielen Schwierigkeiten verbunden. In empirischen Untersuchungen wird daher in der Regel die schwache Form der Stationarität als zu überprüfendes Kriterium zu Grunde gelegt.

5 Erkennung von Preisblasen auf Wohnimmobilienmärkten

Die Nullhypothese einer Einheitswurzel dieses einseitigen Tests ergibt sich als:

$H_0 : \beta = 1$.

Die Alternativhypothese der Stationarität stellt sich wie folgt dar:[573]

$H_1 : \beta < 1$.

Auf Grund der I[1]-Eigenschaft der meisten Zeitreihen können obige Hypothesen nicht mittels eines einfachen t-Tests im Rahmen einer OLS-Schätzung überprüft werden. Stattdessen werden die durch genauere Berechnungen ermittelten kritischen Werte von MacKinnon (1996) verwendet. Diese weisen im Vergleich zur üblichen t-Verteilung deutlich höhere Beträge aus.[574]

Formel 5.7 beschreibt den zu Grunde liegenden Prozess als einen Random-Walk ohne Trend und Drift. Gerade bei ökonomischen Zeitreihen ist es jedoch von Interesse, diese Eigenschaften zu berücksichtigen. Unter Berücksichtigung eines Drifts ergibt sich die folgende Modifikation:

(5.8) $\quad y_t = \alpha + \beta \cdot y_{t-1} + \varepsilon_t$.

Wird zusätzlich eine Trendkomponente berücksichtigt, erweitert sich Formel 5.8 zu:

(5.9) $\quad y_t = \alpha + \delta \cdot t + \beta \cdot y_{t-1} + \varepsilon_t$.

Die DF-Teststatistik lässt jedoch nur autoregressive Prozesse der ersten Ordnung zu, da sie implizit das Vorliegen unkorrelierter Störterme annimmt.[575] Um auch autoregressive Prozesse höherer Ordnung zuzulassen, kann der Augmented-Dickey-Fuller-Test (ADF-Test) angewendet werden.[576] Dieser ergibt sich durch die beidseitige Subtraktion der verzögerten Variablen y_{t-1} und die Ergänzung von n verzögerten Variablen. Bei Berücksichtigung eines Trends und eines Drifts nimmt dieser die Form:

(5.10) $\quad \Delta y_t = y_t - y_{t-1} = \alpha + \delta \cdot t + (\beta - 1) \cdot y_{t-1} + \sum_{i=1}^{n} \gamma_i \cdot \Delta y_{t-1} + \varepsilon_t$

---

[573] Die theoretische Möglichkeit $\beta > 1$ wird nicht weiter betrachtet. Diese stellt einen explodierenden Prozess dar, der aus ökonomischer Sicht nicht sinnvoll erscheint. Vgl. Schindler, F. (2009), S. 215.
[574] Vgl. Kugler, P. (2002), S. 267.
[575] Vgl. Heuchemer, S. (2003), S. 105.
[576] Vgl. Dickey, D. und Fuller, W. (1981) sowie Said, S. und Dickey, D. (1984).

an.

Die Nullhypothese einer Einheitswurzel dieses einseitigen Tests ergibt sich folglich als:

$H_0 : \beta = 1$.

Die Alternativhypothese der Stationarität stellt sich wie folgt dar:

$H_1 : \beta < 1$.

Bei der empirischen Analyse der Stationaritätseigenschaften von Zeitreihen ergibt sich die Frage nach der geeignetsten Art der Bestimmung der optimalen Lag-Länge. In der wirtschaftswissenschaftlichen Literatur wird diese Frage kontrovers diskutiert. Die Befürworter von Informationskriterien stehen den Verfechtern der Bestimmung der optimalen Lag-Länge mittels Überprüfung der Signifikanz verschiedener Lag-Längen gegenüber. Ng und Perron (1995) vergleichen die Anwendung von Informationskriterien mit der sequentiellen Anpassung der Lag-Länge. Die Autoren kommen zu dem Ergebnis, dass letztere Methode überlegen ist. Des Weiteren schließen sie, dass – ausgehend von einem Startwert – eine sukzessive Verringerung der Lag-Länge bis der letzte Koeffizient signifikant ist, der sukzessiven Erhöhung der Lag-Länge überlegen ist. Auch Greene (2008) favorisiert die sukzessive Verringerung der Lag-Länge ausgehend von einem Startwert.

Zur Bestimmung der optimalen Spezifikation (kein Drift und kein Trend; nur Drift; Drift und Trend) können Informationskriterien wie Akaike- oder Schwarz-Kriterium herangezogen werden.[577]

Besitzen zwei Zeitreihen den gleichen Integrationsgrad, können sie auf eine Kointegrationsbeziehung überprüft werden.[578] Im für ökonomische Zeitreihen üblichen Fall des Integrationsgrades [1], definiert sich eine Kointegrationsbeziehung zwischen zwei Variablen x und y wie folgt: „If x_t und y_t are I [1] but there exists a linear

---

[577] Neben dem ADF-Test existieren zahlreiche weitere Testverfahren zur Überprüfung von Zeitreihen auf Stationarität. Häufig wird als Alternative das Testverfahren von Phillips, P. und Perron, P. (1988) – der sog. PP-Test – angewendet. Bei diesem handelt es sich um ein nicht-parametrisches Testverfahren, welches Autokorrelationen höherer Ordnung berücksichtigt, indem es die Student-t-Statistik der Koeffizienten der autoregressiven Prozesse korrigiert. Schwert, G. (1989) kritisiert den PP-Test, da dieser anfälliger für Modellfehlspezifikationen ist, und favorisiert daher das parametrische Testverfahren nach Said, S. und Dickey, D. (1984).

[578] Für den Fall, dass beide Zeitreihen einen unterschiedlichen Integrationsgrad aufweisen, kann eine Kointegrationsbeziehung nach der folgenden Definition ausgeschlossen werden.

5 Erkennung von Preisblasen auf Wohnimmobilienmärkten

combination $z_t = m + \alpha \cdot x_t + \beta \cdot y_t$ which is both I [0] and has a zero mean, then x_t und y_t are said to be cointegrated."[579]

Im Folgenden wird das zweistufige Verfahren nach Engle und Granger (1987) zur Überprüfung von Zeitreihen auf eine Kointegrationsbeziehung präsentiert. In einem ersten Schritt werden die Variablen x_t und y_t aufeinander regressiert:

(5.11) $y_t = \alpha + \beta \cdot x_t + \varepsilon_t$.

Im zweiten Schritt werden die Residuen ε_t auf ihren Integrationsgrad untersucht. Besitzen diese einen Integrationsgrad von Null, liegt die schwache Form der Stationarität vor und die beiden Variablen sind kointegriert. Dabei muss jedoch berücksichtigt werden, dass beim Engle/Granger-Test auf Kointegration die Teststatistik keiner Standardnormalverteilung folgt.[580] Aus diesem Grund muss bei der Ermittlung der Teststatistik zwischen kritischen Werten unterschieden werden, „die auf einen Unit-Root-Test einer beobachteten Zeitreihe zutreffen, und jenen, die – wie im Falle des Kointegrationstests nach Engle und Granger (1987) – bei der Überprüfung auf Stationarität von Residuen, die aus einer Schätzung resultieren, heranzuziehen sind."[581]

Mit Hilfe von Response Surface Regressionen ermittelt MacKinnon (1991) auf der Basis von Residuen korrekte kritische Werte für die Varianten des ADF-Tests. Diese lassen sich mit der folgenden Formel bestimmen:

(5.12) $W(p) = \beta_\infty + \beta_1 \cdot T^{-1} + \beta_2 \cdot T^{-2}$,

mit: W: kritischer Wert,

p: Signifikanzniveau,

T: Stichprobenumfang.

Die Koeffizienten β_∞, β_1 und β_2 sind abhängig von der Modellspezifikation (kein Drift und kein Trend; nur Trend; Drift und Trend) und ebenfalls in MacKinnon (1991) dargestellt.

---

[579] Engle, R. und Granger, C. (1991), S. 6.
[580] Vgl. MacKinnon (1991), S. 267.
[581] Schindler, F. (2009), S. 218.

Im zweiten Schritt des Verfahrens von Engle und Granger (1987) kann bei Vorliegen einer Kointegrationsbeziehung das dazugehörige Fehlerkorrekturmodell bzw. Error Correction Model (ECM) geschätzt werden. Dieser Zusammenhang wird als Granger-Repräsentationstheorem bezeichnet. „Cointegration implies that the system follows an error correction representation and conversely an error correction system has cointegrated variables."[582] Das Fehlerkorrekturmodell nimmt die folgende Form an:

$$(5.13) \quad \Delta x_t = \gamma_1 + \lambda_1 \cdot (y_{t-1} - \alpha - \beta \cdot x_{t-1}) + \sum_{i=1}^{m} \alpha_{11}(i) \cdot \Delta x_{t-i} + \sum_{j=1}^{n} \alpha_{12}(j) \cdot \Delta y_{t-j} + \varepsilon_{xt}$$

bzw.

$$(5.14) \quad \Delta y_t = \gamma_2 + \lambda_2 \cdot (y_{t-1} - \alpha - \beta \cdot x_{t-1}) + \sum_{i=1}^{m} \alpha_{21}(i) \cdot \Delta x_{t-i} + \sum_{j=1}^{n} \alpha_{22}(j) \cdot \Delta y_{t-j} + \varepsilon_{yt}.$$

Bei Verwendung der verzögerten Variablen ε_{t-1} aus der Formel 5.11 lässt sich das Fehlerkorrekturmodell wie folgt formulieren:[583]

$$(5.15) \quad \Delta x_t = \gamma_1 + \lambda_1 \cdot \varepsilon_{t-1} + \sum_{i=1}^{m} \alpha_{11}(i) \cdot \Delta x_{t-i} + \sum_{j=1}^{n} \alpha_{12}(j) \cdot \Delta y_{t-j} + \varepsilon_{xt}$$

bzw.

$$(5.16) \quad \Delta y_t = \gamma_2 + \lambda_2 \cdot \varepsilon_{t-1} + \sum_{i=1}^{m} \alpha_{21}(i) \cdot \Delta x_{t-i} + \sum_{j=1}^{n} \alpha_{22}(j) \cdot \Delta y_{t-j} + \varepsilon_{yt}.$$

Das Fehlerkorrekturmodell stellt den dynamischen Zusammenhang der beiden kointegrierten Variablen dar. Es gibt Aufschluss, wie sich die beiden Variablen z. B. nach einem externen Schock wieder an ihren langfristigen Gleichgewichtspfad anpassen. Das Residuum ε_{t-1} gibt hierbei an, wie weit das gesamte betrachtete System von seinem langfristigen, stabilen Gleichgewichtspfad entfernt ist. Anhand der Höhe und des Vorzeichens der beiden Koeffizienten λ_1 und λ_2 kann schließlich festgestellt werden, durch welche Variable und mit welcher Geschwindigkeit eine Anpassung an den langfristigen Gleichgewichtspfad erfolgt.[584]

---

[582] Engle, R. und Granger, C. (1991), S. 10.
[583] Vgl. Enders, W. (2004), S. 337.
[584] Vgl. Schindler, F. (2009), S. 230.

Durch das Fehlerkorrekturmodell lassen sich wichtige Aussagen bzgl. der Fragestellung ableiten, ob sich die Hauspreise an Veränderungen des fundamentalen Umfeldes anpassen oder der umgekehrte Wirkungszusammenhang vorliegt und sich z. B. die Mietpreise an die verändernden Hauspreise anpassen. Liegt der erste Fall vor, kann mittels des Fehlerkorrekturmodells an Hand der Mietpreisentwicklung eine Aussage über die resultierende Entwicklung der Hauspreise getroffen werden.

Der Hauptkritikpunkt am Testverfahren von Diba und Grossman (1988b) liegt in der möglichen Fehlspezifikation des zu Grunde liegenden Modells zur Bestimmung des fundamentalen Wertes. „Nevertheless, the lack of cointegration is not a sufficient condition to prove the existence of bubbles since the model might exclude significant variables that affect stock prices [Anmerk. d. Verf.: und Wohnimmobilienpreise] and that are not stationary."[585] So wird z. B. bei der stark vereinfachten Betrachtung der Entwicklung von Miet- und Hauspreisen die wichtige Nennergröße des Zinssatzes bei der Bestimmung des fundamentalen Wertes nicht im Modell berücksichtigt. Die Entwicklung des Zinssatzes und hier im speziellen des Risikozuschlages auf diesen ist jedoch eine entscheidende Größe bei der Bestimmung des fundamentalen Wertes von Vermögensgütern, da dieser sehr sensitiv auf eine Veränderung des Zinssatzes reagiert.

Um das Problem der Fehlspezifikation auf Grund von ausgelassenen Variablen zu umgehen, kann statt des bivariaten Verfahrens nach Engle und Granger (1987) das Verfahren von Johansen (1988) angewendet werden, welches Kointegrationsanalysen in multivariaten Systemen ermöglicht. Das Verfahren besitzt jedoch auch seine Schwächen. In der praktischen Anwendung zeigen sich diese u. a. in einer hohen Sensibilität der Schätzungen in Bezug auf die jeweilige Modellspezifikation und hier im Besonderen in Bezug auf die Bestimmung der optimalen Lag-Länge.[586] Laut Hermann (2005)[587] besteht der große Vorteil des Verfahrens von Engle und Granger (1987) in der Eindeutigkeit und Interpretierbarkeit der identifizierten langfristigen Beziehungen. „Zusätzlich besticht die Methode durch ihren vergleichsweise intuitiven Ansatz, was auch die Interpretation und Nachvollziehbarkeit erleichtert."[588]

---

[585] Brooks, C. et al. (2001), S. 346. Vgl. hierzu auch Mikhed, V. und Zemcík, P. (2007), S. 5 sowie Girouard, N. et al. (2006), S. 10.
[586] Vgl. hierzu Hall, S. (1991), S. 319ff.
[587] Vgl. Hermann, F. (2005), S. 105.
[588] Schindler, F. (2009), S. 237.

Die Kritik am Testverfahren von Diba und Grossman (1998b) zusammenfassend schreiben Brooks et al. (2001): „In conclusion, tests of stationarity and cointegration cannot absolutely give reliable results for bubble existence, since they are very sensitive to small samples and model misspecification. However, they are the best analytical tool available to identify the presence of a long term relationship between actual prices and fundamental variables. The presence of a long-term relationship between dividends and prices can be an indication of bubble absence, but the tests greatly depend on the method employed to construct fundamental values. An appropriately specified model for constructing fundamental values must be based on a well-specified model of dividend prediction."[589]

Empirische Untersuchungen

Tabelle 10 und Tabelle 11 enthalten die Ergebnisse empirischer Analysen der Kointegrationsbeziehungen sowohl zwischen Hauspreisen und Mieten als auch zwischen Hauspreisen und Einkommen.[590] Die beiden Tabellen zeigen deutlich, dass die empirischen Analysen keine einheitlichen Aussagen über das Vorliegen von Kointegrationsbeziehungen auf den internationalen Wohnimmobilienmärkten liefern.

Die Ursache für die unterschiedlichen Ergebnisse liegt hauptsächlich in den unterschiedlichen Daten und ökonometrischen Modellen begründet, die den Analysen zu Grunde liegen:[591]

- Bezogen auf die verwendeten Daten lassen sich Querschnitts- und Paneldaten unterscheiden.

- Bezogen auf die verwendeten Verfahren lassen sich die Kointegrationsmethode nach Engle und Granger (1987) und das Testverfahren nach Johansen (1988) unterscheiden.

Auf Grund der differierenden Daten und ökonometrischen Modelle ist ein Vergleich der Ergebnisse der in den folgenden beiden Tabellen dargestellten empirischen Analysen schwierig. Werden diese Unterschiede berücksichtigt, lässt sich zumindest ein be-

---

[589] Brooks, C. et al. (2001), S. 347.
[590] Eine ausführliche Auflistung weiterer Kointergationsanalysen zu den Bestimmungsfaktoren der Wohnimmobilienmärkte liefern Girouard, N. et al. (2006), S. 11ff.
[591] Weitere mögliche Ursachen für die uneinheitlichen Ergebnisse der empirischen Analysen sind differierende Untersuchungszeiträume und unterschiedliche Hauspreisindizes für einen nationalen Wohnimmobilienmarkt.

stimmtes Muster erkennen: Analysen nach dem Kointegrationsverfahren nach Engle und Granger (1987), welches nur eine bivariate Kointegrationsbeziehung untersuchen kann, tendieren mehrheitlich zur Ablehnung der Existenz von Kointegrationsbeziehungen. Analysen mittels des Verfahrens nach Johansen (1988), welches auf das Vorliegen von multivariaten Kointegrationsbeziehungen testet, bestätigen mehrheitlich die Existenz von Kointegrationsbeziehungen. Die Ursache für die unterschiedlichen Ergebnisse könnte im bereits mehrfach angesprochenen Fehlspezifikationsproblem liegen. Da das Verfahren nach Engle und Granger (1987) nur bivariate Kointegrationsbeziehungen überprüfen kann, könnte die Verneinung des Vorliegens von Kointegrationsbeziehungen zwischen Mieten und Hauspreisen bzw. Einkommen und Hauspreisen das Ergebnis einer Fehlspezifikation auf Grund von ausgelassenen Variablen sein. Da das Verfahren nach Johansen (1988) auf eine Kointegrationsbeziehung zwischen den Hauspreisen und mehreren fundamentalen Erklärungsvariablen testen kann, ist die Wahrscheinlichkeit von ausgelassenen Variablen geringer, was zu einem vermehrten Vorliegen von Kointegrationsbeziehungen führen kann.

Autoren (Jahr)	Zeitraum	Land	Methode(n) (Daten)	Empirischer Zusammenhang
Mikhed; Zemcík (2009)	1975-2006	USA	Kointegration nach Engle/Granger (Paneldaten)	Hauspreise und Mieten weisen einen unterschiedlichen Integrationsgrad auf oder sind nicht kointegriert. Es kann kein ECM geschätzt werden.
Gallin (2008)	1970-2005	USA	Kointegration/ECM, Bootstrap Methode[592] (Querschnittsdaten)	Hauspreise und Mieten sind kointegriert. Sowohl Haus- als auch Mietpreise leisten einen Beitrag zur Rückkehr zum Gleichgewicht. Laut Bootstrap-Methode korrigieren die Hauspreise eine Abweichung vom Gleichgewicht.
Klyuev (2008)	1972-2008	USA	Kointegration nach Johansen (Querschnittsdaten)	Kointegrationsbeziehung besteht zwischen Mieten, Zinsen und Hauspreisen.

Tabelle 10: Empirische Untersuchungen zur Kointegration von Hauspreisen und Mieten

---

[592] Gallin, J. (2008) liefert keine genauen Angaben, welche Kointegrations- bzw. ECM-Methode er in seiner Analyse anwendet. Er spricht lediglich von ‚standard error-correction models'.

Autoren (Jahr)	Zeitraum	Land	Methode(n) (Daten)	Empirischer Zusammenhang
Stevenson (2008)	1978-2003	Irland	Kointegration nach Johansen (Querschnittsdaten)	Es besteht eine Kointegrationsbeziehung zwischen Hauspreisen, Bevölkerung, Einkommen, Häuserbestand und Zinsen.
Gallin (2006)	1975-2002	USA	Kointegration nach Engle/Granger (Städteebene: Paneldaten, Landesebene: Querschnittsdaten)	Es besteht keine Kointegrationsbeziehung zwischen Hauspreisen und Einkommen.
Black et al. (2006)	1974-2004	GB	Kointegration nach Johansen (Querschnittsdaten)	Hauspreise und verfügbares Einkommen sind kointegriert.
Mikhed; Zemcík (2007)	1980-2006	USA	Kointegration nach Engle/Granger (Panel- und Querschnittsdaten)	Hauspreise und Einkommen sind weder bei Panel- noch bei Querschnittsdaten kointegriert.
Malpezzi (1999)	1979-1996	USA	ECM (Paneldaten)	Hauspreise und Einkommen lassen sich in einem ECM abbilden.

Tabelle 11: *Empirische Untersuchungen zur Kointegration von Hauspreisen und Einkommen*

5.6 Kennzahlenanalyse

Da sowohl der Volatilitätstest bzw. das Barwertmodell als auch das populärste und am häufigsten verwendete ökonometrische Testverfahren zur Analyse von Wohnimmobilienmärkten auf Preisblasen – das Testverfahren nach Diba und Grossman (1988b) – einige Schwachstellen aufweisen, müssen bei einer Analyse der Wohnimmobilienmärkte auf Preisblasen weitere Testverfahren berücksichtigt werden. Als Ergänzung der ökonometrischen Testverfahren bieten sich einfachere Modelle an, die sich robuster zeigen gegenüber den auf Wohnimmobilienmärkten besonders ausgeprägten datentechnischen Problemen wie kleine Stichprobengrößen oder kurze Beobachtungszeiträume. Ein derartiges Instrument sind Kennzahlen.

5 Erkennung von Preisblasen auf Wohnimmobilienmärkten

Kennzahlen sind in der wirtschaftswissenschaftlichen Literatur ein häufig angewendetes Verfahren, um das Bewertungsniveau der Märkte für Vermögensgüter zu untersuchen. Zu diesem Zweck werden zwei oder mehrere Größen des betrachteten Marktes ins Verhältnis zueinander gesetzt, um aus der resultierenden Zahl eine Aussage über das aktuelle Bewertungsniveau zu treffen. In den letzten Jahren wurde die Kennzahlenanalyse besonders auf Wohnimmobilienmärkte angewendet und weiterentwickelt. Dabei wird der Preis des zu untersuchenden Wohnimmobilienmarktes ins Verhältnis zu einer oder mehreren fundamentalen Einflussfaktoren wie Mieten, Einkommen oder Wiederherstellungskosten gesetzt.

Der Kennzahlenanalyse liegt die einfache ökonomische Überlegung zu Grunde, dass aus einer isolierten Betrachtung der Preise von Vermögensgütern keine Informationen über die Nachhaltigkeit von Marktentwicklungen gewonnen werden können.[593] Erst das Verhältnis eines Vermögenspreises zu einem oder mehreren fundamentalen Einflussfaktoren ermöglicht sinnvolle Aussagen über das Bewertungsniveau. Eine Beurteilung der Preisentwicklung kann dementsprechend niemals nur anhand eines Parameters, sondern muss zwangsläufig multidimensional erfolgen.

Die Bildung von Kennzahlen beruht auf der in den Wirtschaftswissenschaften postulierten langfristigen, stabilen Gleichgewichtsbeziehung zwischen den Preisen für Vermögensgüter und deren fundamentalen Einflussfaktoren. Eine derartige langfristige Gleichgewichtsbeziehung wird auf den Märkten für Vermögensgüter speziell zwischen dem betrachteten Preis eines Vermögensguts und dessen Cash Flow unterstellt: Langfristig muss sich der Wert eines Vermögensguts ähnlich wie sein Cash Flow entwickeln. Abweichungen vom Gleichgewicht sind nur von vorübergehender Natur und bauen sich wieder ab. Aus dieser Überlegung kann nun abgeleitet werden, dass das Verhältnis des Preises eines Vermögensguts zu einem oder mehreren fundamentalen Einflussfaktoren langfristig immer wieder zu seinem Durchschnitt bzw. seinem Trend zurückkehren muss. Diese Eigenschaft wird auch als ‚Mean-Reverting'-Prozess bezeichnet.[594]

Das Abweichen einer Kennzahl von ihrem langfristigen Trend ist ein Anzeichen für das Abweichen des Marktpreises eines Vermögensguts von seinem fundamentalen Wert

---

[593] Der alleinigen Betrachtung der Preisentwicklung eines Vermögensguts zur Erkennung von Preisblasen liegt die charttechnische Sichtweise zu Grunde. Die Nachteile dieser Sichtweise wurden bereits ausgiebig in Kapitel 2.2.3 und 5.1 behandelt.
[594] An dieser Stelle werden die Ähnlichkeiten zwischen der Kointegrations- und Kennzahlenanalyse deutlich. Beide Verfahren basieren auf dem Konzept eines langfristig stabilen Gleichgewichts der Wohnimmobilienpreise mit den fundamentalen Erklärungsfaktoren.

und somit für die Existenz einer Preisblase: „Ein signifikantes und anhaltendes Abweichen vom langfristigen Trend [...] kann jedoch dann als sehr guter Indikator für eine Blase angesehen werden, wenn nur wenige Anhaltspunkte dafür sprechen, dass es einen strukturellen Bruch auf dem jeweiligen Markt gegeben hat."[595]

Im Folgenden werden die fünf zentralen wohnimmobilienmarktspezifischen Kennzahlen erläutert.

5.6.1 Price-Rent Ratio

Die zentrale Kennzahl zur Bestimmung des Bewertungsniveaus auf Wohnimmobilienmärkten ist das Price-Rent Ratio. Das Price-Rent Ratio ähnelt dem KGV, welches in der Aktienanalyse Anwendung findet.[596] Es basiert auf der Überlegung, dass sich der fundamentale Wert eines Vermögensguts aus seinen zukünftig erwarteten, diskontierten Zahlungsströmen ergibt. Ähnlich wie auf dem Aktienmarkt zwischen dem Kurs und der Dividende muss folglich auch auf dem Immobilienmarkt ein enger Zusammenhang zwischen der Entwicklung der Haus- und Mietpreise bestehen:[597] „Because rents are a fundamental determinant of the value of housing, one might think that they should not move too far out of line with prices."[598]

Das Price-Rent Ratio vergleicht die relativen Kosten von Wohneigentum mit den Kosten des Mietens.[599] In einem perfekten Markt sollten Abweichungen der Hauspreise relativ zu den Mieten von den Marktakteuren erkannt und mittels Arbitrage gewinnbringend ausgenutzt werden. Befinden sich die Hauspreise z. B. relativ zu den Mieten gesehen auf einem hohen Niveau, werden sich potenzielle Hauskäufer zunehmend gegen einen Kauf entscheiden und stattdessen eher zur Miete wohnen. Die verringerte Nachfrage nach Häusern führt in der Folge wieder zu einem Rückgang des Price-Rent Ratios. „An increase in the price-rent ratio could therefore be an indication that owning has become less convenient compared with renting and should be followed by a de-

---

[595] Just, T. (2003), S. 226.
[596] Vgl. Taipalus, K. (2006), S. 11f., Himmelberg, C. et al. (2007), S. 72, Gallin, J. (2008), S. 635 sowie McCarthy, J. und Peach, R. (2004), S. 5.
[597] Taipalus, K. (2006) weist jedoch darauf hin, dass zwischen der Entwicklung der Dividende und den Mieten ein konzeptioneller Unterschied besteht: Während die Höhe der Dividende von Aufsichtsrat, Vorstand und Hauptversammlung festgelegt wird, sind die Mieten das Ergebnis eines Verhandlungsprozesses.
[598] Gallin, J. (2008) S. 635.
[599] Vgl. hier und im Folgenden Himmelberg, C. et al. (2005), S. 72 sowie Finicelli, A. (2007), S. 10.

crease."[600] Ein Abweichen des Price-Rent Ratios von seinem langfristigen Trend kann folglich nicht lange Bestand haben, sondern muss sich wieder abbauen. Aus dieser Überlegung heraus wird ein über seinem langfristigen Trend liegendes Price-Rent Ratio als Anzeichen für eine Preisblase interpretiert.[601] „A high p/e ratio for housing can be justified because of the considerable tax advantages that are afforded to housing. A high p/e ratio can be justified if other assets are similarly high priced, for example, if bond yields and mortgage rates are low. A high p/e ratio can be justified in regions that can be expected to experience high growth and thus rapid appreciation in rental values, just like a tech stock can have a higher p/e than an automobile manufacturer. But you are completely deluding yourself if you think there can be a long-run disconnect between a house price and its potential rental stream. That's survivor investing."[602]

Nach Gros (2007) besitzt das Price-Rent Ratio den großen Vorteil, die Messprobleme, die aus der Heterogenität von Wohnimmobilien (im Speziellen die sich im Zeitablauf auf Grund des technischen Fortschritts verändernde Qualität der Immobilien) oder anderen Faktoren wie Migrationsbewegungen stammen, zu vermeiden: Wenn die Häuser im Durchschnitt größer und moderner werden, resultiert dies nicht nur in einem Anstieg der Hauspreise, sondern auch der Mieten. Analoges gilt für Migrationsbewegungen. Auch hier führt eine verstärkte Zuwanderung zu einem parallelen Ansteigen von Haus- und Mietpreisen.

Das Price-Rent Ratio als Testverfahren zur Erkennung von Preisblasen weist jedoch einige Schwachstellen auf. Dies wird an folgender Überlegung deutlich. Ein hohes Price-Rent Ratio wird gemeinhin als Anzeichen für die Existenz von Preisblasen angesehen. Bei der praktischen Anwendung besteht jedoch das Problem, wie ein hohes Price-Rent Ratio festgestellt werden kann. In der Literatur wird meistens die Abweichung des aktuellen Wertes zum langfristigen Durchschnitt als Indikator verwendet. Dabei wird jedoch ignoriert, dass das Price-Rent Ratio über die Zeit nicht konstant bleiben muss, sondern sich auf Grund anderer fundamentaler Faktoren ändern kann. „There is no reason to believe that a price-dividend ratio should be constant over time, even in the absence of bubbles."[603] Als eine mögliche Ursache für das Abweichen des Price-Rent Ratios von seinem Durchschnitt nennt die Europäische Zentralbank (2005) die geringe Liquidität des Immobilienmarktes. „[E]rhebliche Transaktionskosten und Kreditbe-

---

[600] Finicelli, A. (2007), S. 10.
[601] Vgl. Himmelberg, C. et al. (2005), S. 72 sowie Taipalus, K. (2006), S. 12.
[602] Leamer, E. (2002), S. 6.
[603] Krainer, J. und Wei, C. (2004), S. 2.

schränkungen"[604] können zu permanenten Unterschieden zwischen Haus- und Mietpreisen führen. Des Weiteren ist die im Modell vorausgesetzte flexible Anpassung der Mieten an die Hauspreisentwicklung auf Grund von zahlreichen gesetzlichen Bestimmungen nicht gegeben. Bei einer Durchschnittsbetrachtung besteht somit die Gefahr, ein auf Veränderungen des fundamentalen Umfeldes zurückzuführendes Ansteigen des Price-Rent Ratios als eine Preisblase zu interpretieren. „It is tempting to identify a bubble as a large and long lasting deviation in the price-rent ratio from its average value [...]. But exactly how large and how long-lasting a deviation must be to resemble a bubble is far from obvious."[605] Da keine objektiven Kriterien existieren, die definieren, wie stark und für welche Dauer das Price-Rent Ratio von seinem langfristigen Trend abweichen muss, um die Existenz einer Preisblase anzuzeigen, besitzt das Preis-Rent Ratio einen subjektiven Charakter, was seine Aussagekraft im Bezug auf die Existenz von Preisblasen einschränkt.

5.6.2 Price-Income Ratio

Neben dem Price-Rent Ratio wird auch das Price-Income Ratio häufig zur Überprüfung des Bewertungsniveaus von Wohnimmobilienmärkten angewendet. Das Price-Income Ratio vergleicht die Kosten für einen Hauskauf mit der finanziellen Leistungsfähigkeit der Individuen. Konkret wird in empirischen Analysen der Preis für ein durchschnittliches Haus oder einen Index, der die Preisentwicklung eines bestimmten Wohnimmobilienmarktes abbildet, ins Verhältnis zum verfügbaren Pro-Kopf-Einkommen gesetzt.[606] Ein hohes Price-Income Ratio signalisiert, dass die Kosten eines Hauskaufs im Verhältnis zur finanziellen Leistungsfähigkeit hoch sind bzw. dass ein hoher Anteil des verfügbaren Einkommens für den Kauf eines Hauses aufgewendet werden muss.

Das Price-Income Ratio unterstellt eine langfristige Gleichgewichtsbeziehung zwischen den Hauspreisen und der Einkommensentwicklung. Steigen die Hauspreise schneller als das Einkommen, können sich immer weniger Individuen ein Eigenheim leisten. In der Folge sinkt die Nachfrage nach Wohneigentum, was einen dämpfenden Effekt auf die Hauspreise ausübt und ein Sinken des Price-Income Ratios bewirkt. Abweichungen vom Trend können folglich keinen langfristigen Bestand haben und müssen sich wieder

---

[604] Europäische Zentralbank (2005), S. 59.
[605] Krainer, J. und Wei, C. (2004), S. 2.
[606] Vgl. Finicelli, A. (2007), Himmelberg, C. et al. (2005) sowie Girouard, N. et al. (2006).

abbauen. „[I]n the long run, house prices and incomes share some common trend."[607] Ein starkes Abweichen des Price-Income Ratios von seinem langfristigen Durchschnitt gilt als Anzeichen für die Existenz einer Preisblase auf Wohnimmobilienmärkten.

Allerdings besitzt auch das Price-Income Ratio einige Schwachstellen. Zum einem liegt dieser Kennzahl das durchschnittliche Einkommen zu Grunde. Die Käufergruppe, die auf den Wohnimmobilienmärkten dominant aktiv ist und somit wesentlich die Preisbildung bestimmt, erzielt jedoch ein höheres Einkommen als der Durchschnitt. „In fact, aggregate disposable income is likely not the appropriate denominator. It is an average measure that covers the whole population, whereas house prices are determined in a market where specific groups of sellers and buyers have different and likely higher incomes than the population mean."[608] Zum anderen muss die in empirischen Analysen dominant angewandte Praxis, Price-Income Ratios unter der Verwendung von Pro-Kopf-Einkommen zu konstruieren, kritisch gesehen werden. Die überwiegende Mehrzahl der Hauskäufe erfolgt nicht durch einzelne Personen, sondern durch Haushalte (in Form von Ehepaaren bzw. Lebensgemeinschaften). Nach dieser Überlegung erscheint das Haushaltseinkommen besser als Referenzgröße zur Bestimmung des Price-Income Ratios geeignet.

Des Weiteren erweist es sich als extrem schwierig, eine angemessene Quote zu bestimmen, wie hoch der Anteil am Einkommen sein darf, der für Wohneigentum aufgewendet werden muss. Eine derartige ‚natürliche Quote' hängt von einer Vielzahl an unterschiedlichen Variablen wie z. B. der Wohneigentumsquote, der Familienstruktur, der Pro-Kopf-Wohnfläche etc. ab. Die Bestimmung der ‚natürlichen Quote' gestaltet sich als problematisch, da diese sowohl in den einzelnen nationalen Wohnimmobilienmärkten unterschiedlich hoch ausfällt als auch im Zeitablauf nicht konstant bleibt. Die in empirischen Studien häufig verwendete Methode, das ‚natürliche Niveau' mittels des historischen Durchschnitts zu bestimmen, eignet sich folglich nur bedingt. Die wirtschaftswissenschaftliche Forschung hat bis jetzt zu dieser Fragestellung noch keine befriedigenden Lösungsansätze liefern können.

Im Vergleich zum Price-Rent Ratio besteht beim Price-Income Ratio auf Grund der Heterogenität von Wohnimmobilien ein Messproblem, das sich aus der im Zeitablauf verändernden Qualität der Immobilien ergibt. Die im Zuge des technischen Fortschritts

---

[607] Finicelli, A. (2007), S. 9.
[608] Girouard, N. et al. (2006), S. 16.

steigende Qualität der Wohnimmobilien resultiert in einem parallelen Anstieg der Hauspreise, der wiederum das Price-Income Ratio ansteigen lässt. Resultiert ein Anstieg des Price-Income Ratios einzig aus einer gestiegenen Qualität der Wohnimmobilien, so handelt es sich um eine fundamental begründete Verschiebung der ‚natürlichen Quote', die für Wohnraum ausgegeben werden muss. Auf Grund der gestiegenen Qualität von Wohnraum, müssen die Individuen nun einen größeren Anteil ihres Einkommens für Wohnen ausgeben. In dieser Situation besteht nun die Gefahr, den fundamental begründeten Anstieg des Price-Income Ratios als Preisblase zu interpretieren.

Weiter wird am Price-Income Ratio die Nichtberücksichtigung der wichtigen fundamentalen Erklärungsvariablen Zinssatz bemängelt.[609] Der Kauf eines Hauses wird in der Regel zu einem Großteil durch die Aufnahme eines Kredites und nur zu einem geringen Anteil mit Eigenkapital finanziert. Daher spielt die Höhe des dem Kredit zu Grunde liegenden Zinssatzes eine wesentliche Rolle bei der Klärung der Frage, ob sich die Individuen einen Kredit und damit auch einen Hauskauf leisten können oder nicht. Je niedriger die Kreditzinsen sind, um so erschwinglicher wird für die Individuen der Kauf von Wohneigentum. Insofern wird in der Literatur die Forderung gestellt, bei der Bestimmung des Price-Income Ratios zusätzlich die Hypothekenzinsen zu berücksichtigen.[610]

5.6.3 Affordability

Eine Kennzahl zur Bestimmung des Bewertungsniveaus auf Wohnimmobilienmärkten, die auch die Hypothekenzinsen berücksichtigt, ist die sog. Affordability bzw. Finanzierbarkeit/Erschwinglichkeit. Die Ansichten, welches Konzept mit dem Ausdruck Affordability beschrieben werden soll, gehen in der wissenschaftlichen Diskussion sehr weit auseinander. Ganz allgemein versteht man unter Affordability „an expression of the social and material experiences of people, constituted as households, in relation to their individual housing situations. Affordability expresses the challenge each household faces in balancing the cost of its actual or potential housing, on the one hand, and its nonhousing expenditures, on the other, within the constraints of its income."[611] Diese

---

[609] Vgl. McCarthy, J. und Peach, R. (2004), S. 5. Ganz allgemein formuliert Meen, G. (2006), S. 3 die Kritik: „Models that explain house prices entirely in terms of rents or incomes may simply be misspecified, omitting relevant variables."
[610] Vgl. u. a. Finicelli, A. (2007), S. 10.
[611] Stone, M. (2006), S. 151.

5 Erkennung von Preisblasen auf Wohnimmobilienmärkten

Definition ist sehr weit gefasst und somit für die empirische Analyse von Wohnimmobilienmärkten nicht geeignet. Aus einer ökonomisch enger gefassten Sichtweise heraus ist Affordability „not a characteristic of housing – it is a relationship between housing and people."[612] Dieser Sichtweise folgend wird Affordability im weiteren Verlauf dieser Arbeit im Sinne eines ‚Ratio Approachs' begriffen.[613] Die Affordability ergibt sich folglich als Verhältniszahl aus den Kosten für Wohnraum und dem verfügbaren Einkommen und ist somit ein Maß dafür, wie viel des verfügbaren Einkommens die Haushalte für Wohneigentum ausgeben müssen.

Die Affordability wird als Verhältniszahl aus der jährlichen Zinszahlung zur Bedienung einer Hypothekenschuld (Hypothekenzinssatz mal durchschnittlichem Hauspreis) und dem durchschnittlichen verfügbaren Pro-Kopf-Einkommen gebildet.[614] Steigt der Affordability-Index, ist die Erschwinglichkeit von Wohnraum gesunken.

Im Sinne des ‚Ratio Approachs' kann die Affordability als eine Kennzahl zur Überprüfung des Bewertungsniveaus auf Wohnimmobilienmärkten herangezogen werden. Ein starker Anstieg des Affordability-Indexes zeigt, dass es für die Individuen zunehmend schwieriger wird, den Kauf eines Hauses zu finanzieren, da sie einen immer größer werdenden Teil ihres Einkommens für den Hauskauf ausgeben müssen. Steigt nun der Affordability-Index langfristig auf ein ungewöhnlich hohes Niveau, ist dies ein Anzeichen für die Bildung einer Preisblase.

Die Affordability wird gegenüber dem Price-Rent und Price-Income Ratio als überlegen angesehen, da sie die für Wohnimmobilienmärkte wichtige fundamentale Erklärungsvariable Zinsen explizit berücksichtigt. Ein Rückgang der Zinsen verringert die jährlichen Zinszahlungen für Hypothekenkredite und verbessert somit die Affordability, während ein Zinsanstieg die Kosten für Wohneigentum erhöht und damit die Affordability verschlechtert, da die Individuen einen größeren Teil ihres verfügbaren Einkommens für Wohnraum ausgeben müssen.

Die Überlegenheit des Affordability-Konzepts gegenüber dem Price-Rent und Price-Income Ratio wird an Hand folgender Überlegung deutlich. Ein sinkendes Zinsniveau

---

[612] Stone, M. (2006), S. 153.
[613] „As an indicator for expressing the relationship between housing costs and incomes, the ratio measure has the longest history and widest recognition. Normatively, the ratio approach recognizes that what many households pay for housing in relation to their income is the result of difficult choices among limited and often unsatisfactory alternatives." Stone, M. (2006), S. 162. Für weitere Konzepte für Affordability siehe Stone, M. (2006), S. 158ff.
[614] Vgl. Finicelli, A. (2007), S. 12ff.

erleichtert die Finanzierung von Wohnraum und im Zuge der erhöhten Nachfrage steigen die Hauspreise. Auf die Affordability hat eine derartige Entwicklung jedoch keine Auswirkungen: Der Anstieg der Hauspreise wird durch die fallende Zinslast konterkariert und die Zählergröße der Affordability verändert sich (praktisch) nicht. Somit besteht bei der Kennzahl Affordability nicht die Gefahr, Hauspreissteigerungen, die auf sinkende Zinsen und damit eine fundamentale Ursache zurückzuführen sind, fälschlicherweise als Preisblase zu interpretieren. Diese Gefahr besteht hingegen sowohl beim Price-Rent als auch beim Price-Income Ratio, da beide Kennzahlen die Zinsentwicklung nicht berücksichtigen.

Bei der Affordability muss jedoch berücksichtigt werden, dass diese in den einzelnen nationalen Wohnimmobilienmärkten unterschiedlich stark ausgeprägt ist. Eine zentrale Größe, die einen wesentlichen Einfluss auf die Affordability ausübt, sind die nationalen Finanzierungskonditionen. Aus theoretischer Sicht schwankt die Affordability in den Ländern stärker, in denen überwiegend flexible Instrumente bei der Immobilienfinanzierung zur Anwendung kommen. Dies sind traditionell die angelsächsischen Märkte wie z. B. die USA. Hier besitzen die Hauseigentümer das Recht, bei einer Senkung der Zinsen ihren bestehenden Kredit zu kündigen und durch einen neuen Kredit mit einem niedrigeren Zins zu ersetzen. Die Affordability reagiert hier folglich sehr schnell auf eine Veränderung des Zinsniveaus. In denjenigen Märkten, die durch feste Zinssätze bei der Immobilienfinanzierung gekennzeichnet sind – hierbei handelt es sich im Wesentlichen um die kontinentaleuropäischen Wohnimmobilienmärkte wie Deutschland und Frankreich –, reagiert die Affordability nicht so stark auf eine Veränderung des Zinsniveaus, da lediglich diejenigen Hauskäufer von der Zinssenkung profitieren, die einen neuen Hypothekenkredit abschließen. Alle bereits bestehenden Kreditverträge sind auf Grund der festen Zinsbindung nicht von der Zinssenkung betroffen.

5.6.4 User Cost

Mittels des Konzepts der User Cost wird versucht, die Kosten von Wohneigentum exakt zu bestimmen. Ziel dieses Ansatzes ist es, sämtliche Kosten von Wohneigentum in einem Modell zusammenzufassen. In der Literatur wurde eine Vielzahl an unterschiedlichen Modellen zur Bestimmung der User Cost entwickelt, die in der Regel auf der Arbeit von Poterba (1984) aufbauen.

5 Erkennung von Preisblasen auf Wohnimmobilienmärkten

Das Modell zur Bestimmung der User Cost muss sowohl sämtliche Kosten als auch alle monetären Vorteile von Wohneigentum beinhalten. Insgesamt gehen in die Formel zur Berechnung der User Cost sechs Komponenten ein.[615] Die erste Komponente besteht aus den Opportunitätskosten von Wohneigentum. Hätte ein Hausbesitzer keine Wohnimmobilie erworben, so hätte dieser sein Kapital in eine Alternativanlage investieren und hieraus einen Ertrag erzielen können. Dieser entgangene Ertrag ergibt sich aus der Multiplikation des Hauspreises P_t mit dem risikolosen Zinssatz r_t^f. Als zweite Komponente geht die zu zahlende Grundsteuer in die Berechnung der User Cost mit ein. Sie ergibt sich aus der Multiplikation des (Grund-) Steuersatzes ω_t mit dem Hauspreis P_t.

Des Weiteren geht der finanzielle Vorteil, der sich aus der Abzugsfähigkeit der Zinszahlungen für den Kredit ergibt, mit dem das Wohneigentum erworben wurde, negativ in die Berechnung der User Cost ein. Dieser finanzielle Vorteil lässt sich mittels des Einkommensgrenzsteuersatzes τ_t, des Hypothekenzinssatzes r_t^m und der (Grund-) Steuer ω_t wie folgt berechnen: $P_t \cdot \tau_t (r_t^m + \omega_t)$.[616] Die Instandhaltungskosten ergeben sich als Anteil η_t des Preises für Wohneigentum. Als fünfte Komponente geht der von den Wohneigentümern erwartete zukünftige Wertzuwachs (bzw. -verlust) g_{t+1} in die User Cost mit ein. Zu guter Letzt enthalten die User Cost eine Risikoprämie $P_t \cdot \upsilon_t$, welche die Wohneigentümer für die höheren Risiken des Besitzens gegenüber dem Mieten von Wohnraum entschädigen soll. Die Summe der sechs Komponenten ergibt schließlich die gesamten, jährlichen Kosten von Wohneigentum:

(5.17) jährlichen Kosten von Wohneigentum =

$$P_t \cdot r_t^f + P_t \cdot \omega_t - P_t \cdot \tau_t(r_t^m + \omega_t) + P_t \cdot \eta_t - P_t \cdot g_{t+1} + P_t \cdot \upsilon_t.$$

Das Gleichgewicht auf einem Wohnimmobilienmarkt stellt sich ein, sobald die gesamten jährlichen Kosten von Wohneigentum den Kosten des Mietens von Wohnraum entsprechen. Liegen diese Kosten über den Mieten, fragen die privaten Haushalte verstärkt Mietwohnungen nach, was zu einem Fallen der Preise von Wohneigentum führt. Diese

---

[615] Die folgenden Ausführungen orientieren sich an der Darstellung in Himmelberg, C. et al. (2005), S. 74ff.
[616] Hierbei wird implizit eine Finanzierung mit 100 % Fremdkapital unterstellt. Die Abzugsfähigkeit der Hypothekenzinsen für selbstgenutztes Wohneigentum (Investitionsgutmodell) ist jedoch nicht in allen Ländern gegeben. Einige Staaten wie z. B. Deutschland bedienen sich des sog. Konsumgutmodells, welches bei selbstgenutztem Wohneigentum keine Abzugsfähigkeit der Hypothekenzinsen vorsieht. In diesen Ländern entfällt folglich diese Komponente bei der Bestimmung der User Cost.

Überlegung führt zu Formel 5.18, die besagt, dass in einem ausgeglichenen Markt die Miete den jährlichen Kosten von Wohneigentum entsprechen muss:

(5.18) $R_t = P_t \cdot u_t$,

mit: u_t: $r_t^f + \omega_t - \tau_t (r_t^m + \omega_t) + \eta_t - g_{t+1} + \upsilon_t$,

wobei u_t die User Cost of Housing repräsentiert.

Um mittels der User Cost das Bewertungsniveau von Wohnimmobilienmärkten auf Übertreibungen zu untersuchen, ist eine letzte Umformung von Gleichung 5.18 erforderlich:

(5.19) $\dfrac{1}{u_t} = \dfrac{P_t}{R_t}$.

Nach Formel 5.19 muss auf einem gleichgewichtigen Wohnimmobilienmarkt die Inverse der User Cost dem Price-Rent Ratio entsprechen. Änderungen der User Cost können folglich zu einer fundamental begründeten Veränderung des Price-Rent Ratios führen.[617] Fällt zum Beispiel der risikolose Zinssatz, so sinken die Opportunitätskosten von Wohneigentum und damit auch die User Cost. In der Folge wird der Kauf von Wohneigentum für die Individuen attraktiver, was die Hauspreise und damit auch das Price-Rent Ratio ansteigen lässt. „Thus, fluctuations in user costs (caused, for example, by changes in interest rates and taxes) lead to predictable changes in the price-to-rent ratio that reflect fundamentals, not bubbles. Comparing price-to-rent ratios over time without considering changes in user costs is obviously misleading."[618]

Mittels eines Vergleichs der User Cost, die das fundamentale Bewertungsniveau repräsentieren, und dem Price-Rent Ratio lassen sich Wohnimmobilienmärkte somit auf die Existenz von Preisblasen untersuchen. Laufen User Cost und Price-Rent Ratio auseinander, so kann dies als Anzeichen für eine Preisblase interpretiert werden.[619] Himmelberg et al. (2005) formulieren diesen Zusammenhang wie folgt: „In this framework, a house price bubble occurs when homeowners have unreasonably high expectations

---

[617] Himmelberg, C. et al. (2005) und Campbell, S. et al. (2009) betonen, dass speziell bei geringen User Cost auf Grund der Konvexitätseigenschaft bereits kleine Veränderungen einzelner Variablen der User Costs große Auswirkungen auf das Price-Rent Ratio ausüben.
[618] Himmelberg, C. et al. (2005), S. 75f.
[619] Vgl. Girouard, N. et al. (2006), S. 20f. sowie Finicelli, A. (2007), S. 16.

about future capital gains, leading them to perceive their user cost to be lower than it actually is and thus pay 'too much' to purchase a house today."[620]

Die Ergebnisse einer empirischen Analyse des Bewertungsniveaus von Wohnimmobilienmärkten mittels der User Cost müssen jedoch sehr kritisch betrachtet werden. Speziell die zukünftigen Hauspreissteigerungen,[621] aber auch die Höhe der Zinsen, das Basisjahr und der zur Abbildung der Preisentwicklung verwendete Wohnimmobilienpreisindex[622] üben einen starken Einfluss auf die Entwicklung der User Cost aus. Auch gestaltet sich bei empirischen Analysen im Besonderen die Modellierung der Erwartungen der Individuen über die zukünftigen Wertsteigerungen der Wohnimmobilien als komplexe Aufgabe. In der Literatur werden zur Abbildung der erwarteten Wertsteigerungen unterschiedliche Herangehensweisen wie gleitende Durchschnitte historischer Inflationsraten oder gleitende Durchschnitte historischer Preisentwicklungen verwendet.[623] Zentraler Nachteil dieser Methoden ist ihre historische Betrachtungsweise. Es gibt keine ökonomische Argumentationsgrundlage, weshalb sich historische Wertsteigerungen in der Zukunft fortsetzen sollten. Auch bei der Bestimmung der Opportunitätskosten von Wohneigentum ergeben sich laut Mayer und Todd (2007) einige Probleme. Häufig werden diese mittels eines risikolosen Zinssatzes und einer (konstanten) Risikoprämie abgeleitet. Dabei wird jedoch die Tatsache vernachlässigt, dass sich Risikoprämien im Zeitablauf verändern können. Finicelli (2007) fasst die zentrale Problematik der empirischen Analyse von Wohnimmobilienmärkten mittels der User Cost zusammen: „Since different methodologies can lead to quite different dynamics of the user cost, and thus to equally starkly different conclusions about the extent of misalignment of house prices, choosing either methodology is a critical point that deserves some inspection."[624]

5.6.5 Tobins q

Der q-Wert wurde von James Tobin (1969) im Rahmen seiner makroökonomischen Portfoliotheorie entwickelt. Der q-Wert ist ein Erklärungsansatz zur Bestimmung der Investitionen in Realkapital. Er zeichnet sich dadurch aus, dass er sämtliche für die In-

---

[620] Himmelberg, C. et al. (2005), S. 74.
[621] Vgl. Girouard, N. et al. (2006), S. 14 sowie Haines, C. und Rosen, R. (2007), S. 18.
[622] Vgl. Girouard, N. et al. (2006), S. 14.
[623] Eine Übersicht über die verschiedenen Herangehensweisen zur Bestimmung der erwarteten Wertsteigerungen bei Wohnimmobilien findet sich in Finicelli, A. (2007), S. 18.
[624] Finicelli, A. (2007), S. 18.

vestitionen relevanten Informationen in einem einzigen Wert zusammenfasst.[625] Ursprünglich wollte Tobin mit Hilfe seines q-Wertes das Investitionsverhalten von Firmen beschreiben. „Since that time, q has evolved to the point where it has become a veritable 'Swiss army knife' for financial economics researchers. As such, it has been used in the literature as a proxy for a surprisingly varied set of unobservable firm characteristics, including the quality of a firm's investment opportunity set [...], the extent of agency problems [...], and the overall quality of the firm's management team [...]."[626]

Tobins q lässt sich ganz allgemein als das Verhältnis aus Bestands- bzw. Marktpreis und Wiederherstellungskosten eines Realvermögensguts beschreiben:

$$(5.20) \quad q = \frac{\text{Marktpreis}}{\text{Wiederherstellungskosten}}.$$

Tobins q drückt somit die Konkurrenzsituation zwischen Marktpreis und Wiederherstellungskosten aus. Möchte ein Anleger ein Realvermögensgut erwerben, so steht er vor der Entscheidung, ein bestehendes Vermögensgut zum Marktpreis zu erwerben oder zu den Wiederherstellungskosten selbst herzustellen. Ein rationaler Anleger wird sich für die günstigere Variante entscheiden. Bei einem q-Wert von größer als Eins ist es für den Anleger vorteilhafter, das Realvermögensgut zu den Wiederherstellungskosten selbst herzustellen und nicht zum aktuellen Marktpreis zu erwerben. Bei einem q-Wert unter Eins ist es für den Anleger hingegen vorteilhafter, das Realvermögensgut zum aktuellen Marktpreis zu erwerben. Tobins q ist somit als ein Indikator für die aktuelle Marktlage. Es gibt Auskunft, ob eine Investition in ein bestimmtes Realvermögensgut von Vorteil ist.[627]

Besonders auf Immobilienmärkten eignet sich Tobins q als Indikator zur Untersuchung der aktuellen Marktlage. Immobilien besitzen eine lange Lebensdauer. Bei einer angenommenen Lebensdauer von 50 Jahren sind 98 % aller Immobilien in einer Volkswirtschaft Gebrauchtimmobilien und lediglich 2 % Neubauten. Der Immobilienmarkt wird folglich durch Bestandsimmobilien dominiert. Der Neubau ist stets der Konkurrenz des dominanten Bestandsmarktes ausgesetzt und muss sich gegenüber diesem behaupten.

---

[625] Vgl. Nitsch, H. (2005), S. 55.
[626] DaDalt, P. et al. (2002), S. 1.
[627] Vgl. Nitsch, H. (2005), S. 58.

5 Erkennung von Preisblasen auf Wohnimmobilienmärkten 243

Auf Wohnimmobilienmärkten kann Tobins q als Quotient aus dem Preisindex und dem Baupreisindex berechnet werden:

$$(5.21) \quad q = \frac{\text{Preisindex für Wohnimmobilien}}{\text{Baupreisindex für Wohnimmobilien}}.$$

Im Vergleich zu anderen Vermögensgütern wie Aktien ergeben sich bei der empirischen Bestimmung von Tobins q auf Wohnimmobilienmärkten einige Besonderheiten. Während für liquide Vermögensgüter wie Aktien, die tagtäglich an einer Börse gehandelt werden, stets aktuelle Marktpreise zur Verfügung stehen, ist die Abbildung der Preisentwicklung auf Wohnimmobilienmärkten mit zahlreichen Problemen behaftet.[628] Die geringe Aussagekraft und Qualität des Zählers ist somit der kritische Punkt bei der Bestimmung von Tobins q auf Wohnimmobilienmärkten.[629] Die Bestimmung der Nennergröße hingegen ist auf Wohnimmobilienmärkten weniger problematisch. Die Preisentwicklung im Bausektor wird durch die statistischen Ämter gut erfasst, so dass die von diesen erstellten Baupreisindizes als geeignete Proxys für die Wiederherstellungskosten angesehen werden können. Zusätzlich wirkt sich der im Bereich der Bauinvestitionen eher langsam entwickelnde technische Fortschritt positiv auf die Aussagekraft der Baupreisindizes aus. Die Bestimmung der Wiederherstellungskosten bei Aktien ist hingegen mit einigen Schwierigkeiten verbunden. Der Wiederherstellungswert einer börsennotierten Aktiengesellschaft wird üblicherweise mittels der Bilanzwerte bestimmt. Hierbei ergeben sich einige Probleme, da die Vermögensgüter häufig zu Anschaffungskosten bilanziert und planmäßig über die Laufzeit abgeschrieben werden. Die Bilanzwerte besitzen somit nur eine geringe Aussagekraft über die Wiederherstellungskosten, die „an den heutigen Preisen und der heutigen Technologie ansetz[en]."[630]

Ein weiteres Anwendungsgebiet von Tobins q auf Wohnimmobilienmärkten ist die Überprüfung des aktuellen Bewertungsniveaus auf mögliche Fehlbewertungen. In einem sich im Gleichgewicht befindenden Markt muss Tobins q den Wert Eins annehmen. Liegt der Wert über Eins, ist es für Investoren gewinnbringend, neue Wohnimmobilien zu den niedrigen Wiederherstellungskosten zu errichten und diese anschließend zum höheren Marktpreis gewinnbringend zu verkaufen. Das erhöhte Wohnungsangebot würde zu einem Sinken der Marktpreise führen und somit eine Anpassung des q-Wertes an sein gleichgewichtiges Niveau bewirken. Bei einem q-Wert

---
[628] Vgl. hierzu Kapitel 4.2.
[629] Vgl. hier und im Folgenden Nitsch, H. (2005), S. 65.
[630] Nitsch, H. (2005), S. 65f.

von unter Eins werden hingegen keine neuen Wohnimmobilien errichtet, da es in dieser Situation günstiger ist, Bestandsimmobilien zu erwerben. Die erhöhte Nachfrage nach Bestandsimmobilien lässt deren Preise ansteigen und der q-Wert nähert sich ebenfalls wieder seinem gleichgewichtigen Niveau von Eins. „In other words, the fundamental equilibrium price can be thought of as the price at which the stock of existing real estate equals the replacement cost. If the replacement cost is above the price of real estate, no new construction will take place, and if it is lower, new construction will equilibrate the market."[631] Beide Effekte bewirken, dass Tobins q um den Wert Eins schwanken muss. Die Marktpreise von Wohnimmobilien müssen folglich eine ähnliche Wertentwicklung aufweisen wie die Wiederherstellungskosten.[632]

Weicht nun aber der q-Wert langfristig und in hohem Maße von seinem gleichgewichtigen Niveau ab, ohne dass der oben beschriebene Korrekturmechanismus greift und wieder eine Rückkehr zum Gleichgewicht herstellt, existiert auf dem betrachteten Markt eine Preisblase. Bei einem Wert über Eins liegen die Marktpreise für Bestandsimmobilien über ihrem durch die Wiederherstellungskosten abgebildeten fundamentalen Wert, was mit einer positiven Preisblase gleichzusetzen ist. In dieser Marktsituation ist mit einem Anziehen der Neubauaktivitäten und damit auch mit sinkenden Marktpreisen für Bestandsimmobilien zu rechnen. Bei einem q-Wert unter Eins liegen die Marktpreise von Wohnimmobilien unter ihrem fundamental gerechtfertigten Wert. In dieser Situation lassen sich künftige Preissteigerungen und damit ein Annähern an den fundamental gerechtfertigten Wert erwarten.

Kennzahlen sind eine einfache, intuitiv einleuchtende und daher in der Literatur häufig verwendete Methode zur Überprüfung des Bewertungsniveaus von Wohnimmobilienmärkten. Sie stützen sich auf das empirisch zu beobachtende Phänomen, dass sie nach einem Abweichen vom langfristigen Trend die Tendenz besitzen, zu diesem wieder zurückzukehren.[633] Die Aussagekraft von Kennzahlen bzw. deren Interpretation ist jedoch mit Schwierigkeiten verbunden. Das zentrale Problem ist die Bestimmung des gleichgewichtigen Niveaus. Die in empirischen Untersuchungen häufig vorzufindende Verwendung von Durchschnittswerten ist kritisch zu betrachten, da bei dieser Methode Änderungen in der fundamentalen Datenlage im Zeitablauf unberücksichtigt bleiben. Kennzahlen können somit nicht als alleiniges Kriterium zur Überprüfung von Wohn-

---

[631] Hilbers, P. et al. (2001), S. 4.
[632] Vgl. Meen, G. (2006), S. 8.
[633] Vgl. Ahearne, A. et al. (2005), S. 7.

immobilienmärkten auf Preisblasen herangezogen werden. Sie sind vielmehr ein ergänzender Teil einer fundierten Untersuchung, die sämtliche wohnimmobilienmarktspezifische fundamentale Erklärungsfaktoren berücksichtigt.

5.7 Indikatoren

Neben den im vorangegangenen Kapitel präsentierten Kennzahlen werden in der wirtschaftswissenschaftlichen Literatur auch sog. Indikatoren – wie Zinsen oder das Hypothekenkreditvolumen – herangezogen, um die (Preis-) Entwicklungen auf den Märkten für Vermögensgüter zu analysieren.

Speziell empirische Untersuchungen der monetären Stabilität bzw. der Finanzmarktstabilität greifen häufig auf makroökonomische Indikatoren wie Zinsen oder Geldmenge(n) zurück, um Ungleichgewichte und hieraus resultierende Gefahren für die Wohlfahrt einer Volkswirtschaft frühzeitig zu erkennen.[634] Diese Herangehensweise beruht auf der Überlegung, dass Zeiten instabiler Verhältnisse auf den Finanzmärkten häufig durch Abweichungen vom langfristigen Trend bei relevanten makroökonomischen Variablen ausgelöst werden. „Widespread financial distress typically arises from the unwinding of financial imbalances that build up disguised by benign economic conditions. [...] common signs include rapid credit expansion and, often, above-average capital accumulation. These developments can, jointly, sow the seeds of future instability. As a result the financial cycle can amplify, and be amplified by, the business cycle."[635]

Ein weiteres und speziell im Rahmen dieser Arbeit interessantes Anwendungsgebiet von Indikatoren ist die Überprüfung des Bewertungsniveaus von Wohnimmobilienmärkten. Mittels Indikatoren können diese zwar nicht direkt auf die Existenz von Preisblasen untersucht werden, da zwischen den Indikatoren und den Wohnimmobilienpreisen kein direkter ökonomischer Zusammenhang wie z. B. zwischen der Mietpreisentwicklung und den Wohnimmobilienpreisen über das Barwertkonzept besteht. Die Analyse von Wohnimmobilienmärkten mittels Indikatoren liefert jedoch Erkenntnisse, „anhand deren die Tragfähigkeit einer Vermögenspreishausse besser beurteilt werden

---

[634] Vgl. u. a. Borio, C. und Lowe, P. (2002), Bordo, M. und Olivier, J. (2002) sowie Detken, C. und Smets, F. (2004).
[635] Borio, C. und Lowe, P. (2002), S. 1.

kann."⁶³⁶ Eine Analyse der Preisbewegungen von Wohnimmobilienmärkten mittels Indikatoren liefert somit aus zwei unterschiedlichen Gesichtspunkten zusätzliche, wichtige Erkenntnisse.

Einerseits lässt sich mit Indikatoren überprüfen, ob Preisveränderungen durch andere fundamentale Einflussfaktoren erklärt werden können, die in den in diesem Kapitel präsentierten klassischen Testverfahren zur Erkennung von Preisblasen keine Berücksichtigung finden. Durch den Einsatz von Indikatoren lässt sich somit die Gefahr mindern, Preisbewegungen auf Grund der Nichtberücksichtigung relevanter Erklärungsvariablen (Fehlspezifikation der Testverfahren) fälschlicherweise als Preisblasen zu deklarieren.

Andererseits können Indikatoren aber auch dabei helfen, die Existenz von Preisblasen zu erkennen, die mittels der klassischen Testverfahren nicht erkannt worden wären. Dies ist speziell der Fall, wenn einzelne oder mehrere Indikatoren sich ungewöhnlich weit von ihrem langfristigen Trend entfernen, so dass nicht mehr von einer nachhaltigen bzw. gerechtfertigten Entwicklung gesprochen werden kann. Als Beispiel für einen derartigen Indikator wird in der wirtschaftswissenschaftlichen Literatur immer wieder die Anzahl neu errichteter Wohneinheiten in Spanien angeführt. Diese verdoppelte sich im Zeitraum von 2000 bis 2005 nahezu und übertraf im Jahr 2005 die Anzahl an neu errichteten Wohneinheiten der drei Länder Deutschland, Frankreich und Italien um fast das Doppelte.⁶³⁷ Dieses explosionsartige Wachstum der neu errichteten Wohneinheiten werteten viele Marktbeobachter als Indiz dafür, dass sich der spanische Wohnimmobilienmarkt in einer Phase der spekulativen Übertreibung befindet: „The Spanish value appears to be out of line with any estimate of a steady-state rate of building. Assuming that a typical house (or more realistically an apartment block) lasts 50 years (which corresponds to a depreciation rate of 2 %), a rate of construction of new dwellings of 20 per 1,000 households would keep the stock of dwellings constant (per household). [T]he rate of construction in Spain is almost three times higher than this benchmark value, suggesting that the country is rapidly accumulating a housing overhang."⁶³⁸

---

⁶³⁶ Europäische Zentralbank (2005), S. 55.
⁶³⁷ Vgl. Gros, D. (2007), S. 15.
⁶³⁸ Gros, D. (2007), S. 15. Vgl. ebenso Ball, M. (2009), S. 212: „Spain and Ireland's building booms are leading to similar excess supply in them, even though building rates are currently being curtailed."

Dieses Beispiel verdeutlicht, wie Indikatoren, obwohl sie nicht den Charakter der klassischen Testverfahren besitzen, als ein zusätzliches Werkzeug zur Überprüfung des Bewertungsniveaus von Wohnimmobilienmärkten angewendet werden können.

Im klassischen Fall geschieht die Überprüfung von Wohnimmobilienmärkten mittels Indikatoren über einen einfachen Vergleich der Wachstumsraten.[639] Ausgehend von der zentralen Überlegung, dass sich die Preise für Wohnimmobilien ähnlich wie die der zentralen Indikatoren entwickeln sollten, werden die Wachstumsraten miteinander verglichen.

Zwei makroökonomische Variablen, denen eine Indikatoreigenschaft zur Prognose der Preisentwicklung zugeschrieben wird, sind die Inflationsrate und das Zinsniveau.

5.7.1 Inflation

Zwischen der Inflation und den Preisen für Wohnimmobilien wird in der wirtschaftswissenschaftlichen Literatur häufig ein positiver Zusammenhang unterstellt.[640] Dies beruht zum einen auf der simplen Überlegung, dass in Phasen anziehender Konjunktur sowohl die Nachfrage nach Konsum- als auch nach Vermögensgütern steigt und somit auch deren Preise parallel anziehen. Ein weiterer Zusammenhang leitet sich aus der ‚Inflation Hedge'-Eigenschaft von Immobilien ab. „One of the main reasons for real estate being regarded as an attractive investment vehicle is that, as a real asset, it is believed to provide an effective hedge against inflation."[641] In Zeiten hoher Inflation neigen die Individuen verstärkt dazu, sich durch den Kauf von Realvermögensgütern – speziell Immobilien – gegen den drohenden realen Kaufkraftverlust abzusichern, dem das Geldvermögen ausgesetzt ist. Diese ‚Schutzreaktion' der Marktakteure verstärkt den Zusammenhang zwischen Inflation und Hauspreisen zusätzlich.[642] Aus diesen beiden Überlegungen resultiert die Theorie, Hauspreise und Inflation sollten sich im Gleichlauf bewegen.

---

[639] Vgl. hierzu exemplarisch Europäische Zentralbank (2005), S. 58.
[640] Vgl. Belke, A. und Wiedmann, M. (2005), S. 279.
[641] Hoesli, M. et al. (1997), S. 27.
[642] Die sog. ‚Inflation Hedge'-Eigenschaft von Immobilien ist in der wirtschaftswissenschaftlichen Literatur jedoch nicht unumstritten. Vor allem neuere Studien können den Zusammenhang von Inflation und (Wohn-) Immobilienpreisen nicht belegen. Vgl. hierzu exemplarisch Glascock, J. et al. (2008), Chu, Y. und Sing, T. (2004), Sebastian, S. (2003), Stevenson, S. und Murray, L. (1999) sowie Hoesli, M. et al. (1997).

In empirischen Untersuchungen wird der Inflation jedoch keine zufriedenstellende Indikatoreigenschaft zur Prognose der Preisentwicklung von Vermögensgütern bescheinigt. Sowohl Detken und Smets (2004) als auch Borio und Lowe (2002) können in ihren Untersuchungen von Boom- und Postboom-Phasen keinen stabilen Zusammenhang zwischen beiden Variablen nachweisen.[643] Demary (2008) kommt in seiner empirischen Analyse der Wohnimmobilienmärkte entwickelter Volkswirtschaften für den Zeitraum von 1970 bis 2005 zu einem negativen Zusammenhang zwischen der Inflationsrate und den Wohnimmobilienpreisen. Als Ursache nennt er die Reaktion der Zentralbanken, die bei einem Anziehen der Inflationsraten die Leitzinsen erhöhen und dadurch die Nachfrage nach Wohnraum verringern. Brunnermeier und Julliard (2008) leiten ebenfalls einen negativen Zusammenhang zwischen der Inflationsrate und den Hauspreisen her. Die Autoren zeigen, dass unter der Annahme der Geldillusion bei den Anlegern Rückgänge der Inflationsraten zu einem Anstieg der Hauspreise führen können, da diese nicht zwischen realen und nominalen Zinsen unterscheiden, sondern fälschlicherweise annehmen, dass sich diese beiden Größen im Gleichschritt bewegen. Ein Rückgang der Inflationsrate wird aus diesem Grund mit einem Rückgang der realen Zinsen gleichgesetzt und die zukünftigen realen Kosten eines Hypothekenkredits werden unterschätzt. Somit kann ein Rückgang der Inflationsraten einen Anstieg der Wohnimmobilienpreise bewirken.[644]

5.7.2 Zinsniveau

Eine weitere zentrale Größe, der häufig eine Indikatorfunktion für die Preisentwicklung der Wohnimmobilienpreise unterstellt wird, ist das Zinsniveau – im Speziellen die Höhe der Hypothekenzinssätze. Ein hohes Zinsniveau verteuert die Finanzierung von Wohnimmobilien und verringert somit die Nachfrage nach Wohnraum. Andererseits verbessert sich bei fallenden Zinsen die Finanzierbarkeit von Wohnraum, was zu einem Preisanstieg bei Wohnimmobilien führt.[645]

Dieser theoretische Zusammenhang wird durch zahlreiche empirische Untersuchungen gestützt. Borio und McGuire (2004) identifizieren in ihrer Analyse von 13 Wohnimmo-

---

[643] Zu diesen beiden Studien ist anzumerken, dass sie nicht auf alleiniger Basis von Wohnimmobilienpreisen, sondern eines aggregierten Preisindexes, der sowohl Wohn- und Gewerbeimmobilien als auch Aktien enthält, erstellt wurden. Beide Untersuchungen bieten somit nur eine eingeschränkte Aussagekraft für Wohnimmobilienmärkte.
[644] Vgl. Brunnermeier, M. und Julliard, C. (2008), S. 136ff.
[645] Vgl. Belke, A. (2005), S. 277.

bilienmärkten entwickelter Volkswirtschaften Zinserhöhungen als einen zentralen Faktor für Preisrückgänge auf Wohnimmobilienmärkten. Als überraschend erweist sich das Ergebnis, dass die kurzfristigen Nominalzinsen unter den Kontrollvariablen den Ausschlag geben. Die realen Zinssätze weisen hingegen einen geringeren Erklärungsgehalt auf. In ihren Analysen der internationalen Wohnimmobilienmärkte mittels eines linearen Granger-Causality-Tests bestätigen auch Baffoe-Bonnie (1998), Kasparova und White (2001) sowie Englund und Ioannides (1997) den negativen Zusammenhang zwischen Hypothekenzinssätzen und Wohnimmobilienpreisen. Zu einem konträren Ergebnis kommen McGibany und Nourzad (2004). In ihrer Kointegrationsanalyse können die beiden Autoren keine Granger-Kausalität zwischen Hypothekenzinssätzen und Hauspreisen feststellen.

Obwohl in empirischen Analysen makroökonomische Variablen – und hier im Speziellen die Zinssätze – identifiziert wurden, die durchaus eine Art Indikatorfunktion für die Wohnimmobilienpreise ausüben, wird in der wirtschaftswissenschaftlichen Literatur immer wieder darauf hingewiesen, dass die Preisentwicklung auf den Immobilienmärkten hauptsächlich durch die speziellen Faktoren des Immobilienmarktes selbst und weniger durch allgemeine makroökonomische Variablen bestimmt wird.[646] Aus diesem Grund müssen bei einer Analyse von Wohnimmobilienmärkten stets auch wohnimmobilienspezifische Indikatoren betrachtet werden. Im Folgenden wird daher der Zusammenhang zwischen der Preisentwicklung auf Wohnimmobilienmärkten und den beiden wichtigen Variablen Hypothekenkreditvolumen und die Anzahl neu errichteter Wohneinheiten näher betrachtet.

5.7.3 Hypothekenkreditvolumen

Kreditvergabe und Vermögenspreisen wird in der wirtschaftswissenschaftlichen Literatur ein enger Gleichlauf bestätigt.[647] Dies gilt besonders für die Beziehung zwischen den Preisen für Wohnimmobilien und dem Hypothekenkreditvolumen. Eine Ausweitung des Hypothekenkreditvolumens durch die Banken erhöht die Nachfrage nach Wohnimmobilien. Der hieraus resultierende Preisanstieg der Wohnimmobilien erhöht die Beleihungswerte und senkt damit die Kosten für wohnwirtschaftliche Kredite, was zu einer weiteren Ausweitung der Hypothekenkreditvolumens führt. Dieser Rück-

---

[646] Vgl. u. a. Demary, M. (2008) sowie Cardarelli, R. et al. (2008).
[647] Vgl. Schwartz, A. (2003), S. 383ff., Caruana, J. (2003), S. 537 sowie Europäische Zentralbank (2005), S. 55ff.

kopplungsmechanismus sorgt für einen Gleichlauf beider Größen.⁶⁴⁸ Der gleiche Mechanismus wirkt auch in die entgegengesetzte Richtung: Reduzieren die Banken ihr Hypothekenkreditvolumen, fallen die Preise für Wohnimmobilien. Die sinkenden Beleihungswerte veranlassen wiederum die Banken, ihre Kreditvergabe zu drosseln, was zu weiter fallenden Wohnimmobilienpreisen führt. Auf Grund der „recht systematische[n] Vorlaufbeziehung zu Phasen einer turbulenten Entwicklung der Vermögenspreise"⁶⁴⁹ wird der Veränderung des Hypothekenvolumens eine gute Indikatorfunktion zur Erkennung sich aufbauender Ungleichgewichte bescheinigt: „Hence, it seems fair to refer to credit growth as a major determinant of a bubble."⁶⁵⁰

5.7.4 Wohnungsneubau

Eine andere immobilienmarktspezifische Variable, der großer Einfluss auf die Wohnimmobilienpreise bescheinigt wird, ist der Wohnungsneubau: „The most direct link between housing prices and domestic demand might be construction activity and in particular the construction of houses (dwellings)."⁶⁵¹ Dabei besteht zwischen Hauspreisen und Neubauvolumen speziell in der kurzen Frist eine enge Korrelationsbeziehung.⁶⁵²

Der Wohnungsneubau eignet sich besonders als Indikator für die Preisentwicklung auf Wohnimmobilienmärkten, da ein starker Anstieg des Wohnungsneubaus eine zukünftige Ausweitung des Angebots ankündigt und damit sinkende Hauspreise erwarten lässt. „If builders fail to forecast the coming slowdown, they will overbuild, leading to a glut of unsold properties which will encourage prices to undershoot long-term values significantly. If the reduction in demand is large and persistent enough, it may be the cause that even properties built and occupied in recent years will experience significant va-

---

⁶⁴⁸ Während der Gleichlauf zwischen der Hypothekenkreditvergabe und den Immobilienpreisen in der wirtschaftswissenschaftlichen Forschung belegt ist, existieren über die Richtung des Wirkungszusammenhangs keine gesicherten Erkenntnisse. Während einige Studien eine Wirkungsrichtung von der Hypothekenkreditvergabe zu den Hauspreisen erkennen lassen, kommen andere Studien zum umgekehrten Wirkungszusammenhang (vgl. hierzu Tabelle 4). Sollten sich in der Zukunft die Hinweise häufen, dass die Kreditvergabe eher eine Folge gestiegener Hauspreise und damit verbesserter Besicherungsmöglichkeiten ist, würde dies die Aussagekraft des Indikators Hypothekenvolumen erheblich einschränken.
⁶⁴⁹ Europäische Zentralbank (2005), S. 55.
⁶⁵⁰ Belke, A. und Wiedmann, M. (2005), S. 276.
⁶⁵¹ Gros, D. (2007), S. 11.
⁶⁵² Vgl. Gros, D. (2007), S. 11.

cancies and hard-to-sell periods."[653] Wie bereits in diesem Kapitel beschrieben, ist der spanische Wohnimmobilienmarkt ein Paradebeispiel dafür, dass eine übertriebene Ausweitung des Wohnungsneubaus ein Anzeichen für spekulative Übertreibungen darstellt und zukünftige Preisrückgänge bzw. Turbulenzen auf den Wohnimmobilienmärkten ankündigen kann. Wie stark Wohnimmobilienmärkte durch eine übertriebene Ausweitung des Wohnungsneubaus in Mitleidenschaft gezogen werden können, wurde in der Vergangenheit auch am Beispiel von Deutschlands und Japans sichtbar. „The experience of Germany and Japan shows that a real estate boom can leave a long-lasting legacy if the boom leads to a housing 'overhang', i.e. if simply too many houses are built. Given that buildings depreciate very slowly, a housing overhang can lead to a long-term weakness in construction activity."[654]

Die Diskussion der unterschiedlichen Indikatoren hat verdeutlicht, dass diese kein direktes Testverfahren zur Überprüfung von Wohnimmobilienmärkten auf die Existenz von Preisblasen, sondern vielmehr Instrumente zur Prognose bzw. Analyse der Preisentwicklung darstellen. Indikatoren sind jedoch ein zusätzliches Werkzeug zur Ergänzung der klassischen Testverfahren.

Neben den in diesem Kapitel ausführlich dargestellten Testverfahren existieren in der wirtschaftswissenschaftlichen Literatur zahlreiche weitere Modelle, um Wohnimmobilienmärkte auf die Existenz von Preisblasen zu untersuchen. Eine beliebte und häufig verwendete Analysemethode sind Regressionsmodelle.[655] Bei dieser Methode wird das fundamental gerechtfertigte Bewertungsniveau mittels einer Regressionsanalyse, in die die wichtigsten Angebots- und Nachfragefaktoren eingehen, modelliert und anschließend überprüft, ob das aktuelle Bewertungsniveau durch das Modell gerechtfertigt werden kann. Probleme ergeben sich bei dieser Methode durch mögliche Fehlspezifikationen wie z. B. durch ausgelassene oder überflüssige Variablen.[656] Des Weiteren sind Regressionsmodelle bei Zeitreihendaten sehr anfällig für Autokorrelation und Heteroskedastizität.[657]

---

[653] Ball, M. (2009), S. 212.
[654] Gros, D. (2007), S. 11.
[655] Vgl. hierzu u. a. Quigley, J. (1999), Hui, E. und Yue, S. (2006), Haines, C. und Rosen, R. (2007), Egert, B. und Mihaljek, D. (2007) sowie Klyuev, V. (2008).
[656] Vgl. Smith, M. und Smith, G. (2006), S. 6, Gürkaynak, R. (2005), S. 20 sowie Flood, R. und Hodrick, R. (1990), S. 87.
[657] Vgl. hierzu exemplarisch Stevenson, S. (2008), S. 13f.

Einige empirische Studien untersuchen die Korrelationen zwischen Hauspreisen und den zentralen fundamentalen Erklärungsvariablen des Wohnimmobilienmarktes wie z. B. Einkommen (Case und Shiller (2003), Lamont und Stein (1999) sowie Hui und Yue (2006)) oder Leerstandsraten (Hui und Yue (2006)). Die Grundidee dieses Testverfahrens ist sehr simpel: Hauspreise sollten eine positive Korrelationsbeziehung mit dem Einkommen und eine negative Korrelationsbeziehung mit der Leerstandsrate aufweisen. Ist dies nicht der Fall, liegt ein Hinweis für die Existenz einer Preisblase vor. An der Korrelationsanalyse wird kritisiert, dass es sich hierbei um kein strukturelles, sondern vielmehr um ein ‚reduziertes' Modell handelt: „Thus, if the models are not carefully specified, the correlations they estimate can be spurious."[658] Arshanapalli und Nelson (2008) kritisieren die Korrelationsanalyse zur Überprüfung von Wohnimmobilienmärkten auf die Existenz von Preisblasen, da sie zur Analyse von nichtstationären Variablen ungeeignet ist.[659]

5.8 Fazit

Im Folgenden werden die zentralen Ergebnisse der in diesem Kapitel erfolgten theoretischen Diskussion der klassischen Testverfahren zur Erkennung von Preisblasen auf Wohnimmobilienmärkten zusammengefasst:

- Alle in diesem Kapitel diskutierten Testverfahren besitzen ihre individuellen Vorzüge und Nachteile. Es konnte kein Verfahren identifiziert werden, welches sämtliche andere Verfahren dominiert.

- Die Identifikation von Preisblasen ist mit zahlreichen Problemen sowohl daten- als auch modelltechnischer Natur verbunden. Das zentrale Problem der Testverfahren ist die Gefahr der Modellfehlspezifikation: „Bubble tests do not a good job of differentiating between misspecified fundamentals and bubbles."[660]

- Um nicht fälschlicherweise – z. B. auf Grund von ausgelassenen Variablen – zum Ergebnis der Existenz einer Preisblase zu gelangen, ist es daher in sämt-

---

[658] Haines, C. und Rosen, R. (2007), S. 18. Weitere Verfahren zur Erkennung von Preisblasen sind der ‚Two-Step'-Test von West, K. (1987) und der ‚Faster Than Exponential Growth'-Test von Zhou, W. und Sornette, D. (2003/06) bzw. Sornette, D. und Woodward, R. (2009).
[659] Vgl. Arshanapalli, B. und Nelson, W. (2008), S. 39.
[660] Gürkaynak, R. (2005), S. 27.

lichen Analysen geboten, alle möglichen ökonomischen Erklärungsursachen für eine Preisbewegung zu überprüfen, „before clutching the ‚bubble' resort."[661]

- Die Analyse hat des Weiteren gezeigt, dass nicht alle Testverfahren zur Analyse der Märkte für Vermögensgüter für eine Anwendung auf Wohnimmobilienmärkte geeignet sind. Dies liegt in den Besonderheiten des Vermögensguts Wohnimmobilie und des Wohnimmobilienmarktes begründet.

- Ein steigender Komplexitätsgrad der Modelle (im Sinne einer steigenden Anzahl an Modellvariablen) garantiert nicht zwangsläufig bessere bzw. genauere Ergebnisse. Dies zeigt sich z. B. bei den User Cost. Dieser Ansatz berücksichtigt sämtliche Kosten, die durch das Besitzen von Wohneigentum entstehen. Die meisten Kostenbestandteile wie z. B. der durchschnittliche Einkommensteuersatz, die Risikoprämie und im Besonderen die erwartete zukünftige Wertsteigerung lassen sich nicht direkt ablesen und müssen daher entweder geschätzt oder durch Proxys ersetzt werden. Bei Verwendung von Proxys, die die ihnen zu Grunde liegenden Variablen nicht adäquat abbilden, liefert das Modell unbrauchbare Ergebnisse.

- Es hängt auch immer entscheidend von der zur Verfügung stehenden Datenbasis ab – z. B. Länge des Datensatzes oder Qualität des Hauspreisindexes –, welche Testverfahren geeignet sind. Generell gilt: Je besser die Datenverfügbarkeit auf dem zu untersuchenden Wohnimmobilienmarkt, desto komplexere Modelle können zur Analyse herangezogen werden.

Cecchetti (2005) fasst die Ergebnisse der theoretischen Analyse in zwei Sätzen treffend und prägnant zusammen: „Measuring them [Anmerk. d. Verfassers: Damit sind hier Preisblasen gemeint] is surely difficult but not impossible. When a constellation of factors converge, we can often be fairly certain that there is a bubble."[662]

Die Auswahl der im empirischen Teil dieser Arbeit durchgeführten Testverfahren zur Überprüfung der internationalen Wohnimmobilienmärkte auf die Existenz von Preisblasen wird speziell vor dem Hintergrund der in diesem Kapitel gewonnenen theoretischen Überlegungen und der zur Verfügung stehenden Datenbasis getroffen.

---

[661] Garber, P. (1990a), S. 35.
[662] Cecchetti, S. (2005), S. 9.

Im Folgenden werden die zentralen Kriterien zusammengestellt, nach denen die in Kapitel 6 angewendeten Testverfahren ausgesucht werden. Die im empirischen Teil angewendeten Testverfahren sollten

- eine verhältnismäßig einfache Struktur aufweisen,

- geringe Anforderungen an die benötigten Daten stellen,

- in der Lage sein, zwischen fundamental begründeten und nicht begründeten Preisbewegungen zu unterscheiden,

- eine geringe Anzahl an Inputvariablen benötigen, welche für alle Untersuchungsländer für einen langen Zeitraum zur Verfügung stehen, und

- keine Erwartungen über die zukünftige Entwicklung einzelner Variablen benötigen, die mittels Proxys geschätzt werden müssen.

Die folgenden Testverfahren werden den hier gestellten Kriterien nicht gerecht werden daher in der folgenden empirischen Analyse nicht berücksichtigt:

- Charttechnische Analyse:

    Für den Ausschluss der charttechnischen Analyse spricht, dass diese nicht zwischen fundamental begründeten und unbegründeten Preisbewegungen unterscheiden kann. Eine kurze Analyse der Preisentwicklung der 18 untersuchten Wohnimmobilienmärkte erfolgt in Kapitel 6.1 im Rahmen der Darstellung der statistischen Eigenschaften des verwendeten Datensatzes.

- Analyse des Verhaltens der Marktteilnehmer:

    Auf eine Analyse des Verhaltens der Marktteilnehmer wird verzichtet, da die notwendige Datenbasis nicht existiert und eine Erhebung des Anlegerverhaltens für 18 internationale Wohnimmobilienmärkte zu aufwendig ist.

- Barwertmodelle:

    Auf Grund der enormen Schwierigkeiten bei der Modellierung der Erwartungen der Marktteilnehmer über die zukünftige Ertragsentwicklung und des risikoadjustierten Diskontierungszinssatzes wird auf eine Barwertbetrachtung in der folgenden empirischen Analyse ebenfalls verzichtet.

- Volatilitätsmodelle:

  Die Volatilitätsmodelle werden nicht berücksichtigt, da die hierfür benötigten zukünftigen Zahlungsströme nicht bekannt sind und die Volatilitätsmodelle von ihrer Grundkonstruktion her ein Testverfahren zur Überprüfung des Barwertansatzes und nicht der Existenz von Preisblasen auf den Märkten für Vermögensgüter sind.

- User Cost:

  Schließlich wird auf eine Analyse mittels der User Cost verzichtet, da zur Bestimmung dieser Kennzahl eine Fülle von Variablen benötigt wird, die nur sehr ungenau mittels des Einsatzes von Proxys bestimmt werden kann.

Nach dem Ausschluss dieser fünf Testverfahren verbleiben:

- das Verfahren nach Diba und Grossman (1988b),

- die Kennzahlenanalyse (außer den User Cost) sowie

- die Analyse der Wohnimmobilienmärkte mittels Indikatoren (als ergänzendes Werkzeug).

Diese Testverfahren entsprechen den meisten der oben aufgeführten Kriterien und eignen sich daher besonders für Wohnimmobilienmärkte und den in der folgenden empirischen Analyse zur Anwendung kommenden Datensatz.

"Testing for bubbles is plagued with problems and obstacles."

(Herrera, S. und Perry, G. (2001), S. 5)

6 Empirische Überprüfung von Wohnimmobilienmärkten auf Preisblasen

Aufbauend auf den in den vorangegangenen Kapiteln gewonnenen Erkenntnissen werden in der folgenden empirischen Analyse die Wohnimmobilienmärkte von 18 entwickelten Volkswirtschaften auf die Existenz von Preisblasen untersucht. Zu Beginn dieses Kapitels wird eine deskriptive Analyse der verwendeten Hauspreisindizes durchgeführt. Im Anschluss werden die Ergebnisse des Testverfahrens von Diba und Grossman (1988b) und der Kennzahlenanalyse dargestellt und kritisch diskutiert. Das Kapitel schließt mit einer weiteren Überprüfung der Wohnimmobilienmärkte mittels zentraler makroökonomischer und wohnimmobilienmarktspezifischer Indikatoren.

6.1 Statistische Eigenschaften der verwendeten Hauspreisindizes

Die verwendeten Hauspreisindizes werden von der Bank for International Settlement (BIS) zur Verfügung gestellt. Diese veröffentlicht quartalsweise Indizes zur Abbildung der Preisentwicklung auf den Wohnimmobilienmärkten von 18 entwickelten Volkswirtschaften. Zur Konstruktion der Indizes bedient sich die BIS unterschiedlicher nationaler Datenquellen wie statistischer Ämter, Zentralbanken, Ministerien oder private Anbieter. Eine Übersicht findet sich in Anhang I. Der BIS-Hauspreisdatensatz ist der in der wirtschaftswissenschaftlichen Literatur in empirischen Analysen dominant verwendete Datensatz. Er besitzt gegenüber anderen Indizes folgende Vorteile:

- Der Datensatz geht bis 1970 zurück und steht damit für einen vergleichsweise langen Zeitraum zur Verfügung.[663]

- Er deckt 18 nationale Wohnimmobilienmärkte ab.

- Er wird quartalsweise veröffentlicht.

---

[663] Lediglich für den spanischen Markt liegt ein um ein Jahr verkürzter Untersuchungszeitraum von 1971 bis 2007 vor.

Der BIS-Hauspreisdatensatz weist jedoch auch einige Nachteile auf:[664]

- Für einzelne Länder bzw. Teilperioden liegen die nationalen Indizes nur in einer jährlichen bzw. halbjährlichen Frequenz vor. Laut Auskunft der BIS werden in diesen Fällen die Quartalswerte mittels statistischer Verfahren geschätzt.

- Die BIS veröffentlicht keine Indizes zur Abbildung der Preisentwicklung der einzelnen räumlichen, nationalen Teilmärkte, sondern nur der nationalen Gesamtmärkte. Somit besteht besonders in den großen Volkswirtschaften wie den USA und Japan das Problem, dass regionale Preisschwankungen im nationalen Index nicht abgebildet werden und stattdessen die Wertentwicklung geglättet wiedergegeben wird.

- Nicht alle Indizes decken das gesamte Landesgebiet flächendeckend ab. Häufig sind die städtischen Regionen übergewichtet, da hierfür eine größere Datenbasis vorliegt.

- Die BIS veröffentlicht keine detaillierten Informationen, mittels welcher konkreter nationaler Datenreihen sie die jeweiligen nationalen Hauspreisindizes erstellt. Häufig werden die Indizes aus einer Vielzahl unterschiedlicher nationaler Indizes konstruiert.

- Die Indizes setzen sich aus unterschiedlichen Wohnungstypen zusammen. Während einige Indizes nur die Preisentwicklung von Einfamilienhäusern enthalten, gehen in andere Indizes neben Einfamilienhäusern auch Wohnungen und Reihenhäuser ein.

- Einige Indizes enthalten neben der Wertentwicklung von Bestandsimmobilien zusätzlich die von Neubauten.

Zusammenfassend kann festgestellt werden, dass auf Grund der beschriebenen Nachteile die BIS-Hauspreisindizes erstens die Wertentwicklung der einzelnen Wohnimmobilienmärkte nicht immer adäquat widerspiegeln und zweitens nur einen eingeschränkten Ländervergleich erlauben, da die nationalen Indizes unterschiedliche Teilmärkte und regionale Abdeckungen aufweisen.

---

[664] Vgl. hierzu u. a. Kholodilin, K. et al. (2007), S. 217.

6 Empirische Überprüfung von Wohnimmobilienmärkten auf Preisblasen

In Abbildung 31 bis Abbildung 34 ist die nominale Wertentwicklung der 18 analysierten Wohnimmobilienmärkte dargestellt.[665] Es fällt auf, dass die Wertentwicklung in den einzelnen nationalen Märkten sehr unterschiedlich verläuft. Einige Länder weisen im Betrachtungszeitraum von 1970 bis 2007 keine nennenswerte Wertsteigerung auf. Hierzu gehören Deutschland, Japan und die Schweiz. Dagegen weisen Spanien und Irland mit einer 85-fachen bzw. 60-fachen Wertsteigerung die stärksten Zuwächse auf.

Auf Grund der differierenden Wertentwicklung können drei Ländergruppen unterschieden werden:

- Länder mit stagnierender Preisentwicklung (CH, DE und JP),[666]
- Länder mit moderatem Preisanstieg (BE, CA, DK, FI, FR, NL, NO, SE und US) und
- Länder mit extremem Preisanstieg (AU, ES, GB, IE, IT und NZ).

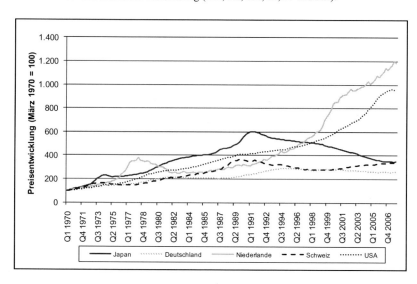

Abbildung 31: Preisentwicklung der Wohnimmobilienmärkte (I)

---

[665] Quelle: BIS (Berechnungen basierend auf nationalen Angaben, siehe Anhang I) sowie eigene Berechnungen.
[666] Als Ursache für die schlechte Wertentwicklung des deutschen und japanischen Wohnimmobilienmarktes nennt Gros, D. (2007), S. 10 den jeweils durch einen Bauboom (in Deutschland der ‚Wiedervereinigungsboom'; in Japan die Blase auf dem Aktien und Immobilienmarkt Mitte der 1980er Jahre) ausgelösten Wohnungsüberhang in beiden Ländern.

260 6 Empirische Überprüfung von Wohnimmobilienmärkten auf Preisblasen

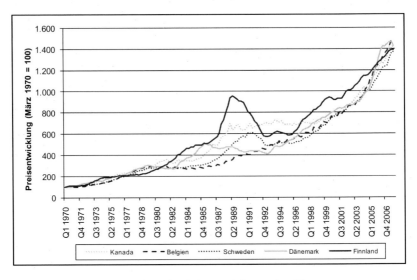

Abbildung 32: Preisentwicklung der Wohnimmobilienmärkte (II)

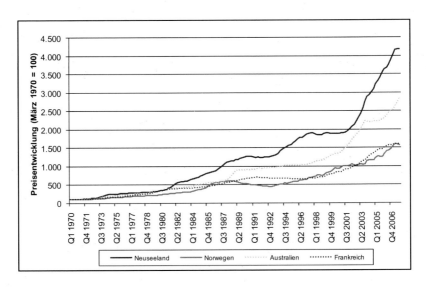

Abbildung 33: Preisentwicklung der Wohnimmobilienmärkte (III)

6 Empirische Überprüfung von Wohnimmobilienmärkten auf Preisblasen

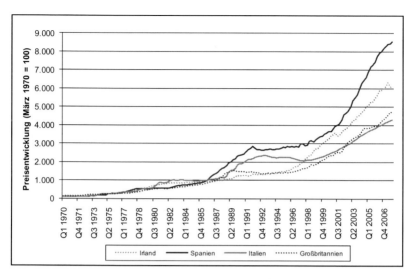

Abbildung 34: Preisentwicklung der Wohnimmobilienmärkte (IV)[667]

6.1.1 Deskriptive Analyse

Tabelle 12 enthält die deskriptive Statistik der nationalen Hauspreisindizes. Die dort abgebildeten Renditen r, die auf einer quartalsweisen Basis berechnet wurden, bilden lediglich die Wertveränderung der nationalen Wohnimmobilienbestände ab und entsprechen somit nicht der klassichen Rendite von Wohnimmmobilien, die neben der Wertsteigerung auch noch die Mieterträge beinhaltet.

Die stetige Rendite $r_{i,t}$ ergibt sich aus der Zeitreihe Z wie folgt:

(6.1) $r_{i,t} = \ln(Z_{i,t}) - \ln(Z_{i,t-1})$.

Die Verwendung von stetigen Renditen liegt in ihren statistischen und mathematischen Vorzügen gegenüber der diskreten Rendite begründet. Hier sind in erster Linie die einfachere Berechnung und die günstigeren Verteilungseigenschaften zu nennen. Die Dichte diskreter Renditen ist häufig nicht symmetrisch, sondern eher rechtsschief verteilt.

---

[667] Für Spanien beginnt der Untersuchungszeitraum 1971. Dies entspricht 37 Beobachtungen.

Dagegen sind die stetigen Renditen eher symmetrisch um ein bestimmtes Zentrum verteilt und ähneln somit eher einer Normalverteilung.[668]

Index	$\bar{r}$	Min.	Max.	σ	Schiefe	Kurtosis	J.-B.
AU	0,0222	-0,0276	0,0954	0,0214	0,7201	0,9972	38,2870***
BE	0,0178	-0,0711	0,0764	0,0267	-0,1516	-0,0182	57,8939***
CA	0,0176	-0,0902	0,1001	0,0301	-0,0432	1,2164	20,0627***
CH	0,0081	-0,0540	0,0738	0,0208	0,5644	0,8713	36,5278***
DE	0,0064	-0,0110	0,0407	0,0102	0,6658	-0,0666	70,3202***
DK	0,0176	-0,0684	0,1185	0,0273	0,2036	1,1341	22,9473***
ES	0,0302	-0,0462	0,1964	0,0332	1,2642	3,7170	43,4576***
FI	0,0174	-0,0721	0,1152	0,0290	-0,2393	1,2257	21,2478***
FR	0,0183	-0,0105	0,0532	0,0161	0,0524	-0,8525	93,4501***
GB	0,0255	-0,0391	0,1335	0,0281	0,8051	1,7449	26,2233***
IE	0,0271	-0,0486	0,2197	0,0333	1,4712	6,8428	147,3807***
IT	0,0249	-0,0500	0,2279	0,0429	2,0255	5,2526	135,1764***
JP	0,0083	-0,0414	0,0905	0,0212	1,2470	2,3783	41,5661***
NL	0,0164	-0,0755	0,1447	0,0309	0,3706	2,2519	6,9786**
NO	0,0182	-0,0497	0,0927	0,0286	0,1566	-0,2177	65,7585***
NZ	0,0247	-0,0178	0,1069	0,0225	1,0971	1,6180	42,3076***
SE	0,0173	-0,0686	0,0664	0,0223	-0,4829	1,2086	26,0601***
US	0,0150	-0,0294	0,0621	0,0128	0,3717	1,8517	11,7735***

Tabelle 12: Deskriptive Statistik des BIS-Datensatzes über den gesamten Betrachtungszeitraum (Q2 1970-Q4 2007)[669]

---

[668] Vgl. Poddig, T. et al. (2008), S. 105.
[669] Quelle: BIS (Berechnungen basierend auf nationalen Angaben, siehe Anhang I) sowie eigene Berechnungen. Die Tabelle umfasst den Untersuchungszeitraum von Q2 1970 bis Q4 2007. Für Q1 konnten keine Renditen berechnet werden, da für Q4 1969 keine Angaben vorliegen. Insgesamt enthält das Sample somit 151 Beobachtungen. Für Spanien erstreckt sich der Zeitraum von Q2 1971 bis Q4 2007. Dies entspricht 147 Beobachtungen. ***, ** und * stellen die Ablehnung der Nullhypothese der Normalverteilung nach der Jarque-Bera-Teststatistik auf dem 1 %-, 5 %- und 10 %-Signifikanzniveau dar. Die kritischen Werte der χ^2-verteilten Teststatistik mit 2 Freiheitsgraden betragen 9,21, 5,99 und 4,61. Vgl. hierzu Jarque, C. und Bera, A. (1980).

6 Empirische Überprüfung von Wohnimmobilienmärkten auf Preisblasen

Neben der Wertentwicklung ist die Volatilität von Wohnimmobilienmärkten von besonderem Interesse. Als Maß für die Volatilität wird im Folgenden die Standardabweichung σ verwendet. Für N Beobachtungswerte lässt sich diese wie folgt berechnen:

$$(6.2) \quad \sigma = \sqrt{\frac{1}{N-1} \sum_{t=1}^{N} (r_t - \bar{r})^2}.$$

Sind die Renditen nicht normalverteilt, reicht die Standardabweichung nicht aus, um das Renditeverhalten und im Speziellen das Risiko zu bestimmen. Um die von der Normalverteilung abweichende Wahrscheinlichkeitsverteilung möglichst genau erfassen zu können, müssen zusätzlich höhere Momente wie Schiefe φ^3 und Wölbung ω^4 berücksichtigt werden.[670] Die Schiefe gibt den Grad der Asymmetrie einer Verteilung an. Die Normalverteilung, die eine symmetrische Verteilung aufweist, besitzt eine Schiefe von 0. Bei Vorliegen einer positiven (negativen) Schiefe wird auch von einer rechtsschiefen (linksschiefen) bzw. linkssteilen (rechtssteilen) Verteilung gesprochen. Bei beobachteten Renditen kann die Schiefe als Risikoparameter interpretiert werden. Zeigen die Renditen eine rechtsschiefe Verteilung, so ist das Auftreten von positiven Extremwerten wahrscheinlicher und das Verlustrisiko damit geringer. Linksschiefe Verteilungen weisen eine höhere Wahrscheinlichkeit von negativen Extremwerten auf und bringen somit ein höheres Verlustrisiko mit sich. Bei N Beobachtungen lässt sich die Schiefe einer Verteilung wie folgt berechnen:

$$(6.3) \quad \varphi^3 = \frac{\frac{1}{N} \sum_{t=1}^{N} (r_t - \bar{r})^3}{\sigma^3}.$$

Die Wölbung (Kurtosis) einer Verteilung misst die Konzentration der Renditen um den Mittelwert und nimmt bei der Normalverteilung den Wert Drei an. Bei einem Wert über Drei liegt eine leptokurtische Verteilung vor, d. h. die Renditeverteilung weist eine stärkere Konzentration um den Mittelwert auf bei einem im Vergleich zur Normalverteilung gleichzeitigen verstärkten Auftreten von sowohl negativen als auch positiven (Extrem-) Werten (sog. ‚Fat Tails'), wodurch ein höheres Risiko signalisiert wird. Bei einem Wert unter Drei spricht man von einer platykurtischen Verteilung, dies bedeutet,

---

[670] Vgl. Füss, R. (2003), S. 374.

dass das absolute Maximum der Dichte unter dem Maximum der Normalverteilung liegt.[671] Die Wölbung berechnet sich nach folgender Formel:

$$(6.4) \quad \omega^4 = \frac{\frac{1}{N}\sum_{t=1}^{N}(r_t - \bar{r})^4}{\sigma^4}.$$

Schiefe und Wölbung finden ihre statistische Anwendung im Jarque-Bera-Test auf Normalverteilung.[672] Dieser basiert auf der Erkenntnis, dass ein Abweichen der Schiefe von Null bzw. der Wölbung von Drei als ein Indiz gegen das Vorliegen einer Normalverteilung interpretiert werden kann. Der Jarque-Bera-Test vereint beide Größen in einer einzigen Variablen:

$$(6.5) \quad J.-B. = \frac{N}{6}\left[(\varphi^3)^2 + \frac{(\omega^4 - 3)^2}{4}\right].$$

Im gesamten Betrachtungszeitraum weisen mit Großbritannien, Irland und Spanien diejenigen Länder die größten Wertsteigerungen auf, die auch im Zuge des weltweiten Hauspreisrückgangs mit am stärksten betroffen sind.[673] Der US-amerikanische Wohnimmobilienmarkt liegt mit einer quartalsweisen Wertsteigerung von 1,5 % deutlich unter der durchschnittlichen Wertsteigerung aller 18 betrachteten Wohnimmobilienmärkte von 1,9 %. Dieser eher moderate Preisanstieg steht im Gegensatz zur weit verbreiteten Annahme, der US-amerikanische Wohnimmobilienmarkt, der durch den ab 2006 einsetzenden Preisrückgang die weltweite Finanzkrise auslöste, habe im Vorfeld der Finanzkrise eine überdurchschnittliche Wertsteigerung aufgewiesen. Um zu überprüfen, ob sich die Wertsteigerungen der zweiten Hälfte des Betrachtungszeitraums, in der der weltweite Hauspreisboom aufgetreten ist, signifikant verändert haben, wird im weiteren Verlauf dieser Arbeit der Beobachtungszeitraum in Subperioden unterteilt.

Tabelle 12 widerlegt die weit verbreitete Ansicht, dass sich die Preise auf den Wohnimmobilienmärkten stets positiv entwickeln.[674] Die Betrachtung der minimalen Renditen zeigt eindeutig, dass Preisrückgänge auf Immobilienmärkten keine Seltenheit sind. Alle 18 Wohnimmobilienmärkte erlitten im Betrachtungszeitraum zumindest einen

---

[671] Vgl. Poddig, T. et al. (2008), S. 143.
[672] Vgl. Jarque, C. und Bera, A. (1980).
[673] Vgl. hierzu Ball, M. (2009), S. 204.
[674] „Es scheint, dass Menschen intuitiv das Gefühl hatten, Immobilienpreise könnten sich nur nach oben entwickeln." Akerlof, G. und Shiller, R. (2009), S. 214.

quartalsweisen Preisrückgang. Der höchste Wertverlust mit 9 % in Kanada verdeutlicht, dass die Wohnimmobilienpreise sogar erheblichen Preisrückgängen ausgesetzt sein können.

Eine Betrachtung der einzelnen quartalsweisen Renditen widerlegt des Weiteren die häufig vertretene Ansicht, Preisrückgänge auf Immobilienmärkten wären nur von kurzer Dauer. Speziell am Beispiel Japan wird deutlich, dass diese stilisierte Tatsache auf Wohnimmobilienmärkte nicht zutrifft. In Folge des Platzens der japanischen Aktien- und Immobilienblase im Jahr 1989 verzeichnete der japanische Wohnimmobilienmarkt von Q3 1991 bis Q3 2007 nicht weniger als 66 Quartale in Folge einen Preisrückgang. Diese langanhaltende Phase ist zwar einmalig und resultiert aus den extremen Übertreibungen auf dem japanischen Aktien- und Immobilienmarkt ab Mitte der 1980er Jahre, zeigt aber doch eindrucksvoll, dass die Preisentwicklung auf Wohnimmobilienmärkten keine Einbahnstraße ist. Auch auf anderen Wohnimmobilienmärkten hat es im Betrachtungszeitraum länger anhaltende Preisrückgänge gegeben. In der Schweiz (Q3 1994-Q2 1997), Deutschland (Q3 1995-Q2 1998) und Frankreich (Q2 1994-Q1 1998) wies der Wohnimmobilienmarkt jeweils zwölf Quartale in Folge einen Preisrückgang auf. Eine Ausnahme in diesem Zusammenhang ist der US-amerikanische Wohnimmobilienmarkt, der im gesamten Betrachtungszeitraum keine zwei Quartale in Folge eine negative Preisentwicklung aufweist. Die Sonderstellung wird in der Literatur mit der Größe des US-amerikanischen Wohnimmobilienmarktes erklärt.[675] Dieser sei so groß und heterogen, dass lokale Preisrückgänge in einem Index, der die gesamte Wertentwicklung der USA abbildet, ‚untergehen' und der Index für das gesamte US-amerikanische Bundesgebiet in der Regel einen moderaten Preisanstieg ausweist.[676]

Mit Irland, Italien und Spanien weisen die Länder mit der stärksten Preisentwicklung gleichzeitig auch die höchste Volatilität auf, was sich insbesondere in einer hohen Standardabweichung und Renditespanne widerspiegelt.

Außer Belgien, Finnland, Kanada und Schweden weisen alle Länder eine rechtsschiefe Verteilung auf. Spanien, Italien und Irland, die sehr hohe Renditen im Betrachtungszeitraum erzielen, weisen eine leptokurtische Verteilung auf. Alle anderen besitzen eine Kurtosis von unter drei und damit eine platykurtische Verteilung. Die rechtsschiefen

---

[675] Vgl. hierzu Bordo, M. (2005) sowie Kapitel 3.4.5.
[676] Seit dem Beginn der Subprime-Krise 2006 bzw. 2007 zeigen jedoch sowohl der HPI als auch der S&P/Case-Shiller U.S. National Home Price Index für den gesamten US-amerikanischen Markt einen (deutlichen) Preisrückgang an.

und platykurtischen Verteilungseigenschaften führen beim Jarque-Bera-Test zur Ablehnung der Nullhypothese der Normalverteilung auf dem 1 %-Signifikanzniveau. Lediglich für die Niederlande kann die Nullhypothese der Normalverteilung auf dem 5 %-Signifikanzniveau verworfen werden.

Wie bereits mehrfach in dieser Arbeit erläutert, weisen die meisten der hier untersuchten 18 Wohnimmobilienmärkte ab Mitte der 1990er Jahre einen ungewöhnlich starken und lang anhaltenden Preisanstieg auf. Dieser ungewöhnliche Hauspreisboom wirft die Frage auf, ob sich die Preisentwicklung auf den Wohnimmobilienmärkten als zeitlich stabil erweist.

Um dies zu testen, wird der Betrachtungszeitraum in zwei Subperioden unterteilt. Die erste Subperiode erstreckt sich von Q2 1970 bis Q1 1989 (76 Beobachtungen) und die zweite Subperiode von Q2 1989 bis Q4 2007 (75 Beobachtungen). Die hier vorgenommene Unterteilung erfolgt nicht in Anlehnung an ein bestimmtes Ereignis, welches einen Strukturbruch hervorgerufen hat, sondern soll lediglich die Veränderung im Zeitablauf über zwei möglichst gleich lange Zeiträume untersuchen.

Abgesehen von Belgien und den Niederlanden zeigen alle Wohnimmobilienmärkte in der ersten Subperiode einen stärkeren Preisanstieg. Die einzigen beiden Länder, die in der zweiten Subperiode einen Preisrückgang ausweisen, sind Japan und die Schweiz. Mit 0,3 % erzielt Deutschland, das Land mit der geringsten Wertsteigerung im gesamten Untersuchungszeitraum, in der zweiten Subperiode gerade noch eine positive Wertentwicklung.

Beim Vergleich der Standardabweichung ist festzustellen, dass die Volatilität der meisten betrachteten Wohnimmobilienmärkte in der ersten Subperiode leicht über der zweiten liegt. Kein einheitliches Bild ergibt sich bei einer Betrachtung der Spanne der minimalen und maximalen Wertveränderungen in einem Quartal. Diese ist in der ersten Subperiode in acht und in der Zweiten in zehn Märkten größer.

6 Empirische Überprüfung von Wohnimmobilienmärkten auf Preisblasen

Index	r̄	Min.	Max.	σ	Schiefe	Kurtosis	J.-B.
AU	0,0286	-0,0276	0,0954	0,0237	0,4208	0,8699	16,6115***
BE	0,0162	-0,0711	0,0690	0,0264	-0,4992	0,7177	19,6524***
CA	0,0255	-0,0427	0,1001	0,0304	0,3929	0,0047	30,3662***
CH	0,0163	-0,0540	0,0738	0,0241	0,0249	0,0637	27,3099***
DE	0,0098	-0,0100	0,0407	0,0106	0,4381	-0,1844	34,5434***
DK	0,0204	-0,0684	0,1185	0,0315	0,1335	0,8634	14,6816***
ES	0,0410	-0,0191	0,1964	0,0384	1,1933	2,3572	19,3453***
FI	0,0295	-0,0173	0,1152	0,0264	0,8268	0,4662	28,9884***
FR	0,0237	-0,0055	0,0532	0,0130	0,0833	-0,3361	35,3307***
GB	0,0351	-0,0239	0,1335	0,0291	1,0275	1,8393	17,6387***
IE	0,0314	-0,0289	0,2197	0,0377	1,9821	7,4611	112,7870***
IT	0,0351	-0,0500	0,2279	0,0556	1,3244	1,6528	27,9643***
JP	0,0207	-0,0414	0,0905	0,0208	1,0214	3,2555	13,4211***
NL	0,0143	-0,0755	0,1447	0,0376	0,4993	1,6583	8,8582**
NO	0,0231	-0,0365	0,0927	0,0265	0,3484	0,0303	29,4652***
NZ	0,0324	-0,0020	0,1069	0,0239	1,2397	1,0714	31,2455***
SE	0,0206	-0,0279	0,0628	0,0207	0,1158	-0,3825	36,4008***
US	0,0179	-0,0294	0,0621	0,0156	-0,0816	1,0769	11,7956***

Tabelle 13: Deskriptive Statistik des BIS-Datensatzes für die erste Subperiode von Q2 1970 bis Q1 1989 (76 Beobachtungen)[677]

---

[677] Quelle: BIS (Berechnungen basierend auf nationalen Angaben, siehe Anhang I) sowie eigene Berechnungen. Für Spanien erstreckt sich der Zeitraum von Q2 1971 bis Q1 1989. Dies entspricht 72 Beobachtungen. ***, ** und * stellen die Ablehnung der Nullhypothese der Normalverteilung nach der Jarque-Bera-Teststatistik auf dem 1 %-, 5 %- und 10 %-Signifikanzniveau dar. Die kritischen Werte der χ^2-verteilten Teststatistik mit 2 Freiheitsgraden betragen 9,21, 5,99 und 4,61. Vgl. hierzu Jarque, C. und Bera, A. (1980).

Index	r̄	Min.	Max.	σ	Schiefe	Kurtosis	J.-B.
AU	0,0157	-0,0119	0,0588	0,0166	0,6836	-0,1569	36,9840***
BE	0,0194	-0,0317	0,0764	0,0270	0,1661	-0,7837	45,0829***
CA	0,0096	-0,0902	0,0626	0,0277	-0,8236	1,9759	11,7561***
CH	-0,0002	-0,0345	0,0240	0,0122	-0,5394	0,5619	22,2139***
DE	0,0028	-0,0110	0,0235	0,0084	0,7666	-0,3431	42,2729***
DK	0,0147	-0,0468	0,0604	0,0220	-0,0220	0,2078	24,3692***
ES	0,0199	-0,0462	0,0637	0,0231	-0,1964	0,1544	25,7868***
FI	0,0052	-0,0721	0,0698	0,0264	-0,9538	1,1456	22,1180***
FR	0,0129	-0,0105	0,0507	0,0172	0,4672	-0,9129	50,5747***
GB	0,0158	-0,0391	0,0788	0,0235	0,1714	-0,1841	32,0508***
IE	0,0228	-0,0486	0,0865	0,0278	-0,2128	-0,1313	31,2069***
IT	0,0145	-0,0228	0,1030	0,0195	1,5256	5,5552	49,4961***
JP	-0,0043	-0,0177	0,0400	0,0124	2,2499	4,9745	75,4599***
NL	0,0185	-0,0268	0,0739	0,0223	0,1370	-0,2043	32,3212***
NO	0,0133	-0,0497	0,0777	0,0300	0,1468	-0,4755	38,0155***
NZ	0,0169	-0,0178	0,0655	0,0181	0,4810	0,0205	30,6326***
SE	0,0140	-0,0686	0,0664	0,0235	-0,8313	1,7475	13,5397***
US	0,0120	-0,0036	0,0374	0,0083	0,5588	0,4973	23,4765***

Tabelle 14: *Deskriptive Statistik des BIS-Datensatzes für die zweite Subperiode von Q2 1989 bis Q4 2007 (75 Beobachtungen)*[678]

Die Betrachtung der höheren Momente ergibt bei der Schiefe Veränderungen im Zeitablauf. Während in der ersten Subperiode nur die Wohnimmobilienmärkte der USA und Belgien eine negative Schiefe aufweisen, erhöht sich die Anzahl an Märkten mit einer negativen Schiefe in der zweiten Subperiode auf sieben. Hierin wird eine erhöhte Wahrscheinlichkeit von negativen Extremwerten auf den Wohnimmobilienmärkten deutlich. Bei der Kurtosis hingegen ergeben sich keine nennenswerten Veränderungen. In beiden Subperioden weisen die Wohnimmobilienmärkte mehrheitlich platykurtische Verteilun-

---

[678] Quelle: BIS (Berechnungen basierend auf nationalen Angaben, siehe Anhang I) sowie eigene Berechnungen. ***, ** und * stellen die Ablehnung der Nullhypothese der Normalverteilung nach der Jarque-Bera-Teststatistik auf dem 1 %-, 5 %- und 10 %-Signifikanzniveau dar. Die kritischen Werte der χ^2-verteilten Teststatistik mit 2 Freiheitsgraden betragen 9,21, 5,99 und 4,61. Vgl. hierzu Jarque, C. und Bera, A. (1980).

gen auf. Insgesamt ergeben sich im Zeitablauf keine großen Veränderungen bei den höheren Momenten. Folglich liefert auch der Jarque-Bera-Test in beiden Subperioden keine abweichenden Ergebnisse. Die Nullhypothese der Normalverteilung wird in beiden Subperioden auf dem 1 %-Signifikanzniveau für alle Länder verworfen. Lediglich für die Niederlande wird die Nullhypothese der Normalverteilung in der ersten Subperiode auf dem 5 %-Signifikanzniveau verworfen.

Die Unterteilung des Betrachtungszeitraums in zwei Subperioden zeigt, dass sich der Preisanstieg in der zweiten Subperiode nicht verstärkt hat: Während die durchschnittliche Wertsteigerung in der ersten Subperiode 2,45 % betrug, sank diese in der zweiten Subperiode auf nur noch 1,24 %. Der in der Literatur so häufig zitierte Hauspreisboom lässt sich hier nicht belegen. Bei der Betrachtung realer Größen ändern sich jedoch die Verhältnisse. Hier beträgt die Rendite der 1. Subperiode 0,5 % und in der 2. Subperiode 0,67 %.

Um die Wertentwicklung der nationalen Wohnimmobilienmärkte differenzierter zu untersuchen, wird in Tabelle 15 die Preisentwicklung des gesamten Betrachtungszeitraums in 5-Jahres-Schritte unterteilt. Dieses Vorgehen ermöglicht eine genauere Aussage darüber, ob sich ab Mitte der 1990er Jahre die Wertentwicklung tatsächlich derartig beschleunigt hat, wie dies so oft behauptet wird.

Nach Tabelle 15 weist die große Mehrheit der Wohnimmobilienmärkte nach einer Phase rückläufiger bzw. stagnierender Preise im Zeitraum von 1990 bis 1994 tatsächlich eine beschleunigte Preisentwicklung im darauf folgenden Zeitraum von 1995 bis 2004 auf. Eine Ausnahme bilden lediglich Deutschland, Japan und die Schweiz, die im gesamten Betrachtungszeitraum die schlechteste Weiterentwicklung aufweisen. Eine weitere interessante Erkenntnis aus Tabelle 15 ist das sich abflachende Preiswachstum auf den meisten Wohnimmobilienmärkten im Zeitraum von 2005 bis 2007.

Index	1970-1974	1975-1979	1980-1984	1985-1989	1990-1994	1995-1999	2000-2004	2005-2007
AU	0,0356	0,0235	0,0225	0,0300	0,0059	0,0116	0,0280	0,0204
BE	0,0184	0,0365	-0,0034	0,0173	0,0144	0,0155	0,0192	0,0290
CA	0,0308	0,0224	0,0106	0,0342	0,0020	0,0010	0,0185	0,0254
CH	0,0256	0,0031	0,0151	0,0222	-0,0074	-0,0061	0,0075	0,0045
DE	0,0191	0,0140	0,0043	0,0033	0,0133	-0,0012	-0,0035	-0,0006
DK	0,0273	0,0296	0,0139	0,0066	0,0024	0,0223	0,0148	0,0289
ES	0,0427	0,0515	0,0192	0,0512	0,0109	0,0114	0,0334	0,0212
FI	0,0338	0,0105	0,0355	0,0331	-0,0210	0,0206	0,0113	0,0157
FR	0,0243	0,0313	0,0179	0,0209	0,0018	0,0074	0,0277	0,0140
GB	0,0440	0,0355	0,0204	0,0380	-0,0031	0,0195	0,0304	0,0169
IE	0,0423	0,0473	0,0206	0,0162	0,0088	0,0373	0,0253	0,0151
IT	0,0482	0,0347	0,0342	0,0250	0,0156	0,0012	0,0225	0,0146
JP	0,0431	0,0096	0,0181	0,0134	0,0018	-0,0051	-0,0126	-0,0062
NL	0,0271	0,0340	-0,0137	0,0113	0,0148	0,0275	0,0156	0,0139
NO	0,0220	0,0169	0,0269	0,0189	0,0003	0,0230	0,0157	0,0250
NZ	0,0477	0,0120	0,0405	0,0277	0,0108	0,0105	0,0249	0,0250
SE	0,0192	0,0329	0,0031	0,0286	-0,0013	0,0140	0,0201	0,0256
US	0,0193	0,0260	0,0110	0,0150	0,0047	0,0107	0,0188	0,0145

Tabelle 15: Durchschnittliche Quartalsrenditen in 5-Jahres-Schritten[679]

6.1.2 Korrelationsanalyse

Im Rahmen der Korrelationsanalyse[680] wird der kurzfristige Zusammenhang zwischen zwei Variablen untersucht. Die Art und Stärke des linearen Zusammenhangs zwischen beiden Varaiblen wird mittels eines Korrelationskoeffizienten bestimmt. Im Rahmen der Korrelationsanalyse können jedoch keine Aussagen über einen kausalen Zusammenhang der beiden Variablen gemacht werden.

---

[679] Quelle: BIS (Berechnungen basierend auf nationalen Angaben, siehe Anhang I) sowie eigene Berechnungen.
[680] Eine Übersicht über die unterschiedlichen ökonomischen Anwendungsgebiete der Korrelationsanalyse findet sich in Schindler, F. (2009), S. 207ff.

6 Empirische Überprüfung von Wohnimmobilienmärkten auf Preisblasen

Im Folgenden werden die Korrelationsbeziehungen der internationalen Wohnimmobilienmärkte mittels des Korrelationskoeffizienten nach Bravais-Pearson bestimmt. Dieser ist ein standardisiertes Maß zur Beschreibung des linearen Zusammenhangs zwischen zwei Variablen und ist auf das Intervall [-1, +1] normiert. Er berechnet sich wie folgt:

$$(6.6) \quad \rho = \frac{\sigma_{r_{i,t};r_{j,t}}}{\sqrt{\sigma^2_{r_{i,t}}} \cdot \sqrt{\sigma^2_{r_{j,t}}}},$$

mit: ρ: Korrelationskoeffizient,

$\sigma_{r_{i,t};r_{j,t}}$:   Kovarianz zwischen der Rendite der Variablen i zum Zeitpunkt t und der Variablen j zum Zeitpunkt t,

$\sigma^2_{r_{i,t}}$:   Varianz der Rendite des Wertpapieres i,

$\sigma^2_{r_{j,t}}$:   Varianz der Rendite des Wertpapieres j.

In Tabelle 16 sind die Korrelationsbeziehungen aller 18 Wohnimmobilienmärkte für den gesamten Betrachtungszeitraum dargestellt. Die Korrelationskoeffizienten bewegen sich mehrheitlich zwischen -0,1 und 0,3, wobei deutlich mehr positive als negative Korrelationsbeziehungen vorliegen. Mit einem Korrelationskoeffizienten von 0,596 weisen Deutschland und Japan die mit Abstand stärkste Korrelationsbeziehung auf. Diese Beobachtung kann mit der schlechten Wertentwicklung beider Märkte im Betrachtungszeitraum erklärt werden.

Erstaunlich sind die geringen Korrelationen zwischen geographisch benachbarten Wohnimmobilienmärkten. Die USA und Kanada (0,149), Neuseeland und Australien (0,229), Großbritannien und Irland (0,028) sowie die skandinavischen Staaten besitzen nur geringe Korrelationsbeziehungen. Ausnahmen sind lediglich auf dem europäischen Festland zu finden. Hier bestehen sowohl zwischen der Niederlande und Belgien (0,496) als auch zwischen Spanien und Frankreich (0,436) enge Korrelationsbeziehungen.

272 6 Empirische Überprüfung von Wohnimmobilienmärkten auf Preisblasen

	AU	BE	CA	CH	DE	DK	ES	FI	FR	GB	IE	IT	JP	NL	NO	NZ	SE	US
AU	1,000																	
BE	-0,010	1,000																
CA	0,401	-0,131	1,000															
CH	0,301	-0,083	0,140	1,000														
DE	0,105	0,016	0,075	0,189	1,000													
DK	0,066	0,027	0,057	0,062	-0,138	1,000												
ES	0,196	0,176	0,317	0,080	-0,001	0,015	1,000											
FI	0,459	-0,118	0,312	0,441	-0,105	0,113	0,207	1,000										
FR	0,286	0,297	0,356	0,230	0,109	0,023	0,436	0,318	1,000									
GB	0,342	0,296	0,102	0,496	0,053	0,146	0,158	0,412	0,401	1,000								
IE	0,113	0,003	0,135	-0,039	0,287	0,016	0,118	0,139	0,186	0,028	1,000							
IT	0,244	0,031	0,255	0,076	0,459	0,331	-0,211	0,182	0,128	0,381	-0,076	1,000						
JP	0,263	-0,071	0,172	0,596	-0,094	0,173	0,201	0,333	0,223	0,310	0,121	0,152	1,000					
NL	-0,002	0,496	-0,132	-0,173	0,004	-0,184	0,260	0,173	-0,072	0,204	-0,038	0,057	-0,091	1,000				
NO	0,035	-0,071	0,140	-0,031	0,209	0,031	-0,104	0,126	0,219	0,211	0,158	0,057	-0,027	0,148	1,000			
NZ	0,229	-0,071	0,212	0,031	-0,104	0,162	0,426	0,278	0,399	0,351	0,250	0,171	0,037	-0,206	0,188	1,000		
SE	0,196	0,335	0,072	0,084	-0,090	0,082	-0,057	0,120	0,413	0,063	0,305	0,021	0,147	0,382	-0,038	-0,042	1,000	
US	0,045	0,161	0,149	0,174	0,134	0,176	0,249	0,134	0,319	0,299	0,151	0,215	0,113	0,141	-0,005	0,147	0,195	1,000

Tabelle 16:   *Korrelationen der Hauspreisindizes*[681]

---

[681] Quelle: BIS (Berechnungen basierend auf nationalen Angaben, siehe Anhang I) sowie eigene Berechnungen. Die Tabelle umfasst den Untersuchungszeitraum von Q2 1970 bis Q4 2007. Für Q1 1970 können keine Renditen berechnet werden, da für Q4 1969 keine Angaben vorliegen. Insgesamt enthält die Analyse somit 151 Beobachtungen. Für Spanien erstreckt sich der Zeitraum von Q2 1971 bis Q4 2007. Dies entspricht 147 Beobachtungen.

Die Häufung der Korrelationskoeffizienten um den Wert Null zeigt, dass die nationalen Wohnimmobilienmärkte individuelle Preisdynamiken aufweisen und sich mit wenigen Ausnahmen weitestgehend unabhängig voneinander entwickeln. Damit unterscheiden sich die in dieser Arbeit betrachteten direkten Märkte für Wohnimmobilien deutlich sowohl von den Märkten für indirekte Immobilien wie Immobilienaktien als auch vom allgemeinen Aktienmarkt, die beide deutlich höhere Korrelationskoeffizienten aufweisen. So ermittelt Schindler (2009) in einer empirischen Analyse für den Zeitraum 1990 bis 2006 für die meisten seiner 14 Immobilienaktienindizes eine Spanne der Korrelationskoeffizienten von 0,2 bis 0,5 und für den allgemeinen Aktienmarkt – repräsentiert durch die MSCI-Länderindizes – von deutlich über 0,5.[682] Eine wesentliche Ursache für die geringe Korrelation der Wohnimmobilienmärkte liegt in den in Kapitel 4.3 angeführten nationalen wohnimmobilienspezifischen Besonderheiten wie Gesetzgebung, Finanzierungssystem oder sozioökonomischen Gegebenheiten. In ihrer Gesamtheit üben diese nationalen Besonderheiten einen starken Einfluss auf die Preisentwicklung aus.

Der Korrelationsanalyse ist kritisch anzumerken, dass ihre Ergebnisse in der Regel vom jeweiligen Beobachtungszeitraum abhängig sind. Um aus den Ergebnissen trotzdem korrekte Schlussfolgerungen abzuleiten, bietet sich an, die zeitliche Stabilität der Korrelationsbeziehungen statistisch zu überprüfen, um zu robusten und aussagekräftigen Ergebnissen zu gelangen.[683] Deshalb wird im Folgenden der Betrachtungszeitraum in Subperioden unterteilt, um zu überprüfen, ob sich im Zeitablauf signifikante Änderungen ergeben haben. Dabei ist im Besonderen die Fragestellung von Interesse, ob sich die Korrelationsbeziehungen im Zuge des weltweiten Hauspreisbooms in der zweiten Subperiode verstärkt haben.

Während in der ersten Subperiode zahlreiche negative Korrelationsbeziehungen zwischen den unterschiedlichen Märkten bestehen, zeichnet sich die zweite Subperiode hauptsächlich durch negative Korrelationsbeziehungen zwischen dem deutschen, italienischen, japanischen und niederländischen Markt mit fast allen anderen Märkten aus. Die negativen Korrelationsbeziehungen zwischen Deutschland und Japan mit den übrigen Märkten können durch die schlechte Performance der beiden Märkte erklärt werden.

---

[682] Vgl. Schindler, F. (2009), Tabelle 7 und 11.
[683] Vgl. Schindler, F. (2009), S. 207.

	AU	BE	CA	CH	DE	DK	ES	FI	FR	GB	IE	IT	JP	NL	NO	NZ	SE	US
AU	1,000																	
BE	0,043	1,000																
CA	0,460	-0,029	1,000															
CH	0,135	-0,219	-0,006	1,000														
DE	0,194	0,086	0,116	0,173	1,000													
DK	0,096	0,030	-0,069	0,013	-0,033	1,000												
ES	0,069	0,242	0,295	-0,183	-0,073	-0,069	1,000											
FI	0,465	-0,255	0,344	0,380	-0,026	-0,218	0,046	1,000										
FR	0,202	0,378	0,354	-0,075	0,316	-0,217	0,115	0,023	1,000									
GB	0,191	0,249	0,035	0,453	0,191	0,067	-0,079	0,173	0,158	1,000								
IE	0,107	0,135	-0,028	-0,165	0,532	-0,074	0,090	0,009	0,193	-0,094	1,000							
IT	0,206	0,084	0,299	-0,083	0,296	-0,236	0,038	0,146	0,410	-0,205	0,171	1,000						
JP	0,262	-0,049	0,172	0,405	0,529	-0,107	-0,018	0,334	0,149	0,337	0,090	0,094	1,000					
NL	0,027	0,526	-0,047	-0,203	0,058	0,185	0,350	-0,188	0,130	0,065	0,142	-0,018	-0,023	1,000				
NO	-0,110	-0,101	-0,061	-0,235	-0,170	0,071	-0,059	-0,187	0,015	-0,205	-0,025	-0,028	-0,099	0,109	1,000			
NZ	0,129	-0,165	0,099	0,028	-0,003	-0,318	-0,036	0,309	0,116	-0,209	-0,085	0,335	0,454	-0,181	0,132	1,000		
SE	0,140	0,424	0,056	-0,194	-0,026	0,038	0,327	0,021	0,170	0,156	-0,119	-0,243	0,125	0,130	-0,082	-0,225	1,000	
US	-0,049	0,141	0,074	0,042	0,282	0,075	0,140	-0,075	0,172	0,209	0,110	0,179	-0,023	0,172	-0,145	-0,006	0,097	1,000

Tabelle 17: Korrelationen der Hauspreisindizes für die erste Subperiode von Q2 1970 bis Q1 1989 (76 Beobachtungen)[684]

---

[684] Quelle: Quelle: BIS (Berechnungen basierend auf nationalen Angaben, siehe Anhang I) sowie eigene Berechnungen. Für Spanien erstreckt sich der Zeitraum von Q2 1971 bis Q1 1989. Dies entspricht 72 Beobachtungen.

6 Empirische Überprüfung von Wohnimmobilienmärkten auf Preisblasen

	AU	BE	CA	CH	DE	DK	ES	FI	FR	GB	IE	IT	JP	NL	NO	NZ	SE	US
AU	1,000																	
BE	-0,040	1,000																
CA	0,179	-0,218	1,000															
CH	0,416	0,227	0,141	1,000														
DE	-0,354	-0,019	-0,207	-0,223	1,000													
DK	-0,087	0,040	0,189	0,047	-0,470	1,000												
ES	0,206	0,147	0,185	0,366	-0,189	0,091	1,000											
FI	0,280	0,048	0,104	0,278	-0,641	0,505	0,149	1,000										
FR	0,230	0,311	0,252	0,422	-0,325	0,210	0,705	0,351	1,000									
GB	0,402	0,450	-0,018	0,361	-0,496	0,211	0,303	0,494	0,499	1,000								
IE	0,020	-0,155	0,307	0,075	-0,210	0,152	0,102	0,215	0,124	0,112	1,000							
IT	0,133	-0,038	-0,022	0,326	-0,258	-0,327	0,469	-0,288	0,357	-0,111	-0,020	1,000						
JP	-0,262	-0,043	-0,261	-0,041	0,508	-0,408	0,128	-0,244	-0,116	-0,267	-0,023	0,401	1,000					
NL	0,002	0,486	-0,260	-0,017	-0,032	0,175	-0,055	0,186	0,175	0,469	-0,109	-0,166	-0,182	1,000				
NO	0,097	-0,027	0,259	0,089	-0,377	0,488	0,264	0,481	0,267	0,237	0,169	-0,221	-0,313	0,264	1,000			
NZ	0,159	0,090	0,186	0,232	-0,265	0,170	0,106	0,330	0,198	0,054	0,013	-0,045	-0,248	-0,230	0,155	1,000		
SE	0,197	0,283	0,012	0,424	-0,300	0,300	0,555	0,436	0,515	0,517	0,144	0,267	0,198	0,226	0,260	0,042	1,000	
US	0,033	0,279	0,144	0,282	-0,475	0,383	0,321	0,271	0,461	0,329	0,171	0,123	-0,392	0,132	0,113	0,277	0,316	1,000

Tabelle 18: *Korrelationen der Hauspreisindizes für die zweite Subperiode von Q2 1989 bis Q4 2007 (75 Beobachtungen)*[685]

---

[685] Quelle: BIS (Berechnungen basierend auf nationalen Angaben, siehe Anhang I) sowie eigene Berechnungen.

Für die negative Korrelation des niederländischen und italienischen Wohnimmobilienmarktes mit den übrigen Märkten kann hingegen keine plausible ökonomische Erklärung gefunden werden. Die übrigen Märkte besitzen in der Regel eine positive Korrelationsbeziehung.[686]

Insgesamt weisen die Korrelationskoeffizienten in der zweiten Subperiode leicht höhere Werte aus. Dies gilt ebenso für die Korrelationen zwischen den geographisch benachbarten Ländern (IE/GB, AU/NZ, CA/US, kontinentaleuropäische und skandinavische Staaten).

6.1.3 Stationarität

Die große Bedeutung der Stationaritätsanalyse der Zeitreihen von ökonomischen Variablen geht auf die Erkenntnis zurück, dass diese häufig keine Stationarität aufweisen. Somit können viele bekannte ökonometrische Verfahren wie z. B. die Methode der kleinsten Quadrate nicht direkt auf Zeitreihen angewendet werden, da sich bei nichtstationären Zeitreihen sehr schnell signifikante Zusammenhänge ergeben, die jedoch auf einer fehlerhaften Anwendung basieren und somit ein statistisches Artefakt darstellen.[687] Zahlreiche empirische Untersuchungen über das Verhalten von ökonomischen Zeitreihen belegen, dass diese in der Regel in Niveaus betrachtet nicht stationär sind, da sie wie z. B. das BIP einen Trend besitzen. Nach einmaliger Differenzenbildung ähneln ökonomische Zeitreihen jedoch einem stochastischen Prozess und weisen in der Regel die Eigenschaft der Stationarität auf. Für den weiteren Verlauf dieser Arbeit sind die Stationaritätseigenschaften der Hauspreisindizes von Interesse, da sich zahlreiche Testverfahren zur Erkennung von Preisblasen – wie z. B. das Testverfahren von Diba und Grossman (1988b) – der Stationaritätseigenschaften von ökonomischen Variablen bedienen.

Die Stationaritätsanalyse der Hauspreise wird mittels des in Kapitel 5.5 beschriebenen ADF-Tests durchgeführt. Die optimale Lag-Länge wird bestimmt, indem ausgehend vom Startwert Zehn die Lag-Länge so lange reduziert wird, bis der erste Koeffizient auf dem 10 %-Niveau signifikant ist. Für den Fall, dass sämtliche t-Statistiken insignifikant sind, wird die Regression ein weiteres Mal geschätzt und die Koeffizienten auf dem 20 %-Niveau auf ihre Signifikanz untersucht. Die geeignetste Modellvariante (ohne

---

[686] Vgl. Tabelle 17 und Tabelle 18.
[687] Vgl. Schindler, F. (2009), S. 211.

Konstante und Trend, nur Konstante, Konstante und Trend) wird mit Hilfe des Schwarz-Informationskriteriums (SIC) bestimmt.[688]

Index	Kein(e) Konstante/Trend	nur Konstante	Konstante und Trend
AU			-2,64 [2]
BE			-3,77 [8]**
CA			-3,17 [8]*
CH	0,86 [4]		
DE		-2,90 [6]**	
DK			-3,07 [5]
ES			-3,34 [7]*
FI		-2,15 [5]	
FR			-3,31 [7]*
GB	2,20 [9]		
IE	1,07 [6]		
IT		-2,80 [7]*	
JP		-2,50 [10]	
NL	1,48 [8]		
NO			-2,94 [9]
NZ		-1,91 [9]	
SE			-3,40 [8]*
US		-1,74 [10]	

Tabelle 19: Ergebnisse des ADF-Tests auf Stationarität der logarithmierten nominalen Hauspreise über den gesamten Zeitraum von 1970 bis 2007 [689]

---

[688] Das SIC bestraft im Gegensatz zum Akaike-Kriterium die Aufnahme einer weiteren Variablen stärker. Zu den Vorteilen des SIC siehe auch Schwarz, G. (1978).

[689] Quelle: BIS (Berechnungen basierend auf nationalen Angaben, siehe Anhang I) sowie eigene Berechnungen. ***, ** und * stellen die Ablehnung der Nullhypothese einer Unit-Root nach den Werten der Teststatistik von MacKinnon, J. (1996) auf dem 1 %-, 5 %- und 10 %-Signifikanzniveau dar. Die Klammern enthalten die optimale Lag-Länge. Die geeignete Modellspezifikation wird mit Hilfe des SIC ermittelt.

Index	Kein(e) Konstante/Trend	nur Konstante	Konstante und Trend	Integrationsgrad
AU		-4,96 [1]***		I [1]
BE	-1,29 [7][690]			I [0]
CA	-1,55 [7][691]			I [0]
CH	-2,83 [3]***			I [1]
DE		-2,64 [9]*		I [0]
DK	-2,68 [4]***			I [1]
ES			-3,95 [4]**	I [0]
FI		-4,53 [4]***		I [1]
FR	-1,59 [8][692]			I [0]
GB		-3,53 [8]***		I [1]
IE	-1,35 [10][693]			I [2]
IT	-1,63 [10]*			I [0]
JP	-2,35 [9]**			I [1]
NL	-2,17 [7]**			I [1]
NO		-2,92 [8]**		I [1]
NZ	-1,81 [5]*			I [1]
SE	-1,58 [7][694]			I [0]
US		-3,09 [9]**		I [1]

Tabelle 20: Ergebnisse des ADF-Tests auf Stationarität der logarithmierten ersten Differenzen der nominalen Hauspreise über den gesamten Zeitraum von 1970 bis 2007 [695]

Tabelle 20 enthält die Ergebnisse des ADF-Tests auf Stationarität der nominalen Hauspreise für den gesamten Untersuchungszeitraum von 1970 bis 2007. Hierbei wird deutlich, dass die Hauspreisindizes nicht die für ökonomische Zeitreihen typische Eigenschaft der Stationarität in den ersten Differenzen aufweisen. Es ergibt sich vielmehr ein uneinheitliches Bild. Insgesamt sind sieben Länder (BE, CA, DE, ES, FR, IT und SE)

---

[690] Die belgischen Hauspreise sind nach zweifacher Differenzenbildung wieder stationär.
[691] Die kanadischen Hauspreise sind nach zweifacher Differenzenbildung wieder stationär.
[692] Die französischen Hauspreise sind nach zweifacher Differenzenbildung wieder stationär.
[693] Die irischen Hauspreise sind nach zweifacher Differenzenbildung stationär.
[694] Die schwedischen Hauspreise sind nach zweifacher Differenzenbildung wieder stationär.
[695] Quelle: BIS (Berechnungen basierend auf nationalen Angaben, siehe Anhang I) sowie eigene Berechnungen. ***, ** und * stellen die Ablehnung der Nullhypothese einer Unit-Root nach den Werten der Teststatistik von MacKinnon, J. (1996) auf dem 1 %-, 5 %- und 10 %-Signifikanzniveau dar. Die Klammern enthalten die optimale Lag-Länge. Die geeignete Modellspezifikation wird mit Hilfe des SIC ermittelt.

6 Empirische Überprüfung von Wohnimmobilienmärkten auf Preisblasen

bereits in ihren Niveaus stationär.[696] Damit weisen sie den für ökonomische Zeitreihen ungewöhnlichen Integrationsgrad I [0] auf. 10 Länder (AU, CH, DK, FI, GB, JP, NL, NO, NZ und US) weisen den Integrationsgrad I [1] und damit eine für ökonomische Zeitreihen typische Stationaritätseigenschaft auf. Eine Sonderstellung nimmt der irische Wohnimmobilienmarkt ein. Dieser besitzt als Einziger den Integrationsgrad I [2], was bedeutet, dass die irischen Hauspreise erst nach zweifacher Differenzenbildung stationär sind.[697]

Die hier aufgezeigten ungewöhnlichen Stationaritätseigenschaften einiger Wohnimmobilienmärkte werfen die Frage auf, ob die Hauspreise in einer realen Betrachtungsweise andere Stationaritätseigenschaften aufweisen. Die Ursache für diese Annahme liegt in der im Zeitablauf stark variierenden Inflation. Während die Inflationsraten in den 70er Jahren extrem hohe Werte erreichten sanken sie zu Beginn des neuen Jahrtausends deutlich ab, was die Stationaritätseigenschften der Zeitreihen verändern kann. Zur Überprüfung dieser Fragestellung sind in den beiden folgenden Tabellen die Ergebnisse des ADF-Tests auf Stationarität der realen Hauspreise für den gesamten Untersuchungszeitraum von 1970 bis 2007 abgebildet. Nach Abzug der Inflationsraten sind in 13 analysierten Märkten die Hauspreise nach einmaliger Differenzenbildung stationär. In vier Märkten (CH, ES, FR und GB) sind die Hauspreise bereits in absoluten Werten stationär. Lediglich in Belgien sind die Hauspreise erst nach zweimaliger Differenzenbildung stationär. Damit ergeben sich in der Gesamtbetrachtung aller 18 analysierten Märkte im Vergleich zu den nominalen Hauspreisen, bei deren Analyse 10 Märkte die typische Eigenschaft der Stationarität in den ersten Differenzen aufweisen, keine wesentlichen Veränderungen.

Nach Tabelle 21 und Tabelle 22 hat die Inflation aber einen nicht zu vernachlässigenden Einfluss auf die Stationaritätseigenschaften der einzelnen nationalen Märkte: Insgesamt weisen acht Märkte bei realen Preisen eine andere Stationaritätseigenschaft aus als bei nominalen Preisen (fünf einen höheren und drei einen niedrigeren Stationaritätsgrad).

---

[696] Als ungewöhnlich stellen sich die Stationaritätseigenschaften von Belgien, Frankreich, Kanada und Schweden dar. Obwohl die Niveaus dieser vier Länder stationär sind, sind ihre ersten Differenzen nicht stationär, die zweiten Differenzen sind dann jedoch wieder stationär.
[697] Auch bei Berücksichtigung einer Konstanten bzw. einer Konstanten und eines Trends sind die irischen Hauspreise weder in den Niveaus noch in den ersten Differenzen stationär.

Index	Kein(e) Konstante/Trend	nur Konstante	Konstante und Trend
AU	2,46 [9]		
BE			-2,64 [8]
CA	1,23 [8]		
CH		-2,74 [4]*	
DE	-0,95 [7]		
DK	1,63 [2]		
ES			-3,99 [7]**
FI	0,80 [5]		
FR			-4,06 [4]**
GB			-3,99 [8]**
IE		-0,83 [5]	
IT	0,14 [5]		
JP	-0,02 [4]		
NL			-2,10 [8]
NO			-2,73 [8]
NZ	1,19 [6]		
SE	-0,47 [4]		
USA	1,90 [10]		

Tabelle 21: Ergebnisse des ADF-Tests auf Stationarität der logarithmierten realen Hauspreise über den gesamten Zeitraum von 1970 bis 2007 [698]

---

[698] Quelle: BIS (Berechnungen basierend auf nationalen Angaben, siehe Anhang I) sowie eigene Berechnungen. ***, ** und * stellen die Ablehnung der Nullhypothese einer Unit-Root nach den Werten der Teststatistik von MacKinnon, J. (1996) auf dem 1 %-, 5 %- und 10 %-Signifikanzniveau dar. Die Klammern enthalten die optimale Lag-Länge. Die geeignete Modellspezifikation wird mit Hilfe des SIC ermittelt.

Index	Kein(e) Konstante/Trend	nur Konstante	Konstante und Trend	Integrationsgrad
AU	-2,15 [10]**			I[1]
BE	-0,67 [7][699]			I[2]
CA	-2,38 [7]**			I[1]
CH	-3,65 [6]***			I[0]
DE			-8,95 [0]***	I[1]
DK	-4,49 [1]***			I[1]
ES	-2,17 [6]**			I[0]
FI	-4,30 [4]***			I[1]
FR	-1,11 [5][700]			I[0]
GB			-4,14 [4]***	I[0]
IE	-2,11 [4]**			I[1]
IT	-1,70 [4]*			I[1]
JP	-3,95 [3]***			I[1]
NL	-3,03 [9]***			I[1]
NO	-2,09 [8]**			I[1]
NZ	-2,75 [5]***			I[1]
SE	-2,61 [3]***			I[1]
USA	-3,22 [9]***			I[1]

Tabelle 22: Ergebnisse des ADF-Tests auf Stationarität der logarithmierten ersten Differenzen der realen Hauspreise über den gesamten Zeitraum von 1970 bis 2007[701]

---

[699] Die belgischen Hauspreise sind nach zweimaliger Differenzenbildung stationär.
[700] Die französischen Hauspreise sind nach zweimaliger Differenzenbildung wieder stationär.
[701] Quelle: BIS (Berechnungen basierend auf nationalen Angaben, siehe Anhang I) sowie eigene Berechnungen. ***, ** und * stellen die Ablehnung der Nullhypothese einer Unit-Root nach den Werten der Teststatistik von MacKinnon, J. (1996) auf dem 1 %-, 5 %- und 10 %-Signifikanzniveau dar. Die Klammern enthalten die optimale Lag-Länge. Die geeignete Modellspezifikation wird mit Hilfe des SIC ermittelt.

6.2 Das Testverfahren nach Diba und Grossman (1988b)

In ihrem ursprünglich für Aktienmärkte konstruierten Testverfahren unterstellen Diba und Grossman (1988b) eine stabile Gleichgewichtsbeziehung zwischen Aktienkursen und Dividenden, die sie mittels der Kointegrationsanalyse testen. Wie in Kapitel 5.5 dargestellt, lässt sich das Testverfahren auch auf Wohnimmobilienmärkte übertragen. In der folgenden empirischen Analyse werden drei unterschiedliche Varianten durchgeführt: Es wird eine stabile Gleichgewichtsbeziehung der Hauspreise mit den für den Wohnimmobilienmarkt zentralen fundamentalen Faktoren Mietpreisen, Pro-Kopf-Einkommen und Baupreisen unterstellt. Während Mietpreise und Pro-Kopf-Einkommen in der wirtschaftswissenschaftlichen Literatur bereits Gegenstand verschiedenster Kointegrationsanalysen im Rahmen der Untersuchung von Wohnimmobilienmärkten waren, wurde die empirische Analyse des langfristigen Zusammenhangs von Hauspreisen und Baupreisen bis jetzt vernachlässigt.

6.2.1 Hauspreise und Mieten

Der Wert eines Hauses ergibt sich – der modernen Bewertungstheorie und dem hier dominanten Barwertkonzept folgend – aus den zukünftig erwarteten, diskontierten Cash Flows, welche eine Wohnimmobilie generiert.[702] Steigen (fallen) die zukünftig erwarteten Mieteinnahmen, so sollte auch der Wert des Hauses parallel steigen (fallen). „Because rents are a fundamental determinant of the value of housing, one might think that they should not move too far out of line with prices."[703] Weisen Mieten und Hauspreise hingegen eine gegenläufige Entwicklung auf – dies ist gleichzusetzen mit einem Zusammenbruch der Gleichgewichtsbeziehung zwischen beiden Variablen –, so ist dies als ein Anzeichen für eine Fehlbewertung zu sehen. Aus dieser Überlegung ergibt sich die Idee, den vermuteten Gleichlauf von Hauspreisen und Mieten mittels der Kointegrationsanalyse zu testen.

Die Ableitung von marktnahen und aussagekräftigen Mietpreisen ist jedoch ähnlich wie die Bestimmung von Marktpreisen bei Immobilien mit zahlreichen Problemen behaftet. Im Folgenden werden die zentralen Probleme der adäquaten Abbildung der Mietpreisentwicklung angeführt und erläutert:

---

[702] Vgl. hierzu Kapitel 2.2.5.
[703] Gallin, J. (2008), S. 635.

- Der Mietmarkt unterteilt sich in sachliche und räumliche Teilmärkte.[704] Da diese unterschiedliche werttreibende Faktoren besitzen, können sie individuelle Preisentwicklungen aufweisen.

- Auf dem Mietmarkt herrscht ein Mangel an qualitativ hochwertigen und zeitnahen Informationen zum aktuellen Marktgeschehen. Da in der Regel eine gründliche Auswertung und Dokumentation der neu abgeschlossenen Mietverträge durch staatliche oder privatwirtschaftliche Organisationen allein auf Grund der großen Anzahl an Mietverträgen nicht möglich ist, müssen die Marktpreise auf dem Mietmarkt häufig durch lokal ansässige Makler simuliert werden.

- Vielfach stehen lediglich die sog. Warmmieten zur Verfügung. Diese enthalten neben den reinen Kosten für die Nutzung von Wohnraum zusätzlich die Kosten für Wasser, Elektrizität, Gas und weitere Brennstoffe, die sog. Nebenkosten. „Aus volkswirtschaftlicher Perspektive und aus Sicht von Investoren im Wohnungsbau spielen die Nebenkosten nur eine untergeordnete Rolle, indem sie die Vermietbarkeit durch eine Belastung der Wohnkraft einschränken. […] Entscheidend als Verzinsung auf das eingesetzte Kapital sind die Nettokaltmieten, da die Nebenkosten für Vermieter nur ein durchlaufender Posten in ihrer Kalkulation sind."[705] Warmmieten besitzen deshalb in Bezug auf die in dieser Arbeit verfolgte Fragestellung nach dem gerechtfertigten Bewertungsniveau von Wohnimmobilienmärkten nur eine eingeschränkte Aussagekraft. Speziell in Deutschland haben sich in den letzten Jahren die Warm- und Kaltmieten stark auseinanderentwickelt. Während die Kaltmieten im Bundesdurchschnitt seit Mitte der 1990er Jahre praktisch stagnieren, sind die Warmmieten im Zuge der anziehenden Energiepreise stark angestiegen. Die hohen Nebenkosten haben sich in den letzten Jahren zu einer Art ‚zweiten Miete' entwickelt und verwässern die Aussagekraft der vom Statistischen Bundesamt veröffentlichten Warmmieten.[706]

- Weitere Probleme bei der Bestimmung der Mietentwicklung treten im Bereich des selbst genutzten Wohneigentums auf, da für diese Nutzungsart keine Mietverträge vorliegen, aus denen die Mietentwicklung abgeleitet werden kann. Dies

---

[704] Vgl. hierzu auch Abbildung 21 und Abbildung 22.
[705] Dopfer, T. (2000), S. 61.
[706] Vgl. Dopfer, T. (2000), S. 61.

trifft besonders auf den Teilmarkt für Einfamilienhäuser zu, die zum überwiegenden Teil selbst genutzt werden. Um das Problem der fehlenden Mietpreise für selbst genutzte Einfamilienhäuser zu lösen, wird häufig die Mietpreisentwicklung von vermietetem Wohnraum auch für Einfamilienhäuser angesetzt. Einfamilienhäuser unterscheiden sich jedoch in zentralen Charakteristika wie Wohnfläche, Anzahl der Zimmer oder Grundstücksfläche deutlich von einer durchschnittlichen Mietwohnung, so dass eine Übertragung der Mietentwicklung nicht sachdienlich erscheint. Dieses Problem wiegt besonders schwer, da der Wohnimmobilienbestand in den entwickelten Volkswirtschaften – Ausnahmen bilden lediglich die Schweiz und Deutschland[707] – zum überwiegenden Teil aus selbst genutztem Wohneigentum besteht, für das keine adäquaten Mietpreise existieren.

Da für die meisten nationalen Wohnimmobilienmärkte keine aus aktuellen Mietverträgen abgeleitete Mietpreisindizes über einen langen Zeitraum zur Verfügung stehen, wird in der wirtschaftswissenschaftlichen Forschung in der Regel die Komponente ‚Wohnung, Wasser, Strom, Gas und andere Brennstoffe' aus der Berechnung der Verbraucherpreise als Proxy für die Mietpreisentwicklung verwendet.[708] In Deutschland besitzt diese Komponente mit 30,8 % das größte Gewicht bei der Bestimmung der Verbraucherpreise.[709] Die der Berechnung zu Grunde liegenden Daten werden jedoch nicht durch die Auswertung aktueller Mietverträge, sondern in der Regel durch die direkte Befragung einer (möglichst repräsentativen) Stichprobe von Personen und Haushalten von den statistischen Landesämtern gewonnen.[710] Bei dieser Art von Erhebung „[...] wird vor allem die Frage gestellt und beantwortet, wie sich die monatliche Belastung der Haushaltseinkommen durch die Mietausgaben verändert."[711] Die direkte Befragung von Personen und Haushalten zur Höhe ihrer Ausgaben für Wohnraum stellt jedoch keine geeignete Methode dar, um die Mietentwicklung abzubilden, da es sich bei diesen Angaben um Schätzungen handelt, die dem subjektiven Empfinden der befragten Personen und Haushalte unterliegen und somit in der Regel verzerrt sind.Die im Folgenden verwendeten Proxys für die nationale Mietpreisentwicklung – in der Regel ist dies die Komponente ‚Wohnung, Wasser, Strom, Gas und andere Brennstoffe' aus der Statistik

---

[707] Vgl. hierzu Abbildung 28.
[708] Vgl. u. a. Mankiw, N. und Weil, D. (1989) sowie Case, K. und Shiller, R. (1989/90). Für eine kritische Auseinandersetzung mit dieser Verfahrensweise vgl. Clayton, J. (1996).
[709] Vgl. Statistisches Bundesamt (2008), S. 518.
[710] Vgl. Statistisches Bundesamt (2008), S. 9.
[711] Dopfer, T. (2000), S. 60.

zur Berechnung der Verbraucherpreise – sind im Anhang II aufgelistet. Für neun der 18 untersuchten Länder (CA, CH, DE, FI, JP, NL, NZ, SE und US) liegen die Mietpreise für den gesamten Betrachtungszeitraum von 1970 bis 2007 vor. Die übrigen neun Länder weisen einen geringeren Verfügungszeitraum auf, wobei die belgischen Mietpreise mit 17 Jahren die wenigsten Beobachtungen aufweisen.[712]

Überprüfung auf Stationarität

Im ersten Schritt des Testverfahrens von Diba und Grossman (1988b) müssen die Mietpreise auf ihre Stationaritätseigenschaften untersucht werden.

Die Ergebnisse des ADF-Stationaritätstests für die Mieten sind in Tabelle 23 und Tabelle 24 abgebildet. Ähnlich wie die Zeitreihen der Hauspreise weisen auch die Mietpreise kein einheitliches Bild auf. Vier Länder (DE, FR, SE und US) besitzen den Integrationsgrad I [2], d. h. sie sind erst nach zweimaliger Differenzenbildung stationär. Dieses Ergebnis ist besonders für den deutschen Mietmarkt erstaunlich, da dieser im internationalen Vergleich eher streng reguliert ist und seine Preisentwicklung aus diesem Grund als stark geglättet gilt. Acht Länder (CA, DK, FI, GB, JP, NL, NO und NZ) besitzen den Integrationsgrad I [0]. Lediglich sechs Länder (AU, BE, CH, ES, IE und IT) weisen einen für ökonomische Zeitreihen charakteristischen Integrationsgrad von Eins auf und sind somit nach einmaliger Differenzenbildung stationär. Zusammenfassend kann festgehalten werden, dass die Mietpreisindizes mehrheitlich nicht den für Zeitreihen üblichen Integrationsgrad I [1] aufweisen und somit ein sehr uneinheitliches Bild abgeben.

---

[712] Damit erfüllen nicht alle Länder die Forderung von Hakkio, C. und Rush, M. (1991) nach einem Beobachtungszeitraum von mindestens 25 Jahren für Stationaritäts- bzw. Kointegrationsanalysen.

Index	Kein(e) Konstante/Trend	nur Konstante	Konstante und Trend
AU	1,64 [5]		
BE	3,17 [5]		
CA		-3,59 [9]***	
CH		-2,04 [3]	
DE	1,46 [8]		
DK		-3,15 [10]**	
ES	0,80 [8]		
FI		-2,70 [7]*	
FR	2,22 [4]		
GB			-3,47 [8]*
IE		-1,86 [8]	
IT	2,28 [9]		
JP		-5,32 [8]***	
NL		-3,38 [5]**	
NO			-3,35 [5]*
NZ		-2,82 [5]*	
SE		-2,20 [8]	
US		-1,96 [6]	

Tabelle 23: Ergebnisse des ADF-Tests auf Stationarität der logarithmierten nominalen Mietpreise[713]

---

[713] Quelle: Anhang II sowie eigene Berechnungen. ***, ** und * stellen die Ablehnung der Nullhypothese einer Unit-Root nach den Werten der Teststatistik von MacKinnon, J. (1996) auf dem 1 %-, 5 %- und 10 %-Signifikanzniveau dar. Die Klammern enthalten die optimale Lag-Länge. Die geeignete Modellspezifikation wird mit Hilfe des SIC ermittelt.

6 Empirische Überprüfung von Wohnimmobilienmärkten auf Preisblasen   287

Index	Kein(e) Konstante/Trend	nur Konstante	Konstante und Trend	Integrationsgrad
AU	-2,22 [4]**			I[1]
BE		-3,76 [4]***		I[1]
CA			-4,08 [8]***	I[0]
CH	-2,35 [2]**			I[1]
DE			2,68 [3]^{714}	I[2]
DK	-2,76 [5]***			I[0]
ES	-1,77 [7]*			I[1]
FI	-2,15 [6]**			I[0]
FR		-2,55 [3]^{715}		I[2]
GB	-1,27 [7]^{716}			I[0]
IE	-1,83 [8]*			I[1]
IT		-2,62 [8]*		I[1]
JP	-2,10 [10]**			I[0]
NL	-1,64 [8]*			I[0]
NO		-2,90 [10]**		I[0]
NZ			-4,10 [4]***	I[0]
SE		-1,34 [7]^{717}		I[2]
US	-0,70 [5]^{718}			I[2]

Tabelle 24: Ergebnisse des ADF-Tests auf Stationarität der logarithmierten ersten Differenzen der nominalen Mietpreise^{719}

Im zweiten Schritt des Testverfahrens von Diba und Grossman (1988b) werden die Stationaritätseigenschaften von Haus- und Mietpreisen miteinander verglichen. Die Ergebnisse für die Hauspreise aus Tabelle 20 können jedoch nicht für alle 18 Wohnimmobilienmärkte übernommen werden, da bei einigen Zeitreihen die Mietpreise nicht für den gesamten Untersuchungszeitraum vorliegen. Um einen korrekten Vergleich zu gewährleisten, müssen beide Zeitreihen über den gleichen Untersuchungszeitraum betrachtet werden. Tabelle 25 und Tabelle 26 enthalten die Ergebnisse des ADF-Tests für

---

[714] Die deutschen Mietpreise sind nach zweimaliger Differenzenbildung stationär.
[715] Die französischen Mietpreise sind nach zweimaliger Differenzenbildung stationär.
[716] Die britischen Mietpreise sind nach zweimaliger Differenzenbildung wieder stationär.
[717] Die schwedischen Mietpreise sind nach zweimaliger Differenzenbildung stationär.
[718] Die amerikanischen Mietpreise sind nach zweimaliger Differenzenbildung stationär.
[719] Quelle: Anhang II sowie eigene Berechnungen. ***, ** und * stellen die Ablehnung der Nullhypothese einer Unit-Root nach den Werten der Teststatistik von MacKinnon, J. (1996) auf dem 1 %-, 5 %- und 10 %-Signifikanzniveau dar. Die Klammern enthalten die optimale Lag-Länge. Die geeignete Modellspezifikation wird mit Hilfe des SIC ermittelt.

die Hauspreise über den Zeitraum, für den auch die jeweiligen nationalen Mietpreise vorliegen.

Index	Kein(e) Konstante/Trend	nur Konstante	Konstante und Trend
AU			-3,02 [2]
BE	1,68 [8]		
CA			-3,17 [8]*
CH	0,86 [4]		
DE		-2,90 [6]**	
DK	2,85 [1]		
ES	1,94 [7]		
FI		-2,15 [5]	
FR	1,10 [6]		
GB			-3,78 [8]**
IE			-3,32 [6]*
IT	1,27 [4]		
JP		-2,50 [10]	
NL	1,48 [8]		
NO			-3,65 [8]**
NZ		-1,91 [9]	
SE			-3,40 [8]*
US		-1,74 [10]	

Tabelle 25: Ergebnisse des ADF-Tests auf Stationarität der logarithmierten nominalen Hauspreise[720]

Bei fast allen Ländern, bei denen sich der Betrachtungszeitraum verkürzt, ändert sich auch der Integrationsgrad: Belgien, Italien, Spanien und Frankreich weisen einen höheren, Großbritannien, Irland und Norwegen weisen einen niedrigeren Integrationsgrad auf. Lediglich Australien und Dänemark weisen auch bei der Verkürzung des Betrachtungszeitraums noch die gleichen Stationaritätseigenschaften auf. An dieser Stelle wird deutlich, wie stark die Stationaritätseigenschaften und somit auch die Ergebnisse des

---

[720] Quelle: BIS (Berechnungen basierend auf nationalen Angaben, siehe Anhang I) sowie eigene Berechnungen. ***, ** und * stellen die Ablehnung der Nullhypothese einer Unit-Root nach den Werten der Teststatistik von MacKinnon, J. (1996) auf dem 1 %-, 5 %- und 10 %-Signifikanzniveau dar. Die Klammern enthalten die optimale Lag-Länge. Die geeignete Modellspezifikation wird mit Hilfe des SIC ermittelt. Die Länge der nationalen Hauspreiszeitreihen entspricht dem jeweiligen Zeitraum, für den auch die nationalen Mietpreisindizes vorliegen.

6 Empirische Überprüfung von Wohnimmobilienmärkten auf Preisblasen

Testverfahrens nach Diba und Grossman (1988b) mit der Betrachtungsdauer schwanken können.

Index	Kein(e) Konstante/Trend	nur Konstante	Konstante und Trend	Integrationsgrad
AU		-4,77 [1]***		I [1]
BE	-0,18 [7][721]			I [2]
CA	-1,55 [7][722]			I [0]
CH	-2,83 [3]***			I [1]
DE		-2,64 [9]*		I [0]
DK		-5,82 [0]***		I [1]
ES	-2,34 [6]**			I [1]
FI		-4,53 [4]***		I [1]
FR	-0,86 [6][723]			I [2]
GB	-0,96 [7][724]			I [0]
IE			-3,12 [10]**	I [0]
IT	-1,91 [3]*			I [1]
JP	-2,35 [9]**			I [1]
NL	-2,17 [7]**			I [1]
NO	-1,72 [8]*			I [0]
NZ	-1,81 [5]*			I [1]
SE	-1,58 [7][725]			I [0]
US		-3,09 [9]**		I [1]

Tabelle 26: *Ergebnisse des ADF-Tests auf Stationarität der logarithmierten ersten Differenzen der nominalen Hauspreise*[726]

---

[721] Die belgischen Hauspreise sind nach zweimaliger Differenzenbildung stationär.
[722] Die kanadischen Hauspreise sind nach zweimaliger Differenzenbildung wieder stationär.
[723] Die französichen Hauspreise sind nach zweimaliger Differenzenbildung stationär.
[724] Die britischen Hauspreise sind nach zweimaliger Differenzenbildung wieder stationär.
[725] Die schwedischen Hauspreise sind nach zweimaliger Differenzenbildung wieder stationär.
[726] Quelle: BIS (Berechnungen basierend auf nationalen Angaben, siehe Anhang I) sowie eigene Berechnungen. ***, ** und * stellen die Ablehnung der Nullhypothese einer Unit-Root nach den Werten der Teststatistik von MacKinnon, J. (1996) auf dem 1 %-, 5 %- und 10 %-Signifikanzniveau dar. Die Klammern enthalten die optimale Lag-Länge. Die geeignete Modellspezifikation wird mit Hilfe des SIC ermittelt. Die Länge der nationalen Hauspreiszeitreihen entspricht dem jeweiligen Zeitraum, für den auch die nationalen Mietpreisindizes vorliegen.

Die Analyse der Stationaritätseigenschaften der Haus- und Mietpreise mittels des ADF-Tests liefert folgendes Ergebnis:[727]

- In Belgien, Dänemark, Finnland, Japan, der Niederlande und Neuseeland besitzen die Hauspreise einen höheren Integrationsgrad als die Mietpreise. Dem Testverfahren nach Diba und Grossman (1988b) folgend besteht in allen fünf Ländern eine positive Preisblase (Fall 1).

- In Deutschland, Irland, Schweden und USA besitzen die Hauspreise einen geringeren Integrationsgrad als die Mietpreise. Dem Testverfahren nach Diba und Grossman (1988b) folgend existiert in diesen Ländern eine negative Preisblase (Fall 2).

- In Kanada, Großbritannien und Norwegen (I [0]), Australien, Schweiz, Spanien und Italien (I [1]) sowie Frankreich (I [2]) besitzen die Hauspreise den gleichen Integrationsgrad wie die Mietpreise. Damit ist dem zweistufigen Verfahren von Engle und Granger (1987) folgend die Voraussetzung für eine Kointegrationsanalyse gegeben, um zwischen Fall 3 (Hauspreise und Mieten besitzen den gleichen Integrationsgrad, sie sind jedoch nicht kointegriert) und Fall 4 (Hauspreise und Mieten besitzen den gleichen Integrationsgrad und sind kointegriert) des Testverfahrens von Diba und Grossman (1988b) unterscheiden zu können.

Damit liefert das Testverfahren nach Diba und Grossman (1988b) auf Basis von Haus- und Mietpreisen für einige Länder (Japan, Irland und USA) Ergebnisse, die kontraintuitiv gegenüber den Analysen in den Kapiteln 6.3 und 6.4 sind.

Kointegrationsanalyse

Zur Überprüfung, ob zwischen den Haus- und Mietpreisen tatsächlich eine Kointegrationsbeziehung besteht, werden die beiden Variablen gemäß Formel 5.11 aufeinander regressiert, wobei die Mietpreise als unanhängige und die Hauspreise als abhängige Variable eingehen. Die Residuen ε_t der Regressionen werden anschließend auf ihren Integrationsgrad untersucht. Besitzen diese den Integrationsgrad I [0], so liegt die schwache Form der Stationarität vor und die beiden Variablen sind kointegriert. Der ADF-Test zur Überprüfung der Residuen auf ihren Stationaritätsgrad wird dem Vor-

---

[727] Vgl. hierzu auch Tabelle 9.

6 Empirische Überprüfung von Wohnimmobilienmärkten auf Preisblasen   291

schlag von Engle und Granger (1991) folgend um mindestens eine Konstante ergänzt.[728] Die Ergebnisse des Kointegrationstests sind in Tabelle 27 abgebildet.

Index	Konstante	Konstante und Trend
AU		-1,79 [7]
CA	-0,80 [10]	
CH	-2,46 [5]	
ES	-3,12 [7]*	
FR	-2,47 [4]	
GB		-3,52 [8]
IT		-3,21 [9]
NO	-1,95 [9]	

Tabelle 27: Ergebnisse des ADF-Tests auf Stationarität der Residuen bei Verwendung der nominalen Haus- und Mietpreise[729]

Nach Tabelle 27 kann nur für den spanischen Wohnimmobilienmarkt die Nullhypothese einer Unit-Root in den Residuen verworfen werden. Somit besteht in Spanien eine Kointegrationsbeziehung zwischen den Haus- und Mietpreisen und es kann ein Fehlerkorrekturmodell geschätzt werden, um die Anpassungsmechanismen der beiden Variablen an den langfristigen Gleichgewichtspfad zu modellieren.

In den übrigen sieben untersuchten Ländern besitzen Haus- und Mietpreise zwar den gleichen Integrationsgrad, sie folgen jedoch keinem gemeinsamen langfristigen Gleichgewichtspfad in Form einer Kointegrationsbeziehung. Somit besteht in diesen acht Ländern eine Preisblase (3. Fall). Es können jedoch keine Aussagen darüber gemacht werden, ob eine positive (Hauspreise steigen schneller als die Mietpreise) oder eine negative Preisblase (Mietpreise steigen schneller als die Hauspreise) vorliegt. Rückschlüsse auf die Art der vorliegenden Preisblase können nur durch die zusätzliche Berücksichtigung weiterer fundamentaler Variablen bzw. ökonometrischer Modelle, die zusätzliche Erkenntnisse über mögliche Über- bzw. Unterbewertungen liefern, gewonnen werden. Als mögliche Ursache für die häufige Ablehnung einer Gleichgewichtsbeziehung zwischen Haus- und Mietpreisen nennt Taipalus (2006) die strenge Regulierung der Mietpreise, die wesentlich dafür verantwortlich ist, dass das aktuelle Niveau der Mietpreise

---

[728] Vgl. Engle, R. und Granger, C. (1991), S. 13.
[729] Quelle: BIS (Berechnungen basierend auf nationalen Angaben, siehe Anhang I), Anhang II sowie eigene Berechnungen. ***, ** und * stellen die Ablehnung der Nullhypothese einer Unit-Root nach den Werten der Teststatistik von MacKinnon, J. (1991) auf dem 1 %-, 5 %- und 10 %-Signifikanzniveau dar. Die Klammern enthalten die optimale Lag-Länge. Die geeignete Modellspezifikation wird mit Hilfe des SIC ermittelt.

dem ‚wahren' Wert zeitlich verzögert folgt. „This is something that could partly explain why even relatively small price changes could break up the relationship between the rents and prices and signals of bubbles would be reached."[730]

Dem Testverfahren von Diba und Grossman (1988b) auf Basis von Haus- und Mietpreisen folgend existiert nur auf dem spanischen Markt keine Preisblase (4. Fall). Das ist sicherlich ein unerwartetes Ergebnis, wenn man bedenkt, dass der spanische Wohnimmobilienmarkt neben der höchsten Preissteigerung aller 18 untersuchten Märkte zusätzliche Entwicklungen wie z. B. das hohe Wachstum des Wohnungsneubaus aufweist, die eine Preisblase auf dem spanischen Wohnimmobilienmarkt als wahrscheinlich erscheinen lassen.

Fehlerkorekturmodell

Mit Hilfe eines Fehlerkorekturmodells können für den spanischen Wohnimmobilienmarkt quantitative Aussagen über die Anpassungsgeschwindigkeit und -richtung getroffen werden. Insbesondere ist die Fragestellung von Interesse, durch welche der beiden hier betrachteten Variablen eine Abweichung vom langfristigen Gleichgewicht korrigiert wird. Es existieren zwei Erklärungsansätze, welche der beiden Variablen das System wieder seinem Gleichgewichtspfad zuführt:

- Nach dem Barwertprinzip ergeben sich die Hauspreise aus den diskontierten, zukünftig erwarteten Mieterträgen. Dieser Denkweise folgend, müssen die Hauspreise den Mietpreisen hinterherlaufen: Steigen die Mieten, so steigt auch der Preis von Wohnimmobilien. Eine Abweichung vom langfristigen Trend auf Grund einer Veränderung der Mietpreise wird folglich durch die Hauspreise korrigiert.

- Einer anderen Argumentation folgend, wird durch die Mietpreise ein Abweichen vom langfristigen Gleichgewichtspfad korrigiert. Da die Mietpreise im Wohnungsbereich stark reguliert sind, reagieren sie langsamer auf Veränderungen der ökonomischen Rahmenbedingungen als die Hauspreise. Nach dieser Überlegung muss ein Abweichen vom langfristigen Gleichgewichtspfad aus einer Veränderung der Hauspreise resultieren, da die Mietpreise auf Grund der strengen gesetzlichen Regelungen in der kurzen Frist fest sind. Erst mit einer gewissen Verzögerung reagieren diese auf eine Veränderung der Hauspreise und führen eine Rückkehr zum Gleichgewicht herbei.

Welcher Effekt dominiert, kann nur empirisch überprüft werden.

---

[730] Taipalus, K. (2006), S. 25.

6 Empirische Überprüfung von Wohnimmobilienmärkten auf Preisblasen

Das ECM-Modell wird mittels des folgenden, zweistufigen Verfahrens geschätzt:[731]

- Im ersten Schritt wird die optimale Lag-Länge an Hand der Schätzung eines vektorautoregressiven Modells mittels des SIC bestimmt.

- Im zweiten Schritt werden nun neben dem Fehlerkorrekturterm alle Lag-Längen der Haus- und Mietpreise bis zur im ersten Schritt bestimmten optimalen Lag-Länge in das Modell einbezogen. Tritt der Fall ein, dass ein Lag-Term nicht signifikant ist, so wird dieser entfernt und das Modell erneut geschätzt. Diese Prozedur wird so lange wiederholt, bis nur noch auf dem 10 %-Niveau signifikante Koeffizienten in der Schätzung enthalten sind.

Die Ergebnisse des ECM-Modells sind in Tabelle 28 abgebildet. An Hand des signifikanten und negativen Koeffizienten $\hat{\lambda}_2$ wird deutlich, dass für den spanischen Wohnimmobilienmarkt die Hauspreise ein Abweichen von der Kointegrationsbeziehung korrigieren: Ein Abweichen vom Gleichgewicht in Periode t-1 wird in Periode t durch die Hauspreise wieder korrigiert. Die betragsmäßige Höhe des Koeffizienten von 0,0202 besagt, dass ein Abweichen vom Gleichgewicht im Folgequartal zu 2,02 % durch die Hauspreise wieder korrigiert wird. Die Mietpreise leisten hingegen keinen Beitrag zur Korrektur zum langfristigen Gleichgewichtspfad, was durch den insignifikanten Koeffizienten $\hat{\lambda}_1$ deutlich wird. Mit einer quartalsweisen Anpassung von 2 % fällt der Anpassungsprozess der Hauspreise gering aus.

Die Kointegrationsbeziehung zwischen den spanischen Haus- und Mietpreisen überrascht aus zwei Gründen:

- Zum einen weist der spanische Wohnimmobilienmarkt den stärksten Preisansteig aller in dieser Analyse betrachteten Länder auf, was einen deutlichen Hinweis auf die Existenz einer Preisblase liefert und gegen eine Kointergationsbeziehung spricht. Dieses Argument wird auch durch den ab 2008 einsetzenden Preisrückgang bestärkt,[732] der als das Platzen der Blase auf dem spanischen Markt interpretiert werden kann.

- Zum anderen weist die graphische Darstellung des spanischen Price-Rent Ratios in Abbildung 38 ab dem Jahr 1998 einen abrupten, starken Anstieg der Kennzahl und damit das Verlassen ihres langfrsitigen Trends aus, was ebenso gegen die Existenz eines gemeinsamen Gleichgewichtspfads zwischen Haus- und Mietpreisen spricht.

---

[731] Vgl. Schindler, F. (2009), S. 266.
[732] Vgl. Tabelle 52.

Regressand	Δ Mieten ES	Δ Hauspreise ES
$\hat{\gamma}_1$	0,0021	
$\hat{\gamma}_2$		0,0066
$\hat{\lambda}_1$	0,0029	
$\hat{\lambda}_2$		-0,0202*
$\hat{\alpha}_{11}[1]$	0,2593***	
$\hat{\alpha}_{11}[3]$	0,1752**	
$\hat{\alpha}_{11}[4]$	0,4152***	
$\hat{\alpha}_{12}[1]$	-0,0523***	
$\hat{\alpha}_{12}[5]$	0,0496**	
$\hat{\alpha}_{21}[1]$		0,6228**
$\hat{\alpha}_{21}[5]$		-0,6470**
$\hat{\alpha}_{22}[1]$		0,5990***
$\hat{\alpha}_{22}[4]$		0,4318***
$\hat{\alpha}_{22}[5]$		-0,2851***

Tabelle 28: Ergebnisse des ECMs für die spanischen Haus- und Mietpreise[733]

6.2.2 Hauspreise und Einkommen

Neben den Mieten wird in der wirtschaftswissenschaftlichen Literatur auch zwischen dem Einkommen und den Hauspreisen eine langfristige Gleichgewichtsbeziehung unterstellt.[734] Steigen die Einkommen, können die Haushalte mehr Geld für Konsumzwecke verwenden. Einen Teil des Einkommenszuwachses werden die Haushalte auch für Wohnen ausgeben, was die Nachfrage nach Wohnraum und damit auch dessen Preis in die Höhe treibt. Im umgekehrten Fall werden die Haushalte bei einem Rückgang des Einkommens auch ihre Ausgaben für Wohnen zurückschrauben, was die Nachfrage und damit auch den Preis für Wohnraum senkt. Hauspreise und Einkommen sollten folglich langfristig einen stabilen Gleichlauf aufweisen.

Zur Abbildung des Einkommens wird in wirtschaftswissenschaftlichen Studien in der Regel das nominale Pro-Kopf-Einkommen verwendet. Dieser Praxis folgend wird im

---

[733] Quelle: BIS (Berechnungen basierend auf nationalen Angaben, siehe Anhang I), Anhang II sowie eigene Berechnungen. ***, ** und * stellen die Signifikanz der geschätzten Koeffizienten auf dem 1 %-, 5 %- und 10 %-Signifikanzniveau dar.
[734] Vgl. u. a. Finicelli, A. (2007), Himmelberg, C. et al. (2005), Girouard, N. et al. (2006) sowie Gallin, J. (2006).

Folgenden die Einkommensentwicklung der einzelnen Länder mittels des durchschnittlichen Pro-Kopf-Einkommens abgebildet. Der Datensatz stammt von der UN und liegt für alle 18 Länder über den gesamten Untersuchungszeitraum von 1970 bis 2007 vor. Das Pro-Kopf-Einkommen wird von der UN jedoch nur jährlich veröffentlicht, so dass lediglich 38 Beobachtungen vorliegen. Da in empirischen Untersuchungen stets die Maxime gilt, „that more observations are better because more observations allow us to better discriminate among hypotheses"[735], bedeutet eine jährliche Frequenz einen Verlust an Datenqualität. Empirische Untersuchungen[736] haben jedoch gezeigt, dass die Qualität von Kointegrationsanalysen weniger durch die Anzahl der Beobachtungen als vielmehr durch die Gesamtlänge des Betrachtungszeitraums bestimmt wird: „In other words, the ability of the cointegration tests to detect cointegration depends more on the relationship between the total sample length and the length of the long run than on the number of observations."[737] Damit ergeben sich aus der Verwendung von jährlichen Datenreihen keine gravierenden Nachteile für die folgende Kointegrationsanalyse. Hakkio und Rush (1991) erachten einen Beobachtungszeitraum von mindestens 25 Jahren als notwendig, um zu aussagekräftigen Rückschlüssen auf das Vorliegen von Kointegrationsbeziehungen zu gelangen. Mit einem Beobachtungszeitraum von 38 Jahren erfüllen die im Folgenden verwendeten Zeitreihen der nationalen Pro-Kopf-Einkommen diese Anforderungen.

Überprüfung auf Stationarität

Im ersten Schritt des Testverfahrens nach Diba und Grossman (1988b) werden die nationalen Pro-Kopf-Einkommen auf ihre Stationaritätseigenschaften überprüft. Die Ergebnisse des ADF-Tests sind in Tabelle 29 und Tabelle 30 abgebildet. Wie auch schon bei den Miet- und Hauspreisen ergibt die Stationaritätsanalyse des Pro-Kopf-Einkommens kein einheitliches Bild. Die Mehrheit der nationalen Pro-Kopf-Einkommen besitzt den Integrationsgrad I [0]. Nur sechs Länder weisen den für ökonomische Zeitreihen typischen Integrationsgrad I [1] auf und mit Japan und Australien ist in zwei Ländern das Pro-Kopf-Einkommen nach zweimaliger Differenzenbildung stationär.

---

[735] Hakkio, C. und Rush, M. (1991), S. 572.
[736] Vgl. Hakkio, C. und Rush, M. (1991) sowie Shiller, R. und Perron, J. (1985).
[737] Hakkio, C. und Rush, M. (1991), S. 572. Zum gleichen Ergebnis kommen auch Shiller, R. und Perron, J. (1985), S. 385: „Over a substantial range, power depends more on the span of the data than on the number of observations."

Index	Kein(e) Konstante/Trend	nur Konstante	Konstante und Trend
AU	2,02 [9]		
BE			-3,59 [1]**
CA			-2,60 [1]
CH			-2,69 [0]
DE			-2,85 [1]
DK			-3,44 [1]*
ES			-3,54 [1]**
FI			-3,34 [1]*
FR			-3,15 [1]
GB			-3,21 [1]*
IE			-3,83 [8]**
IT		-1,90 [0]	
JP	0,60 [5]		
NL			-3,69 [4]**
NO			-3,36 [1]*
NZ	3,10 [3]		
SE			-3,54 [4]*
US		-6,14 [0]***	

Tabelle 29: Ergebnisse des ADF-Tests auf Stationarität der logarithmierten nominalen Pro-Kopf-Einkommen[738]

---

[738] Quelle: UN sowie eigene Berechnungen. ***, ** und * stellen die Ablehnung der Nullhypothese einer Unit-Root nach den Werten der Teststatistik von MacKinnon, J. (1996) auf dem 1 %-, 5 %- und 10 %-Signifikanzniveau dar. Die Klammern enthalten die optimale Lag-Länge. Die geeignete Modellspezifikation wird mit Hilfe des SIC ermittelt.

6 Empirische Überprüfung von Wohnimmobilienmärkten auf Preisblasen 297

Index	Kein(e) Konstante/Trend	nur Konstante	Konstante und Trend	Integrationsgrad
AU		-2,25 [8][739]		I [2]
BE	-2,79 [0]***			I [0]
CA		-3,46 [0]**		I [1]
CH			-3,60 [10]**	I [1]
DE			-3,21 [0]***	I [1]
DK	-3,05 [0]***			I [0]
ES		-3,51 [0]**		I [0]
FI	-2,84 [0]***			I [0]
FR		-4,13 [0]***		I [1]
GB		-4,27 [2]***		I [0]
IE		-4,46 [2]***		I [0]
IT	-1,66 [3]*			I [1]
JP	-1,44 [4][740]			I [2]
NL	-3,05 [0]***			I [0]
NO	-3,71 [0]***			I [0]
NZ		-5,27 [2]***		I [1]
SE		-3,65 [4]**		I [0]
US			-4,47 [0]***	I [0]

Tabelle 30: Ergebnisse des ADF-Tests auf Stationarität der logarithmierten ersten Differenzen der nominalen Pro-Kopf-Einkommen[741]

Um einen Vergleich der Stationaritätseigenschaften der in einer jährlichen Frequenz vorliegenden Pro-Kopf-Einkommen mit den Hauspreisen durchführen zu können, müssen auch die Hauspreise auf einer jährlichen Basis in der Analyse berücksichtigt werden. Hierzu wird der von der BIS auf Basis von Jahresdaten erstellte Datensatz für die Hauspreisentwicklung verwendet. Die Ergebnisse der auf einer jährlichen Frequenz beruhenden Analyse der Stationaritätseigenschaften finden sich in Tabelle 31 und Tabelle 32. Im Vergleich zu den Ergebnissen bei einer vierteljährlichen Frequenz (Tabelle 20) ergeben sich bzgl. der Stationaritätseigenschaften bei vier Ländern Verän-

---

[739] Das australische Pro-Kopf-Einkommen ist nach zweimaliger Differenzenbildung stationär.
[740] Das japanische Pro-Kopf-Einkommen ist nach zweimaliger Differenzenbildung stationär.
[741] Quelle: UN sowie eigene Berechnungen. ***, ** und * stellen die Ablehnung der Nullhypothese einer Unit-Root nach den Werten der Teststatistik von MacKinnon, J. (1996) auf dem 1 %-, 5 %- und 10 %-Signifikanzniveau dar. Die Klammern enthalten die optimale Lag-Länge. Die geeignete Modellspezifikation wird mit Hilfe des SIC ermittelt.

derungen: Kanada (vorher I [0] jetzt I [2]), Spanien (vorher I [0] jetzt I [2]), Irland (vorher I [2] jetzt I [0]) und Norwegen (vorher I [1] jetzt I [0]). Die Veränderungen bei Kanada, Spanien und Irland erscheinen ungewöhnlich, da sich der Stationaritätsgrad bei einer jährlichen Frequenz sogar um zwei Grade verändert.

Index	Kein(e) Konstante/Trend	nur Konstante	Konstante und Trend
AU			-2,75 [2]
BE			-4,31 [1]***
CA	1,44 [5]		
CH	1,61 [2]		
DE		-2,64 [3]*	
DK	1,81 [5]		
ES		-2,41 [10]	
FI		-1,75 [2]	
FR			-3,53 [1]*
GB		-1,10 [2]	
IE		-3,53 [10]*	
IT		-2,73 [9]*	
JP			0,43 [4]
NL	3,13 [7]		
NO			-3,31 [1]*
NZ			-2,87 [1]
SE			-3,98 [1]**
US			-2,71 [2]

Tabelle 31: *Ergebnisse des ADF-Tests auf Stationarität der logarithmierten, nominalen, jährlichen Hauspreise*[742]

---

[742] Quelle: BIS (Berechnungen basierend auf nationalen Angaben, siehe Anhang I) sowie eigene Berechnungen. ***, ** und * stellen die Ablehnung der Nullhypothese einer Unit-Root nach den Werten der Teststatistik von MacKinnon, J. (1996) auf dem 1 %-, 5 %- und 10 %-Signifikanzniveau dar. Die Klammern enthalten die optimale Lag-Länge. Die geeignete Modellspezifikation wird mit Hilfe des SIC ermittelt.

6 Empirische Überprüfung von Wohnimmobilienmärkten auf Preisblasen 299

Index	Kein(e) Konstante/Trend	nur Konstante	Konstante und Trend	Integrationsgrad
AU		-4,14 [1]***		I [1]
BE			-4,32 [6]***	I [0]
CA	-1,04 [4][743]			I [2]
CH	-4,28 [1]***			I [1]
DE	-3,25 [8]***			I [0]
DK		-3,56 [0]**		I [1]
ES	-0,60 [8][744]			I [2]
FI		-4,14 [1]***		I [1]
FR		-2,24 [0][745]		I [0]
GB		-4,59 [1]***		I [1]
IE	-1,11 [5][746]			I [0]
IT			-4,50 [0]***	I [0]
JP			-5,67 [3]***	I [1]
NL			-6,50 [6]***	I [1]
NO		-3,43 [2]**		I [0]
NZ		-3,23 [0]**		I [1]
SE		-3,85 [3]***		I [0]
US	-1,63 [2]*			I [1]

Tabelle 32: Ergebnisse des ADF-Tests auf Stationarität der logarithmierten ersten Differenzen der nominalen, jährlichen Hauspreise[747]

Ein Vergleich der Integrationsgrade von Hauspreisen und Pro-Kopf-Einkommen liefert folgende Ergebnisse:

- Dänemark, Finnland, Großbritannien, Kanada, Niederlande, Spanien und USA besitzen einen höheren Integrationsgrad der Hauspreise als der Pro-Kopf-Einkommen, was nach dem Testverfahren von Diba und Grossman (1988b) eine positive Preisblase impliziert.

---

[743] Die kanadischen Hauspreise sind nach zweimaliger Differenzenbildung stationär.
[744] Die spanischen Hauspreise sind nach zweimaliger Differenzenbildung stationär.
[745] Die französischen Hauspreise sind nach zweimaliger Differenzenbildung wieder stationär.
[746] Die irischen Hauspreise sind nach zweimaliger Differenzenbildung wieder stationär.
[747] Quelle: BIS (Berechnungen basierend auf nationalen Angaben, siehe Anhang I) sowie eigene Berechnungen. ***, ** und * stellen die Ablehnung der Nullhypothese einer Unit-Root nach den Werten der Teststatistik von MacKinnon, J. (1996) auf dem 1 %-, 5 %- und 10 %-Signifikanzniveau dar. Die Klammern enthalten die optimale Lag-Länge. Die geeignete Modellspezifikation wird mit Hilfe des SIC ermittelt.

- In Australien, Deutschland, Frankreich, Italien und Japan haben die Hauspreise einen geringeren Integrationsgrad als die Pro-Kopf-Einkommen, was auf die Existenz von negativen Preisblasen hindeutet.

- Belgien, Irland, Neuseeland, Norwegen, Schweden und Schweiz, besitzen den gleichen Integrationsgrad von Hauspreisen und Pro-Kopf-Einkommen und erfüllen somit die Voraussetzung für eine Kointegrationsanalyse (Fall 3 oder Fall 4 des Testverfahrens nach Diba und Grossman (1988b)).

Auch auf Basis von Hauspreisen und Pro-Kopf-Einkommen liefert das Testverfahren nach Diba und Grossman (1988b) für einige Länder Ergebnisse, die kontraintuitiv sind und den Ergebnissen der Analysen in den Kapiteln 6.3 und 6.4 widersprechen. Hierzu zählen Frankreich und Italien. Für diese beiden Länder liefern Kennzahlen- und Indikatoranalyse keine Anzeichen einer Unterbewertung.

Kointegrationsanalyse

Analog zum in Kapitel 6.2.1 beschriebenen Vorgehen werden nun die Hauspreise und Pro-Kopf-Einkommen von Belgien, Irland, Neuseeland, Norwegen, Schweden und der Schweiz auf eine Kointegrationsbeziehung untersucht. In die Regressionsanalyse zur Bestimmung der Residuen gehen die Hauspreise als abhängige und die Pro-Kopf-Einkommen als unabhängige Variable ein.

Index	Konstante	Konstante und Trend
BE		-1,90 [0]
CH	-2,28 [1]	
IE	-1,79 [0]	
NO		-4,31 [8]**
NZ		-3,34 [8]
SE	-3,06 [1]	

Tabelle 33: *Ergebnisse des ADF-Tests auf Stationarität der Residuen bei Verwendung nominaler Hauspreise und Pro-Kopf-Einkommen*[748]

---

[748] Quelle: BIS (Berechnungen basierend auf nationalen Angaben, siehe Anhang I), UN sowie eigene Berechnungen. ***, ** und * stellen die Ablehnung der Nullhypothese einer Unit-Root nach den Werten der Teststatistik von MacKinnon, J. (1991) auf dem 1 %-, 5 %- und 10 %-Signifikanzniveau dar. Die Klammern enthalten die optimale Lag-Länge. Die geeignete Modellspezifikation wird mit Hilfe des SIC ermittelt.

6 Empirische Überprüfung von Wohnimmobilienmärkten auf Preisblasen

Nach Tabelle 33 kann nur für Norwegen die Nullhypothese einer Unit-Root in den Residuen verworfen werden. Somit bewegen sich die norwegischen Hauspreise und das Pro-Kopf-Einkommen auf einem gemeinsamen, langfristigen Gleichgewichtspfad und die Anpassungsprozesse der beiden Variablen lassen sich durch ein Fehlerkorekturmodell darstellen. Der norwegische Wohnimmobilienmarkt ist somit der einzige aller mittels des Testverfahrens von Diba und Grossman (1988b) auf Basis von Hauspreisen und Pro-Kopf-Einkommen untersuchten Märkte, der keine Preisblase aufweist (Fall 4). Für die restlichen fünf Länder kann die Nullhypothese der Unit-Root in den Residuen hingegen nicht verworfen werden. Somit liegt der 3. Fall des Testfahrens nach Diba und Grossman (1988b) vor und alle fünf Wohnimmobilienmärkte weisen im Untersuchungszeitraum Preisblasen auf.

Fehlerkorrekturmodell

Die Ergebnisse des ECM-Modells für Norwegen finden sich in Tabelle 34. Der positive und auf dem 1 %-Niveau signifikante Koeffizient $\hat{\lambda}_1$ verdeutlicht, dass ein Abweichen von der Kointegrationsbeziehung durch das Pro-Kopf-Einkommen korrigiert wird. Damit laufen die Hauspreise dem Pro-Kopf-Einkommen voraus. Der Wert von $\hat{\lambda}_1$ gibt an, dass eine Abweichung vom langfristigen Gleichgewichtspfad mit einem Jahr Verzögerung zu 28,44 % durch das Pro-Kopf-Einkommen korrigiert wird.

Regressand	Δ Pro-Kopf-Einkommen NO	Δ Hauspreise NO
$\hat{\gamma}_1$	0,0488**	
$\hat{\gamma}_2$		0,0272*
$\hat{\lambda}_1$	0,2844***	
$\hat{\lambda}_2$		-0,0901
$\hat{\alpha}_{11}[1]$	0,4338***	
$\hat{\alpha}_{11}[4]$	0,2904*	
$\hat{\alpha}_{12}[3]$	-0,3589*	
$\hat{\alpha}_{22}[1]$		0,6335***

Tabelle 34: *Ergebnisse des ECMs für die norwegischen Hauspreise und Pro-Kopf-Einkommen*[749]

---

[749] Quelle: BIS (Berechnungen basierend auf nationalen Angaben, siehe Anhang I), UN sowie eigene Berechnungen. ***, ** und * stellen die Signifikanz der geschätzten Koeffizienten auf dem 1 %-, 5 %- und 10 %-Signifikanzniveau dar.

6.2.3 Haus- und Baupreise

Aufbauend auf der Theorie von Tobins q lässt sich auch zwischen Haus- und Baupreisen eine langfristige Gleichgewichtsbeziehung ableiten.[750] Hauspreise können nicht über einen langen Zeitraum hinweg stärker als die Baupreise steigen, da sonst Investoren neue Häuser zu den relativ niedrigen Baupreisen errichten würden, um durch den anschließenden Verkauf einen Gewinn zu erzielen. Das erhöhte Angebot an neuen Wohnimmobilien würde die Marktpreise drücken und eine Annäherung von Bau- und Hauspreisen bewirken.[751] In der wirtschaftswissenschaftlichen Literatur wurde dieser Zusammenhang jedoch bis zu diesem Zeitpunkt nicht empirisch untersucht.

Überprüfung auf Stationarität

Die Verfügbarkeit von Datensätzen zur Preisentwicklung der Baupreise ist mangelhaft. Für einige nationale Märkte liegen keine konkreten Datensätze vor, die die Entwicklung der nationalen Baupreise abbilden. In diesen Fällen wurden Komponenten zur Berechnung der Verbraucherpreise als Proxys in der empirischen Analyse verwendet, welche die Preisentwicklung einer repräsentativen Anzahl an unterschiedlichen Materialien widerspiegeln, die beim Bau von Häusern verwendet werden. Für einige nationale Märkte liegen die Baupreise nur für sehr kurze Zeiträume vor. Um aussagekräftige Ergebnisse zu erhalten, werden nur Länder in die Analyse einbezogen, die einen Beobachtungszeitraum von mindestens 18 Jahren aufweisen. Damit können Belgien, die Schweiz, Finnland, die Niederlande und Neuseeland nicht in die Analyse einbezogen werden.[752] Die Baupreise liegen in großer Mehrheit quartalsweise vor. Lediglich für Japan liegt der Baupreisindex nur in einer jährlichen Frequenz vor.

Tabelle 35 und Tabelle 36 enthalten die Ergebnisse des ADF-Tests der nationalen Baupreise. Im Gegensatz zu den Pro-Kopf-Einkommen, die in der Mehrheit einen Integrationsgrad von Null aufweisen, und den Mietpreisen, die keine einheitliche Struktur bzgl.

---

[750] Vgl. hierzu Kapitel 5.6.5.
[751] Bei dieser Argumentation wird explizit unterstellt, dass es keine Beschränkungen bei der Vergabe von Bauland gibt. In der Realität bestehen aber vielfach rechtliche bzw. geographische Beschränkungen, so dass das Angebot an Bauland de facto begrenzt ist und es somit zu Abweichungen von der über Tobins q hergeleiteten Gleichgewichtsbeziehung zwischen Haus- und Baupreisen kommen kann.
[752] Für einige Märkte wird die Forderung von Hakkio, C. und Rush, M. (1991) nach einem Beobachtungszeitraum von mindestens 25 Jahren für Stationaritäts- bzw. Kointegrationsanalysen nicht eingehalten. Würden jedoch nur Länder berücksichtigt werden, für die die Baupreisindizes über einen Untersuchungszeitraum von mindestens 25 Jahren vorliegen, könnte die Analyse für die meisten der 18 Länder nicht durchgeführt werden.

//6 Empirische Überprüfung von Wohnimmobilienmärkten auf Preisblasen

der Stationaritätseigenschaften aufweisen, besitzen die Baupreise mehrheitlich den für ökonomische Zeitreihen typischen Integrationsgrad I [1]. Lediglich Australien, Frankreich und Japan (I [0]) sowie Kanada (I [2]) weisen andere Stationaritätseigenschaften auf.

Index	Kein(e) Konstante/Trend	nur Konstante	Konstante und Trend
AU		-4,50 [9]***	
BE	Keine Berücksichtigung wegen des zu kurzen Beobachtungszeitraums.		
CA	1,71 [9]		
CH	Keine Berücksichtigung wegen des zu kurzen Beobachtungszeitraums.		
DE	1,29 [8]		
DK			-3,15 [4]
ES	2,00 [9]		
FI	Keine Berücksichtigung wegen des zu kurzen Beobachtungszeitraums.		
FR		-2,87 [6]*	
GB	1,47 [5]		
IE	2,81 [3]		
IT	2,03 [4]		
JP		-3,37 [9]**	
NL	Keine Berücksichtigung wegen des zu kurzen Beobachtungszeitraums.		
NO			-3,06 [5]
NZ	Keine Berücksichtigung wegen des zu kurzen Beobachtungszeitraums.		
SE			-2,86 [6]
US		-2,92 [9]	

Tabelle 35: Ergebnisse des ADF-Tests auf Stationarität der logarithmierten nominalen Baupreise[753]

---

[753] Quelle: Anhang IV sowie eigene Berechnungen. ***, ** und * stellen die Ablehnung der Nullhypothese einer Unit-Root nach den Werten der Teststatistik von MacKinnon, J. (1996) auf dem 1 %-, 5 %- und 10 %-Signifikanzniveau dar. Die Klammern enthalten die optimale Lag-Länge. Die geeignete Modellspezifikation wird mit Hilfe des SIC ermittelt. Für Japan liegen die Baupreise lediglich in jährlicher Frequenz vor.

Index	Kein(e) Konstante/Trend	nur Konstante	Konstante und Trend	Integrationsgrad
AU		-2,68 [2]*		I [0]
BE	Keine Berücksichtigung wegen des zu kurzen Beobachtungszeitraums.			
CA	-1,06 [8][754]			I [2]
CH	Keine Berücksichtigung wegen des zu kurzen Beobachtungszeitraums.			
DE		-1,82 [7]*		I [1]
DK		-3,12 [3]**		I [1]
ES		-2,00 [9]**		I [1]
FI	Keine Berücksichtigung wegen des zu kurzen Beobachtungszeitraums.			
FR			-3,30 [4]*	I [0]
GB			-6,23 [0]***	I [1]
IE		-3,64 [2]***		I [1]
IT			-7,37 [0]***	I [1]
JP	-3,67 [9]***			I [0]
NL	Keine Berücksichtigung wegen des zu kurzen Beobachtungszeitraums.			
NO			-3,50 [4]**	I [1]
NZ	Keine Berücksichtigung wegen des zu kurzen Beobachtungszeitraums.			
SE			-6,35 [0]***	I [1]
US			-3,33 [8]*	I [1]

Tabelle 36:   Ergebnisse des ADF-Tests auf Stationarität der logarithmierten ersten Differenzen der nominalen Baupreise[755]

Um einen korrekten Vergleich zu gewährleisten, müssen auch die nominalen Hauspreise für den gleichen Zeitraum, für den die Baupreise vorliegen, auf ihren Integrationsgrad überprüft werden. Die Ergebnisse dieser Tests befinden sich in Tabelle 37 und Tabelle 38.

---

[754] Der kanadische Baupreisindex ist nach zweimaliger Differenzenbildung stationär.
[755] Quelle: Anhang IV sowie eigene Berechnungen. ***, ** und * stellen die Ablehnung der Nullhypothese einer Unit-Root nach den Werten der Teststatistik von MacKinnon, J. (1996) auf dem 1 %-, 5 %- und 10 %-Signifikanzniveau dar. Die Klammern enthalten die optimale Lag-Länge. Die geeignete Modellspezifikation wird mit Hilfe des SIC ermittelt. Für Japan liegen die Baupreise in jährlicher Frequenz vor.

6 Empirische Überprüfung von Wohnimmobilienmärkten auf Preisblasen 305

Index	Kein(e) Konstante/Trend	nur Konstante	Konstante und Trend
AU			-2,64 [2]
BE	Keine Berücksichtigung wegen des zu kurzen Beobachtungszeitraums.		
CA	1,41 [8]		
CH	Keine Berücksichtigung wegen des zu kurzen Beobachtungszeitraums.		
DE		-2,90 [6]**	
DK	2,79 [1]		
ES			-2,98 [7]
FI	Keine Berücksichtigung wegen des zu kurzen Beobachtungszeitraums.		
FR			-3,31 [7]*
GB			-3,17 [8]
IE	0,98 [6]		
IT		-1,82 [6]	
JP			0,43 [4]
NL	Keine Berücksichtigung wegen des zu kurzen Beobachtungszeitraums.		
NO			-3,78 [8]**
NZ	Keine Berücksichtigung wegen des zu kurzen Beobachtungszeitraums.		
SE	-3,38 [8]*		
US		-1,74 [10]	

Tabelle 37: *Ergebnisse des ADF-Tests auf Stationarität der logarithmierten nominalen Hauspreise[756]*

---

[756] Quelle: BIS (Berechnungen basierend auf nationalen Angaben, siehe Anhang I) sowie eigene Berechnungen. ***, ** und * stellen die Ablehnung der Nullhypothese einer Unit-Root nach den Werten der Teststatistik von MacKinnon, J. (1996) auf dem 1 %-, 5 %- und 10 %-Signifikanzniveau dar. Die Klammern enthalten die optimale Lag-Länge. Die geeignete Modellspezifikation wird mit Hilfe des SIC ermittelt. Die Länge der nationalen Hauspreiszeitreihen entspricht hier dem jeweiligen Zeitraum, für den auch die nationalen Baupreisindizes vorliegen. Die japanischen Hauspreise weisen eine jährliche Frequenz auf.

Index	Kein(e) Konstante/Trend	nur Konstante	Konstante und Trend	Integrationsgrad
AU		-4,96 [1]***		I [1]
BE	Keine Berücksichtigung wegen des zu kurzen Beobachtungszeitraums.			
CA		-1,81 [7]*		I [1]
CH	Keine Berücksichtigung wegen des zu kurzen Beobachtungszeitraums.			
DE		-2,64 [9]*		I [0]
DK		-5,10 [0]***		I [1]
ES	-1,12 [6] [757]			I [2]
FI	Keine Berücksichtigung wegen des zu kurzen Beobachtungszeitraums.			
FR	-1,59 [8] [758]			I [0]
GB			-6,54 [0]***	I [1]
IE	-1,13 [10] [759]			I [2]
IT		-1,63 [5]*		I [1]
JP			-5,67 [3]***	I [1]
NL	Keine Berücksichtigung wegen des zu kurzen Beobachtungszeitraums.			
NO		-1,75 [8]*		I [0]
NZ	Keine Berücksichtigung wegen des zu kurzen Beobachtungszeitraums.			
SE		-2,99 [9]**		I [0]
US		-3,09 [9]**		I [1]

Tabelle 38: Ergebnisse des ADF-Tests auf Stationarität der logarithmierten ersten Differenzen der nominalen Hauspreise[760]

Die Analyse der Stationaritätseigenschaften der Haus und Baupreise mittels des ADF-Tests liefert folgende Ergebnisse:

- In Australien, Irland, Japan und Spanien besitzen die Hauspreise einen höheren Integrationsgrad als die Baupreise. Dem Testverfahren nach Diba und Grossman (1988b) folgend besteht in allen fünf Ländern eine positive Preisblase (Fall 1).

---

[757] Die spanischen Hauspreise sind nach zweifacher Differenzenbildung stationär.
[758] Die französischen Hauspreise sind nach zweifacher Differenzenbildung wieder stationär.
[759] Die irischen Hauspreise sind nach zweifacher Differenzenbildung stationär.
[760] Quelle: BIS (Berechnungen basierend auf nationalen Angaben, siehe Anhang I) sowie eigene Berechnungen. ***, ** und * stellen die Ablehnung der Nullhypothese einer Unit-Root nach den Werten der Teststatistik von MacKinnon, J. (1996) auf dem 1 %-, 5 %- und 10 %-Signifikanzniveau dar. Die Klammern enthalten die optimale Lag-Länge. Die geeignete Modellspezifikation wird mit Hilfe des SIC ermittelt. Die Länge der nationalen Hauspreiszeitreihen entspricht hier dem jeweiligen Zeitraum, für den auch die nationalen Mietpreisindizes vorliegen. Die japanischen Hauspreise weisen eine jährliche Frequenz auf.

- In Deutschland, Kanada, Norwegen und Schweden besitzen die Hauspreise einen geringeren Integrationsgrad als die Baupreise. Laut dem Testverfahren nach Diba und Grossman (1988b) besteht in diesen Ländern eine negative Preisblase (Fall 2).

- In Frankreich (I [0]), Dänemark, Großbritannien, Italien, und USA (I [1]) besitzen die Hauspreise den gleichen Integrationsgrad wie die Baupreise. Damit ist dem zweistufigen Verfahren von Engle und Granger (1987) folgend die Voraussetzung für eine Kointegrationsanalyse gegeben (Fall 3 oder Fall 4).

Auf Basis von Haus- und Baupreisen liefert das Testverfahren nach Diba und Grossman (1988b) für Australien und Japan eine positive Preisblase und damit genau das gegenteilige Ergebnis zum Test auf Basis von Hauspreisen und Pro-Kopf-Einkommen (negative Preisblase).

Kointegrationsanalyse

Analog zu dem in Kapitel 6.2.1 beschriebenen Vorgehen werden nun die Haus- und Baupreise von Dänemark, Frankreich, Großbritannien, Italien und USA auf eine Kointegrationsbeziehung untersucht. In die Regressionsanalyse zur Bestimmung der Residuen gehen die Hauspreise als abhängige und die Baupreise als unabhängige Variablen ein.

Index	Konstante	Konstante und Trend
DK	-2,09 [2]	
FR	-2,69 [8]	
GB	-2,21 [8]	
IT	-1,67 [5]	
US	-1,62 [10]	

Tabelle 39: *Ergebnisse des ADF-Tests auf Stationarität der Residuen bei Verwendung der nominalen Haus- und Baupreise*[761]

---

[761] Quelle: BIS (Berechnungen basierend auf nationalen Angaben, siehe Anhang I), Anhang IV sowie eigene Berechnungen. ***, ** und * stellen die Ablehnung der Nullhypothese einer Unit-Root nach den Werten der Teststatistik von MacKinnon, J. (1991) auf dem 1 %-, 5 %- und 10 %- Signifikanzniveau dar. Die Klammern enthalten die optimale Lag-Länge. Die geeignete Modellspezifikation wird mit Hilfe des SIC ermittelt.

Wie aus Tabelle 39 zu entnehmen ist, kann die Nullhypothese einer Unit-Root in den Residuen aller fünf untersuchten Märkte nicht verworfen werden. Damit bewegen sich Haus- und Baupreise nicht auf einem gemeinsamen, langfristigen Gleichgewichtspfad und die Anpassungsprozesse der beiden Variablen lassen sich nicht durch ein Fehlerkorrekturmodell darstellen. Somit liegt der 3. Fall des Testverfahrens nach Diba und Grossman (1988b) vor: Alle fünf untersuchten Märkten weisen im Untersuchungszeitraum Preisblasen auf.

Zusammenfassung

Abschließend werden die Ergebnisse des Testverfahrens nach Diba und Grossman (1988b) in Tabelle 40 vergleichend gegenübergestellt. Positive Preisblasen werden mit "+" (Fall 1), negative Preisblasen (Fall 2) mit "-" gekennzeichnet. Besitzen die beiden Variablen den gleichen Integrationsgrad, sind aber nicht kointegriert (Fall 3), so wird dies durch "~" gekennzeichnet. Eine Kointegrationsbeziehung (Fall 4) zwischen den beiden untersuchten Variablen wird mit "K" symbolisiert.

Die Kointegrationsanalyse hat gezeigt, dass jeder einzelne der 18 analysierten Wohnimmobilienmärkte Anzeichen für die Existenz von Preisblasen liefert.

Ein eindeutiges Ergebnis lässt sich aber lediglich für den deutschen Wohnimmobilienmarkt feststellen. Alle drei Tests zeigen, dass der deutsche Markt eine negative Preisblase aufweist. Angesichts der geringsten Wertsteigerung unter allen 18 betrachteten Wohnimmobilienmärkten erscheint dieses Ergebnis für den deutschen Markt als plausibel. Des Weiteren liefert das Testverfahren auch für den schwedischen Markt Hinweise auf eine negative Preisblase, da sowohl die Bau- als auch die Mietpreise einen höheren Integrationsgrad als die Hauspreise aufweisen.

Anzeichen für eine positive Preisblase liefert das Testverfahren nach Diba und Grossman (1988b) für Dänemark, Finnland, Japan, die Niederlande und Spanien die alle jeweils bei zwei der drei durchgeführten Tests einen höheren Integrationsgrad der Hauspreise aufweisen. Etwas widersprüchlich stellen sich dabei jedoch die Ergebnisse für Spanien und Japan dar. In Spanien offenbart das Testverfahren für das Pro-Kopf-Einkommen und die Baupreise eine positive Preisblase, während die Mietpreise eine Kointegrationsbeziehung mit den Hauspreisen aufweisen und damit kein Anzeichen für eine Preisblase liefern. In Japan besteht dem Vergleich der Miet- und Baupreise mit den

… Hauspreisen nach eine positive Preisblase, während der Vergleich der Pro-Kopf-Ein Spanien, kommen und Hauspreise auf eine negative Preisblase schließen lässt.

Für Australien, Kanada, Irland und die USA ergeben sich sowohl Indikationen auf positive als auch negative Preisblasen. Frankreich, Großbritannien, Italien und die Schweiz weisen jeweils in zwei Fällen den gleichen Integrationsgrad der untersuchten Variablen auf, die jedoch keine gemeinsame Kointegrationsbeziehung aufweisen. Für diese Länder kann dementsprechend mittels des Testverfahrens von Diba und Grossman (1988b) keine nähere Information gewonnen werden, ob positive oder negative Preisblasen vorliegen. Ebenfalls keine eindeutigen Ergebnisse ergeben sich für Belgien, Norwegen und Neuseeland.

Als besonders auffällig erweist sich das seltene Vorliegen einer Kointegrationsbeziehung. Eine mögliche Ursache hierin sehen Kim und Bhattacharya (2009) in einem nicht linearen Zusammenhang zwischen den Hauspreisen und den fundamentalen Erklärungsfaktoren, der im Kointegrationsverfahren nach Engle und Granger (1987) nicht erfasst werden kann.[762]

Die graphische Analyse von Hauspreisen und fundamentalen Erklärungsfaktoren in den Kapiteln 6.3.1.1 (Price-Rent Ratio), 6.3.2.1 (Price-Income Ratio) und 6.3.4 (Tobins q) liefert für die in dieser Arbeit verwendeten Datensätze jedoch nur begrenzt Hinweise auf Nicht-Linearitäten. Lediglich einige Price-Rent Ratios (Australien, Dänemark, Großbritannien, Kanada, Spanien und Schweden)[763] sowie einige Tobins q-Werte (Australien und Frankreich)[764] zeigen ab Mitte/Ende der 1990er Jahre einen beschleunigten Anstieg. Die Price-Income Ratios geben hingegen keine Hinweise auf Nicht-Linearitäten.

---

[762] Vgl. hierzu Kim, S. und Bhattacharya, R. (2009), S. 444 und S. 457f.
[763] Vgl. Abbildung 37 und Abbildung 38. Der starke Anstieg des spanischen Price-Rent Ratios steht dabei jedoch im Widerspruch zur in Kapitel 6.2.1 identifizierten Kointegrationsbeziehung.
[764] Vgl. Abbildung 47 und Abbildung 48.

Land	Haus- und Mietpreise	Hauspreise und Pro-Kopf-Einkommen	Haus- und Baupreise
AU	~	-	+
BE	+	~	n/a
CA	~	+	-
CH	~	~	n/a
DE	-	-	-
DK	+	+	~
ES	K	+	+
FI	+	+	n/a
FR	~	-	~
GB	~	+	~
IE	-	~	+
IT	~	-	~
JP	+	-	+
NL	+	+	n/a
NO	~	K	-
NZ	+	~	n/a
SE	-	~	-
US	-	+	~

Tabelle 40: Zusammenfassung der Ergebnisse des Testverfahrens nach Diba und Grossman (1988b)

Das Testverfahren nach Diba und Grossman (1988b) offenbart auf allen 18 betrachteten Wohnimmobilienmärkten Anzeichen für die Existenz von Preisblasen: Jeder einzelne Markt weist mindestens bei einer der drei durchgeführten Varianten den 1. (positive Preisblase), 2. (negative Preisblase) oder 3. (Hauspreise und Mieten besitzen den gleichen Integrationsgrad, sie sind jedoch nicht kointegriert) Fall auf. Bei einer simultanen Betrachtung aller drei Varianten ergibt sich jedoch nur für den deutschen Markt ein eindeutiges Ergebnis in Form einer negativen Preisblase.

Die Ergebnisse des Testverfahrens von Diba und Grossman (1988b) müssen jedoch sehr kritisch betrachtet werden. Dies wird an den folgenden Punkten deutlich:

- Dem Testverfahren von Diba und Grossman (1988b) liegt ein einfaches Modell zu Grunde: Den Hauspreisen wird lediglich eine einzige Erklärungsvariable (z. B. Mietpreise) gegenübergestellt. Um zu aussagekräftigen Ergebnissen zu ge-

6 Empirische Überprüfung von Wohnimmobilienmärkten auf Preisblasen

langen, sollte das Testverfahren – wie in dieser Arbeit für Mietpreise, Pro-Kopf-Einkommen und Baupreise – für mehrere Erklärungsvariablen durchgeführt werden.

- Mit dem Testverfahren kann lediglich eine Aussage darüber getroffen werden, ob im gesamten Betrachtungszeitraum Preisblasen aufgetreten sind. Es liefert keinen Hinweis, zu welchem Zeitpunkt sich Hauspreise und die jeweilige Erklärungsvariable so weit voneinander entfernt haben, dass Preisblasen entstanden sind. Des Weiteren liefert das Testverfahren keine Informationen, wie häufig im Untersuchungszeitraum Preisblasen auf dem betrachteten Markt aufgetreten sind.

- Bei Vorliegen des 3. Falls – Hauspreise und fundamentale Erklärungsvariable besitzen zwar den gleichen Integrationsgrad, jedoch keine Kointegrationsbeziehung miteinander – liefert das Testverfahren keine Information, ob sich eine positive oder eine negative Preisblase gebildet hat.

- Das Vorliegen des 3. Falls muss laut Mikhed und Zemcík (2009) nicht zwangsläufig die Existenz einer Preisblase bedeuten. Das Fehlen einer Kointegrationsbeziehung könnte auch ein Anzeichen dafür sein, dass Hauspreise und die jeweils betrachtete Erklärungsvariable einen längeren Zeitraum als den in der empirischen Untersuchung Betrachteten benötigen, um zum langfristigen Gleichgewichtspfad zurückzukehren.[765] Angesichts des langen Untersuchungszeitraums von 38 Jahren erscheint es jedoch als unwahrscheinlich, dass diese Interpretation für die hier untersuchten Beziehungen zwischen den Hauspreisen und deren fundamentalen Erklärungsfaktoren zutrifft. Anders verhält es sich jedoch bei denjenigen Erklärungsvariablen, die nicht über den gesamten Untersuchungszeitraum vorliegen. Hier ist nicht auszuschließen, dass das Vorliegen von Kointegrationsbeziehungen abgelehnt wird, da der Anpassungsprozess an das langfristige Gleichgewicht eine längere Zeitspanne in Anspruch nimmt, als der jeweilige Datensatz zur Verfügung steht.

- Die Ergebnisse des Testverfahrens reagieren sehr sensibel sowohl auf den Untersuchungszeitraum als auch auf die Frequenz der verwendeten Zeitreihen. Auf Grund der unterschiedlich langen Betrachtungszeiträume und Datenfrequenzen lassen sich die Ergebnisse der drei Varianten des Testverfahrens und der betrachteten 18 Wohnimmobilienmärkte nur bedingt miteinander vergleichen. Die hohe Sensibilität des Testverfahrens auf die jeweils zu Grunde liegende Datenbbasis ist eine wesentliche Ursache für die teilweise kontra-

---

[765] Vgl. Mikhed, V. und Zemcík, P. (2009), S. 367.

intuitiven bzw. widersprüchlichen Ergebnisse des Testverfahrens nach Diba und Grossman (1988b).

- Bei der Interpretation der Ergebnisse des Vergleichs der Haus- und Mietpreise muss berücksichtigt werden, dass der Unit-Root-Test bei Mietpreisen fehlerhafte Ergebnisse liefern kann, da sich die Mietpreise auf Grund der starken gesetzlichen Regelungen nicht frei durch das Aufeinandertreffen von Angebot und Nachfrage bilden können. Auf Grund der starken Mietpreisdämpfung kann es zum Zusammenbruch der Langfristbeziehung zwischen Haus- und Mietpreisen kommen, was beim Testverfahren nach Diba und Grossman (1988b) zum Ergebnis der Existenz von Preisblasen führt.[766]

- Ein letzter Kritikpunkt setzt an der Grundkonstruktion des Testverfahrens von Diba und Grossman (1988b) an. Das Testverfahren basiert auf der Idee einer langfristigen Gleichgewichts- bzw. Kointegrationsbeziehung zwischen den Hauspreisen und der jeweiligen fundamentalen Erklärungsvariablen. Wie aber Tabelle 10 und Tabelle 11 verdeutlichen, konnte dieser langfristige Gleichgewichtszustand in vielen empirischen Analysen von Wohnimmobilienmärkten nicht nachgewiesen werden. Dieser Umstand führte zu einer Diskussion, ob sich Hauspreise und Fundamentalfaktoren wirklich im Gleichschritt bewegen. Sollte diese grundlegende Annahme nicht gelten, würde das Testverfahren nach Diba und Grossman (1988b) auf einer falschen Annahme aufbauen.

Die hier aufgeführten zahlreichen Kritikpunkte zeigen, dass die Ergebnisse des Testverfahrens von Diba und Grossman (1988b) immer mit einer gewissen Unsicherheit verbunden sind. Deshalb dürfen die Ergebnisse nicht isoliert zur Überprüfung von Wohnimmobilienmärkten angewendet werden, sondern müssen zwingend durch weitere Ansätze ergänzt werden: „Given the margin of uncertainty, this evidence needs to be complemented by other approaches."[767]

Mittels der nun folgenden Kennzahlen- und Indikatorenanalyse kann die Fragestellung beantwortet werden, wann im Untersuchungszeitraum und speziell ob gegen Ende des Untersuchungszeitraums Preisblasen auf den Wohnimmobilienmärkten entstanden sind.

---

[766] „[I]n the unit-root testing method the rents are supposed to move freely without any restrictions. This is not completely true in reality as there are rent-controls in many [...] countries. [...] In many countries also the social sector in rental markets might be rather large, affecting therefore also to the average rental-levels appearing in data. This could lead to very susceptible indications of bubbles, while the relationship between the rents and prices would break down quite easily leading then to the indication of a bubble in our method." Taipalus, K. (2006), S. 12.
[767] Girouard, N. et al. (2006), S. 10.

6.3 Kennzahlenanalyse

Im Rahmen der Kennzahlenanalyse wird für jede Periode eine fundamentale Einflussgröße des Wohnimmobilienmarktes ins Verhältnis zu den Hauspreisen gesetzt und somit die Veränderung des Bewertungsniveaus im Zeitablauf zum Ausdruck gebracht. Dieses Vorgehen bietet gegenüber dem Testverfahren von Diba und Grossman (1988b) den Vorteil, dass nähere Informationen zum zeitlichen Verlauf und temporären Auftreten von Preisblasen auf Wohnimmobilienmärkten gewonnen werden.

Die Kennzahlenanalyse wird auf zwei unterschiedliche Arten durchgeführt:

- Die Entwicklung der einzelnen Kennzahlen wird zuerst mittels einer graphischen Darstellung analysiert. Zur Überprüfung, ob sich auf den einzelnen Wohnimmobilienmärkten Preisblasen gebildet haben, werden die Kennzahlen mittels ihres Durchschnitts über den Beobachtungszeitraum normiert. Bei dieser Darstellungsform wird ein Anstieg bzw. Rückgang der Kennzahlen als ein Abweichen vom Gleichgewichtszustand interpretiert, was ein Anzeichen für Preisblasen darstellt. Die graphische Analyse besitzt gegenüber dem Testverfahren nach Diba und Grossman (1998b) den Vorteil, dass ihre Ergebnisse nicht so sensibel auf die verwendete Datenbasis reagieren. Während bei der Stationaritäts-/Kointegrationsanalyse im Rahmen des Testverfahrens nach Diba und Grossman (1988b) kleine Veränderungen bzgl. Datenfrequenz oder Beobachtungszeitraum zu differierenden Ergebnissen führen können, erweist sich die graphische Analyse gegenüber derartigen Veränderungen als robuster.

- Des Weiteren werden die Kennzahlen mittels des ADF-Tests auf Stationarität getestet. Unter der Annahme, dass es sich bei den beiden Zeitreihen, die zur Berechnung einer Kennzahl herangezogen werden, um stationäre und stochastische Prozesse handelt, ist die Nichtstationarität einer Kennzahl ein Anzeichen für eine Preisblase auf dem untersuchten Markt.[768]

---

[768] Für eine mathematische Herleitung des Zusammenhangs siehe Taipalus, K. (2006), S. 17: „Therefore, if we can find a unit root in the log rent-price ratio, this is consistent with the existence of rational bubbles in asset prices." Für die Affordability und Tobins q wird lediglich eine graphische Analyse durchgeführt. Die Affordability schwankt auf Grund der Einbeziehung der Zinsentwicklung sehr stark, so dass aus theoretischer Sicht die Annahme der Stationarität der Affordability-Zeitreihen unplausibel erscheint. Für Tobins q unterbleibt die Analyse mittels des Stationaritätstests ebenfalls, da die Baupreise für die meisten Länder nur für sehr kurze Zeiträume zur Verfügung stehen und eine Stationaritätsanalyse daher nicht sinnvoll erscheint.

6.3.1 Price-Rent Ratio

Das Price-Rent Ratio basiert auf der Überlegung, dass sich der fundamentale Wert eines Vermögensguts aus seinen zukünftig erwarteten, diskontierten Zahlungsströmen ergibt und sich daher die Hauspreise langfristig im Gleichschritt mit den Mietpreisen entwickeln müssen.[769]

6.3.1.1 Graphische Analyse

Abbildung 35 bis Abbildung 38 enthalten die Price-Rent Ratios aller 18 Wohnimmobilienmärkte.[770] Die Ratios werden gebildet, indem die nominalen Hauspreisindizes durch die jeweiligen nationalen Mietpreisindizes für Wohnraum geteilt werden. Anschließend werden die Ratios durch ihren Mittelwert dividiert, um die Vergleichbarkeit der nationalen Preisentwicklungen zu verbessern.[771] Bei einem Wert von Eins entspricht das Price-Rent Ratio genau dem Durchschnitt über den gesamten Betrachtungszeitraum. Je weiter sich das Price-Rent Ratio vom Wert Eins entfernt, um so größer ist die Abweichung vom gleichgewichtigen Niveau. Bei dieser Herangehensweise wird jedoch die Tatsache ignoriert, dass das Price-Rent Ratio über die Zeit nicht zwingend konstant bleiben muss, sondern sich auf Grund anderer fundamentaler Faktoren ändern kann. Eine derartige Veränderung des fundamental gerechtfertigten Verhältnisses zwischen Haus- und Mietpreisen wird bei einer simplen Durchschnittsbetrachtung nicht berücksichtigt.

Die Price-Rent Ratios unterliegen teilweise starken Schwankungen und weisen gewisse Zyklen auf. Ein erster – einige Länder umfassender – Anstieg der Price-Rent Ratios ist Ende der 1970er Jahre festzustellen. Besonders hervorzuheben sind in diesem Fall die Niederlande, deren Price-Rent Ratio sich im Zeitraum von Q2 1974 bis Q2 1978 nahezu verdoppelt und damit den stärksten Anstieg in einem Vierjahreszeitraum aufweist.

---

[769] Vgl. Kapitel 5.6.1.
[770] Quelle: BIS (Berechnungen basierend auf nationalen Angaben, siehe Anhang I), Anhang II sowie eigene Berechnungen. Für neun der 18 untersuchten Länder (CA, CH, DE, FI, JP, NL, NZ, SE und US) liegen die Mietpreise für den gesamten Betrachtungszeitraum von 1970 bis 2007 vor. Die übrigen neun Länder weisen einen geringeren Verfügungszeitraum auf, wobei die belgischen Mietpreise mit 17 Jahren die wenigsten Beobachtungen aufweisen.
[771] Girouard, N. et al. (2006) wählen bei ihrer empirischen Analyse eine analoge Vorgehensweise.

6 Empirische Überprüfung von Wohnimmobilienmärkten auf Preisblasen 315

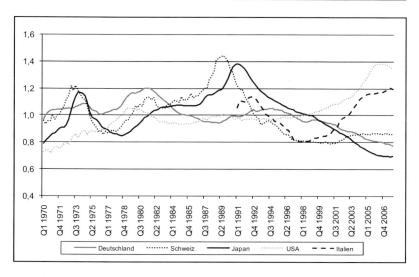

Abbildung 35: Entwicklung der Price-Rent Ratios (I)

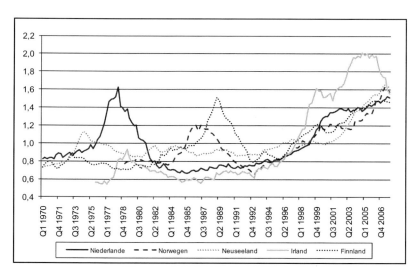

Abbildung 36: Entwicklung der Price-Rent Ratios (II)

316 6 Empirische Überprüfung von Wohnimmobilienmärkten auf Preisblasen

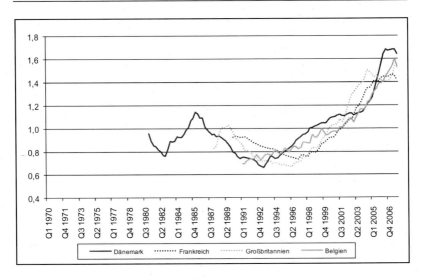

Abbildung 37: Entwicklung der Price-Rent Ratios (III)

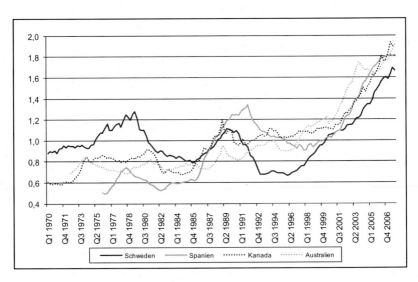

Abbildung 38: Entwicklung der Price-Rent Ratios (IV)

6 Empirische Überprüfung von Wohnimmobilienmärkten auf Preisblasen 317

Ein zweiter, länderübergreifender Anstieg der Price-Rent Ratios ist Ende der 1980er bzw. Anfang der 1990er Jahre festzustellen. Die einzigen Länder, die in diesem Zeitraum keine nennenswerten Veränderungen des Price-Rent Ratios aufweisen, sind Deutschland, Irland, Neuseeland die Niederlande und die USA. Der dritte und mit Abstand am deutlichsten ausgeprägte Zyklus ist schließlich der Mitte/Ende der 1990er Jahre einsetzende weltweite Hauspreisboom. Bis auf die drei Länder mit der geringsten Wertsteigerung im Betrachtungszeitraum (Deutschland, Japan und die Schweiz) und den Niederlanden erreicht das Price-Rent Ratio in allen anderen Ländern zum Ende des Betrachtungszeitraums einen Rekordwert. Dieser länderübergreifende, lang anhaltende Anstieg der Price-Rent Ratios ist somit ein Zeichen, dass die hier untersuchten Wohnimmobilienmärkte aus dem Gleichgewicht geraten sind und sich eine in dieser Form noch nie da gewesene Überbewertung gebildet hat.

Neben dem oben beschriebenen zyklischen Verhalten fällt besonders die Eigenschaft der Price-Rent Ratios auf, nach einem deutlichen Abweichen vom langfristigen Durchschnitt wieder zu diesem zurückzukehren. Beispiele hierfür sind im Besonderen die Niederlande (1974-1982), die Schweiz (1988-1994), Japan (1988-1998), Finnland (1986-1992), Norwegen (1984-1994), Schweden (1974-1982 und 1986-1994), Spanien (1986-1994) sowie Dänemark (1983-1993). Der sog. ‚Mean-Reversion-Effekt' ökonomischer Zeitreihen scheint bezogen auf das Price-Rent Ratio seine Gültigkeit zu besitzen. Der durchschnittliche Zyklus der Price-Rent Ratios beträgt damit in etwa 10 Jahre. Des Weiteren sind die Price-Rent Ratios in der Regel durch einen abrupten Umbruch von steigenden zu fallenden Ratios gekennzeichnet. Aus einer charttechnischen Sichtweise betrachtet weisen viele Price-Rent Ratios die typische Verlaufsform eines Boom-Bust-Zyklusses auf. Dieses volatile Verhaltensmuster verwundert, da Immobilienmärkte gemeinhin als träge angesehen werden und daher in der Regel keinen abrupten Veränderungen unterliegen.

Bei der Frage nach der Existenz von Preisblasen ist im Besonderen der Zeitraum vor und nach der Jahrtausendwende von großem Interesse. In diesem Betrachtungszeitraum lassen sich die untersuchten 18 Wohnimmobilienmärkte in drei Gruppen mit unterschiedlichen Wertentwicklungen des Price-Rent Ratios unterteilen. Deutschland, Japan und die Schweiz bilden die erste Gruppe. In diesen drei Ländern liegen die Price-Rent Ratios nach der Jahrtausendwende unter ihrem langfristigen Durchschnitt. Dieses Ergebnis verwundert nicht, da diese Länder die schlechteste Preisentwicklung aller untersuchten Wohnimmobilienmärkte aufweisen. Mit einem Wert von nur 0,7 in Q4 2007 weist der japanische Wohnimmobilienmarkt das geringste Price-Rent Ratio auf. Zusammen mit dem deutschen Markt, der einen Wert von 0,8 aufweiset, liefert das Price-Rent Ratio in beiden Ländern einen Hinweis auf eine mögliche Unterbewertung. Mit einem Wert von 0,9 befindet sich der schweizer Wohnimmobilienmarkt nahe an seinem langfristigen Durchschnitt.

Die zweite Gruppe – bestehend aus Italien und den USA – weist mit 1,2 bis 1,4 ein leicht über dem langfristigen Durchschnitt liegendes Price-Rent Ratio auf.

Alle weiteren Wohnimmobilienmärkte weisen in Q4 2007 ein Price-Rent Ratio von über 1,4 und damit ein im Vergleich zum langfristigen Durchschnitt hohes Bewertungsniveau auf. Mit einem Wert von über 1,8 liefern der spanische, kanadische und australische Wohnimmobilienmarkt kräftige Anzeichen für Preisblasen. Mit einem Wert von über Zwei im Zeitraum von Q4 2003 bis Q2 2006 weist der irische Wohnimmobilienmarkt das höchste Price-Rent Ratio aller betrachteten Märkte auf. Seit Q3 2006 fällt das irische Price-Rent Ratio jedoch ungewöhnlich stark, was noch einmal die These bestätigt, dass starke Abweichungen des Price-Rent Ratios vom langfristigen Trend in der Regel keinen langfristigen Bestand haben und somit als Vorbote einer (abrupten) Rückkehr zum langfristigen Gleichgewicht interpretiert werden können.

Die Betrachtung der Price-Rent Ratios zeigt, dass auf den meisten Märkten gegen Ende des Beobachtungszeitraums ein historisch einmalig hohes Bewertungsniveau erreicht worden ist und deshalb auf den meisten analysierten Wohnimmobilienmärkten ein beträchtlicher Anpassungsbedarf besteht. Eine Anpassung kann entweder über steigende Mieten, fallende Hauspreise oder eine Kombination aus beidem erfolgen. Der seit Ende 2007 auf den meisten betrachteten Wohnimmobilienmärkten tatsächlich einsetzende Preisrückgang[772] legt den Schluss nahe, dass der Anpassungsprozess dominat über eine Reaktion der Hauspreise erfolgt.

6.3.1.2 Stationaritätsanalyse

Die Ergebnisse des ADF-Tests der Price-Rent Ratios sind in Tabelle 41 abgebildet. Nur in Frankreich, Italien und Spanien kann die Nullhypothese einer Unit-Root in den Price-Rent Ratios verworfen werden, wobei jedoch in allen drei Ländern der signifikante Trend berücksichtigt werden muss, der wesentlich zur Stationarität der Price-Rent

---

[772] Vgl. Ball, M. (2009), S. 204 sowie Europäische Zentralbank (2010b), S. 69.

6 Empirische Überprüfung von Wohnimmobilienmärkten auf Preisblasen

Ratios beiträgt. Für alle anderen Wohnimmobilienmärkte sind die Price-Rent Ratios nicht stationär, was auf die Existenz von Preisblasen hindeutet. Dabei fällt jedoch auf, dass bei der Modellvariante ‚keine Konstante/Trend' die Koeffizienten von Deutschland, Japan und der Schweiz negativ und somit am ehesten stationär sind. Die Stationaritätsanalyse bestätigt im Großen und Ganzen die Ergebnisse der graphischen Analyse, die die Existenz von Preisblasen auf fast allen der 18 untersuchten Märkte anzeigt.

Index	Kein(e) Konstante/Trend	nur Konstante	Konstante und Trend
AU	3,02 [7]		
BE	2,95 [4]		
CA			-1,27 [8]
CH	-0,46 [5]		
DE	-0,89 [9]		
DK	1,41 [6]		
ES			-3,27 [7]**
FI	0,78 [5]		
FR			-3,54 [4]**
GB			-2,29 [9]
IE	0,24 [7]		
IT			-3,41 [9]*
JP	-0,62 [8]		
NL	0,31 [8]		
NO	0,82 [9]		
NZ	1,34 [6]		
SE	0,59 [9]		
US	1,59 [10]		

Tabelle 41: Ergebnisse des ADF-Tests auf Stationarität der Price-Rent Ratios[773]

Bei der Stationaritätsanalyse handelt es sich um ein sehr rudimentäres Testverfahren mit einigen Schwachstellen. So können mittels der Stationaritätsanalyse keine Aussagen

---

[773] Quelle: BIS (Berechnungen basierend auf nationalen Angaben, siehe Anhang I), Anhang II sowie eigene Berechnungen. ***, ** und * stellen die Ablehnung der Nullhypothese einer Unit-Root nach den Werten der Teststatistik von MacKinnon, J. (1996) auf dem 1 %-, 5 %- und 10 %-Signifikanzniveau dar. Die Klammern enthalten die optimale Lag-Länge. Die geeignete Modellspezifikation wird mit Hilfe des SIC ermittelt.

getroffen werden, zu welchen konkreten Zeitpunkten die Preisblasen auf den jeweiligen Märkten aufgetreten sind. Auch liegen für einige Länder wie z. B. Belgien lediglich relativ kurze Zeitreihen vor, was zu einer Einschränkung der Aussagekraft des ADF-Tests führt.

Die hier gewonnenen Ergebnisse decken sich mit den empirischen Analysen von Girouard et al. (2006) und Taipalus (2006), die Price-Rent Ratios von unterschiedlichen Wohnimmobilienmärkten auf ihre Stationaritätseigenschaften untersuchen und feststellen, dass die überwiegende Mehrzahl der Price-Rent Ratios nicht stationär ist.

6.3.2 Price-Income Ratio

Wie bei Miet- und Hauspreisen wird auch zwischen Einkommen und Hauspreisen eine langfristige Gleichgewichtsbeziehung postuliert. Ein lang andauerndes Abweichen des Price-Income Ratios von seinem langfristigen Durchschnitt kann somit als ein Anzeichen für eine Preisblase interpretiert werden.[774]

6.3.2.1 Graphische Analyse

Die Entwicklung der Price-Income Ratios ist in Abbildung 39 bis Abbildung 42 dargestellt.[775] Die Price-Rent Ratios liegen für alle Wohnimmobilienmärkte über den gesamten Betrachtungszeitraum in einer jährlichen Frequenz vor (38 Beobachtungen). Die Ratios werden gebildet, indem die nominalen Hauspreisindizes durch die jeweiligen nationalen Pro-Kopf-Einkommen geteilt werden. Anschließend werden die Ratios wiederum durch ihren Mittelwert dividiert, um die Vergleichbarkeit der nationalen Preisentwicklungen zu verbessern.

---

[774] Vgl. Kapitel 5.6.2.
[775] Quelle: BIS (Berechnungen basierend auf nationalen Angaben, siehe Anhang I), UN sowie eigene Berechnungen.

6 Empirische Überprüfung von Wohnimmobilienmärkten auf Preisblasen 321

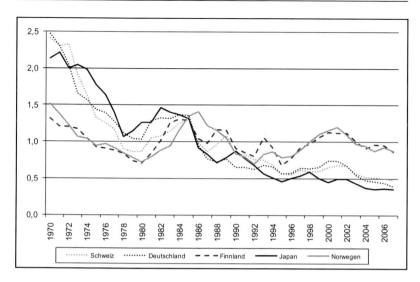

Abbildung 39: Entwicklung der Price-Income Ratios (I)

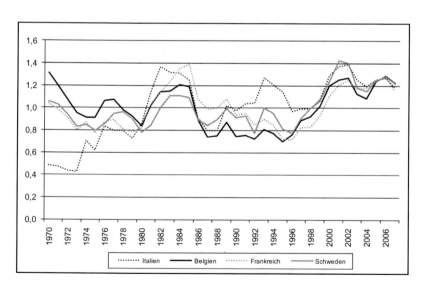

Abbildung 40: Entwicklung der Price-Income Ratios (II)

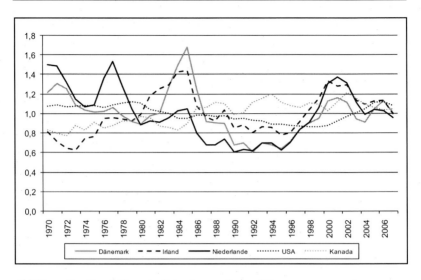

Abbildung 41: Entwicklung der Price-Income Ratios (III)

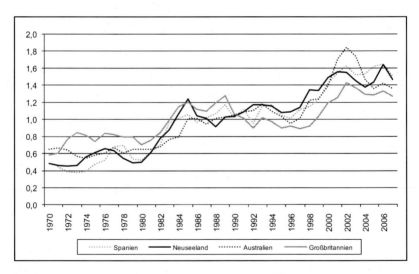

Abbildung 42: Entwicklung der Price-Income Ratios (IV)[776]

Die Price-Income Ratios weisen eine geringe Volatilität auf. Ausgeprägte Boom-Bust-Zyklen – wie sie z. B. viele Price-Rent Ratios aufweisen – sind bei den Price-Income

---

[776] Für Spanien beginnt der Untersuchungszeitraum 1971. Dies entspricht 37 Beobachtungen.

Ratios eher selten anzutreffen.[777] Lediglich zu Beginn der 1980er Jahre steigen die Price-Income Ratios länderübergreifend deutlich über den langfristigen Durchschnitt. Eine Ursache für die geringe Volatilität liegt in der geringeren Frequenz der Price-Income Ratios gegenüber den Price-Rent Ratios.

Die nationalen Wohnimmobilienmärkte lassen sich in drei Gruppen mit unterschiedlichen Entwicklungen der Price-Income Ratios einteilen. In der Gruppe der Länder mit einem im Betrachtungszeitraum stetig fallenden Price-Income Ratio befinden sich Deutschland, Japan und die Schweiz. Mit einem Wert von unter 0,5 weisen diese drei Länder auch den niedrigsten Wert am Ende des Betrachtungszeitraums auf. Dieser Verlauf der Price-Income Ratios lässt die Existenz einer negativen Preisblase auf allen drei Wohnimmobilienmärkten vermuten. Dabei ist jedoch zu berücksichtigen, dass sich der Rückgang des Price-Income Ratios in allen drei Ländern über den gesamten Betrachtungszeitraum erstreckt und somit nicht abrupt erfolgt.

Die meisten Wohnimmobilienmärkte (BE, CA, DK, FI, FR, IE, IT, NL, NO, SE und US) weisen im Betrachtungszeitraum ein relativ konstantes Price-Income Ratio auf. Abgesehen von einigen Ausreißern, bewegt sich dieses im einem Bereich von +/- 40 % um den langfristigen Durchschnitt. Zum Ende des Betrachtungszeitraums liegt die Abweichung bei unter 20 %.

Die restlichen Länder (AU, ES, GB und NZ) weisen im Betrachtungszeitraum ein relativ konstant ansteigendes Price-Income Ratio auf. Beginnend bei Werten von 0,4 bis 0,6 steigt das Price-Income Ratio – von wenigen, moderaten Rückgängen unterbrochen – in einen Wertebereich zwischen 1,3 und 1,5. Obwohl es sich hier um ein deutliches Abweichen vom langfristigen Durchschnitt handelt, tritt dieses doch nicht plötzlich auf, sondern ist vielmehr das Ergebnis eines konstanten, moderaten Anstiegs über den gesamten Betrachtungszeitraum. Damit unterscheidet sich die Wertentwicklung der Price-Income Ratios in einem entscheidenden Punkt von der Entwicklung der Price-Rent Ratios: Das Abweichen der meisten Price-Rent Ratios gegen Ende des Untersuchungszeitraums tritt abrupt auf und liefert eher ein Anzeichen für eine unnatürliche Entwicklung auf den Wohnimmobilienmärkten als der langanhaltende, moderate Anstieg der Price-Income Ratios von Australien, Großbritannien, Italien, Neuseeland und Spa-

---

[777] Ausnahmen bilden die Niederlande (1975-1981 und 1996-2004), Irland (1980-1989) sowie Dänemark (1982-1988).

nien, der auch einen durch die Veränderung des fundamentalen Umfeldes ausgelösten Anpassungsprozess darstellen könnte.

Im Vergleich zum Price-Rent Ratio liefert das Price-Income Ratio auf Grund seiner geringeren Volatilität weniger Anhaltspunkte für die Existenz von Preisblasen als das Price-Rent Ratio.

6.3.2.2 Stationaritätsanalyse

Die Ergebnisse des ADF-Tests der Price-Income Ratios befinden sich in Tabelle 42. Auf acht Märkten (CH, DE, DK, FR, IE, JP, NZ und SE) kann die Nullhypothese einer Unit-Root und damit die Existenz einer Preisblase verworfen werden. Die Stationaritätsanalyse bestätigt somit die Ergebnisse der graphischen Analyse im vorherigen Kapitel, welche auf Grund der geringeren Volatilität und der weniger stark ausgeprägten Abweichung vom langfristigen Gleichgewicht für viele Länder die Existenz von Preisblasen verneint.

Die Ergebnisse der Stationaritätsanalyse weichen jedoch stark von der empirischen Untersuchung von Girouard et al. (2006) ab, die ebenfalls 18 Wohnimmobilienmärkte mittels des ADF-Tests auf die Existenz von Preisblasen untersuchen. Dabei kommen die Autoren zu dem Ergebnis, dass auf allen untersuchten Märkten außer dem Finnischen Preisblasen im Beobachtungszeitraum von 1970 bis 2004 existieren. Die Unterschiede in den Ergebnissen beruhen vermutlich wesentlich auf der unterschiedlichen Frequenz der verwendeten Zeitreihen. Im Gegensatz zum in dieser Arbeit verwendeten Datensatz mit einer jährlichen Frequenz bedienen sich Girouard et al. (2006) Quartalsdaten, welche in der Regel eine höhere Volatilität aufweisen. Dies kann zu einer verstärkten Ablehnung der Stationarität der Price-Income Ratios führen. An diesem Beispiel zeigt sich zum wiederholten Mal, wie sensitiv die Ergebnisse der Testverfahren auf die jeweils verwendete Datenbasis reagieren.

Index	Kein(e) Konstante/Trend	nur Konstante	Konstante und Trend
AU			-2,41 [8]
BE	0,30 [10]		
CA			-2,52 [10]
CH			-4,75 [4]***
DE			-3,82 [1]**
DK		-3,09 [1]**	
ES			-2,81 [0]
FI	-0,90 [2]		
FR		-4,03 [9]***	
GB		-1,71 [0]	
IE		-4,81 [9]***	
IT		-2,02 [0]	
JP	-2,57 [10]**		
NL	-0,46 [9]		
NO	-0,92 [1]		
NZ			-3,96 [9]**
SE			-3,44 [1]*
US		-1,84 [1]	

Tabelle 42: Ergebnisse des ADF-Tests auf Stationarität der Price-Income Ratios[778]

6.3.3 Affordability

Die Affordability wird in der wirtschaftswissenschaftlichen Literatur sowohl dem Price-Rent Ratio als auch dem Price-Income Ratio gegenüber als überlegen angesehen, da sie die für den Wohnimmobilienmarkt zentrale Größe Zinssatz berücksichtigt und somit die Kosten von Wohneigentum nach herrschender Meinung realitätsnäher abbildet.

---

[778] Quelle: BIS (Berechnungen basierend auf nationalen Angaben, siehe Anhang I), Anhang II sowie eigene Berechnungen. ***, ** und * stellen die Ablehnung der Nullhypothese einer Unit-Root nach den Werten der Teststatistik von MacKinnon, J. (1996) auf dem 1 %-, 5 %- und 10 %-Signifikanzniveau dar. Die Klammern enthalten die optimale Lag-Länge. Die geeignete Modellspezifikation wird mit Hilfe des SIC ermittelt.

Die Affordability-Indizes der 18 Wohnimmobilienmärkte sind in Abbildung 43 bis Abbildung 46 dargestellt.[779] Eine Auflistung der zur Berechnung der nationalen Affordability-Indizes verwendeten Hypothekenzinssätze befindet sich in Anhang III. Die einzelnen Indexwerte ergeben sich aus dem Produkt von Hypothekenzinssatz und Hauspreisindex geteilt durch das Pro-Kopf-Einkommen.[780] Mit dieser Berechnungsmethodik können Aussagen über die Veränderung der Affordability im Zeitablauf getroffen werden, jedoch nicht über deren absolute Höhe.[781] Zur Verbesserung der Vergleichbarkeit werden die einzelnen Indexwerte der Affordability durch ihren Mittelwert geteilt.[782] Ein sinkender Affordability-Index bedeutet, dass es für die privaten Haushalte einfacher geworden ist, ein Haus zu erwerben. Dies kann auf ein gestiegenes Einkommen, gefallene Hypothekenzinsen oder rückläufige Hauspreise zurückzuführen sein. Ein steigender Affordability-Index zeigt einen Rückgang der Erschwinglichkeit und somit eine höhere finanzielle Belastung der privaten Haushalte bei einem Hauskauf an.

Nach den Abbildungen sind die Affordability-Indizes fast aller Wohnimmobilienmärkte – nach einer allgemeinen Hochphase Mitte der 1980er Jahre – im zweiten Teil des Untersuchungszeitraums tendenziell gefallen. Somit ist die Affordability ähnlich wie das Price-Rent Ratio durch einen gewissen länderübergreifenden Gleichlauf gekennzeichnet. Besonders Dänemark, Deutschland, Finnland, Japan, Norwegen und die Schweiz zeigen einen deutlichen Rückgang der Affordability-Indizes.

---

[779] Quelle: BIS (Berechnungen basierend auf nationalen Angaben, siehe Anhang I), UN, Anhang III sowie eigene Berechnungen.
[780] Finicelli, A. (2007) bedient sich in seiner empirischen Analyse des amerikanischen Wohnimmobilienmarktes derselben Methodik.
[781] Um eine Aussage über die absolute Höhe der Affordability machen zu können, muss bei der Berechnung der Affordabilty der durchschnittliche Preis für ein durchschnittliches freistehendes Einfamilienhaus eingesetzt werden. Da jedoch für fast alle der in dieser Arbeit untersuchten nationalen Märkte keine langen Zeitreihen über den absoluten Preis von freistehenden Einfamilienhäusern existieren, müssen bei der Berechnung der Affordability-Indizes die nominalen BIS-Hauspreisindizes verwendet werden.
[782] Für sechs der 18 untersuchten Länder (AU, BE, CA, CH, GB und NZ) liegen die Affordability-Indizes für den gesamten Betrachtungszeitraum von 1970 bis 2007 vor. Die übrigen Länder weisen einen geringeren Verfügungszeitraum auf, wobei der spanische Affordability-Index mit 13 Jahren die wenigsten Beobachtungen aufweist.

6 Empirische Überprüfung von Wohnimmobilienmärkten auf Preisblasen 327

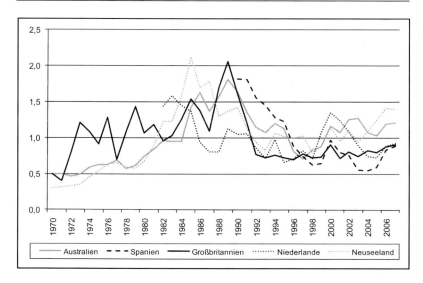

Abbildung 43: Entwicklung der Affordability (I)

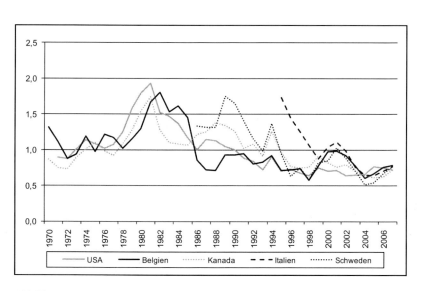

Abbildung 44: Entwicklung der Affordability (II)

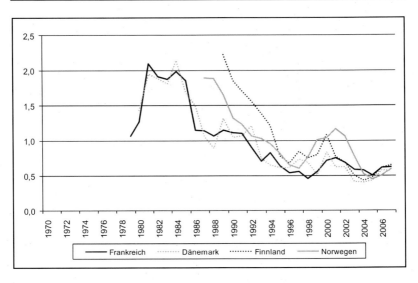

Abbildung 45: Entwicklung der Affordability (III)

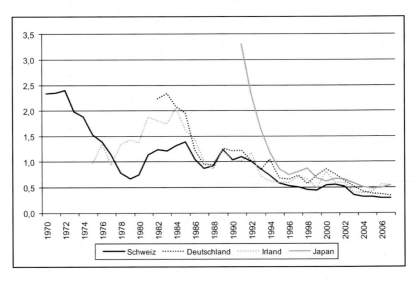

Abbildung 46: Entwicklung der Affordability (IV)

Den deutlichsten Rückgang verzeichnet der japanische Wohnimmobilienmarkt. Dies ist auf die außergewöhnliche Kombination aus extrem rückläufigen Hauspreisen und Hypothekenzinsen in Japan zurückzuführen. Im Zuge des Platzens der Aktien- und Immobilienblase Ende der 1980er Jahre entschied sich die japanische Zentralbank in den 1990er Jahren zur Einführung einer Nullzinspolitik, um die darniederliegende und in eine Rezession abgeglittene japanische Wirtschaft wiederzubeleben. Im Verlauf dieser Nullzinspolitik fielen auch die Hypothekenzinsen unter 2,5 % und damit auf das niedrigste absolute Niveau aller 18 Wohnimmobilienmärkte.[783]

Neuseeland und Australien sind die einzigen beiden Länder, deren Affordability-Indizes eine steigende Tendenz aufweisen und am Ende des Untersuchungszeitraums über dem langfristigen Durchschnitt liegen. Mit Werten von 1,2 für Australien sowie 1,4 für Neuseeland und unter Berücksichtigung der hohen Volatilität der Affordability liegen die Indizes jedoch nicht dramatisch über ihrem langfristigen Durchschnitt. Die Ursache für den Anstieg liegt in den im Vergleich zu den anderen Ländern überdurchschnittlich hohen Hypothekenzinssätzen. Mit 8,55 % in Australien und 10,55 % in Neuseeland weisen beide Länder in etwa doppelt so hohe Hypothekenzinssätze wie die übrigen Länder auf, was die Erschwinglichkeit von Wohnraum vermindert.

Von den drei bis jetzt in diesem Kapitel untersuchten Kennzahlen weist die Affordability die größte Volatilität auf. Dies liegt hauptsächlich in den starken Schwankungen der Hypothekenzinssätze begründet. Die höchste Volatilität der Zinssätze weisen Dänemark (Schwankungsbreite zwischen 19,5 % und 3,8 %), Spanien (Schwankungsbreite zwischen 16,7 % und 3,4 %) und Irland (Schwankungsbreite zwischen 16,3 % und 3,6 %) auf.

Nach der Affordability hat sich die finanzielle Belastung bei einem Hauskauf – abgesehen von Australien und Neuseeland – im Zeitablauf verringert. Der Rückgang der Affordability-Indizes resultiert im Wesentlichen aus dem weltweiten Rückgang des Zinsniveaus ab Mitte Ende der 1990er Jahre, in dessen Verlauf die Hypothekenzinsen in den meisten untersuchten Ländern ein historisches Tief erreichten. Das Fallen der Affordability-Indizes legt den Schluss nahe, dass der seit Mitte der 1990er Jahre andauernde Hauspreisboom durch den Rückgang der Hypothekenzinssätze überkompensiert

---

[783] Eine ähnliche – wenn auch nicht ganz so extreme – Entwicklung wie der japanische weisen auch der schweizer und der deutsche Wohnimmobilienmarkt auf. Auch auf diesen beiden Märkten führte eine Kombination aus fallenden Hauspreisen und Hypothekenzinssätzen zu einem starken Rückgang der Affordability-Indizes.

wurde und sich die Erschwinglichkeit von Wohnraum somit in den meisten der hier analysierten Länder verbessert hat.

Zusammenfassend betrachtet liefert die Affordability keine Anzeichen für die Existenz von Preisblasen auf den untersuchten Märkten. Der weltweite Hauspreisanstieg kann durch das niedrige Zinsniveau und die hieraus resultierende verbesserte Finanzierbarkeit von Wohnimmobilien fundamental erklärt werden. Auf diese Argumentation stützen sich viele empirische Studien, die zu dem Ergebnis kommen, dass der weltweite Hauspreisboom keine Preisblase, sondern durch das niedrige Zinsniveau fundamental gerechtfertigt ist.[784]

Die Argumentation ‚niedrige Zinsen rechtfertigen hohe Preise bei Wohnimmobilien' muss jedoch sehr kritisch betrachtet werden, da hier häufig nicht zwischen einem permanenten und einem vorrübergehenden Zinsrückgang unterschieden wird. Ito und Iwaisako (1995) geben zu bedenken, dass hohe Preise für Vermögensgüter auf Grund von niedrigen Zinsen nur dann gerechtfertigt sind, wenn es sich um einen permanenten Rückgang des Zinsniveaus handelt. „However, this argument is not correct [Anmerk. d. Verfassers: Damit ist hier die Argumentation ‚niedrige Zinsen rechtfertigen hohe Preise bei Wohnimmobilien' gemeint], unless all participants thought that the interest rate change in a ‚one-and-for-all' type change, that is, a permanent change to a new lower level from a higher level."[785] Eine Phase permanent niedriger Zinsen erscheint jedoch als extrem unwahrscheinlich, „[s]ince the interest rate goes up and down depending on the stage of business cycles [...]."[786] Dieser Argumentation folgend, ist bei einem zukünftigen Ansteigen der Zinsen mit rückläufigen Hauspreisen zu rechnen: „If the current low interest rates explain the surge in housing prices, then the housing market will plunge once interest rates return to more normal levels. The interest rate view, while almost certainly wrong for the reasons noted above, actually supports the argument that housing prices are experiencing an unsustainable bubble."[787]

---

[784] In diese Richtung argumentieren u. a. McCarthy, J. und Peach, R. (2004), S. 10: „Our econometric evidence thus confirms our previous analysis: The combination of the strong economic growth of the 1990s and the declines in interest rates is more than sufficient to explain the rise of home prices since the mid-1990s."
[785] Ito, T. und Iwaisako, T. (1995), S. 9.
[786] Ito, T. und Iwaisako, T. (1995), S. 9.
[787] Baker, D. (2002), S. 106.

6.3.4 Tobins q

Tobins q basiert auf der in Kapitel 5.6.5 ausführlich beschriebenen Theorie eines langfristigen Gleichgewichtszustandes zwischen den Preisen von Wohnimmobilien und deren Wiederherstellungskosten. Steigen die Preise von Wohnimmobilien stärker als die Wiederherstellungskosten, so können Investoren einen Gewinn erzielen, indem sie neue Wohnimmobilien zu den Wiederherstellungskosten erstellen und anschließend zu den (relativ höheren) Marktpreisen gewinnbringend verkaufen. Die Investition in neue Wohnimmobilien ist so lange vorteilhaft, bis sich Marktpreise und Wiederherstellungskosten wieder angeglichen haben.

In Abbildung 47 bis Abbildung 50 ist die Entwicklung der q-Werte dargestellt.[788] Die q-Werte werden ermittelt, indem die Preisindizes der nationalen Wohnimmobilienmärkte durch die jeweiligen Baupreisindizes geteilt wurden.[789] Die Verfügbarkeit der nationalen Baupreisindizes zur Abbildung der Preisentwicklung der Wiederherstellungskosten von Wohnraum ist jedoch beschränkt. Lediglich für fünf nationale Wohnimmobilienmärkte existieren Baupreisindizes über den gesamten Untersuchungszeitraum. Um eine repräsentative Aussage über die Entwicklung der Baupreise fällen zu können, wurden nur Länder in die folgende graphische Analyse übernommen, deren Baupreisindizes für einen Zeitraum von mindestens 10 Jahren zur Verfügung stehen. Daher werden die Wohnimmobilienmärkte von Belgien und der Schweiz in der folgenden Analyse nicht berücksichtigt.

Ähnlich wie die bereits in diesem Kapitel präsentierten Kennzahlen unterliegen auch die q-Werte der nationalen Wohnimmobilienmärkte teilweise deutlichen Veränderungen im Zeitablauf. Die vorangegangenen Abbildungen zeigen ein länderübergreifendes Ansteigen der q-Werte gegen Mitte/Ende der 1990er Jahre. Mit Werten von knapp unter zwei am Ende des Betrachtungszeitraums weisen Australien und Spanien die stärksten Abweichungen vom gleichgewichtigen Niveau auf. Aber auch Dänemark, Frankreich, Irland und Norwegen offenbaren mit Werten von über 1,4 ein deutliches Abweichen vom langfristigen Gleichgewichtsniveau. Ausnahmen bilden lediglich Japan und Deutschland, die beide gegen Ende des Betrachtungszeitraums einen Wert von unter Eins aufweisen.

---

[788] Quelle: BIS (Berechnungen basierend auf nationalen Angaben, siehe Anhang I), Anhang IV sowie eigene Berechnungen.
[789] Vgl. hierzu Kapitel 5.6.5.

332 6 Empirische Überprüfung von Wohnimmobilienmärkten auf Preisblasen

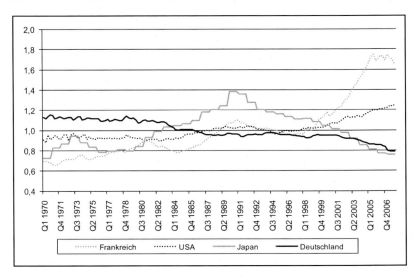

Abbildung 47: Entwicklung von Tobins q (I)[790]

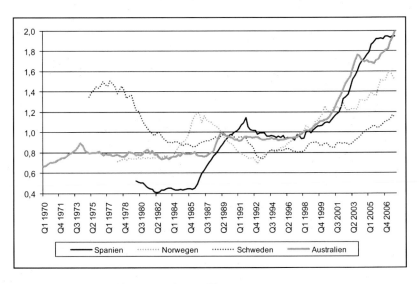

Abbildung 48: Entwicklung von Tobins q (II)

---

[790] Das japanische Tobins q basiert auf einer jährlichen Frequenz.

6 Empirische Überprüfung von Wohnimmobilienmärkten auf Preisblasen 333

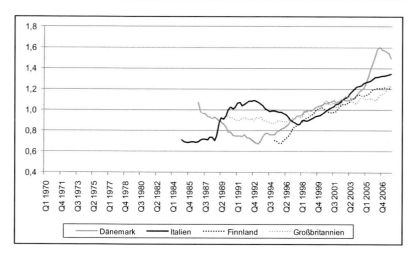

Abbildung 49: Entwicklung von Tobins q (III)

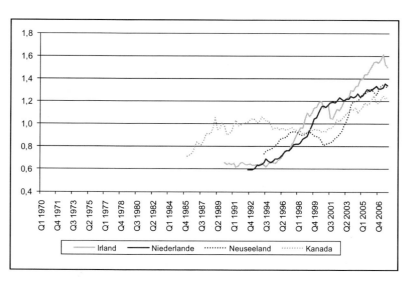

Abbildung 50: Entwicklung von Tobins q (IV)

Bei der Betrachtung derjenigen Länder, bei denen die Baupreisindizes über den gesamten Betrachtungszeitraum vorliegen (Abbildung 47), zeigt sich – ähnlich wie beim Price-Rent Ratio – der sog. ‚Mean-Reversion-Effekt': Die q-Werte schwanken in einer gewissen Bandbreite um den gleichgewichtigen Wert. Die Arbitragehandlungen der Investoren, die bei einem q-Wert von über Eins neue Immobilien zu den Wiederherstellungskosten erstellen und diese zu den (relativ) höheren Marktwerten gewinnbringend verkaufen, scheinen auf den Wohnimmobilienmärkten eine Rückkehr der q-Werte zu ihrem gleichgewichtigen Niveau zu bewirken. Erst gegen Ende des Betrachtungszeitraums treten signifikante Abweichungen vom langfristigen Durchschnitt auf. Bei denjenigen Ländern, die nicht über den gesamten Betrachtungszeitraum von 1970 bis 2007 vorliegen, ist der ‚Mean-Reversion-Effekt' nicht so stark ausgeprägt.

Zusammenfassend lässt sich der synchrone, länderübergreifende Anstieg der q-Werte am Ende des Betrachtungszeitraums als deutliches Anzeichen für die Existenz von positiven Preisblasen werten. Q-Werte über dem gleichgewichtigen Niveau signalisieren potenziellen Investoren, dass sich mittels des Neubaus und anschließenden Verkaufs von Wohnimmobilien Gewinne erzielen lassen. Dies führt zu einer Ausweitung des Angebots, was wiederum sinkende Preise für Bestandswohnimmobilien nach sich zieht. Es gibt folglich einen Mechanismus auf Wohnimmobilienmärkten, der dafür sorgt, dass Abweichungen der Marktpreise über bzw. unter die Wiederherstellungskosten keinen langfristigen Bestand haben können.

6.3.5 Zusammenfassende Betrachtung

Kennzahlen sind ein einfaches Verfahren zur Überprüfung von Wohnimmobilienmärkten auf Preisblasen. Um mit einer Kennzahlenanalyse zu aussagekräftigen Ergebnissen über das Bewertungsniveau von Wohnimmobilienmärkten zu gelangen, ist – analog der Vorgehensweise in dieser Arbeit – eine Analyse möglichst vieler, unterschiedlicher Kennzahlen notwendig. Da die Analyse der Wohnimmobilienmärkte mittels der vier zentralen Kennzahlen in einigen Märkten zu unterschiedlichen Ergebnissen bzgl. des Bewertungsniveaus gekommen ist, werden nun, um einen besseren Vergleich zu ermöglichen, zum Abschluss der Kennzahlenanalyse in Abbildung 51 für jeden nati-

6 Empirische Überprüfung von Wohnimmobilienmärkten auf Preisblasen   335

onalen Wohnimmobilienmarkt alle vier Kennzahlen[791] in einem einzigen Schaubild abgetragen.[792]

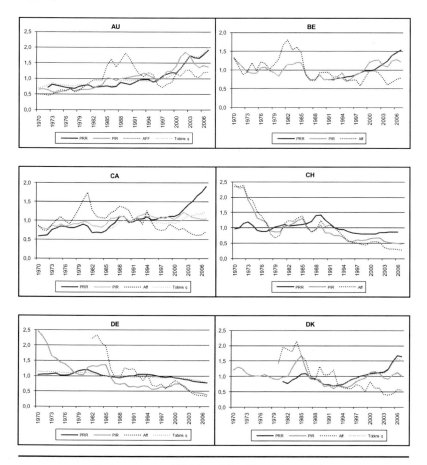

Fortsetzung von Abbildung 51 auf der nächsten Seite

---

[791] Price-Income Ratio = PIR, Price-Rent Ratio = PRR und Affordability = Aff.
[792] Um eine Darstellung der vier Kennzahlen in einem einzigen Diagramm zu ermöglichen, wurden aus technischen Gründen alle Kennzahlen auf eine jährliche Frequenz umgestellt. Auf Grund dieser Umstellung kommt es in Abbildung 51 im Vergleich zu den vorhergehenden Schaubildern teilweise zu Abweichungen bei den absoluten Werten.

336   6 Empirische Überprüfung von Wohnimmobilienmärkten auf Preisblasen

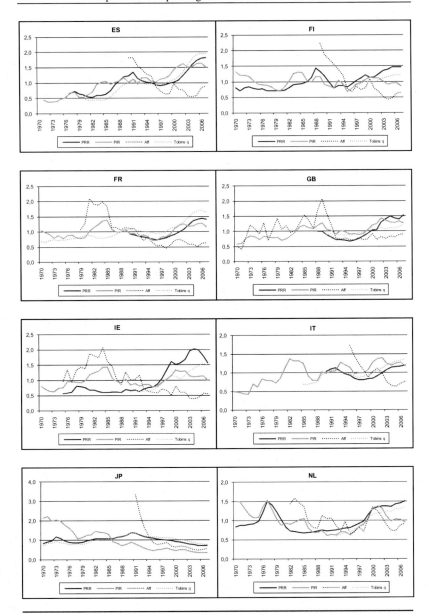

Fortsetzung von Abbildung 51 auf der nächsten Seite

6 Empirische Überprüfung von Wohnimmobilienmärkten auf Preisblasen 337

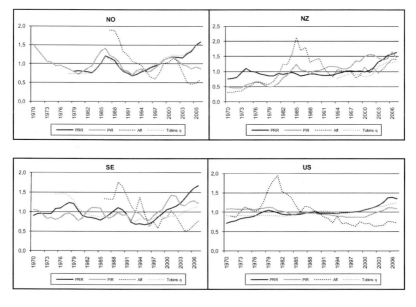

Abbildung 51: Zusammenfassung der Kennzahlenanalyse[793]

Die integrierte graphische Darstellung aller vier Kennzahlen verdeutlicht die ähnliche Entwicklung der Price-Rent Ratios, Price-Income Ratios und Tobins q. Lediglich die Affordability ist auf den meisten Märkten durch eine abweichende Wertentwicklung gekennzeichnet und weist stärkere Schwankungen als die übrigen Kennzahlen auf. Speziell in den 1980er Jahren sinkt die Affordability auf Grund des hohen Zinsniveaus.

Gegen Ende des Beobachtungszeitraums lassen sich drei Gruppen mit unterschiedlichen Entwicklungen des Bewertungsniveaus identifizieren. In Deutschland, Japan und der Schweiz liegen alle Kennzahlen unter ihrem langfristigen Durchschnitt. Damit wird deutlich, dass auf diesen drei Märkten keine Überbewertung besteht. Die Kennzahlen offenbaren vielmehr eine gewisse Unterbewertung, die auf ein potenzielles zukünftiges Hauspreiswachstum schließen lässt.

Ein konträres Bild offenbaren die Wohnimmobilienmärkte von Neuseeland und Australien. In diesen Ländern liegen gegen Ende des Betrachtungszeitraums alle vier Kennzahlen über ihrem langfristigen Durchschnitt.

---

[793] Quelle: BIS (Berechnungen basierend auf nationalen Angaben, siehe Anhang I), Anhang II, Anhang III, Anhang IV, UN sowie eigene Berechnungen.

Die dritte Gruppe umfasst alle übrigen Länder. Auf diesen Wohnimmobilienmärkten liegen das Price-Income Ratio, das Price-Rent Ratio und Tobins q über dem langfristigen Durchschnitt. Hierbei sticht besonders der spanische Wohnimmobilienmarkt hervor, der bei allen diesen drei Kennzahlen eine Abweichung von über 50 % über das langfristige Gleichgewichtsniveau aufweist. Die Affordability liegt hingegen in allen Ländern dieser Gruppe teilweise deutlich unter ihrem langfristigen Durchschnitt und suggeriert damit, dass Wohnimmobilien im langfristigen Vergleich erschwinglich und nicht überbewertet sind.

Zusammenfassend betrachtet hat seit Ende der 1990er Jahre ein vorher noch nie da gewesener synchroner, weltweiter Anstieg der Price-Rent Ratios, Price-Income Ratios und Tobins q stattgefunden. Diese Entwicklung sendet ein starkes Signal aus, dass auf den meisten Wohnimmobilienmärkten ein ungewöhnlich hohes Bewertungsniveau erreicht worden ist.

6.4 Indikatoren

Ergänzend zu den klassischen und direkten Testverfahren zur Überprüfung von Wohnimmobilienmärkten auf die Existenz von Preisblasen werden nun – die empirische Analyse abschließend – die 18 Wohnimmobilienmärkte mittels der in Kapitel 5.7 diskutierten Indikatoren auf mögliche Fehlbewertungen untersucht.

6.4.1 Inflation

Aufbauend auf der Überlegung, dass eine anziehende Konjunktur sowohl die Nachfrage nach Konsum- als auch nach Vermögensgütern steigert und die Individuen in Phasen hoher Inflationsraten verstärkt Realvermögensgüter wie Wohnimmobilien zur Absicherung gegen den realen Kaufkraftverlust erwerben, wird in der Wirtschaftswissenschaft ein enger Gleichlauf zwischen den Preisen für Wohnimmobilien und der Inflation abgeleitet.[794] Entfernen sich die Wachstumsraten beider Größen signifikant voneinander, so kann dies als Anzeichen für die Existenz von Preisblasen angesehen

---

[794] Vgl. Kapitel 5.7.1.

6 Empirische Überprüfung von Wohnimmobilienmärkten auf Preisblasen   339

werden: „[…] the gap between house price and general inflation appears to be an additional clear sign of fundamental misalignments […]."[795]

Abbildung 52 enthält die Entwicklung der Hauspreise und der Inflation aller 18 Wohnimmobilienmärkte.

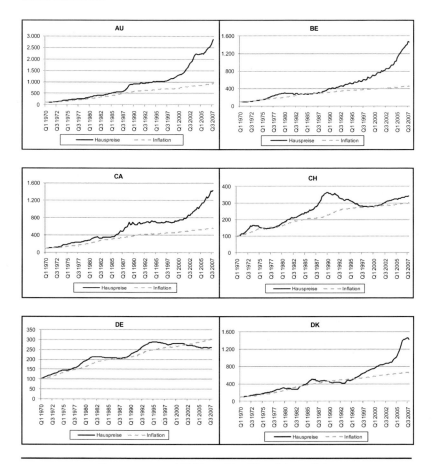

Fortsetzung von Abbildung 52 auf der nächsten Seite

---

[795] Belke, A. und Wiedmann, M. (2005), S. 279.

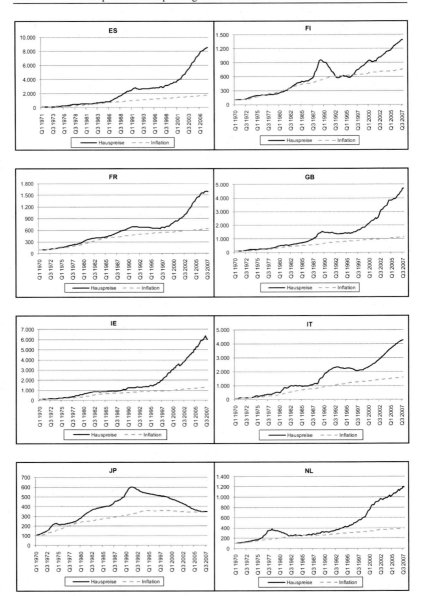

Fortsetzung von Abbildung 52 auf der nächsten Seite

6 Empirische Überprüfung von Wohnimmobilienmärkten auf Preisblasen   341

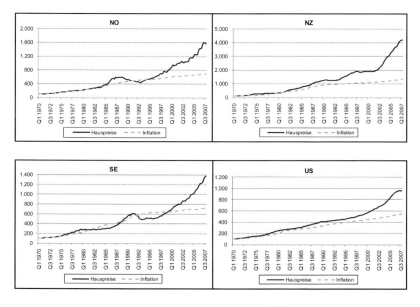

Abbildung 52: Entwicklung der Hauspreise und Inflation[796]

Abbildung 52 verdeutlicht, dass sich bis etwa Mitte/Ende der 1980er Jahre Inflation und Hauspreise auf nahezu allen untersuchten Märkten parallel entwickeln, wobei die Hauspreise eine leicht höhere Volatilität aufweisen. Abweichungen vom Gleichlauf wie z. B. in Belgien (1976-1982), Deutschland (1977-1982), Finnland (1984-1992), Italien (1980-1988), Japan (1972-1976), der Niederlande (1976-1981), Norwegen (1985-1991) oder der Schweiz (1971-1975) werden innerhalb weniger Jahre durch sinkende Hauspreise und steigende Verbraucherpreise wieder korrigiert. Der aus theoretischen Überlegungen ableitbare Gleichlauf besitzt im ersten Teil des Untersuchungszeitraums seine Gültigkeit.

Ab Anfang/Mitte der 1990er Jahre erhöhen sich die Wachstumsraten der Hauspreise in fast allen Ländern bis zum Ende des Untersuchungszeitraums deutlich, während die Inflation auf das niedrigste Niveau seit dem 2. Weltkrieg fällt. Einzige Ausnahme bilden wieder die drei Länder mit der im Beobachtungszeitraum geringsten Wertsteigerung Deutschland, Japan und die Schweiz. Diese drei Länder weisen Anfang/Mitte der 1990er Jahre ein starkes Abweichen der Hauspreise von der Inflationsrate auf – in Deutschland durch den Wiedervereinigungsboom und in Japan durch die Preisblase auf

---

[796] Quelle: BIS (Berechnungen basierend auf nationalen Angaben, siehe Anhang I), Anhang VI sowie eigene Berechnungen.

den Immobilien- und Aktienmärkten verursacht. In allen drei Ländern schließt sich die Lücke zwischen beiden Größen zum Ende des Betrachtungszeitraums jeweils durch einen (deutlichen) Rückgang der Hauspreise.

Die extremsten Abweichungen offenbaren der spanische und der irische Wohnimmobilienmarkt, deren Hauspreise in Q4 2007 in etwa das 4,8-fache der allgemeinen Preissteigerung im Betrachtungszeitraum betragen. Es folgen Großbritannien (4,1-fach), Belgien (3,2-fach) und Neuseeland (3,1-fach). Die enorme Lücke zwischen den Preisen für Wohnimmobilien und der allgemeinen Wertentwicklung ist ein Anzeichen für die Existenz von positiven Preisblasen.

Abbildung 52 legt den Schluss nahe, dass die allgemeine Preisentwicklung eine natürliche Untergrenze für die Preisentwicklung der Hauspreise bildet. Die Phasen, in denen die Entwicklung der Hauspreise unter die der allgemeinen Preisentwicklung fällt, – z. B. Dänemark (1981-1983 und 1990-1994), Finnland (1992-1996), Norwegen (1991-1994) sowie Schweden (1982-1987 und 1992-1998) – sind nur von kurzer Dauer und die Abweichungen nach unten betragen jeweils nur wenige Prozentpunkte. Eine Ausnahme bildet der deutsche Wohnimmobilienmarkt. Er ist der einzige Markt, auf dem die allgemeine Preissteigerung über einen längeren Zeitraum (2001-2007) deutlich über der Preisentwicklung von Wohnimmobilien liegt. Damit wird einmal mehr bestätigt, dass sich auf dem deutschen Wohnimmobilienmarkt im Zuge des Platzens der Immobilienblase nach dem Wiedervereinigungsboom eine negative Preisblase gebildet hat.

Die ab Mitte der 1990er Jahre in den meisten Märkten auftretende extreme Lücke zwischen den Preisen von Wohnimmobilien und dem allgemeinen Preisniveau ist eine neue Entwicklung, die noch einmal verdeutlicht, dass sich auf den meisten Wohnimmobilienmärkten seit Mitte der 1990er Jahre eine im Zeitablauf stetig steigende Überbewertung gebildet hat. Unter der Annahme, dass sich Hauspreise und die allgemeine Preisentwicklung langfristig wieder aneinander angleichen und beide Größen einen Beitrag zur Anpassung leisten – wie dies in der Vergangenheit häufig der Fall war –, offenbaren die meisten Wohnimmobilienmärkte einen (deutlichen) Anpassungsbedarf der Hauspreise nach unten. Dieser Logik folgend drohen speziell dem britischen, belgischen, irischen, neuseeländischen und spanischen Wohnimmobilienmarkt die kräftigsten Preisrückgänge.[797]

---

[797] Bei dieser Argumentation wird implizit die Neutralität anderer fundamentaler Faktoren unterstellt.

6.4.2 Zinsniveau

Auf Grund des in zahlreichen empirischen Analysen bestätigten negativen Zusammenhangs zwischen der Entwicklung des Zinsniveaus und den Hauspreisen werden Hypothekenzinssätze als eine zentrale Variable bei der Bestimmung des Bewertungsniveaus von Wohnimmobilienmärkten angesehen.[798] Ein Zinsrückgang senkt die Finanzierungskosten und erhöht damit die Nachfrage und den Preis von Wohnimmobilien. „Low interest rates in general, and together with them also low mortgage interest rates, are seen as a major determinant of increasing real estate prices."[799]

In Kapitel 6.3.3 wurde die Zinsentwicklung bereits bei der Berechnung der Affordability-Indizes berücksichtigt. Hier wurde deutlich, dass die gegen Ende des Beobachtungszeitraums auf den meisten Wohnimmobilienmärkten auf ein historisches Tief gefallenen Zinsen zu einem Rekordanstieg der Affordability führten. Dieser starke Einfluss der Zinssenkung auf die Affordability erklärt einen wesentlichen Teil des Hauspreisanstiegs.

Zur Überprüfung der Fragestellung, ob auf den analysierten 18 Wohnimmobilienmärkten tatsächlich ein negativer Zusammenhang zwischen den Preisen und der Zinsentwicklung zu beobachten ist und damit das niedrige Zinsniveau den weltweiten Hauspreisboom erklären kann, sind in Abbildung 53 die Wachstumsraten der Hauspreise sowie die Veränderung der Hypothekenzinssätze dargestellt.

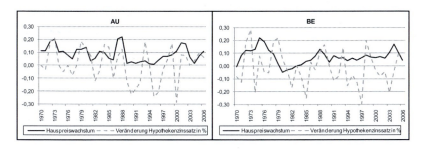

Fortsetzung von Abbildung 53 auf der nächsten Seite

---

[798] Vgl. hierzu Kapitel 5.7.2.
[799] Belke, A. und Wiedmann, M. (2005), S. 277.

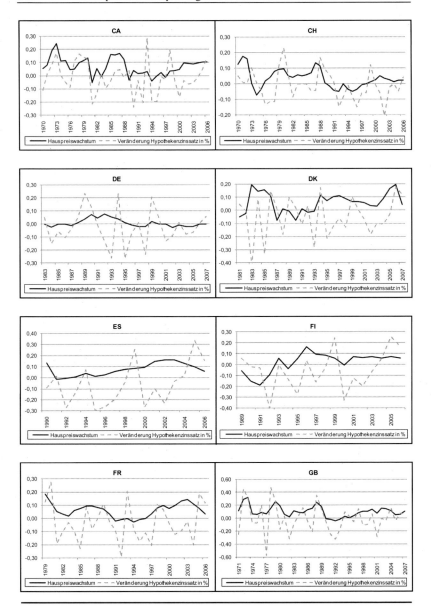

Fortsetzung von Abbildung 53 auf der nächsten Seite

6 Empirische Überprüfung von Wohnimmobilienmärkten auf Preisblasen 345

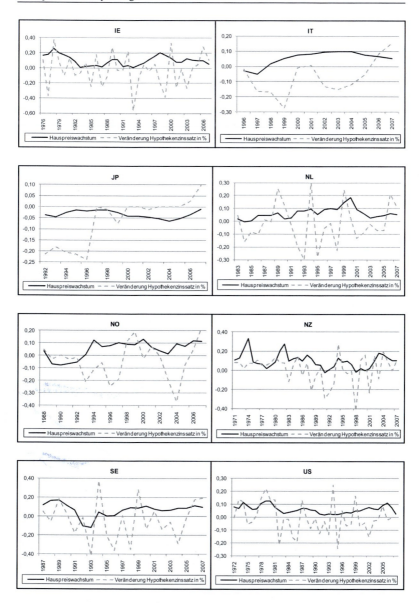

Abbildung 53: Hauspreiswachstum und Veränderung der Hypothekenzinssätze[800]

---

[800] Quelle: BIS (Berechnungen basierend auf nationalen Angaben, siehe Anhang I), Anhang III sowie eigene Berechnungen.

Die offensichtlichste Entwicklung in Abbildung 53 ist der in den 1990er Jahren weltweit einsetzende Rückgang der Hypothekenzinssätze. Dieser Rückgang setzt sich – nur durch eine kurze Phase der Zinserhöhung Ende der 1990er Jahre unterbrochen – bis ins neue Jahrtausend fort. Im Zuge der Bekämpfung der negativen Folgen des Platzens der ‚New Economy'-Blase erreichen die Hypothekenzinsen schließlich um die Jahre 2004/05 den tiefsten Stand nach dem 2. Weltkrieg. Im Zuge dieses lang anhaltenden Zinsrückgangs beschleunigt sich nach der Jahrtausendwende das Wachstum der Hauspreise in vielen der 18 analysierten Märkte – ohne jedoch die hohen Wachstumsraten der 1970er Jahre zu erreichen –, ehe es im Zuge der Zinserhöhungen gegen Ende des Beobachtungszeitraums wieder abflacht. Die einzigen beiden Länder, die gegen Ende des Beobachtungszeitraums trotz rückläufiger Hypothekenzinsen kein Wachstum der Hauspreise aufweisen können, sind Deutschland und Japan.

Bei der Betrachtung des gesamten Beobachtungszeitraums lässt sich der in der wirtschaftswissenschaftlichen Literatur häufig postulierte negative Zusammenhang zwischen Hauspreisen und Hypothekenzinsen aus Abbildung 53 nicht deutlich ablesen. Dies zeigt sich auch in den in Tabelle 43 dargestellten Korrelationen zwischen Hauspreisen und Hypothekenzinssätzen. Eine negative Korrelation ergibt sich nur für Dänemark, Japan und die Niederlande. Alle übrigen Länder weisen einen positiven Korrelationskoeffizienten auf. Mit Australien und Großbritannien weisen zwei Länder sogar einen Korrelationskoeffizienten von über 0,5 auf.

AU	0,530	BE	0,167	CA	0,453
CH	0,291	DE	0,257	DK	-0,133
ES	0,155	FI	0,219	FR	0,313
GB	0,585	IE	0,193	IT	0,101
JP	-0,182	NL	-0,177	NO	0,039
NZ	0,406	SE	0,406	US	0,447

Tabelle 43: Korrelationen von Hauspreiswachstum und Hypothekenzinsänderung[801]

Das nach der Jahrtausendwende in fast allen Märkten auf ein historisches Tief gefallene Zinsniveau erklärt einen großen Teil des weltweiten Hauspreisanstiegs. Dieser erscheint unter Berücksichtigung des historisch niedrigen Zinsniveaus fundamental erklärbar und liefert ein Argument gegen die weit verbreitete Ansicht, der länderübergreifende An-

---

[801] Quelle: BIS (Berechnungen basierend auf nationalen Angaben, siehe Anhang I), Anhang III sowie eigene Berechnungen.

stieg der Wohnimmobilienpreise sei fundamental nicht gerechtfertigt. Ausnahmen bilden lediglich der japanische Wohnimmobilienmarkt, auf dem die Hauspreise trotz der Nullzinspolitik der japanischen Zentralbank seit Anfang der 1990er Jahre weiter fallen, sowie der deutsche und schweizer Wohnimmobilienmarkt, die trotz der seit Mitte der 1990er Jahre fallenden Hypothekenzinssätze stagnierende Hauspreise aufweisen.

Bei der Betrachtung der Hypothekenzinssätze ist jedoch zu beachten, dass diese in fast allen untersuchten Ländern ab den Jahren 2003/04 wieder anziehen, was über die weiter oben beschriebene Wirkungskette zu fallenden Hauspreisen führen kann. Sollten im Zuge des Zinsanstiegs tatsächlich die Hauspreise fallen, handelt es sich dann jedoch nicht um eine Preisblase, da der Hauspreisrückgang auf den Zinsanstieg zurückzuführen ist und damit fundamental begründet werden kann.

6.4.3 Hypothekenkreditvolumen

In der wirtschaftswissenschaftlichen Literatur wird neben Inflation und Zinsen auch zwischen dem Hypothekenkreditvolumen und den Hauspreisen ein gewisser Gleichlauf postuliert.[802] Um diesen Zusammenhang zu verifizieren und herauszufinden, ob mittels des Hypothekenkreditvolumens Aussagen über die Preisentwicklung auf den Wohnimmobilienmärkten getroffen werden können, sind in Abbildung 54 die Veränderungsraten der Hauspreise sowie des ausstehenden Hypothekenkreditvolumens für wohnwirtschaftliche Zwecke dargestellt.

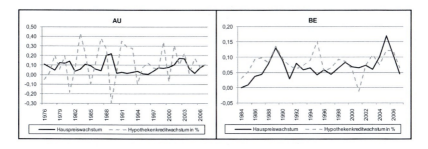

Fortsetzung von Abbildung 54 auf der nächsten Seite

---

[802] Vgl. Kapitel 5.7.3.

348 6 Empirische Überprüfung von Wohnimmobilienmärkten auf Preisblasen

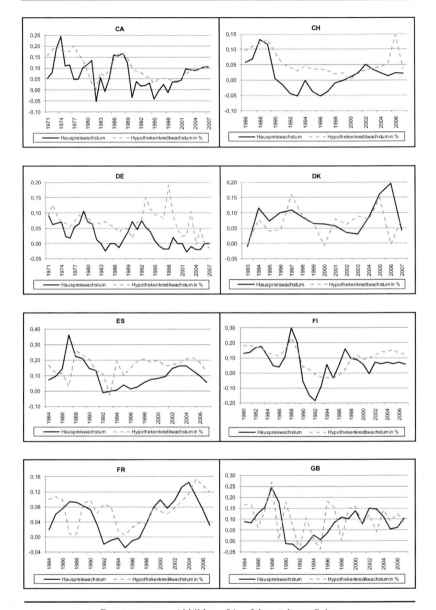

Fortsetzung von Abbildung 54 auf der nächsten Seite

6 Empirische Überprüfung von Wohnimmobilienmärkten auf Preisblasen 349

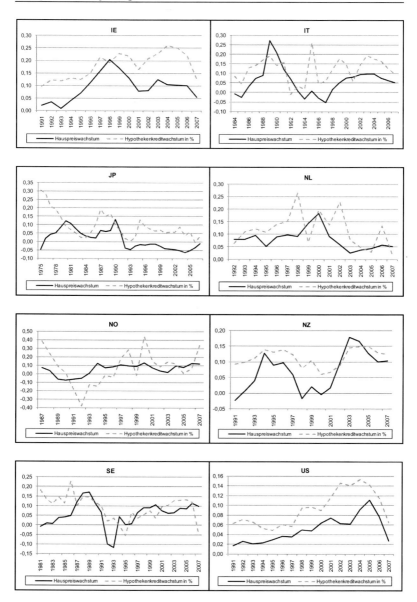

Abbildung 54: Hauspreise und Hypothekenkreditwachstum[803]

---

[803] Quelle: BIS (Berechnungen basierend auf nationalen Angaben, siehe Anhang I), Anhang VII sowie eigene Berechnungen.

Abbildung 54 verdeutlicht, dass das Hypothekenkreditvolumen in den untersuchten 18 Märkten in der Regel jedes Jahr zunimmt. Phasen rückläufiger Hypothekenkreditvergabe halten in der Regel nur über einen Zeitraum von einem Jahr an. Ausnahmen bilden die skandinavischen Märkte Finnland (1992-1996), Norwegen (1991-1996) und Schweden (1994/95), die jeweils Rückgänge des Hypothekenkreditvolumens von mehr als einem Jahr aufweisen. Des Weiteren verdeutlicht Abbildung 54, dass es keine länderübergreifenden Zyklen bzgl. der Wachstumsraten des Hypothekenvolumens gibt. Dieses entwickelt sich in allen 18 analysierten Märkten unterschiedlich.

Eine weitere Erkenntnis aus Abbildung 54 ist, dass die Wachstumsraten der Hauspreise in der Regel unter denen des Hypothekenkreditvolumens liegen, jedoch nicht wesentlich von diesem abweichen. In den wenigen Fällen, in denen beide Wachstumsraten deutlich voneinander abweichen, wird diese Abweichung in wenigen Jahren wieder abgebaut (vgl. z. B. Deutschland 1992-2000, Irland 2000-2007, Japan 1975-1980, Niederlande 1996-1998 oder USA 2000-2005). Hierbei lässt sich jedoch kein eindeutiges Schema erkennen, ob sich das Hauspreiswachstum an das Hypothekenwachstum anpasst oder umgekehrt bzw. ob beide Variablen einen Beitrag zur Anpassung leisten.

Für viele Länder bestätigt Abbildung 54 den Gleichlauf von Hauspreisen und Hypothekenkreditvergabe. Speziell in Finnland, Irland, Kanada, Neuseeland, der Schweiz sowie den USA ist der Gleichlauf gut zu erkennen. Diese Länder weisen auch einen Korrelationskoeffizienten von über 0,5 zwischen den Wachstumsraten der Hauspreise und des Hypothekenkreditvolumens auf (Vgl. Tabelle 44).

AU	-0,286	BE	0,453	CA	0,641
CH	0,641	DE	0,244	DK	0,206
ES	0,113	FI	0,712	FR	0,390
GB	0,357	IE	0,705	IT	0,485
JP	0,251	NL	0,397	NO	0,485
NZ	0,842	SE	0,253	US	0,872

Tabelle 44: Korrelationen von Hauspreis- und Hypothekenkreditwachstum[804]

---

[804] Quelle: BIS (Berechnungen basierend auf nationalen Angaben, siehe Anhang I), Anhang VII sowie eigene Berechnungen.

Kein bzw. nur ein geringer Zusammenhang zwischen beiden Variablen besteht in Australien – was sich im leicht negativen Korrelationskoeffizienten zeigt – sowie Dänemark, Deutschland, Japan, Schweden und Spanien (Korrelationskoeffizienten unter 0,3).

Eine interessante Fragestellung beim Vergleich von Hauspreisen und Hypothekenkreditvolumen ist die Analyse des zeitlichen Verlaufs beider Variablen und hier im Speziellen, ob das Hypothekenkreditvolumen der Hauspreisentwicklung vorausläuft und somit als Indikator für die Entwicklung der Hauspreise verwendet werden kann. Dabei ist im Besonderen die Fragestellung von Interesse, ob Hauspreisrückgänge durch ein bestimmtes Verlaufsmuster des Hypothekenkreditvolumens im Vorhinein angezeigt werden. Zahlreiche Preisrückgänge auf den Wohnimmobilienmärkten werden tatsächlich durch einen zeitlich vorgelagerten Wachstumsrückgang des Hypothekenkreditvolumens ,angezeigt' – vgl. Kanada 1982 und 1995/96, die Schweiz 1991-1999, Finnland 1990-93, Italien 1994-1997, Japan 1992-2007, Norwegen 1989-1992 sowie Schweden 1992/93.[805] Jedoch schwankt der Zeitraum zwischen dem Einsetzen des Wachstumsrückgangs beim Hypothekenkreditvolumen und dem Beginn des folgenden Hauspreisrückgangs in den einzelnen nationalen Wohnimmobilienmärkten zwischen zwei und fünf Jahren, so dass hier keine allgemeine Gesetzmäßigkeit abgelesen werden kann.

Die Analyse des Hypothekenkreditvolumens in Abbildung 54 offenbart auf den meisten analysierten Wohnimmobilienmärkten nur geringe Abweichungen zwischen den Wachstumsraten der Hauspreise und des Hypothekenkreditvolumens und bestätigt somit den in der wirtschaftswissenschaftlichen Literatur postulierten engen Gleichlauf beider Variablen. Somit lassen sich für die meisten Wohnimmobilienmärkte keine Ungleichgewichte erkennen. Einige Länder weisen jedoch gegen Ende des Beobachtungszeitraums ein beschleunigtes Wachstum des Hypothekenkreditvolumens auf, dessen Höhepunkt im Zeitraum 2004/05 erreicht wird. Hierzu zählen Frankreich, Irland und die USA. Unter Berücksichtigung der Erkenntnis, dass eine Zunahme des Kreditvolumens eine häufige Begleiterscheinung von Preisblasen auf den Märkten für Vermögensgüter ist,[806] kann dieses beschleunigte Wachstum als ein Anzeichen für die Existenz einer Preisblase in diesen drei Ländern gedeutet werden.

---

[805] In Deutschland (1984-1987), Frankreich (1992-1997) und Großbritannien (1990-1993) geht den Preisrückgängen auf den Wohnimmobilienmärkten jedoch kein Rückgang des Hypothekenkreditwachstums voraus.
[806] Vgl. hierzu Kapitel 5.7.3.

6.4.4 Wohnungsneubau

Zum Abschluss der Analyse der Wohnimmobilienmärkte mittels Indikatoren ist in Abbildung 55 bis Abbildung 58 die Entwicklung der absoluten Anzahl an neu errichteten Wohneinheiten im Verhältnis zum Gesamtbestand an Wohneinheiten für alle 18 untersuchten Wohnimmobilienmärkte im Zeitraum von 1990 bis 2007 dargestellt.[807]

Die Abbildungen zeigen in fast allen untersuchten Märkten geringe Schwankungen beim Anteil der neu errichteten Wohneinheiten am Gesamtbestand. Der Wohnungsneubau präsentiert sich somit als eine träge Variable, die nur sehr langsam auf wohnimmobilienwirtschaftliche und demographische Veränderungen reagiert. Lediglich auf dem neuseeländischen Markt lassen sich nennenswerte Schwankungen zwischen den einzelnen Jahren erkennen.

In den meisten Wohnimmobilienmärkten erreicht der Wohnungsneubau einen Anteil von ein bis zwei Prozent am Gesamtbestand. Dieser Wert entspricht der häufig getroffenen Annahme, dass bei einer Nutzungsdauer von 50 Jahren zwei Prozent des Wohnungsbestandes jedes Jahr erneuert werden müssen (,natürliche Fluktuation'). Im gesamten Betrachtungszeitraum liegt der Quotient nur in drei Ländern für einen längeren Zeitraum über der Rate der ‚natürlichen Fluktuation': in Japan mit einer fallenden, in Spanien und Irland mit einer steigenden Tendenz. Damit zeigen sich in Japan auch bei der Betrachtung des Neubauvolumens die Auswirkungen der Immobilienblase Ende der 1980er/Anfang der 1990er Jahre. Im Zuge des Platzens der Preisblase auf dem Wohnimmobilienmarkt sinkt im Zeitraum von 1990 bis 1998 der Anteil des Wohnungsneubaus von fünf auf deutlich unter drei Prozent ab. Eine entgegengesetzte Entwicklung weisen der spanische und speziell der irische Wohnimmobilienmarkt auf. Hier steigt der Neubauanteil am Gesamtbestand nahezu über den gesamten Beobachtungszeitraum konstant an und erreicht gegen Ende des Beobachtungszeitraums mit fünf (Irland) bzw. zweieinhalb (Spanien) Prozent Werte, die über der natürlichen Fluktuation liegen.

---

[807] Quelle: Anhang V und VIII. Einige Zeitreihen sind lückenhaft.

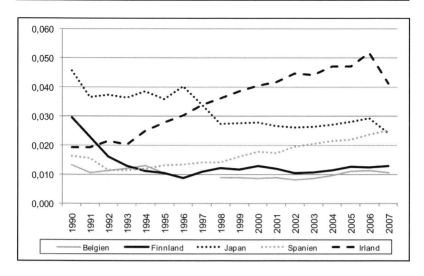

Abbildung 55: Neu errichtete Wohneinheiten im Verhältnis zum Gesamtbestand (I)[808]

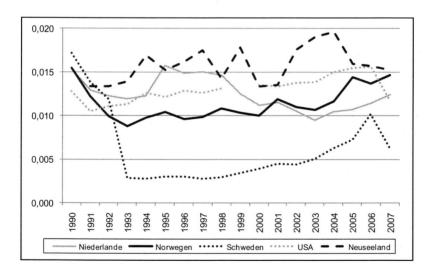

Abbildung 56: Neu errichtete Wohneinheiten im Verhältnis zum Gesamtbestand (II)

---

[808] Für Japan und Kanada liegen die Zeitreihen für den Gesamtbestand an Wohneinheiten teilweise nur in Fünfjahresschritten vor.

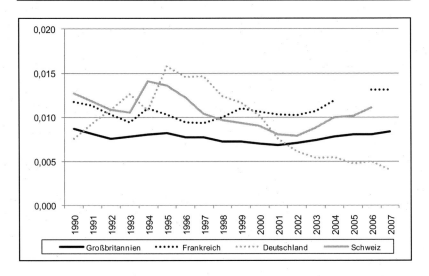

Abbildung 57: Neu errichtete Wohneinheiten im Verhältnis zum Gesamtbestand (III)

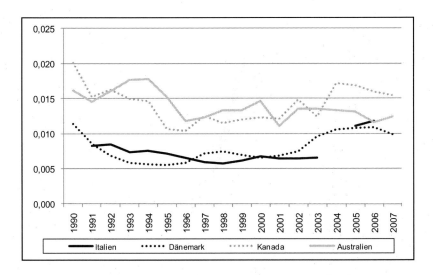

Abbildung 58: Neu errichtete Wohneinheiten im Verhältnis zum Gesamtbestand (IV)

Sehr deutlich spiegelt sich der Ablauf der Preisblase Anfang/Mitte der 1990er Jahre auf dem deutschen Wohnimmobilienmarkt wider (Abbildung 57). Angetrieben durch diverse Steuervergünstigungen und den festen Glauben an eine schnelle wirtschaftliche Angleichung des Ostens an den Westen steigt der Anteil der neu errichteten Wohneinheiten im Zuge des Wiedervereinigungsbooms von 0,8 % im Jahr 1990 auf über 1,6 % im Jahr 1995 an. Mit dem Abbau der Fördermaßnahmen und der sich immer mehr durchsetzenden Erkenntnis, dass sich die wirtschaftliche Angleichung der beiden Teile Deutschlands deutlich länger hinziehen wird als ursprünglich angenommen, sinkt der Anteil der Neubauten – im Gleichschritt mit den Preisen für Wohnimmobilien – im Jahr 2007 auf nur noch 0,4 % – der mit Abstand niedrigste Wert am Ende des Untersuchungszeitraums in allen 18 untersuchten Ländern.

Den deutlichsten temporären Rückgang des Anteils des Wohnungsneubaus weist der schwedische Wohnimmobilienmarkt auf. Im Zeitraum von 1990 bis 1993 sinkt der Anteil von 1,7 auf 0,3 % (Abbildung 56). Dieser Rückgang ist im Wesentlichen auf die schwedische Steuerreform der Jahre 1990/91 zurückzuführen, in deren Verlauf die Senkung der Einkommensteuersätze durch eine Anhebung der Mehrwertsteuersätze für den Bau und die Betriebskosten von Wohnimmobilien auf den höchsten Satz von damals 25 % gegenfinanziert wurde.[809] „Als Folge dessen stiegen die Wohnkosten von 1989 bis 1991 in festen Preisen um durchschnittlich etwa 20 %."[810] Diese einseitige, starke Belastung des Wohnungsbausektors reduzierte die Attraktivität eines Investments in Wohnimmobilien und war somit hauptverantwortlich für den drastischen Rückgang des Anteils an Neubauwohnungen am Gesamtbestand. An diesem Beispiel wird deutlich, welchen enormen Einfluss die Steuergesetzgebung auf die Wohnungswirtschaft hat und wie negativ sich eine einseitige Belastung der Wohnungswirtschaft auf den Neubau auswirken kann.

In Kapitel 5.7.4 wurde eine übertriebene Ausweitung des Neubauvolumens als ein Anzeichen für eine spekulative Übertreibung dargestellt, da im Zuge eines exzessiv ansteigenden Wohnungsneubaus eine zukünftige Ausweitung des Angebots und damit sinkende Hauspreise zu erwarten sind. Wenn nun Investoren die aus dem steigenden Neubauvolumen resultierenden, zukünftig zu erwartenden Preisrückgänge ignorieren und von stetig weiter steigenden Preisen ausgehen, besteht die Gefahr eines sich aufbauenden Wohnungsüberhangs und daraus resultierender steigender Leerstandsraten und fallender Hauspreise.

---

[809] Vgl. Schwedisches Institut (2001), S. 1.
[810] Schwedisches Institut (2001), S. 1.

Vor dem Hintergrund dieser Überlegung liefert die Betrachtung des Wohnungsneubauvolumens in diesem Kapitel keine Anzeichen dafür, dass sich auf den nationalen Wohnimmobilienmärkten eine länderübergreifende Überbewertung gebildet hat. Der Anteil des Wohnungsneubaus am Gesamtbestand an Wohneinheiten liegt in den meisten analysierten Ländern auf einem niedrigen Niveau zwischen ein und zwei Prozent, was in etwa der ‚natürlichen Fluktuation' entspricht und kein Anzeichen für eine Übertreibung liefert. Auch lässt sich in den Abbildungen kein systematisch steigender Anteil des Wohnungsneubaus gegen Ende des Beobachtungszeitraums erkennen. Ausnahmen bilden – wie bereits erläutert – der spanische sowie der irische Wohnimmobilienmarkt, deren Anteile des Wohnungsneubaus am Gesamtbestand über den gesamten Beobachtungszeitraum ansteigen und gegen Ende deutlich über der natürlichen Fluktuation von zwei Prozent liegen, was auf einen zukünftigen Wohnugsüberhang mit fallenden Hauspreisen hindeutet. Eine andere Ausnahme bildet der deutsche Wohnimmobilienmarkt, dessen Anteil an neu errichteten Wohnungen gegen Ende des Untersuchungszeitraums mit 0,4 % den niedrigsten Wert aller betrachteten Länder annimmt. Dieser deutlich unter der ‚natürlichen Fluktuation' liegende Wert ist ein Anzeichen für ein zu geringes Angebot an neuem Wohnraum, was zukünftige Preissteigerungen erwarten lässt und auf eine aktuelle Unterbewertung hinweist.

Der Indikator Neubauvolumen zur Analyse der Preisentwicklung auf Wohnimmobilienmärken muss jedoch sehr vorsichtig interpretiert werden, da Veränderungen des Neubauvolumens nicht zwangsläufig ein Anzeichen für Fehlbewertungen darstellen, sondern auch durch ‚natürliche' Nachfrageveränderungen und damit fundamentale Faktoren hervorgerufen werden. Hier ist eine sorgsame Unterscheidung durchzuführen, um nicht zu verfälschten Ergebnissen zu gelangen.

6.5 Auswertung der Testergebnisse

Nach der empirischen Analyse in diesem Kapitel weisen alle 18 untersuchten Wohnimmobilienmärkte Preisblasen – im Sinne der in dieser Arbeit verwendeten Definition als Abweichen des Marktpreises vom fundamentalen Wert – auf. Dies hat speziell das Testverfahren nach Diba und Grossman (1988b) ergeben, welches das Vorliegen einer Kointegrationsbeziehung zwischen Hauspreisen und deren fundamentalen Erklärungsvariablen auf den analysierten Märkten ablehnt und damit die Existenz von Preisblasen

6 Empirische Überprüfung von Wohnimmobilienmärkten auf Preisblasen

anzeigt.[811] Dieses Verfahren liefert jedoch keine Angaben zum zeitlichen Auftreten der Preisblasen sowie zur Fragestellung, wann Preisblasen platzen. Damit liefert es keine Informationen zur zentralen Fragestellung, ob gegen Ende des Betrachtungszeitraums verstärkt Preisblasen auf den weltweiten Wohnimmobilienmärkten aufgetreten sind. Zur Beantwortung dieser Fragestellung müssen Kennzahlen und Indikatoren herangezogen werden. Im Folgenden wird daher eine den empirischen Teil abschließende Auswertung dieser beiden Testverfahren durchgeführt. Die Interpretation der Ergebnisse der Kennzahlen- und Indikatorenanalyse erweist sich als schwieriges Unterfangen. Das Hauptproblem besteht darin, sinnvolle bzw. objektive Kriterien festzulegen, mittels derer die Testergebnisse ausgewertet und interpretiert werden können.

Im Folgenden wird für die Kennzahlen die in der wirtschaftswissenschaftlichen Literatur dominante Vorgehensweise übernommen, das Bewertungsniveau von Wohnimmobilienmärkten mittels der prozentualen Abweichungen der Kennzahlen von ihrem langfristigen Durchschnitt zu ermitteln.[812] Dieser Ansatz ist – wie bereits mehrfach erwähnt – keine optimale Lösung zur Bestimmung des Bewertungsniveaus. Zum einen spiegelt der Durchschnitt über den Betrachtungszeitraum nicht immer das fundamental angemessene Bewertungsniveau wider, da sich dieses im Zeitablauf verändern kann, und zum anderen erfolgt die konkrete Festlegung der Höhe der prozentualen Abweichungen nicht objektiv und ist somit subjektiven Einflüssen unterworfen.

Die folgenden beiden Tabellen enthalten die prozentuale Abweichung der vier Kennzahlen von ihrem langfristigen Durchschnitt zum Ende des Betrachtungszeitraums (Q4 2007). Zur besseren Veranschaulichung und Interpretation der Ergebnisse enthalten die Tabellen zusätzlich die prozentuale Abweichung des Höchststandes im gesamten Betrachtungszeitraum vom langfristigen Durchschnitt und die prozentuale Abweichung des aktuellen Kurses vom Tiefstand des gesamten Betrachtungszeitraums.

---

[811] Ausnahmen bilden Spanien (Haus- und Mietpreise) sowie Norwegen (Hauspreise und Einkommen).
[812] Dieser Herangehensweise bedienen sich u. a. Just, T. und Mayer, T. (2010), Finicelli, A. (2007), Himmelberg, C. et al. (2005), Girouard, N. et al. (2006) sowie Gros, D. (2007). Eine andere Möglichkeit besteht darin, Quantile oder Quartile zu bilden. Sämtliche Märkte, die in das oberste Quantil/Quartil fallen, werden dann als überbewertet angesehen. Hierbei handelt es sich jedoch um eine zu pauschale Vorgehensweise, da in jeder Marktsituation, eine bestimmte Anzahl an Märkten als überbewertet gelten würde. Aus diesem Grund wird diese Vorgehensweise verworfen.

Land	Price-Rent Ratio			Price-Income Ratio		
	aktueller Stand/ Durchschnitt	Höchststand/Durchschnitt	aktueller Stand/ Tiefststand	aktueller Stand/ Durchschnitt	Höchststand/ Durchschnitt	aktueller Stand/ Tiefststand
AU	91,3	91,3	179,4	36,3	84,5	149,4
BE	53,6	60,5	121,3	22,3	30,8	75,0
CA	91,0	93,2	230,2	4,8	21,6	35,8
CH	-13,7	44,3	9,2	-52,4	140,2	0,0
DE	-22,3	20,1	0,0	-61,3	147,1	0,0
DK	64,0	68,3	148,4	0,6	68,1	66,8
ES	81,2	81,3	268,7	50,3	64,6	295,8
FI	46,1	51,0	107,5	-14,0	31,6	26,9
FR	41,1	46,3	92,4	15,5	39,2	60,8
GB	52,7	53,3	128,2	27,0	42,5	117,5
IE	55,7	101,3	188,1	0,0	43,8	60,0
IT	19,3	20,3	48,7	18,3	39,0	77,6
JP	-30,3	38,3	0,2	-64,4	121,5	0,0
NL	50,8	62,4	126,6	-4,2	53,5	58,4
NO	57,9	64,0	142,1	-12,8	51,5	24,8
NZ	62,3	65,9	121,9	46,4	63,8	224,6
SE	66,2	68,6	151,0	21,8	42,6	57,8
US	34,4	38,4	87,6	8,5	12,2	25,6

Tabelle 45: Abschließende Auswertung der Price-Rent und Price-Income Ratios[813]

---

[813] Die einzelnen Angaben beziehen sich auf den jeweiligen Untersuchungszeitraum, für den die nationalen Zeitreihen zur Verfügung stehen. Vgl. hierzu die Angaben in Anhang I und Anhang II.

6 Empirische Überprüfung von Wohnimmobilienmärkten auf Preisblasen

Land	Affordability			Tobins q		
	aktueller Stand/ Durchschnitt	Höchststand/Durchschnitt	aktueller Stand/ Tiefststand	aktueller Stand/ Durchschnitt	Höchststand/ Durchschnitt	aktueller Stand/ Tiefststand
AU	21,3	81,4	160,1	100,0	100,0	200,3
BE	-21,5	80,8	36,1	n/a	n/a	n/a
CA	-27,6	74,3	18,7	23,8	25,1	73,3
CH	-71,1	139,7	0,0	n/a	n/a	n/a
DE	-66,3	133,8	0,0	-21,2	15,2	0,0
DK	-43,3	114,3	41,1	49,6	59,9	121,5
ES	-10,9	81,7	62,9	94,4	94,5	375,3
FI	-35,0	122,4	51,2	19,9	21,3	76,3
FR	-37,3	109,5	38,6	65,0	75,0	151,1
GB	-9,7	106,2	124,0	22,0	23,1	40,8
IE	-45,4	106,4	41,1	50,1	61,6	143,5
IT	-23,4	73,1	20,0	34,8	34,8	95,8
JP	-45,6	231,6	13,2	-24,4	38,0	4,0
NL	-7,9	58,7	39,6	34,0	35,9	126,3
NO	-40,5	89,2	32,0	51,2	60,0	117,0
NZ	40,0	112,0	361,5	32,6	35,2	79,8
SE	-23,3	75,5	50,3	14,2	50,6	54,4
US	-27,5	93,2	13,7	24,6	24,6	42,2

Tabelle 46: Abschließende Auswertung der Affordability und Tobins q[814]

---

[814] Die einzelnen Angaben beziehen sich immer auf den jeweiligen Untersuchungszeitraum, für den die nationalen Zeitreihen zur Verfügung stehen. Vgl. hierzu die Angaben in Anhang I, Anhang III und Anhang IV.

Bevor Tabelle 45 und Tabelle 46 ausgewertet werden können, muss in einem ersten Schritt die Höhe der Abweichung definiert werden, ab der ein Wohnimmobilienmarkt als derart überbewertet anzusehen ist, dass von einer Preisblase auf dem Markt gesprochen werden kann. Hierzu stehen die beiden folgenden Verfahren zur Verfügung:

- Aus den Zeitreihen der einzelnen Kennzahlen können ‚kritische' prozentuale Abweichungen abgeleitet werden, die in der Vergangenheit einen Wendepunkt darstellten und zu Rückgängen zum gleichgewichtigen Niveau der Kennzahlen führten.

- Zur Bestimmung der Höhe der prozentualen Abweichungen kann auch auf die in der wirtschaftswissenschaftlichen Literatur bereits verwendeten ‚kritischen' Werte zurückgegriffen werden. Die meisten Studien vermeiden es jedoch auf Grund des hohen Maßes an Subjektivität, konkrete Prozentsätze für die Abweichung der Kennzahlen von ihrem gleichgewichtigen Niveau zu nennen, ab denen Preisblasen existieren. Ausnahmen finden sich in Finicelli (2007) sowie Just und Mayer (2010). Finicelli (2007) bezeichnet eine Abweichung des Price-Rent Ratios von 40 % oder mehr über den langfristigen Durchschnitt als „large misalignment."[815] Just und Mayer (2010) wählen bei ihrer Analyse europäischer Wohnimmobilienmärkte eine vierstufige Intervallskala mit den Ausprägungen preiswert, angemessen, leicht erhöht und erhöht.[816]

Um für die folgende finale Auswertung der Ergebnisse der Kennzahlenanalyse zu ‚kritischen' Werten zu kommen, mit denen das Bewertungsniveau der Wohnimmobilienmärkte bestimmt werden kann, wird auf die Abbildungen der Kennzahlen in Kapitel 6.3 zurückgegriffen.[817]

1. Price-Rent Ratio:

Die Darstellung der Price-Rent Ratios hat verdeutlicht, dass in der Vergangenheit auf vielen Wohnimmobilienmärkten ein Abweichen der Kennzahl von 40 % über den langfristigen Durchschnitt in der Folge zu einem (teilweise deutlichen) Rückgang des Price-Rent Ratios geführt hat (u. a. in Japan 1991/92, den Niederlanden 1977/78, Finnland

---

[815] Finicelli, A. (2007), S. 10.
[816] Die jeweilige Höhe der prozentualen Abweichung vom langfristigen Gleichgewicht schwankt je nach betrachteter Kennzahl.
[817] Die im Folgenden abgeleiteten Werte unterliegen somit in einem gewissen Maße dem subjektiven Empfinden des Verfassers.

1988/89, der Schweiz 1989/90 sowie Spanien 1991/92). Die Marke von 40 % wird daher als Indiz für ein erhöhtes Bewertungsniveau angesehen, das die Existenz einer Preisblase anzeigt.

2. Price-Income Ratio:

Die Price-Income Ratios entwickeln sich auf den einzelnen Wohnimmobilienmärkten sehr unterschiedlich. Länder mit über den gesamten Betrachtungszeitraum steigenden Price-Income Ratios (Abbildung 42) stehen Länder mit fallenden (Abbildung 39) bzw. nahezu konstant bleibenden Price-Income Ratios (Abbildung 40 und Abbildung 41) gegenüber. Da die Price-Income Ratios der Wohnimmobilienmärkte, die ein relativ konstantes Price-Income Ratio über den Betrachtungszeitraum aufweisen, bei einem Wert von etwa 40 % über dem langfristigen Durchschnitt dazu tendieren, die Überbewertung wieder abzubauen (u. a. in Frankreich 1985/86, Irland 1985/86, Italien 1982/83 sowie den Niederlanden 1977/78 und 2001/02), wird auch bei den Price-Income Ratios der Wert von 40 % über dem langfristigen Durchschnitt als erhöhtes Bewertungsniveau angesetzt.

3. Affordability:

Die Affordability-Indizes befinden sich, nachdem sie Anfang/Mitte der 1980er Jahre in allen Märkten deutlich über 50 % über dem langfristigen Durchschnitt lagen, gegen Ende des Untersuchungszeitraums auf einem Allzeittief. 16 der 18 untersuchten Märkte weisen einen Affordability-Index auf, der (teilweise erheblich) unter dem langfristigen Durchschnitt liegt. Da die Affordability auf Grund der hohen Volatilität des Zinsniveaus naturgemäß die größte Schwankungsbreite unter den Kennzahlen aufweist, wird die Werteskala zur Bestimmung des Bewertungsniveaus im Vergleich zum Price-Income und Price-Rent Ratio weiter gefasst. Ein erhöhtes Bewertungsniveau wird daher als ein Abweichen von 80 % oder mehr über den langfristigen Durchschnitt definiert.[818]

4. Tobins q:

Die Interpretation der graphischen Analyse von Tobins q gestaltet sich schwierig, da die Zeitreihen der einzelnen Länder unterschiedlich lang sind und somit nur eingeschränkt miteinander verglichen werden können. Da die q-Werte in den Ländern, für die sie über

---

[818] Zu den Ländern, deren Affordability-Indizes bei einer Abweichung von 80 % wieder zum langfrsitigen Gleichgewicht zurückkehren, gehören Australien 1989/90, Belgien 1982/83, Irland 1984/85, Schweden 19890/90 sowie die USA 1980/81.

einen verhältnismäßig langen Zeitraum vorliegen, eher eine geringe Schwankungsbreite aufweisen, werden für sie dieselben prozentualen Abweichungen wie bei den Price-Rent und Price-Income Ratios angesetzt (erhöhtes Bewertungsniveau ab einem Abweichen von 40 %).

Tabelle 47 enthält eine Übersicht über die unterschiedlichen Bewertungsniveaus der einzelnen Kennzahlen und den jeweils dazugehörigen prozentualen Abweichungen.

	preiswert	angemessen	leicht erhöht	erhöht
Price-Rent Ratio	< -20 %	≥ -20 % < 20 %	≥ 20 % < 40 %	≥ 40 %
Price-Income Ratio	< -20 %	≥ -20 % < 20 %	≥ 20 % < 40 %	≥ 40 %
Affordability	< -40 %	≥ -40 % < 40 %	≥ 40 % < 80 %	≥ 80 %
Tobins q	< -20 %	≥ -20 % < 20 %	≥ 20 % < 40 %	≥ 40 %

Tabelle 47: ‚Kritische' Werte zur Beurteilung der Bewertungsniveaus der Wohnimmobilienmärkte

Bevor die abschließende Auswertung der Kennzahlenanalyse durchgeführt wird, muss noch einmal explizit darauf hingewiesen werden, dass die Frage, ob es im Zuge des weltweiten Hauspreisbooms zu Preisblasen auf den Wohnimmobilienmärkten gekommen ist, mittels der in dieser Arbeit angewendeten Vorgehensweise (= prozentuale Abweichung vom langfristigen Gleichgewicht) nicht für alle 18 untersuchten Märkte mit letzter Sicherheit beantwortet werden kann. Diese Herangehensweise offenbart jedoch eine Tendenz, welche der in dieser Arbeit untersuchten 18 Wohnimmobilienmärkte über- bzw. unterbewertet sind und mit hoher Wahrscheinlichkeit eine Preisblase aufweisen.

In Tabelle 48 sind die abschließenden Ergebnisse der Kennzahlenanalyse dargestellt. Für den deutschen und japanischen Wohnimmobilienmarkt liefert die Kennzahlenanalyse ein eindeutiges Ergebnis: Alle vier Kennzahlen offenbaren auf beiden Märkten ein preiswertes Bewertungsniveau, womit deutlich wird, dass die Preise unter dem funns. Auch der schweizer Wohnimmobilienmarkt liefert Hinweise auf die Existenz einer negativen Preisblase, da sowohl das Price-Income Ratio als auch die Affordability das Bewertungsniveau als preiswert beschreiben. Ein angemessenes bzw. nur leicht erhöhtes Bewertungsniveau verzeichnen der finnische, italienische und der US-amerikanische Wohnimmobilienmarkt.

Land	Price-Rent Ratio	Price-Income Ratio	Affordability	Tobins q
AU	erhöht	leicht erhöht	angemessen	erhöht
BE	erhöht	leicht erhöht	angemessen	n/a
CA	erhöht	angemessen	angemessen	leicht erhöht
CH	angemessen	preiswert	preiswert	n/a
DE	preiswert	preiswert	preiswert	preiswert
DK	erhöht	angemessen	preiswert	erhöht
ES	erhöht	erhöht	angemessen	erhöht
FI	erhöht	angemessen	angemessen	angemessen
FR	erhöht	angemessen	angemessen	erhöht
GB	erhöht	leicht erhöht	angemessen	leicht erhöht
IE	erhöht	angemessen	preiswert	erhöht
IT	angemessen	angemessen	angemessen	leicht erhöht
JP	preiswert	preiswert	preiswert	preiswert
NL	erhöht	angemessen	angemessen	leicht erhöht
NO	erhöht	angemessen	preiswert	erhöht
NZ	erhöht	erhöht	leicht erhöht	leicht erhöht
SE	erhöht	leicht erhöht	angemessen	angemessen
US	leicht erhöht	angemessen	angemessen	leicht erhöht

Tabelle 48: Ergebnisse der Kennzahlenanalyse

Zweideutige Ergebnisse liefert die Auswertung für Dänemark, Irland und Norwegen. Diese drei Märkte weisen jeweils Kennzahlen mit den Ausprägungen erhöht, angemessen und preiswert aus, woraus sich keine eindeutigen Schlüsse ziehen lassen. Dieses Ergebnis ist besonders für den irischen Markt überraschend, da dieser die zweitstärkste Preissteigerung im Untersuchungszeitraum zu verzeichnen hat. Die übrigen neun untersuchten Märkte besitzen ein erhöhtes Bewertungsniveau und liefern somit ein Anzeichen für eine positive Preisblase. Hierbei fällt speziell der spanische Wohnimmobilienmarkt mit drei erhöhten Kennzahlen auf.

Um die Ergebnisse der Kennzahlenanalyse zu validieren, sind in Tabelle 49 die Abweichungen vom Durchschnitt für die vier Kennzahlen aller 18 Wohnimmobilienmärkte kumuliert dargestellt. Diese Darstellungsart ermöglicht einen genaueren Einblick in das Bewertungsniveau der einzelnen Märkte, da deren Bewertungsniveau mittels eines einzigen absoluten Wertes abgebildet wird und auf eine Einteilung in einzelne ‚Bewertungskategorien' verzichtet wird.

AU	62,2 %	BE	18,1 %	CA	23,0 %
CH	-45,7 %	DE	-42,8 %	DK	17,7 %
ES	53,8 %	FI	4,3 %	FR	21,1 %
GB	23,0 %	IE	15,1 %	IT	12,3 %
JP	-41,2 %	NL	18,2 %	NO	14,0 %
NZ	45,3 %	SE	19,7 %	US	10,0 %

Tabelle 49: *Kumulierte Abweichungen vom langfristigen Durchschnitt* [819]

Die Auswertung zeigt für den deutschen, japanischen und schweizer Wohnimmobilienmarkt das gewohnte Bild: Mit einem kumulierten Wert von über -40 % weisen alle Länder eine deutliche, ähnlich stark ausgeprägte Unterbewertung auf. Hierbei muss berücksichtigt werden, dass in die Berechnung des Wertes für die Schweiz lediglich drei Kennzahlen eingehen, da die Tobins q-Werte für die Schweiz über einen zu kurzen Zeitraum vorliegen.

Mit 62,2 % liefert die Betrachtung der kumulierten Abweichungen für Australien das höchste Bewertungsniveau unter allen analysierten Ländern. Das in der Höhe sicherlich überaschende Ergebnis resultiert in erster Linie aus dem hohen australischen Zinsniveau gegen Ende des Beobachtungszeitraums. Dieses resultiert in einer Affordability, die gegen Ende des Beobachtungszeitraums 21,3 % über dem langfristigen Durchschnitt liegt,[820] während – abgesehen von Neuseeland als zweiter Ausnahme – die Affordability für alle anderen Länder teilweise deutlich unter dem langfristigen Durchschnitt liegt und damit eine Unterbewertung ausweist. Mit 53,8 % ergibt die Kennzahlenanalyse auch für den spanischen Wohnimmobilienmarkt eine deutliche, in der Höhe jedoch nicht über-

---

[819] Vgl. Tabelle 45 und Tabelle 46.
[820] Vgl. hierzu Tabelle 46.

aschende Überbewertung. Als dritter Markt weist auch der neuseeländische Wohnimmobilienmarkt mit 45,3 % eine sehr deutliche Überbewertung auf, die jedoch wie im australischen Fall auf das hohe Zinsniveau und die hieraus resultierende geringe Affordability zurückzuführen ist. Frankreich, Großbritannien und Kanada haben eine leichte Überbewertung von ca. 20 %. Für alle übrigen Länder liefert die Kennzahlenanalyse ein leicht erhöhtes Bewertungsniveau, das nicht auf eine Überbewertung hinweist. Etwas überraschend ist das Ergebnis für den irischen Markt. Dieser weist laut Kennzahlenanalyse nur eine Überbewertung von 15,1 % auf. Das Ergebnis überrascht speziell vor dem Hintergrund der stark fallenden irischen Wohnimmobilienpreise im Zeitraum Q4 2007 bis Q2 2009[821] und der hierdurch ausgelösten Probleme für die irische Volkswirtschaft. Eine zentrale Ursache für das gemäßigte irische Bewertungsniveau ist die Affordability, die dem irischen Wohnimmobilienmarkt ein preiswertes Bewertungsniveau bescheinigt.[822] Dieses Ergebnis resultiert zum Großteil aus dem Sondereffekt der enormen Reduzierung des Zinsniveaus im Zuge der Euroeinführung und muss vor diesem Hintergrund kritisch betrachtet werden.

Im Folgenden werden nun die Ergebnisse der Indikatorenanalyse aus Kapitel 6.4 ausgewertet.

1. Inflation

Da sich Hauspreise und Inflation in einer Volkswirtschaft aus theoretischer Sicht ähnlich entwickeln sollten,[823] gilt ein Abweichen der Wertentwicklung beider Größen als Anzeichen einer sich aufbauenden Fehlbewertung. Wie aus Abbildung 52 hervorgeht, lassen sich für die 18 Wohnimmobilienmärkte drei unterschiedliche Entwicklungen feststellen. Auf dem deutschen Wohnimmobilienmarkt liegt die allgemeine Preisentwicklung gegen Ende des Beobachtungszeitraums über der Preisentwicklung des Wohnimmobilienmarktes. Mit dieser ungewöhnlichen Konstellation bestätigt der deutsche Wohnimmobilienmarkt die Erkenntnis der Kennzahlenanalyse, dass sich gegen Ende des Beobachtungszeitraums eine negative Preisblase gebildet hat. Japan und die Schweiz weisen gegen Ende des Betrachtungszeitraums eine geringe Abweichung zwischen den Hauspreisen und der allgemeinen Preisentwicklung auf, was auf ein angemessenes Bewertungsniveau des Wohnimmobilienmarktes schließen lässt. In allen übrigen Ländern liegen die Hauspreise gegen Ende des Betrachtungszeitraums um mindes-

---

[821] Vgl. Tabelle 52.
[822] Vgl. Tabelle 46.
[823] Vgl. hierzu Kapitel 5.7.1.

tens 70 % über der Inflationsrate, was als Anzeichen einer Überbewertung angesehen werden kann. Mit 350 % weist der irische Wohnimmobilienmarkt die größte Diskrepanz zwischen Hauspreisen und allgemeiner Preisentwicklung auf.

2. Zinsniveau

Hauspreise und Hypothekenzinssätze sind in der Regel durch einen negativen Zusammenhang gekennzeichnet.[824] Sinkende Hypothekenzinsen verringern die Finanzierungskosten und erhöhen somit die Nachfrage und damit auch den Preis von Wohnraum. Vor dieser Überlegung erscheint der weltweite Anstieg der Wohnimmobilienpreise mit dem historisch niedrigen Zinsniveau gegen Ende des Beobachtungszeitraums erklärbar. Die Betrachtung des Zinsniveaus liefert somit für die meisten Länder kein Anzeichen für die Existenz von Preisblasen. Ausnahmen bilden Deutschland, Japan und die Schweiz. In diesen Ländern stagnieren bzw. fallen die Wohnimmobilienpreise seit Anfang/Mitte der 1990er Jahre trotz des gleichzeitig fallenden Zinsniveaus, was als Hinweis auf negative Preisblasen interpretiert werden kann.

3. Hypothekenkreditvolumen

Abbildung 54 hat verdeutlicht, dass auf der Mehrzahl der analysierten Wohnimmobilienmärkte im Beobachtungszeitraum nur sehr geringe Abweichungen zwischen den Wachstumsraten der Hauspreise und des Hypothekenkreditvolumens auftreten, womit sich der in der wirtschaftswissenschaftlichen Literatur postulierte enge Gleichlauf beider Variablen bestätigt. Lediglich Frankreich, Irland und die USA zeigen gegen Ende des Beobachtungszeitraums ein beschleunigtes Wachstum des Hypothekenkreditvolumens gegenüber den Hauspreisen auf, was als eine typische Begleiterscheinung von Preisblasen auf Wohnimmobilienmärkten angesehen wird.

4. Wohnungsneubau

Nach der Analyse des Wohnungsneubaus in Kapitel 6.4.4 unterliegt der Anteil neu errichteter Wohneinheiten am Gesamtwohnungsbestand in den analysierten Wohnimmobilienmärkten im Zeitraum von 1990 bis 2007 nur geringen Schwankungen. Der Anteil der neu errichteten Wohneinheiten liegt in den meisten Wohnimmobilienmärkten zwischen ein und zwei Prozent. Ausnahmen bilden der spanische und speziell der irische Wohnimmobilienmarkt, deren Neubauanteil am Gesamtbestand über den Beobach-

---

[824] Vgl. hierzu Kapitel 5.7.2 und 6.4.2.

6 Empirische Überprüfung von Wohnimmobilienmärkten auf Preisblasen

tungszeitraum stetig ansteigt und im Zuge des weltweiten Hauspreisbooms mit fünf (Irland) bzw. zweieinhalb (Spanien) Prozent Werte annimmt, die über der ‚natürlichen Fluktuation' liegen. Dieses Missverhältnis ist ein Anzeichen für einen zukünftigen Wohnungsüberhang in beiden Ländern und somit eine positive Preisblase.[825] Auf der anderen Seite fällt in Deutschland der Anteil des Wohnungsneubaus seit dem Höhepunkt 1995 nahezu konstant und weist gegen Ende des Beobachtungszeitraums mit 0,4 % den geringsten Wert aller 18 untersuchten Märkte auf. Dieser weit unter der ‚natürlichen Fluktuation' liegende Wert ist ein Anzeichen für eine negative Preisblase.

Die Interpretation und Auswertung der Indikatoren gestaltet sich um einiges schwieriger als die der Kennzahlen. Dies liegt zum einen in der Tatsache, dass die ökonomischen Zusammenhänge zwischen den Indikatoren und den Hauspreisen sehr komplex und damit nicht so deutlich ableitbar sind wie bei den Kennzahlen. Zum anderen ist es bei den Indikatoren schwieriger, ein gleichgewichtiges Niveau zu bestimmen, von welchem aus das aktuelle Bewertungsniveau abgeleitet werden kann. Deshalb werden die Wohnimmobilienmärkte bei der folgenden Auswertung der Indikatorenanalyse in Tabelle 50 nur in drei und nicht wie bei den Kennzahlen in vier unterschiedliche Bewertungsniveaus eingeteilt:

- Wohnimmobilienmärkte, für die ein Indikator eine Überbewertung anzeigt, sind durch ein + gekennzeichnet.

- Wohnimmobilienmärkte, für die ein Indikator eine Unterbewertung anzeigt, sind durch ein - gekennzeichnet.

- Gibt der Indikator keine Fehbewertung an, wird dies mittels ~ symbolisiert.

Von den untersuchten Wohnimmobilienmärkten liefert der Deutsche bzgl. Inflation, Zinsniveau und Neubauvolumen einen Hinweis auf eine Unterbewertung. Er ist damit der einzige Markt, für den die Indikatorenanalyse ein deutliches Indiz für eine negative Preisblase gibt.

Für Australien, Belgien, Dänemark, Finnland, Großbritannien, Italien, Japan, Kanada, Neuseeland, die Niederlande, Norwegen, Schweden und die Schweiz liefert die Indikatorenanalyse keine Hinweise auf die Existenz einer Übertreibung, da drei von vier

---

[825] Bei dieser Interpretation wird implizit vorausgesetzt, dass der ungewöhnlich starke Anstieg des Neubauvolumens über die ‚natürliche Fluktuation' nicht durch eine ‚natürliche Nachfragesteigerung' gerechtfertigt ist und somit das Ergebnis einer übertriebenen Bautätigkeit darstellt.

Indikatoren ein angemessenes Bewertungsniveau offenbaren. Die Länder weisen aber eine unterschiedliche Tendenz auf: Während in Japan und der Schweiz das Zinsniveau eine leichte Unterbewertung andeutet, liefert die Inflation in den übrigen Ländern einen Hinweis auf ein erhöhtes Bewertungsniveau.

Land	Inflation	Zinsniveau	Hypotheken-kreditvolumen	Neubauvolumen
AU	+	~	~	~
BE	+	~	~	~
CA	+	~	~	~
CH	~	-	~	~
DE	-	-	~	-
DK	+	~	~	~
ES	+	~	~	+
FI	+	~	~	~
FR	+	~	+	~
GB	+	~	~	~
IE	+	~	+	+
IT	+	~	~	~
JP	~	-	~	~
NL	+	~	~	~
NO	+	~	~	~
NZ	+	~	~	~
SE	+	~	~	~
US	+	~	+	~

Tabelle 50: Ergebnisse der Indikatorenanalyse

Ein erhöhtes Bewertungsniveau weisen Frankreich, Spanien und die USA auf. Bei diesen Ländern geben zwei von vier Indikatoren einen Hinweis auf eine Überbewertung.

Eine deutliche Überbewertung zeigt die Indikatorenanalyse für den irischen Wohnimmobilienmarkt an. Für diesen gibt lediglich das niedrige Zinsniveau keinen Hinweis auf eine Überbewertung. Hierbei muss jedoch beachtet werden, dass das niedrige Zinsniveau in erster Linie ein Sondereffekt der Euroeinführung darstellt und somit verzerrt ist.

Um zu einem abschließenden Urteil über das Bewertungsniveau auf den internationalen Wohnimmobilienmärkten der entwickelten Volkswirtschaften zu kommen, werden nun in Tabelle 51 die Ergebnisse aus der Indikatoren- und Kennzahlenanalyse für die einzelnen Länder zusammen betrachtet.[826]

Land	Erhöht/ leicht erhöht	angemessen	preiswert
AU	4	4	0
BE	3	4	0
CA	3	5	0
CH	0	4	3
DE	0	1	7
DK	3	4	1
ES	5	3	0
FI	2	6	0
FR	4	4	0
GB	4	4	0
IE	5	2	1
IT	2	6	0
JP	0	3	5
NL	3	5	0
NO	3	4	1
NZ	5	3	0
SE	3	5	0
US	4	4	0

Tabelle 51: Zusammengefasste Ergebnisse der der Indikatoren- und Kennzahlenanalyse

Für den deutschen, japanischen und schweizer Wohnimmobilienmarkt liefert die Kombination der Ergebnisse der Indikatoren- und Kennzahlenanalyse eine Unterbewertung gegen Ende des Beobachtungszeitraums. Am deutlichsten fällt die Unterbewertung für den deutschen Markt aus, für den sieben der acht untersuchten Kennzahlen/Indikatoren

---

[826] In der abschließenden Auswertung in Tabelle 51 werden sämtliche Indikatoren und Kennzahlen mittels einer simplen Gleichgewichtung berücksichtigt. Eine weitere Möglichkeit ist es, die einzelnen Kennzahlen und Indikatoren unterschiedlich stark zu gewichten. So ist es z. B. denkbar, die Indikatoren auf Grund der Probleme bei ihrer Interpretation mit einer geringen Gewichtung als die Kennzahlen zu berücksichtigen.

eine Unterbewertung andeuten. Nur das Hypothekenkreditvolumen bewertet das Niveau des deutschen Wohnimmobilienmarktes als angemessen. Dieses eindeutige Ergebnis offenbart die Existenz einer negativen Preisblase auf dem deutschen Markt. Auch auf dem japanischen (fünf von acht untersuchten Kennzahlen/Indikatoren zeigen eine Unterbewertung an) bzw. schweizer (3/7) Wohnimmobilienmarkt erscheint die Existenz einer negativen Preisblase ebenfalls als ein wahrscheinliches Szenario.

In die Kategorie der ‚Märkte mit eindeutiger Überbewertung' fallen alle Wohnimmobilienmärkte, deren Kennzahlen/Indikatoren in der Mehrheit eine Überbewertung anzeigen. Mit fünf (leicht) erhöhten und nur drei angemessenen Indikatoren bzw. Kennzahlen weisen der neuseeländische und spanische Wohnimmobilienmarkt die stärkste Überbewertung auf. Auch der irische Wohnimmobilienmarkt kann zu den Märkten gezählt werden, die ein deutlich überhöhtes Bewertungsniveau aufweisen (fünf erhöht, eine preiswerte[827] und zwei angemessene Kennzahlen/Indikatoren).

Die meisten Wohnimmobilienmärkte können in die Kategorie ‚leicht überbewertet' eingeordnet werden. Hierzu zählen alle Wohnimmobilienmärkte, die eine ähnliche Anzahl von (leicht) erhöhten und angemessenen Kennzahlen/Indikatoren aufweisen. Dies sind Australien, Frankreich, Großbritannien und die USA (jeweils vier (leicht) erhöhte und vier angemessene Kennzahlen/Indikatoren), Belgien (drei (leicht) Erhöhte und vier Angemessene), Kanada, die Niederlande und Schweden (drei (leicht) Erhöhte und fünf Angemessene) sowie Dänemark und Norwegen (drei Erhöhte, vier Angemessene und eine Unterbewertete). Für diese zehn Märkte offenbart die Kennzahlen-/Indikatorenanalyse ein leicht erhöhtes Bewertungsniveau. Ob dies in allen Märkten mit der Existenz von Preisblasen gleichzusetzen ist, lässt sich nicht eindeutig bestimmen. Die Grenze zwischen ‚leicht überbewertet' und ‚überbewertet' ist fließend und lässt sich nicht objektiv ziehen.

Mit zwei erhöhten und sechs angemessenen Kenzahlen/Indikatoren nur weisen der finnische und italienische Wohnimmobilienmarkt ein angemessenes Bewertungsniveau auf.

---

[827] Lediglich die Affordability bescheinigt dem irischen Wohnimmobilienmarkt ein preiswertes Bewertungsniveau. Dieses Ergebnis resultiert jedoch – wie bereits erwähnt – in erster Linie aus dem Sondereffekt der enormen Reduzierung des irischen Zinsniveaus im Zuge der Euroeinführung und darf aus diesem Grund nicht überbewertet werden.

6 Empirische Überprüfung von Wohnimmobilienmärkten auf Preisblasen

Die Indikatorenanalyse bestätigt weitestgehend die Ergebnisse der Kennzahlenanalyse. Beide Analysen offenbaren für den deutschen, japanischen und schweizer Wohnimmobilienmarkt eine Unterbewertung, während der spanische Wohnimmobilienmarkt die deutlichste Überbewertung aufweist. Auch für den US-amerikanischen Wohnimmobilienmarkt kommen beide Methoden zum gleichen Ergebnis: Dieser weist ein eher gemäßigtes Bewertungsniveau auf.

> *"Economic life is more complicated than can be described completely by any deterministic economic model."*
>
> (Chow, G. (1975), S. 6)

7 Zusammenfassung der zentralen Ergebnisse

In dieser Arbeit wurden durch eine umfangreiche theoretische und empirische Analyse zahlreiche Erkenntnisse über das Phänomen „Preisblase" auf den Wohnimmobilienmärkten der entwickelten Volkswirtschaften herausgearbeitet. Die zentralen Ergebnisse werden im Folgenden zusammenfassend aufgeführt:

1. **Preisblasen als Abweichen des Marktpreises vom fundamentalen Wert**

Von der Vielzahl der in der wirtschaftswissenschaftlichen Literatur gebräuchlichen Definitionen für das Phänomen „Preisblase" ist das Abweichen des Marktpreises eines Vermögensguts von seinem fundamentalen Wert – die sog. fundamentale Sichtweise – die einzige ökonomisch fundierte Definition. Alle übrigen Definitionen (charttechnische und verhaltensbasierte Sichtweise) erfüllen nicht alle in dieser Arbeit als wünschenswert definierten Eigenschaften und eignen sich nur eingeschränkt zur Beschreibung von Preisblasen.

Jedoch sind auch bei der fundamentalen Sichtweise einige Kritikpunkte anzumerken wie z. B. der Ausschluss von extremen Preisschwankungen, die auf fundamentale Veränderungen zurückzuführen sind. Derartige Schwankungen können genau wie Preisblasen im Sinne der fundamentalen Sichtweise extreme negative Effekte für die gesamte Volkswirtschaft mit sich bringen und sowohl die Finanzmarktstabilität gefährden als auch das Wohlstandsniveau signifikant verringern.

2. **Individuelles Preisverhalten auf den (Wohn-) Immobilienmärkten**

Die Preisentwicklung und damit auch das Erscheinungsbild von Preisblasen unterscheiden sich auf Immobilienmärkten signifikant von den (liquiden) Märkten für andere Vermögensgüter wie z. B. dem Aktienmarkt. Preisblasen auf Immobilienmärkten sind durch eine lange Dauer, einen starken (negativen) Einfluss auf gesamtwirtschaftliche Größen, moderate Preisrückgänge, Lokalität sowie einen

Lag von ein bis zwei Jahren gegenüber der Entwicklung der Aktienmärkte gekennzeichnet.[828]

3. **Spezielle Charaktereigenschaften des Wohnimmobilienmarktes**

Der Wohnimmobilienmarkt unterscheidet sich durch eine Vielzahl an speziellen Charaktereigenschaften von anderen Märkten sowohl für Vermögensgüter als auch andere Immobilientypen wie z. B. Gewerbeimmobilien. Hierzu zählen im Wesentlichen eine mangelhafte Datenverfügbarkeit, die Segmentierung in Teilmärkte sowie nationale wohnimmobilienmarktspezifische Besonderheiten. Aus diesen speziellen Charaktereigenschaften resultieren einige Probleme bzw. Besonderheiten, die bei einer Analyse von Wohnimmobilienmärkten auf die Existenz von Preisblasen berücksichtigt werden müssen, um zu aussagekräftigen Ergebnissen zu gelangen.

4. **Verfahren zur Erkennung von Preisblasen auf Wohnimmobilienmärkten**

Die Testverfahren zur Erkennung von Preisblasen wurden in ihrer ursprünglichen Form für die liquiden Märkte von Vermögensgütern wie dem Aktienmarkt konzipiert. Auf Grund der speziellen Charakteristika eignen sich nicht alle Testverfahren gleichermaßen zur Anwendung auf Wohnimmobilienmärkte. Unter Berücksichtigung der wohnimmobilienmarktspezifischen Eigenschaften und des in dieser Arbeit verwendeten Datensatzes eignen sich besonders das Testverfahren nach Diba und Grossman (1988b),[829] die Kennzahlen- sowie die Indikatorenanalyse für eine empirische Überprüfung von Wohnimmobilienmärkten auf die Existenz von Preisblasen.

5. **Preisblasen auf den internationalen Wohnimmobilienmärkten**

Die empirische Analyse mittels des Testverfahrens nach Diba und Grossman (1988b), der Kennzahlen- sowie der Indikatorenanalyse zeigt, dass auf allen 18 untersuchten Wohnimmobilienmärkten im Zeitraum von 1970 bis 2007 Preisblasen aufgetreten sind. Die empirische Analyse offenbart auch ein sich im Zeitablauf veränderndes Erscheinungsmuster von Preisblasen auf Wohnimmobilien-

---

[828] Vgl. Kapitel 3.4.
[829] Beim Testverfahren nach Diba und Grossman (1988b) muss jedoch berücksichtigt werden, dass dieses nicht zur Analyse der aktuellen Situation in der Lage ist. Vgl. hierzu die Kritik zum Verfahren am Ende von Kapitel 6.2.

7 Zusammenfassung der zentralen Ergebnisse 375

märkten. Während im ersten Teil des Beobachtungszeitraums die Preisblasen zu unterschiedlichen Zeitpunkten auftreten und damit kein erkennbares Muster aufweisen, ist gegen Ende des Untersuchungszeitraums im Zuge des weltweiten Hauspreisanstiegs ein zeitgleiches Auftreten von positiven Preisblasen auf vielen Märkten der entwickelten Volkswirtschaften zu erkennen.

6. **Moderate Überbewertung in den USA, deutliche Überbewertung in den übrigen angelsächsischen Ländern und Spanien**

Im Gegensatz zur häufig vertretenen Ansicht, dass der US-amerikanische Wohnimmobilienmarkt im Zuge des weltweiten Hauspreisanstiegs am stärksten überbewertet gewesen sei, zeigt die empirische Analyse, dass die Anzeichen für eine Preisblase im Vorfeld der Subprime-Krise in den USA schwächer ausfallen als auf den meisten anderen Wohnimmobilienmärkten der entwickelten Volkswirtschaften. Die deutlichste Überbewertung weist der spanische Wohnimmobilienmarkt auf, gefolgt von Großbritannien, Neuseeland und Irland.

7. **Die Sonderfälle: Deutschland, Japan und Schweiz**

Dem weltweiten Hauspreisanstieg gegen Ende des Beobachtungszeitraums können sich mit Deutschland, Japan und der Schweiz nur drei der 18 untersuchten Wohnimmobilienmärkte entziehen. Alle drei genannten Länder weisen ab Mitte der 1990er Jahre eine stagnierende bzw. rückläufige Preisentwicklung auf. Die Analyse des Bewertungsniveaus mittels der drei Testverfahren offenbart für alle drei Länder die Existenz einer negativen Preisblase gegen Ende des Untersuchungszeitraums, wobei der deutsche Wohnimmobilienmarkt die stärkste Unterbewertung aufweist.

8. **Schwierigkeiten bei der Interpretation der empirischen Ergebnisse**

Die Interpretation der Ergebnisse der drei Testverfahren zur Analyse von Wohnimmobilienmärkten auf die Existenz von Preisblasen gestaltet sich schwierig. Dies ist in erster Linie auf die mangelhafte Qualität der wohnimmobilienmarktspezifischen Daten zurückzuführen. Des Weiteren erschweren auch die nationalen Besonderheiten der Wohnimmobilienmärkte sowie die Gefahr von Fehlspezifikationen der Modelle auf Grund von ausgelassenen Variablen die Auswertung und Interpretation der Testergebnisse. Zu guter Letzt zeigt die empirische Analyse auch, dass die Testergebnisse zur Existenz von Preisblasen auf Immobilienmärkten sehr sensibel auf die jeweils zu Grunde liegende Datenbasis (Beobachtungszeitraum, Frequenz etc.) reagieren. In der Summe bewirken die hier genannten Schwierigkeiten, dass die Interpretation der Ergebnisse stets eine subjektive Komponente enthält und mit einem hohen Maß an Unsicherheit verbunden ist. Aus diesem Grund ist es zwingend notwendig, sich nicht auf ein einzelnes Testverfahren zu stützen, sondern – wie in dieser Arbeit durchgeführt – möglichst viele (geeignete) Verfahren simultan zu berücksichtigen, gegenüberzustellen und zu diskutieren.

9. Aussagekraft der Testverfahren zur Prognose der Preisentwicklung

Mittels der Testverfahren können keine direkten Informationen über zukünftige Preisveränderungen auf den einzelnen Wohnimmobilienmärkten gewonnen werden: Die Existenz von positiven (negativen) Preisblasen bedeutet nicht, dass die Wohnimmobilienpreise in der Zukunft zwangsläufig fallen (steigen) werden. Preisblasen verdeutlichen jedoch, dass auf dem betrachteten Markt ein Ungleichgewicht besteht, welches nicht auf ewig fortbestehen kann und sich in der Zukunft wieder abbauen wird. Diese Anpassung muss jedoch nicht zwingend über die Wohnimmobilienpreise erfolgen, sondern kann auch über eine Veränderung des fundamentalen Marktumfeldes vollzogen werden. Es erscheint jedoch als unwahrscheinlich, dass eine Überbewertung alleine durch eine Anpassung der fundamentalen Einflussfaktoren wieder abgebaut wird. Bei Vorliegen einer Preisblase ist somit die Wahrscheinlichkeit einer kombinierten Reaktion aus Preisniveau (Überbewertung $\Rightarrow$ Preisrückgang; Unterbewertung $\Rightarrow$ Preisanstieg) und fundamentalen Einflussfaktoren das wahrscheinlichste Szenario. Diese Überlegung wird durch den aktuell einsetzenden Abbau der Ungleichgewichte auf den europäischen Wohnimmobilienmärkten gestützt: Auf den Märkten, die gegen Ende des Untersuchungszeitraums ein hohes Bewertungsniveau aufweisen, ist die Preisentwicklung nach dem Jahr 2007 teilweise deutlich rückläufig. Dies wird durch Tabelle 52 deutlich.

a
AU	-0,8 %	BE	-0,4 %	CA	1,0 %
CH	7,1 %	DE	-3,0 %	DK	-16,6 %
ES	-7,9 %	FI	-1,9 %	FR	-6,3 %
GB	-13,1 %	IE	-22,0 %	IT	5,1 %
JP	-4,3 %	NL	-6,0 %	NO	2,1 %
NZ	-7,9 %	SE	-1,6 %	US	-22,0 %

Tabelle 52: Hauspreisrückgang im Zeitraum Q4 2007 bis Q2 2009 [830]

Des Weiteren verdeutlicht Tabelle 52, dass der Rückgang der Wohnimmobilienpreise den ab Mitte der 1990er Jahre einsetzenden Anstieg bei Weitem noch nicht aufgezehrt hat, so dass auch noch über das Jahr 2009 hinaus mit fallenden Hauspreisen zu rechnen ist.

10. Zusammenhang zwischen der Preisentwicklung und der Existenz von Preisblasen

Die empirische Analyse hat gezeigt, dass die Märkte mit den stärksten Preisanstiegen in der zweiten Subperiode des Beobachtungszeitraums gleichzeitig in der fundamentalen Analyse die stärkste Überbewertung aufweisen (ES, GB, NZ und IE). Die Preisentwicklung der einzelnen Märkte erweist sich folglich als guter Indikator für die Analyse von Wohnimmobilienmärkten auf die Existenz von Preisblasen.

11. Weiterer Forschungsbedarf

Die theoretischen und empirischen Untersuchungen dieser Arbeit werfen weitere Fragestellungen auf. Zusätzlicher Forschungsbedarf besteht z. B. bei der Frage, wie Preisblasen auf Wohnimmobilienmärkten entstehen. Dieser Fragestellung wurde bis zum jetzigen Zeitpunkt hauptsächlich auf einer thoretischen Ebene ohne empirische Grundlage nachgegangen.

Weiterer Forschungsbedarf besteht bei der Frage, wie die einzelnen Kennzahlen und Indikatoren in ein Gesamtmodell integriert werden können. In der abschließenden Auswertung der Ergebnisse in Kapitel 6.5 wurden die Kennzahlen und Indikatoren lediglich gleichgewichtet berücksichtigt. Um in Zukunft zu noch

---

[830] Quelle: BIS (Berechnungen basierend auf nationalen Angaben, siehe Anhang I) sowie eigene Berechnungen.

besseren Modellen zu gelangen, müssen speziell die beiden Fragestellungen weiter erforscht werden,

- welche Kennzahlen/Indikatoren die größte Aussagekraft zur Ermittlung des Bewertungsniveaus besitzen und

- welche bzw. wie nationale Besonderheiten bei der Analyse der Wohnimmobilienmärkte mittels Kennnzahlen und Indikatoren in den einzelnen Märkten zu berücksichtigen sind.

Anhang

Anhang I:

Informationen zu den nationalen BIS-Hauspreisindizes[831]

Land	Quelle	Bezeichnung
AU	Australian Bureau of Statistics	Residential Property Prices (existing Dwellings, 8 Cities (Sydney, Melbourne, Brisbane, Adelaide, Perth, Hobarth, Darwin und Canberra))
BE	National Statistics Institute	Residential Property Prices (existing Dwellings, whole Country) sowie weitere Indizes
CA	Canadian Real Estate Association	Residential Property Prices (existing Dwellings) sowie weitere Indizes
CH	Swiss National Bank	Residential Property Prices (all 1-Family Houses, all Flats)
DE	Deutsche Bundesbank basierend auf Daten der Bulwien Gesa AG	Good Quality new Row Houses in 125 Cities (100 in West Germany, 25 in East Germany) sowie weitere Indizes
DK	Statistics Denmark	Residential Property Prices (all Dwellings, all Country)
ES	Banco de Espana	Residential Property Prices (owner occupied Houses) sowie weitere Indizes
FI	Statistics Finland	Residential Property Prices (existing Dwellings) sowie weitere Indizes
FR	Institut National de la Statistique et des Etudes Economiques	Residential Property Prices (existing Dwellings) sowie weitere Indizes

---

[831] Die nationalen BIS-Hauspreisindizes werden aus einer Vielzahl an unterschiedlichen Quellen und Zeitreihen berechnet, die teilweise verkettet wurden. Aus diesem Grund erhebt die Tabelle in Anhang I keinen Anspruch auf die vollständige Darstellung aller bei der Berechnung der nationalen Hauspreisindizes verwendeten Datenreihen. Eine ausführliche Auflistung aller in die Berechnung eingehenden Zeitreihen kann über die BIS erfragt werden.

Land	Quelle	Bezeichnung
GB	Office for National Statistics	Residential Property Prices (all Dwellings) sowie weitere Indizes
IE	The Department of the Environment, Heritage & Local Government	Residential property Prices (existing Houses) sowie weitere Indizes
IT	n/a	n/a
JP	n/a	n/a
NL	Kadaster of the Netherlands	Residential Property Prices (existing Dwellings) sowie weitere Indizes
NO	n/a	Residential Property Prices (existing Dwellings, Flats, detached Houses)
NZ	Reserve Bank of New Zealand	Residential Property Prices (all Houses, all Country)
SE	n/a	Residential Property Prices (all Owner Occupied, all Dwellings, all Country)
US	Census Bureau; FHFA	Residential Property Prices (new Single Family Houses); existing Single Family Homes (FHFA)

Anhang II:

Informationen zu den nationalen Mietpreisindizes

Land	Quelle	Bezeichnung	Zeitraum (Beobachtungen)
AU	Australian Bureau of Statistics	Housing, Water, Electricity, Gas and other Fuels	Q3 1972-Q4 2007 (142)
BE	OECD	Housing Component[832]	Q1 1991-Q4 2007 (68)
CA	OECD	Housing Component	Q1 1970-Q4 2007 (152)
CH	OECD	Housing Component	Q1 1970-Q4 2007 (152)
DE	Statistisches Bundesamt	Wohnungsmiete (Alt-und Neubau, ab 1991 Ost und West)	Q1 1970-Q4 2007 (152)
DK	OECD	Housing Component	Q1 1981-Q4 2007 (108)
ES	Instituto Nacional de Estadística	Rental Housing	Q1 1976-Q4 2007 (128)
FI	OECD	Housing Component	Q1 1970-Q4 2007 (152)
FR	OECD	Housing Component	Q1 1990-Q4 2007 (72)

---

[832] Die ‚Housing Component' der OECD enthält die Ausgaben für Wohnen, Elektrizität, Wasser, Gas und sonstige Brennstoffe.

Land	Quelle	Bezeichnung	Zeitraum (Beobachtungen)
GB	National Statistics	RPI Housing (Rent)	Q1 1988-Q4 2007 (89)
IE	Central Statistics Office Ireland	Housing, Water, Electricity, Gas and other Fuels	Q4 1975-Q4 2007 (129)
IT	OECD	Housing Component	Q1 1990-Q4 2007 (72)
JP	OECD	Housing Component	Q1 1970-Q4 2007 (152)
NL	OECD	Housing Component	Q1 1970-Q4 2007 (152)
NO	OECD	Housing Component	Q1 1979-Q4 2007 (116)
NZ	OECD	Housing Component	Q1 1970-Q4 2007 (152)
SE	OECD	Housing Component	Q1 1970-Q4 2007 (152)
US	US Bureau of Labour Statistics	Rent of Primary Residence	Q1 1970-Q4 2007 (152)

Anhang III:

Informationen zu den nationalen Hypothekenzinssätzen

Land	Quelle	Bezeichnung	Kommentar	Zeitraum (Beobachtungen)
AU	Reserve Bank of Australia	Housing Loans	3 Jahre, fester Zinssatz, frühzeitige Tilgung möglich	1970-2007 (38)
BE	Fortis BNP Paribas	Mortgage Rate	Zinssatz variiert zwischen fest und semi-fest	1970-2007 (38)
CA	Canada Mortgage and Housing Corporation	Average Residential Mortgage Lending Rate	5 Jahre	1970-2007 (38)
CH	Schweizerische Nationalbank	Hypothekenzinssätze	variabler Zins	1970-2007 (38)
DE	Deutsche Bundesbank	Sollzinsen Banken / Hypothekarkredite auf Wohngrundstücke	1982-2002 Festzinsen 5 Jahre, ab 2003 1-5 Jahre	1982-2007 (26)
DK	Danmarks National Bank	Bond Yields - Central Government & Mortgage Credit	n/a	1980-2007 (28)
ES	Banco de Espana	Hypothekarkredite	gewichteter Durchschnitt, 3 oder mehr Jahre	1990-2007 (18)
FI	Bank of Finnland	Interest Rates on New Housing Loans	n/a	1989-2007 (19)
FR	Banque de France	Lending Rate on Home Loans	n/a	1979-2007 (29)

Land	Quelle	Bezeichnung	Kommentar	Zeitraum (Beobachtungen)
GB	Office for National Statistics	Interest Rates on New Mortgages to Owners	n/a	1970-2007 (38)
IE	Statistics Department, Central Bank & Financial Services Authority of Ireland	Mortgage Rates	Variabler Zins	1975-2007 (33)
IT	Banca D'Italia	Interest Rate on Outstanding Loans for Home Purchase	5 Jahre oder mehr	1995-2007 (13)
JP	Bank of Japan	City Banks Housing Loans Floating Rate	n/a	1991-2007 (17)
NL	De Nederlandsche Bank	Hypothekenzinsen	1 bis 5 Jahre	1982-2007 (26)
NO	Statistics Norway	Interest Rate State Lending Institutions on Prepayment Loans	durchschnittlicher, gewichteter Zinssatz	1987-2007 (21)
NZ	Reserve Bank of New Zealand	Floating First Mortgage New Customer Housing Interest Rate	n/a	1970-2007 (38)
SE	Sveriges Riksbank	Swedish Mortgage Bond	5 Jahre	1986-2007 (26)
US	Freddie Mac	Contract Interest Rate on Commitments for Fixed-Rate First Mortgages	30 Jahre	1971-2007 (37)

Anhang IV:

Informationen zu den nationalen Baupreisindizes

Land	Quelle	Bezeichnung	Zeitraum (Beobachtungen)
AU	Australian Bureau of Statistics	PPI Materials used in House Building Weighted Average of 6 Capital Cities	Q1 1970-Q4 2007 (152)
BE	Keine Berücksichtigung, da zu wenige Beobachtungen		
CA	Statistics Canada	Apartment Building Construction Price Index	Q1 1986-Q4 2007 (88)
CH	Keine Berücksichtigung, da zu wenige Beobachtungen		
DE	Statistisches Bundesamt	Baupreisindex: Einfamiliengebäude, Bauleistungen am Bauwerk (inkl. MwSt)	Q1 1970-Q4 2007 (152)
DK	Statistics Danmark	Construction Cost Index for Residential Buildings	Q4 1986-Q4 2007 (85)
ES	Eurostat	Quarterly Price Indices for New Residential Buildings	Q1 1980-Q4 2007 (112)
FI	Eurostat	Quarterly Price Indices for New Residential Buildings	Q1 1995-Q4 2007 (52)
FR	Statistique Publique Francaise	Construction logement - Indice du Coût de la Construction - Zone géographique: France Métropolitaine	Q1 1970-Q4 2007 (152)

Land	Quelle	Bezeichnung	Zeitraum (Beobachtungen)
GB	Eurostat	Quarterly Price Indices for New Residential Buildings	Q1 1990-Q4 2007 (72)
IE	Department of the Environment, Heritage and Lokal Governmentt	House Building Cost Index	Q1 1990-Q4 2007 (72)
IT	Eurostat	Quarterly Price Indices for New Residential Buildings	Q1 1985-Q4 2007 (92)
JP	Ministery of Internal Affairs and Communication – Statistics Bureau	Construction Work Prices Deflator - Integrated Housing	Q1 1970-Q4 2007 (38) (nur jährlich)
NL	Eurostat	Quarterly Price Indices for New Residential Buildings	Q3 1992-Q4 2007 (62)
NO	Eurostat	Quarterly Price Indices for New Residential Buildings	Q1 1978-Q4 2007 (120)
NZ	Statistics New Zealand	Producer Price Index - Construction	Q2 1994-Q4 2007 (55)
SE	Statistics Sweden	Building Price Index for Multi-Dwelling Buildings (inkl. MwSt)	Q1 1975-Q4 2007 (132)
US	Census Bureau	Price Deflator (Fisher) Index of New One-Family Houses Under Construction	Q1 1970-Q4 2007 (152)

Anhang V:

Informationen zu den nationalen Neubauvolumina (1990-2007)

Land	Quelle	Bezeichnung
AU	Australian Bureau of Statistics	Number of Dwelling Units Completed
BE	European Mortgage Federation	Housing Starts
CA	Statistics Canada	Housing Completions (Total Units)
CH	Bundesamt für Statistik	Neu erstellte Gebäude mit Wohnungen, neu erstellte Wohnungen
DE	Statistisches Bundesamt	Differenzen aus dem Wohnungsbestand
DK	Statistics Denmark	Total Residential Construction
ES	European Mortgage Federation	Housing Completions
FI	Statistics Finland	Dwelling Completions
FR	European Mortgage Federation	Housing Starts
GB	Communities and Local Government	Permanent Dwellings Completed
IE	Department of the Environment, Heritage and Local Government	House Completions (Social Housing und Private Houses)
IT	European Mortgage Federation	Housing Starts
JP	Construction Research and Statistics Office Policy Bureau Ministry of Land, Infrastructure, Transport and Tourism Government of Japan	New Construction Starts of Dwellings (Number of Dwelling Units)
NL	Centraal Bureau Voor de Statistiek	Changes in the Dwelling Stock
NO	Statistics Norway	Building Statistics: Dwellings and Dwelling Units
NZ	Statistics New Zealand	New Dwellings
SE	Statistics Schweden	Dwelling Starts in newly Constructed Buildings
US	US Census Bureau	New Privately Owned Housing Units Completed

Anhang VI:

Informationen zu den nationalen Verbraucherpreisen (1970-2007)[833]

Land	Quelle	Bezeichnung
AU	Australian Bureau of Statistics	CPI
BE	Banque Nationale de Belgique	CPI - General Index
CA	Statistics Canada	CPI less 8 Volatile Components
CH	Konjunkturforschungsstelle der Eidgenössischen Technischen Hochschule Zürich	CPI
DE	Deutsche Bundesbank	CPI
DK	Statistics Danmark	CPI
ES	Instituto Nacional de Estadística de España	CPI
FI	Statistics Finnland	CPI
FR	National Institue of Statistics and Economic Studies	CPI (Linked & Rebased)
GB	Office for National Statistics	Inflation Rate
IE	Central Statistics Office	CPI
IT	Istituto Nationale di Statistica	CPI
JP	Statistics Bureau (Ministery of Internal Affairs and Communication)	CPI: National Measure
NL	Centraal Bureau Voor de Statistiek	CPI
NO	Statistics Norway	CPI
NZ	Statistics New Zealand	CPI
SE	Statistics Sweden	CPI
US	Bureau of Labor Statistics	CPI

---

[833] Lediglich die spanischen Verbraucherpreise liegen für einen um ein Jahr verkürzten Zeitraum von 1971 bis 2007 vor.

Anhang VII:

Informationen zu den nationalen Hypothekenkreditvolumina

Land	Quelle	Bezeichnung	Zeitraum (Beobachtungen)
AU	Australien Bureau of Statistics	House Finance: All Lenders - Established Dwellings	1975-2007 (33)
BE	Hypostat	Total Outstanding Residential Loans	1983-2007 (25)
CA	Statistics Canada	Residential Mortgage Credit: Total	1970-2007 (38)
CH	Konjunkturforschungsstelle der Eidgenössischen Technischen Hochschule Zürich	Bank Loans Utilised: Mortgage	1985-2007 (23)
DE	Deutsche Bundesbank	Hypothekarkredite insgesamt an inländische Unternehmen und Privatpersonen / alle Bankengruppen	1970-2007 (38)
DK	Hypostat	Total Outstanding Residential Loans	1992-2007 (16)
ES	Hypostat	Total Outstanding Residential Loans	1983-2007 (25)
FI	Bank of Finland	Monetary Financial Institutions Housing Loan Stock	1979-2007 (29)
FR	Hypostat	Total Outstanding Residential Loans	1983-2007 (25)

Land	Quelle	Bezeichnung	Zeitraum (Beobachtungen)
GB	Hypostat	Total Outstanding Residential Loans	1983-2007 (25)
IE	Hypostat	Total Outstanding Residential Loans	1990-2007 (18)
IT	Hypostat	Total Outstanding Residential Loans	1983-2007 (25)
JP	Bank of Japan	Outstanding Housing Credit Loans - all Banks	1974-2007 (34)
NL	Hypostat	Total Outstanding Residential Loans	1991-2007 (17)
NO	Norges Bank	Public Loans by all Mortgage Companies	1986-2007 (22)
NZ	Reserve Bank of New Zealand	Household Claims: Housing	1990-2007 (18)
SE	Statistics Sweden	Loans from Housing Credit Institutions to Private Households	1980-2007 (28)
US	Federal Housing Finance Agency	Outstanding-One-Family Mortgages	1990-2007 (18)

Anhang VIII:

Informationen zu den nationalen Gesamtbeständen an Wohneinheiten (1990-2007)

Land	Quelle	Bezeichnung
AU	Astralien Bureau of Statistics	Total number of Dwellings
		(Berechnet aus der "Total Number of Dwellings"-Statistik aus dem fünfjährig durchgeführten Census. Die Jahreswerte wurden mittels der "Number of Dwelling Units Approved in New Residential Buildings"-Statistik berechnet.)
BE	Hypostat	Total Dwelling Stock
CA	Statics Canada	Housing Stock
CH	Hypostat	Total Dwelling Stock
DE	Hypostat	Total Dwelling Stock
DK	Hypostat	Total Dwelling Stock
ES	Hypostat	Total Dwelling Stock
FI	Statistics Finland	Number of Dwellings
FR	Hypostat	Total Dwelling Stock
GB	Hypostat	Total Dwelling Stock
IE	Hypostat	Total Dwelling Stock
IT	Hypostat	Total Dwelling Stock
JP	Statistics Japan	Dwellings
NL	Hypostat	Total Dwelling Stock
NO	Hypostat	Total Dwelling Stock
NZ	Statistics New Zealand	Private Dwelling Estimates
SE	Hypostat	Total Dwelling Stock
US	Bureau of the Census	Housing Units

Literaturverzeichnis

A

Abreu, Dilip; Brunnermeier, Markus K. (2003): Bubbles and Crashes, in: Econometrica, Vol. 71, No. 1, S. 173-204.

Adalid, Roman; Detken, Carsten (2007): Liquidity Shocks and Asset Price Boom/ Bust Cycles, Working Paper No. 732, European Central Bank.

Ahearne, Alan G.; Ammer, John; Doyle, Brian M.; Kole, Linda S.; Martin, Robert F. (2005): Monetary Policy and House Prices: A Cross-Country Study, International Finance Discussion Paper No. 841, Board of Governors of the Federal Reserve System.

Akerlof, George A.; Shiller, Robert J. (2009): Animal Spirits: Wie Wirtschaft wirklich funktioniert, Frankfurt am Main/New York.

Albrecht, Michael (2004): Das System der US-amerikanischen Wohnungsfinanzierung: Fannie Mae und Freddie Mac als Instrumente staatlicher Wohnungspolitik, Frankfurt am Main.

Allen, Franklin; Gorton, Gary (1993): Churning Bubbles, in: Review of Economic Studies, Vol. 60, No. 4, S. 813-836.

Allen, Franklin; Gale, Douglas (2000): Comparing Financial Systems, Cambridge.

Allen, Franklin; Gale, Douglas (2007): Understanding Financial Crises, Oxford.

Anderson, Adam (1787): An Historical and Chronological Deduction of the Origin of Commerce, from the Earliest Accounts, London.

Ando, Albert; Modigliani, Franco (1963): The Life Cycle Hypothesis of Saving: Aggregate Implications and Tests, in: The American Economic Review, Vol. 53, No. 1, S. 55-84.

Arshanapalli, Bala; Nelson, William (2008): A Cointegration Test to Verify the Housing Bubble, in: The International Journal of Business and Finance Research, Vol. 2, No. 2, S. 35-43.

Arthur, Stephan V. (2005): Obtaining Real Estate Data: Criteria, Difficulties and Limitations, Working Paper No. 21, Bank for International Settlements.

Aschinger, Gerhard (1991): Theorie der spekulativen Blasen, in: Wirtschaftswissenschaftliches Studium, 20. Jg., Heft 6, S. 270-274.

B

Baffoe-Bonnie, John (1998): The Dynamic Impact of Macroeconomic Aggregates on Housing Prices and Stock of Houses: A National and Regional Analysis, in: Journal of Real Estate Finance and Economics, Vol. 17, No. 2, S. 179-197.

Bai, Jushan; Perron, Pierre (1998): Estimating and Testing Linear Models with Multiple Structural Changes, in: Econometrica, Vol. 66, No. 1, S. 47-78.

Bailey, Martin J.; Muth, Richard F.; Nourse, Hugh O. (1963): A Regression Method for Real Estate Price Index Construction, in: Journal of the American Statistical Association, Vol. 58, No. 304, S. 933-942.

Baker, Dean (2002): The Run-up in Home Prices: A Bubble, in: Challenge, Vol. 45, No. 6, S. 93-119.

Ball, Michael (2006): Boom Remains in most European Housing Markets, in: The Appraisal Journal, Vol. 74, No. 3, S. 220-225.

Ball, Michael (2007): What Happens when the Housing Boom Ends?, in: The Appraisal Journal, Vol. 75, No. 3, S. 204-210.

Ball, Michael (2009): Housing Market Developments in Europe, in: The Appraisal Journal, Vol. 77, No. 3, S. 203-212.

Bao, Helen X. H.; Wan, Alan T. K. (2006): Improved Estimators of Hedonic Housing Price Models, SSRN Working Paper.

Barkham, Richard; Geltner, David (1995): Price Discovery in American and British Property Markets, in: Journal of the American Real Estate and Urban Economics Association, Vol. 23, No. 1, S. 21-44.

Basurto, Miguel A. Segoviano; Goodhart, Charles; Hofmann, Boris (2006): Default, Credit Growth and Asset Prices, Working Paper No. 223, International Monetary Fund.

Becker, Sebastian (2007): Globale Liquiditätsschwemme und Vermögenspreisinflation – Fakt oder Fiktion? in: Aktuelle Themen 391, Deutsche Bank Research.

Belke, Ansgar; Wiedmann, Marcel (2005): Boom or Bubble in the US Real Estate Market, in: Intereconomics, Vol. 40, No. 5, S. 273-284.

Belke, Ansgar; Orth, Walter (2007): Global Excess Liquidity and House Prices, Discussion Paper No. 37, Ruhr Economic Papers.

Benjamin, John D.; Chinloy, Peter; Donald Jud, G. (2004): Real Estate vs Financial Wealth in Consumption, in: Journal of Real Estate Finance and Economics, Vol. 29, No. 3, S. 341-354.

Berry, Mike; Dalton, Tony (2004): Housing Prices and Policy Dilemmas: A Peculiarly Australian Problem?, in: Urban Policy Research, Vol. 22, No. 1, S. 69-91.

Bikhchandani, Sushil; Sharma, Sunil (2001): Herd Behavior in Financial Markets, in: IMF Staff Papers, Vol. 47, No. 3, S. 279-310.

Black, Angela; Fraser, Patricia; Hoesli, Martin (2006): House Prices, Fundamentals and Bubbles, in: Journal of Business Finance & Accounting, Vol. 33, No. 9/10, S. 1535-1555.

Blanchard, Oliver S. (1979): Speculative Bubbles, Crashes and Rational Expectations, in: Economic Letters, Vol. 33, No. 4, S. 387-389.

Blanchard, Oliver S.; Watson, Mark W. (1982): Bubbles, Rational Expectations and Financial Markets, Working Paper No. 945, National Bureau of Economic Research.

Bodie, Zvi; Kane, Alex; Marcus, Alan J. (2008): Investments, 7. Auflage, Boston et al.

Bone-Winkel, Stephan; Müller, Tobias; Pfrang, Dominique C. (2008): Bedeutung der Immobilienwirtschaft, in: Schulte, Karl-Werner (HRSG.): Immobilienökonomie, Band 1, 4. Auflage, München, S. 29-46.

Bordo, Michael D.; Jeanne, Olivier (2002): Boom-Busts in Asset Prices, Economic Instability, and Monetary Policy, Working Paper No. 8966, National Bureau of Economic Research.

Bordo, Michael D. (2005): U.S. Housing Boom-Busts in Historical Perspective, Policy Brief No. 2, Networks Financial Institute.

Borio, Claudio; Lowe, Philip (2002): Asset Prices, Financial and Monetary Stability: Exploring the Nexus, Working Paper No. 114, Bank for International Settlement.

Borio, Claudio; McGuire, Patrick (2004): Spitzen von Aktienkursen und Wohnimmobilienpreisen, BIS-Quartalsbericht, März 2004.

Bostic, Raphael; Gabriel, Stuart; Painter, Gary (2005): Housing Wealth, Financial Wealth and Consumption: New Evidence from Micro Data, Paper Presented at the Annual Meetings of the American Real Estate and Urban Economics Association, Boston, January 2006.

Brasington, David M.; Hite, Diane (2006): A Mixed Index Approach to Identifying Hedonic Price Models, SSRN Working Paper.

Brooks, Chris; Katsaris, Apostolos; McGough, Tony; Tsolacos, Sotiris (2001): Testing for Bubbles in Indirect Property Price Cycles, in: Journal of Property Research, Vol. 18, No. 4, S. 341-356.

Brooks, Chris; Katsaris, Apostolos (2005): Was the Tech Bubble Confined to the Tech Sector? SSRN Working Paper.

Brueggeman, William B.; Fisher, Jeffrey D. (2008): Real Estate Finance and Investments, 13. Auflage, Boston et al.

Brunnermeier, Markus K. (2008): Man darf den Banken nicht alles überlassen, in: Badische Zeitung, 26.09.2008, S. 23.

Brunnermeier, Markus K.; Julliard, Christian (2008): Money Illusion and Housing Frenzies, in: The Review of Financial Studies, Vol. 21, No. 1, S. 135-180.

Bruns, Christoph (1994): Bubbles und Excess Volatility auf dem deutschen Aktienmarkt, Wiesbaden.

Brunsson, Nils (1982): The Irrationality of Action and Action of Rationality: Decisions, Ideologies and Organizational Actions, in: Journal of Management Studies, Vol. 19, No. 1, S. 29-44.

Buiter, Willem H. (2007): Lessons from the 2007 Financial Crises, Discussion Paper No. 6596, Centre for Economic Policy Research.

Bulwien, Hartmut (2005): Überblick über Immobilieninvestoren und -anlageprodukte in Deutschland, in: Schulte, Karl-Werner; Bone-Winkel, Stephan; Thomas, Matthias (HRSG.): Handbuch Immobilieninvestition, Köln, S. 45-66.

Burghof, Hans-Peter; Rudolph, Bernd (1996): Bankenregulierung, Wiesbaden.

C

Cagan, Christopher L. (2007): Mortgage Payment Reset - The Issue and the Impact, First American Core Logic White Paper, 19 März 2007.

Cagan, Phillip D. (1956): The Monetary Dynamics of Hyperinflation, in: Friedman, Milton (HRSG.): Studies in the Quantity of Money, Chicago/London, S. 3-41.

Calhoun, Charles A. (1996): OFHEO House Price Indexes: HPI Technical Description, OFHEO.

Calmoiris, Charles W.; Gorton, Gary (1991): The Origins of Banking Panics: Models, Facts, and Bank Regulation, in: Hubbard, R. Glenn (HRSG.): Financial Markets and Financial Crises, Chicago, S. 109-173.

Camerer, Collin (1989): Bubbles and Fads in Asset Prices, in: Journal of Economic Surveys, Vol. 3, No. 1, S. 3-40.

Campbell, Sean; Davis, Morris; Gallin, Joshua; Martin, Robert F. (2009): What Moves Housing Markets: A Variance Decomposition of the Rent-Price Ratio, http://morris.marginalq.com/whatmoves_files/2009-06.whatmoveshousing.pdf, (Zugriff am (18.02.2010).

Cantillon, Richard (1931): Abhandlung über die Natur des Handels im Allgemeinen, deutsche Übersetzung des französischen Originals von 1756 von Hella Hayek, Jena.

Capozza, Dennis R.; Seguin, Paul J. (1996): Expectations, Efficiency, and Euphoria in the Housing Market, in: Regional Science and Urban Economics, Vol. 26, No. 3-4, S. 369-386.

Cardarelli, Roberto; Igan, Deniz; Alessandro, Rebucci (2008): The Changing Housing Cycle and the Implications for Monetary Policy, in: World Economic Outlook, April 2008, S. 103-132.

Carroll, Christopher D.; Otsuka, Misuzu; Slacalek, Jirka (2006): How Large is the Housing Wealth Effect? A New Approach, Working Paper No. 12746, National Bureau of Economic Research.

Caruana, J. (2003): Banking Provisions and Asset Price Bubbles, in: Hunter, William C.; Kaufmann, Georg G.; Pomerleano, Michael (HRSG.): Asset Price Bubbles: The Implications for Monetary, Regulatory, and International Policies, Cambridge/London, S. 537-546.

Case, Bradfort; Pollakowski, Henry O.; Wachter, Susanne M. (1997): Frequency of Transaction and House Price Modeling, in: Journal of Real Estate Finance and Economics, Vol. 14, No. 1, S. 173-187.

Case, Karl E.; Shiller, Robert J. (1987): Prices of Single Family Homes since 1970: New Indexes for Four Cities, Working Paper No. 2393, National Bureau of Economic Research.

Case, Karl E.; Shiller, Robert J. (1988): The Behaviour of Home Buyers in Boom and Post-Boom Markets, Working Paper No. 2748, National Bureau of Economic Research.

Case, Karl E.; Shiller, Robert J. (1989): The Efficiency of the Market for Single-Family Homes, in: The American Economic Review, Vol. 79, No. 1, S. 125-137.

Case, Karl E.; Shiller, Robert J. (1990): Forecasting Prices and Excess Returns in the Housing Market, in: Journal of the American Real Estate and Urban Economics Association, Vol. 18, No. 3, S. 253-273.

Case, Karl E.; Shiller, Robert J. (1999): The Behaviour of Home Buyers in Boom and Post-Boom Markets, in: Shiller, Robert J. (HRSG.): Market Volatility, Cambridge/ London, S. 403-430.

Case, Karl E.; Shiller, Robert J. (2003): Is There a Bubble in the Housing Market?, in: Brookings Papers on Economic Activity, Issue 2, S. 299-362.

Case, Karl E.; Quigley, John M.; Shiller, Robert J. (2005): Comparing Wealth Effects: The Stock Market versus the Housing Market, in: Advances in Macroeconomics, Vol. 5, No. 1, S. 1-32.

Cass, David; Shell, Karl (1983): Do Sunspots Matter?, in: The Journal of Political Economy, Vol. 91, No. 2, S. 193-227.

Catão, Luis; Sutton, Bennet (2002): Three Essays on how Financial Markets Affect Real Activity, in: World Economic Outlook, April 2002, International Monetary Funds, S. 61-103.

Catte, Pietro; Girouard, Nathalie; Price, Robert; Andre, Christophe (2004): Housing Markets, Wealth, and the Business Cycle, Working Paper No. 394, OECD Economics Department.

Cecchetti, Stephen G. (2005): The Brave New World of Banking: The Policy Challanges Posed by Asset Price Booms and Busts, Working Paper No. 14, Czech National Bank.

Census Bureau (2010): New Residential Sales, http://www.census.gov/const/www/ newressalesindex.html (Zugriff am 13.01.2010).

Ceron, Jose; Suarez, Javier (2006): Hot and Cold Housing Markets: International Evidence, Working Paper No. 603, Center for Monetary and Financial Studies.

Chau, K. W.; Wong, S. K.; Yiu, C. Y. (2005): Adjusting for Non-Linear Age Effects in the Repeat Sales Index, in: The Journal of Real Estate Finance and Economics, Vol. 31, No. 2, S. 137-153.

Chinloy, Peter; Cho, Man; Megbolugbe, Isaac F. (1997): Appraisals, Transaction Incentives, and Smoothing, in: Journal of Real Estate Finance and Economics, Vol. 14, No. 1, S. 89-111.

Cho, Man (1996): House Price Dynamics: A Survey of Theoretical and Empirical Issues, in: Journal of Housing Research, Vol. 7, No. 2, S. 145-172.

Cho, Man; Megbolugbe, Isaac F. (1996): An Empirical Analysis of Property Appraisal and Mortgage Redlining, in: Journal of Real Estate Finance and Economics, Vol. 13, No. 1, S. 45-55.

Chow, Gregory N. (1975): Analysis and Control of Dynamic Economic Systems, New York.

Chu, Yongqiang; Sing, Tien F. (2004): Inflation Hedging Characteristics of Chinese Real Estate Market, in: Journal of Real Estate Portfolio Management, Vol. 10, No. 2, S. 145-154.

Clayton, Jim (1996): Rational Expectations, Market Fundamentals and Housing Price Volatility, in: Real Estate Economics, Vol. 24, No. 4, S. 441-470.

Collyns, Charles (2003): Lending Booms, Real Estate Bubbles, and the Asian Crises, in: Hunter, William C.; Kaufmann, Georg G.; Pomerleano, Michael (HRSG.): Asset Price Bubbles: The Implications for Monetary, Regulatory, and International Policies, Cambridge/London, S. 101-125.

Cooper, Michael J.; Dimitrov, Orlin; Rau, P. Raghavendra (2001): A Rose.com by any other Name, in: The Journal of Finance, Vol. 56, No. 6, S. 2371-2388.

Crews Cutts, Amy; Green, Richard K. (2004): Innovative Servicing Technology: Smart enough to Keep People in their Houses?, Working Paper No. 3, Freddie Mac.

D

DaDalt, Peter; Donaldson, Jeff; Garner, Jacqueline (2002): Will Any q Do? Firm Characteristics and Divergences in Estimates of Tobin's q, SSRN Working Paper.

Damaske, Martin; Iden, Sören (2009): Nutzen und Möglichkeiten der Indexbildung bei Hauspreisen, in: Immobilien und Finanzierung, Ausgabe 3, S. 88-89.

Damodaran, Aswath (2002): Valuation – Tools and Techniques for Determining the Value of Any Asset, New York.

Dasso, Jerome J.; Shilling, James D.; Ring, Alfred A.; Guttery, Randall S. (1995): Real Estate, 12. Auflage, Englewood Cliffs/New Jersey.

Davis, E. Philip; Zhu, Haibin (2004): Bank Lending and Commercial Property Cycles: Some cross-country Evidence, Working Paper No. 190, Bank for International Settlement.

Dell'Ariccia, Giovanni; Igan, Deniz; Laeven, Luc (2008): Credit Booms and lending Standards: Evidence from the Subprime Mortgage Market, SSRN Working Paper.

Demary, Markus (2008): Die ökonomische Relevanz von Immobilienpreis- schwankungen, in: IW-Trends, Ausgabe 4, S. 1-14.

Detken, Carsten; Smets, Frank (2004): Asset Price Booms and Monetary Policy, Working Paper No. 364, European Central Bank.

Deutsche Bundesbank (2007): Der Zusammenhang von monetärer Entwicklung und Immobilienmarkt, Monatsbericht Juli 2007, S. 15-27.

Deutsche Bundesbank (2008): Neuere Entwicklungen im internationalen Finanzsystem, Monatsbericht, Juli 2008, S. 15-31.

Diamond, Peter; Vartiainen, Hannu (2007): Behavioral Economics and Its Applications, Princeton/Oxford.

Diba, Behzad T.; Grossman, Herschel L. (1987): On the Inception of Rational Bubbles, in: The Quarterly Journal of Economics, Vol. 102, No. 3, S. 697-700.

Diba, Behzad T.; Grossman, Herschel L. (1988a): Rational Inflationary Bubbles, in: Journal of Monetary Economics, Vol. 21, No. 1, S. 35-46.

Diba, Behzad T.; Grossman, Herschel L. (1988b): Explosive Rational Bubbles in Stock Prices?, in: The American Economic Review, Vol. 78, No. 3, S. 520-530.

Dickey, David A.; Fuller, Wayne A. (1979): Distribution of the Estimators for Autoregressive Time Series with a Unit Root, in: Journal of the American Statistical Association, Vol. 74, No. 366, S. 427-431.

Dickey, David A.; Fuller, Wayne A. (1981): Likelihood Ratio Statistics for Autoregressive Time Series with a Unit Root, in: Econometrica, Vol. 49, No. 4, S. 1057-1072.

Dluhosch, Barbara (2008): Die Abkopplungsthese sticht nicht, in: Frankfurter Allgemeine Zeitung, 02.08.2008, S. 11.

Dombrow, Jonathan; Night, J. R.; Sirmans, C. F. (1997): Aggregation Bias in Repeat-Sales Indices, in: Journal of Real Estate Finance and Economics, Vol. 14, No. 1, S. 75-88.

Dopfer, Tom (2000): Der westdeutsche Wohnungsmarkt, München.

Downs, David H.; Slade, Barrett A. (1999): Characteristics of a Full-Disclosure, Transaction-Based Index of Commercial Real Estate, in: Journal of Real Estate Portfoliomanagement, Vol. 5, No. 1, S. 95-104.

Duygan, Burcu; Grant, Charles (2006): Household Debt and Arrears: What Role do Institutions play?, SSRN Working Paper.

E

Economist, The (2007): Credit Derivatives: At the Risky End of Finance, Vol. 383, No. 8525, S. 80-82.

Edey, Malcolm; Hviding, Ketil (1995): An Assessment of Financial Reform in OECD Countries, Working Paper No. 154, OECD Economics Department.

Edison, Hali J.; Luangaram, Pongsack; Miller, Marcus (1998): Asset Bubbles, Domino Effects and ‚Lifeboats': Elements of the East Asian Crisis, International Finance Discussion Papers No. 606, Board of Governors of Federal Reserve System.

Egert, Balzas; Mihaljek, Dubravko (2007): Determinants of House Prices in Central and Eastern Europe, Working Paper No. 236, Bank for International Settlement.

Eichengreen, Barry (2008): Die Parallelen zur Asienkrise, in: Frankfurter Allgemeine Zeitung, 20.09.2008, S. 11.

Eichler, Martin; Benz, Simon (2005): Strukturbrüche in der Schweiz: Erkennen und Vorhersehen, in: Die Volkswirtschaft, Ausgabe 06/2005, S. 12-16.

Ellenrieder, Rainer (2001): Synergetische Kapitalmarktmodelle, Bad Soden/Ts.

Ellis, Luci (2008): The Housing Meltdown: Why Did It Happen in the United States? Working Paper No. 259, Bank for International Settlement.

Enders, Walter (2004): Applied Econometric Time Series, 2. Auflage, Hoboken/New York.

Engle, Robert F.; Granger, Clive W. J. (1987): Co-Integration and Error Correction: Representation, Estimation, and Testing, in: Econometrica, Vol. 55, No. 2, S. 251-276.

Engle, Robert F.; Granger, Clive W. J. (1991): Long-Run Economic Relationships – Readings in Cointegration, Oxford et al.

Englund, Peter; Ioannides, Yannis M. (1997): House Price Dynamics: An International Empirical Perspective, in: Journal of Housing Economics, Vol. 6, No. 2, S. 119-136.

Europäische Zentralbank (2005): Monatsbericht April 2005.

Europäische Zentralbank (2007): Monatsbericht September 2007.

Europäische Zentralbank (2010a): Monatsbericht Februar 2010.

Europäische Zentralbank (2010b): Monatsbericht Mai 2010.

Evans, George W. (1991): Pitfalls in Testing for Explosive Bubbles in Asset Prices, in: The American Economic Review, Vol. 81, No. 4, S. 922-930.

F

Fabozzi, Frank J.; Shiller, Robert J.; Tunaru, Radu (2009): Hedging Real Estate Risk, Working Paper No. 12, Yale International Center for Finance.

Fama, Eugene F. (1970): Efficient Capital Markets: A Review of Theory and Empirical Work, in: The Journal of Finance, Vol. 25, No. 2, S. 383-417.

Fama, Eugene F. (1991): Efficient Capital Markets II, in: The Journal of Finance, Vol. 46, No. 5, S. 1575-1617.

Fannie Mae (2010): Loan Limits, http://www.fanniemae.com/aboutfm/loanlimits.jhtml (Zugriff 13.01.2010).

Federal Housing Finance Agency (2010): Census Division Weights Used in National Index Construction, http://www.fhfa.gov/ (Zugriff am 13.01.2010).

Feinman, Joshua N. (2006): U.S. House Prices: Not as Overvalued as Many Think, in: The Journal of Investing Vol. 15, No. 2, S. 42-52.

Feldstein, Martin S. (2007): Housing, Credit Market and the Business Cycle, Working Paper No. 13471, National Bureau of Economic Research.

Fendel, Ralf; Frenkel, Michael (2009): Die Subprime-Krise 2007/08: Ursachen, Auswirkungen und Lehren, in: Wirtschaftswissenschaftliches Studium, Heft 2 Februar 2009, S. 78-85.

Fernandez-Kranz, Daniel; Hon, Mark T. (2006): A Cross-Section Analysis of Income Elasticity of Housing Demand in Spain: Is There a Real Estate Bubble?, in: Journal of Real Estate Finance and Economics, Vol. 32, No. 4, S. 449-470.

Filardo, Andrew J. (2003): Comments on Empirical Dimensions of Asset Price Bubbles, in: Hunter, William C.; Kaufmann, Georg G.; Pomerleano, Michael (HRSG.): Asset Price Bubbles: The Implications for Monetary, Regulatory, and International Policies, Cambridge/London, S. 291-297.

Finicelli, Andrea (2007): House Price Developments and Fundamentals in the United States, Occasional Paper No. 7, Bank of Italy.

Finney, Denise (2008): How the Bear Stearns Collapse Affects the Financial Markets, SSRN Working Paper.

Firstenberg, Paul M.; Ross, Stephen A.; Zisler, Randall C. (1988): Real Estate: The Whole Story, in: Journal of Portfolio Management, Vol. 14, No. 3, S. 22-34.

Fisher, Jeffrey; Geltner, David; Pollakowski, Henry (2007): A Quarterly Transactions-based Index of Institutional Real Estate Investment Performance and Movements in Supply and Demand, in: Journal of Real Estate Finance and Economics, Vol. 34, No. 1, S. 5-33.

Flavin, Marjorie (1983): Excess Volatility in the Financial Markets: A Reassessment of the Empirical Evidence, in: Journal of Political Economy Vol. 91, No. 6, S. 929-956.

Flood, Robert P.; Garber, Peter M. (1982): Bubbles, Runs and Gold Monetization, in: Wachtel, Paul (HRSG.): Crises in the Economic and Financial Structure, Lexington, S. 275-293.

Flood, Robert P.; Hodrick, Robert J. (1986): Asset Price Volatility, Bubbles and Process Switching, in: The Journal of Finance, Vol. 41, No. 4. S. 831-842.

Flood, Robert P.; Hodrick, Robert J. (1990): On Testing for Speculative Bubbles, in: Journal of Economic Perspectives, Vol. 9, No. 2, S. 85-101.

Flood, Robert P.; Hodrick, Robert J. (1994): On Testing for Speulative Bubbles, in: Flood, Robert P.; Garber, Peter M. (HRSG.): Speculative Bubbles, Speculative Attacks, and Policy Switching, Cambridge/London, S. 83-103.

Flood, Robert P.; Hodrick, Robert J.; Kaplan, Paul (1994): An Evaluation of Recent Evidence on Stock Market Bubbles, in: Flood, Robert P.; Garber, Peter M. (HRSG.): Speculative Bubbles, Speculative Attacks, and Policy Switching, Cambridge/London, S. 105-134.

Francke, Hans-Hermann (2005): Immobilienbewertung im Lichte rationaler Kapitalanlageentscheidungen, in: Francke, Hans-Hermann; Rehkugler, Heinz (HRSG.): Immobilienmärkte und Immobilienbewertung, München, S. 287-302.

Francke, Hans-Hermann (2008): Marktversagen oder Politikversagen – Lehren aus der Immobilienkrise, in: Input – Zeitschrift für die Praxis, Ausgabe 2, S. 4-7.

Franke, Günter; Krahnen, Jan Pieter (2008): The Future of Securitization, Working Paper No. 31, Center for Financial Studies.

Fraser, Patricia; Hoesli, Martin; Mc Alevey, Lynn (2006): House Price Bubbles in New Zealand, Research Paper No. 20, Swiss Finance Institute.

Freddie Mac (2010): CMHPI Frequently Asked Questions, http://www.freddiemac.com/finance/cmhpi/faq.htm (Zugriff am 13.01.2010).

Freiberg, Nicole (2004): Rationales Herdenverhalten - Theorie, Empirie und Lösungsansätze, Würzburg.

Friedman, Milton (1957): A Theory of the Consumption Function, New York.

Froot, Kenneth A.; Obstfeld, Maurice (1991): Intrinsic Bubbles: The Case of Stock Prices, in: The American Economic Review, Vol. 81, No. 5, S. 1189-1214.

Fuller, Wayne A. (1976): Introduction to Statistical Time Series, New York et al.

Füss, Roland (2003): Emerging Markets im internationalen Portfoliomanagement, Bad Soden/Ts.

G

Gallin, Joshua (2006): The Long-Run Relationship between House Prices and Income: Evidence from Local Housing Markets, in: Journal of Real Estate Economics, Vol. 34, No. 3, S. 417-438.

Gallin, Joshua (2008): The Long-Run Relationship between House Prices and Rents, in: Real Estate Economics, Vol. 36, No. 4, S. 635-658.

Garber, Peter M. (1990a): Famous First Bubbles, in: Journal of Economic Perspectives, Vol. 4, No. 2, S. 35-54.

Garber, Peter M. (1990b): Who Put the Mania in the Tulipmania? in: White, Eugene N. (HRSG.): Crashes and Panics: The Lessons form History, Homewood, S. 3-32.

Garber, Peter M. (2000): Famous First Bubbles, Cambridge/London.

Gatzlaff, Dean; Haurin, Donald (1997): Sample Selection Bias and Repeat-Sales Index Estimates, in: Journal of Real Estate Finance and Economics, Vol. 14, No. 1, S. 33-50.

Gatzlaff, Dean; Geltner, David (1998): A Repeat-Sales Transaction-Based Index of Commercial Property, SSRN Working Paper.

Geltner, David (1991): Smoothing in Appraisal-Based Returns, in: Journal of Real Estate Finance and Economics, Vol. 4, No. 3, S. 327-345.

Geltner, David; Ling, David C. (2006): Considerations in the Design and Construction of Investment Real Estate Research Indices, in: Journal of Real Estate Research, Vol. 28, No. 4, S. 411-444.

Genesove, David; Mayer, Christopher (2001): Loss Aversion and Seller Behavior: Evidence from the Housing Market, in: The Quarterly Journal of Economics, Vol. 116, No. 4, S. 1233-1260.

Gerardi, Kristopher; Lehnert, Andreas; Sherlund, Shane M.; Willen, Paul (2008): Making Sense of the Subprime Crisis, in: Brooking Papers on Economic Activity, Conference Draft, Fall 2008, S. 1-39.

Gerlach, Stefan; Peng, Wensheng (2005): Bank Lending and Property Prices in Hong Kong, in: Journal of Banking and Finance, Vol. 29, No. 2, S. 461-481.

Gibler, Karen, M.; Black, Roy T.; Moon, Kimberly P. (2002): Time, Place, Space, Technology and Corporate Real Estate Strategy, in: Journal of Real Estate Research, Vol. 24, No. 3, S. 235-265.

Girouard, Nathalie; Blöndal, Sveinbjörn (2001): House Prices and Economic Activity, Working Paper No. 279, OECD Economics Department.

Girouard, Nathalie; Kennedy, Mike; Noord, Paul van den; Andre, Christophe (2006): Recent House Price Developments: The Role of Fundamentals, Working Paper No. 475, OECD Economics Department.

Glaeser, Edward L.; Gyourko, Joseph; Saiz, Albert (2008): Housing Supply and Housing Bubbles, Working Paper No. 14193, National Bureau of Economic Research.

Glascock, John L.; Feng, Lei; Fan, Li; Bao, Helen X. (2008): Inflation Hedging Characteristics of Real Estate Assets in Hong Kong, SSRN Working Paper.

Gneuss, Michael (2008): Den Gewinnern hinterher, in: Plan - Das Investmagazin der IVG Immobilien AG, 02/2008, S. 17-19.

Goldberg, Joachim; Nitzsch, Rüdiger von (2004): Behavioral Finance, 4. Auflage, München.

Goldgar, Anne (2007): Tulipmania: Money, Honor, and Knowledge in the Dutch Golden Age, Chicago.

Gondring, H. (2004): Immobilienwirtschaft, München.

Goodhart, Charles; Hofmann, Boris; Basurto, Miguel A. Segoviano (2004): Bank Regulations and Macroeconomic Fluctuations, in: Oxford Review of Economic Policy, Vol. 20 No. 4, S. 591-615.

Goodhart, Charles; Hofmann, Boris (2008): House Prices, Money, Credit and the Macroeconomy, Working Paper No. 888, European Central Bank.

Gorton, Gary (2008): The Panic of 2007, Working Paper No. 14398, National Bureau of Economic Research.

Gouteron, Sylvain; Szpiro, Daniel (2005): Excess Monetary Liquidity and Asset Prices, SSRN Working Paper.

Grant, Charles; Peltonen, Tuomas A. (2008): Housing and Equity Wealth of Italian Households, Working Paper No. 857, European Central Bank.

Greene, William H. (2008): Econometric Analysis, 6. Auflage, Upper Saddle River/ New Jersey.

Greenspan, Alan (1996): Speech at the Annual Dinner and Francis Boyer Lecture of The American Enterprise Institute for Public Policy Research, Washington, D.C. December 5, 1996, http://www.federalreserve.gov/boardDocs/speeches/1996/1996 1205.htm (Zugriff am 13.01.2010).

Greenspan, Alan (1997): Federal Reserve's semiannual monetary policy report, before the Committee on Banking, Housing, and Urban Affairs, U.S. Senate, February 26, http://www.federalreserve.gov/boarddocs/hh/1997/february/testimony.htm (Zugriff am 03.08.2010).

Greenspan, Alan (2007): The Age of Turbulence – Adventures in a New World, London.

Greiber, Claus; Setzer, Ralph (2007): Money and Housing - Evidence from the Euro Area and the US, Discussion Paper No. 12, Deutsche Bundesbank.

Grenadier, Steven R. (1995): The Persistence of Real Estate Cycles, in: Journal of Real Estate Finance and Economics, Vol. 10, No. 2, S. 95-119.

Griliches, Zvi (1990): Hedonic Price Indexes and the Measurement of Capital and Productivity: Some Historical Reflections, in: Berndt, Ernst R.; Triplett, Jack E. (HRSG.): Fifty Years of Economic Measurement: The Jubilee of the Conference on Research in Income and Wealth, Chicago/London, S. 185-202.

Gros, Daniel (2007): Bubbles in Real Estate? A Longer-Term Comparative Analysis of Housing Prices in Europe and the US, Working Document No. 276, Centre for European Policy Studies.

Grossman, Sanford; Shiller, Robert (1981): The Determinants of the Variability of Stock Market Prices, in: The American Economic Review, Vol. 71, No. 2, S. 222-227.

Gruber, Andreas (1988): Signale, Bubbles und rationale Anlagestrategien auf Kapitalmärkten, Wiesbaden.

Guilkey, David; Miles, Mike; Cole, Rebel (1989): The Motivations for Institutional Real Estate Sales and Implications for Asset Class Returns, in: Journal of the American Real Estate & Urban Economics Association, Vol. 17, No. 1, S. 70-86.

Gürkaynak, Refet S. (2005): Econometric Tests of Asset Price Bubbles: Taking Stocks, Working Paper No. 4, Finance and Economics Discussion Series, Federal Reserve Board, Washington, D. C.

Guttentag, Jack; Herring, Richard J. (1986): Disaster Myopia in International Banking, Essays in International Finance No. 164, Princeton University.

Gyourko, Joseph; Christopher Mayer; Sinai; Todd (2006): Superstar Cities, SSRN Working Paper.

H

Haines, Cabray L.; Rosen, Richard J. (2007): Bubble, Bubble, Toil, and Trouble, in: Economic Perspectives, Vol. 31, No. 1, S. 16-35.

Hakkio, Craig S.; Rush, Mark (1991): Cointegration: How Short is the Long-Run?, in: Journal of International Money and Finance, Vol. 10, No. 4, S. 571-581.

Hall, Stephen G. (1991): The Effect of Varying Length VAR Models on the Maximum Likelihood Estimates of Cointegrating Vectors, in: Scottish Journal of Political Economy, Vol. 38, No. 4, S. 317-323.

Hamburg, Britta; Hoffmann, Mathias; Keller, Joachim (2005): Consumption, Wealth and Business Cycles in Germany, Working Paper No. 1443, CESifo.

Harrison, J. Michael; Kreps, David M. (1978): Speculative Investor Behavior in a Stock Market with Heterogeneous Expectations, in: The Quarterly Journal of Economics, Vol. 92, No. 2, S. 323-336.

Hayek, Friedrich August von (1976): Geldtheorie und Konjunkturtheorie, Salzburg.

Heath, Robert (2005): Real Estate Prices as Financial Soundness Indicators, Working Paper No. 21, Bank for International Settlements.

Heiser, Hartwig (2006): Bestimmungsgründe des Büromietzinses – Hedonische Mietpreise am Beispiel des Münchner Gewerbemarktes, Berlin.

Helbling, Thomas F. (2005): House Price Bubbles - A Tale Based on Housing Price Booms and Busts, Working Paper No. 21, Bank for International Settlements, S. 30-41.

Helbling, Thomas F.; Terrones, Marco (2003): When Bubbles Burst, in: World Economic Outlook, April 2003, International Monetary Fund, S. 61-94.

Hendershott, Patric H. (2000): Property Asset Bubbles: Evidence from the Sydney Office Market, in: Journal of Real Estate Finance and Economics, Vol. 20, No. 1, S. 67-81.

Heri, Erwin, W. (1986): Irrationales Rational gesehen: Eine Übersicht über die Theorie der «Bubbles», in: Schweizerische Zeitschrift für Volkswirtschaft und Statistik, Heft 2, S. 163-186.

Herrera, Santiago; Perry, Guillermo (2001): Tropical Bubbles: Asset Prices in Latin America, 1980-2001, Working Paper No. 2724, World Bank Policy Research.

Herring, Richard J.; Wachter, Susan (1999): Real Estate Booms and Banking Busts: An International Perspective, Working Paper No. 27, The Wharton Financial Institutions Center.

Herring, Richard J.; Wachter, Susan (2003): Bubbles in Real Estate Markets, in: Hunter, William C.; Kaufmann, Georg G.; Pomerleano, Michael (HRSG.): Asset Price Bubbles: The Implications for Monetary, Regulatory, and International Policies, Cambridge/London, S. 217-230.

Herrmann, Frank (2005): Integration und Volatilität bei Emerging Markets, Wiesbaden.

Heuchemer, Sylvia (2003): Der internationale Konjunkturverbund – Eine empirische Analyse für die Länder der OECD, Freiburg i. Br.

Hey, John D. (1991): Experiments in Economics, Oxford.

Hilbers, Paul; Lei, Qin; Zacho, Lisbeth (2001): Real Estate Market Developments and Financial Sector Soundness, Working Paper No. 129, International Monetary Fund.

Hilbers, Paul; Hoffmaister, Alexander W.; Banerji, Angana; Shi, Haiyan (2008): House Price Developments in Europe: A Comparison, Working Paper No. 211, International Monetary Fund.

Hildebrandt, Arnd (2008): Zehn Börsenregeln für Anleger, in: Frankfurter Allgemeine Zeitung, 27.09.2008, S. 20.

Himmelberg, Charles; Mayer, Christopher; Sinai, Todd (2005): Assessing House Prices: Bubbles, Fundamentals and Misperceptions, in: Journal of Economic Perspectives, Vol. 19, No. 4, S. 67-92.

Hoesli, Martin; MacGregor, Bryan D.; Matysiak, George; Nanthakumaran, Nanda (1997): The Short-Term Inflation-Hedging Characteristics of U.K. Real Estate, in: Journal of Real Estate Finance and Economics, Vol. 15, No. 1, S. 27-57.

Hoffmann, Johannes; Lorenz, Andreas (2006): Real Estate Price Indices in Germany: Past, Present and Future, Working Paper No. 7, OECD-IMF WORKSHOP, Real Estate Price Indexes Paris, 6-7 November 2006.

Hofmann, Boris (2003): Bank Lending and Property Prices: Some International Evidence, Working Paper No. 22/2, Hong Kong Institute for Monetary Research.

Horowitz, Joel (1992): The Role of the List Price in Housing Markets: Theory and Econometric Model, in: Journal of Applied Econometrics Vol. 7, No. 2, S. 115-129.

Hossain, Monzur (2004): Did Asset Price Bubbles Matter for Japanese Banking Crisis in the 1990s?, SSRN Working Paper.

Hott, Christian; Monnin, Pierre (2008): Fundamental Real Estate Prices: An Empirical Estimation with International Data, in: Journal of Real Estate Finance and Economics Vol. 36, No. 4, S. 427-450.

Hu, Jian (2007): Assessing the Credit Risk of CDOs Backed by Structured Finance Securities: Rating Analysts' Challenges and Solutions, SSRN Working Paper.

Hui, Eddie C. M.; Yue, Shen (2006): Housing Price Bubbles in Hong Kong, Bejing and Shanghai: A Comparative Study, in: Journal of Real Estate Finance and Economics, Vol. 33, No. 4, S. 299-327.

I

Iacoviello, Matteo; Minetti, Raoul (2003): Financial Liberalization and the Sensitivity of House Prices to Monetary Policy: Theory and Evidence, in: Manchester School, Vol. 71, No. 1, S. 20-34.

Ito, Takatoshi; Iwaisako, Tokuo (1995): Explaining Asset Price Bubbles in Japan, Working Paper No. 5358, National Bureau of Economic Research.

Ito, Takatoshi; Hashimoto, Yuko (2002): High Frequency Contagion of Currency Crises in Asia, Working Paper No. 9376, National Bureau of Economic Research.

J

Jäger, Manfred; Voigtländer, Michael (2006): Immobilienfinanzierung, Köln.

Jandura, Dirk (2000): Integration internationaler Finanzmärkte: Definitionen, Meßkonzepte, empirische Analysen, Bad Soden/Ts.

Jarque, Carlos M.; Bera, Anil K. (1980): Efficient Tests for Normality, Homoscedasticity and Serial Independence of Regression Residuals, in: Economic Letters , Vol. 6, No. 3, S. 255-259.

Jedem, Ulrike (2006): Immobilienrating – Überlegungen zur Risikoeinschätzung bei Immobilien aus Sicht der Kapitalgeber, Freiburg im Br./Berlin.

Jenkis, Helmut W. (1996): Kompendium der Wohnungswirtschaft, München/Wien.

Jenkis, Helmut W. (2004): Grundlagen der Wohnungswirtschaftspolitik, München/ Wien.

Jensen, Michael C.; Meckilng, William H. (1976): Theory of the Firm: Managerial Behaviour, Agency Costs and Ownership Structure, in: Journal of Financial Economics, Vol. 3, No. 4, S. 305-360.

Johansen, Søren (1988): Statistical Analysis of Cointegration Vectors, in: Journal of Economic Dynamics and Control, Vol. 12, No. 2/3, S. 231-254.

Just, Tobias (2003): Bedroht eine Immobilienblase in den USA die Weltwirtschaft?, in: Immobilien und Finanzierung, Ausgabe 7, S. 226-228.

Just, Tobias; Ebner, Stefanie (2006): Fallende Wohnungspreise in den USA: Wird Europa folgen?, in: Aktuelle Themen 370, Deutsche Bank Research.

Just, Tobias; Mayer, Thomas (2010): Wohnimmobilien in OECD-Ländern, in: Aktuelle Themen 478, Deutsche Bank Research.

Jüttner, D. Johannes (1989): Fundamentals, Bubbles, Trading Strategies: Are They the Causes of Black Friday?, in: Kredit und Kapital, Vol. 4, S. 470-486.

K

Kajuth, Florian (2009): Preisindizes für Wohnimmobilien: Konzeption und Ergebnisse, in: Immobilien und Finanzierung, Ausgabe 3, S. 85-87.

Kallberg, Jarl; Liu, Crocker H.; Srinivasan, Anand (1998): Evaluating Stock Price Volatility: The Case of REITs, Working Paper No. 48, Department of Finance, Stern School of Business.

Kaminsky, Garciela L.; Reinhart, Carmen M. (1999): The Twin Crises: The Causes of Banking and Balance of Payments Problems, in: The American Economic Review, Vol. 89, No. 3, S. 473-500.

Kasparova, Diana; White, Michael (2001): The Responsiveness of House Prices to Macroeconomic Forces: A Cross-Country Comparison, in: European Journal of Housing Policy, Vol. 37, No. 3, S. 385-416.

Kaustia, Markku; Alho, Eeva; Puttonen, Vesa (2008): How Much Does Expertise Reduce Behavioral Biases? The Case of Anchoring Effects in Stock Return Estimates, in: Financial Management, Vol. 37, No. 3, S. 391-411.

Kempf, Simon (2008): Development of Hedonic Office Rent Indices for German Metropolitan Areas, Köln.

Keynes, John Maynard (1936): The General Theory of Employment Interest and Money, New York.

Keys, Benjamin J.; Mukherjee, Tanmoy; Seru, Amit; Vig, Vikrant (2008): Did Securitization lead to lax Screening? Evidence from Subprime Loans, SSRN Working Paper.

Kholodilin, Konstantin; Menz, Jan-Oliver; Siliverstovs, Boriss (2007): What Drives Housing Prices Down? Evidence from an International Panel, Diskussion Paper No. 758, Deutsches Institut für Wirtschaftsforschung.

Kiff, John; Mills, Paul (2007): Money for Nothing and Checks for Free: Recent Developments in U.S. Subprime Mortgage Markets, Working Paper No. 188, International Monetary Fund.

Kim, Sei-Wan; Bhattacharya, Radha (2009): Regional Housing Prices in the USA: An Empirical Investigation of Nonlinearity, in: Journal of Real Estate Finance and Economics, Vol. 38, No. 4, S. 443-460.

Kindleberger, Charles P. (1996): Manias, Panics, and Crashes, 3. Auflage, Basingstoke et al.

Kirchner, Christian (2009): Die Juristen müssen lernen zu kommunizieren, in: Frankfurter Allgemeine Zeitung, 02.01.2009, S. 13.

Kishor, N. Kundan (2007): Does Consumption Respond More to Housing Wealth than to Financial Market Wealth? If so, Why?, in: Journal of Real Estate Finance and Economics, Vol. 35, No. 4, S. 427-448.

Kitzmann, Mark P. (1987): Incentive Fees: Some Problems and Some Solutions, in: Financial Analyst Journal, Vol. 43, No. 1, S. 21-26.

Kleidon, Allan (1986): Variance Bounds Tests and Stock Price Valuation Models, in: Journal of Political Economy, Vol. 94, No. 5, S. 953-1001.

Klyuev, Vladimir (2008): What Goes Up Must Come Down? House Price Dynamics in the United States, Working Paper No. 187, International Monetary Fund.

Köddermann, Ralf (1993): Chartisten, Bubbles und Handelsvolumen, Münster/New York.

Kölbach, Ralf; Macke, Hans-Theo; Schönwitz, Dietrich (2009): Krisenmanagement und Krisenprävention - Eine Analyse des Umgangs mit der Finanz- und Wirtschaftskrise, in: Zeitschrift für das gesamte Kreditwesen, 62. Jahrgang, Heft 2, S. 1-8.

Krahnen, Jan Pieter (2008): How to Revitalize the Credit Market in One Step, in: Financial Times, 27.09.2007, S. 11.

Krainer, John; Wei, Chishen (2004): House Price and Fundamental Value, in: Economic Letter No. 27, Federal Reserve Bank of San Francisco.

Kregel, Jan (2008): Changes in the U.S. Financial System and the Subprime Crisis, Working Paper No. 530, The Levy Economics Institute.

Krugman, Paul, (1998a): Rationales for Rationality, in: Dennis, Kenneth (HRSG.): Rationality in Economics: Alternative Perspectives, Boson et al., S. 111-122.

Krugman, Paul (1998b): What happened to Asia? Mimeo, Department of Economics, Massachusetts Institute of Technology.

Kugler, Peter (2002): Nichtstationarität und Kointegration, in: Schröder, Michael (HRSG.): Finanzmarkt-Ökonometrie, Stuttgart, S. 263-299.

Kuls, Norbert (2008): Der Kollaps einer kalifornischen Bank, in: Frankfurter Allgemeine Zeitung, 19.07.2008, S. 21.

Kußmaul, Heinz (1999): Ermittlung des Kalkulationszinsfußes und des Wachstumsfaktors im Barwertkonzept zur Fundamentalanalyse, in: Der Steuerberater, Heft 5, S. 175-184.

L

Lamont, Owen; Jeremy C. Stein (1999): Leverage and House-Price Dynamics in U.S. Cities, in: RAND Journal of Economics, Vol. 30, No. 3, S. 498-514.

Lang, Günter (2004): Zykluskonforme Krise oder Strukturbruch? Volkswirtschaftliche Diskussionsreihe Beitrag Nr. 258, Volkswirtschaftliches Institut.

Leamer, Edward E. (2002): Bubble Trouble? Your House Has a P/E Ratio Too, UCLA Anderson School Forecast Quarterly Forecast Journal, June 2002.

Lee, Gabriel S. (2008): Wohnimmobilienmärkte, in: Schulte, Karl-Werner (HRSG.): Immobilienökonomie, Band 4, 4. Auflage, München, S. 287-303.

Leetmaa, Peeter; Rennie, Hervé; Thiry, Béatrice (2009): Household Saving Rate Higher in the EU Than in the USA Despite Lower Income, in: EUROSTAT, Statistics in Focus, 29/2009.

LeRoy, Stephen F.; Porter, Richard D. (1981): The Present-Value Relation: Tests Based on Implied Variance Bounds, in: Econometrica, Vol. 49, No. 3, S. 555-574.

Leventis, Andrew (2007): A Note on the Differences between the OFHEO and S&P/Case-Shiller House Price Indexes, http://www.fhfa.gov/webfiles/1160/notediff2.pdf (Zugriff am 18.03.2010).

Levine, Sheen S.; Zajac, Edward J. (2007): The Institutional Nature of Price Bubbles, SSRN Working Paper.

Lim, Michael Mah-Hui (2008): Old Wine in New Bottle: Subprime Mortgage Crises - Causes and Consequences, Working Paper No. 532, The Levy Economic Institute of Bard College.

Löhken, Katrin (2008): Heute USA, morgen Europa? in: Institutional Investment Real Estate Magazin, 3/2008, S. 32-34.

Lucas, Robert E. (1972): Expectations and the Neutrality of Money, in: Journal of Economic Theory, Vol. 4, No. 2, S. 103-124.

Lucas, Robert E. (1973): Some International Evidence on Output-Inflation Tradeoffs, in: The American Economic Review, Vol. 63, No. 3, S. 326-334.

Ludwig, Alexander; Sløk, Torsten (2004): The Relationship between Stock Prices, House Prices and Consumption in OECD Countries, in: Topics in Macroeconomics, Vol. 4, No. 1, S. 1-26.

Luo, Zhenqiang; Liu, Chunlu; Picken, David (2007): Granger Causality among House Price and Macroeconomic Variables in Victoria, in: Pacific Rim Property Research Journal, Vol. 13, No. 2, S. 234-256.

M

Mackay, Charles (1841): Memoirs of Extraordinary Popular Delusions and the Madness of Crowds, London.

MacKinnon, James G. (1991): Critical Values for Cointegration Tests, in: Engle, Robert F.; Granger, Clive W. J. (HRSG.): Long-Run Economic Relationships – Readings in Cointegration, New York et al., S. 267-276.

MacKinnon, James G. (1996): Numerical Distribution Functions for Unit Root and Cointegration Tests, in: Journal of Applied Econometrics, Vol. 11, No. 6, S. 601-618.

Maddala, G. S.; Kim, In-Moo (1998): Unit Roots, Cointegration, and Structural Change, Cambridge.

Malpezzi, Stephen (1999): A Simple Error Correction Model of House Prices, in: Journal of Housing Economics, Vol. 8, No. 1, S. 27-62.

Malpezzi, Stephen; Wachter, Susan M. (2005): The Role of Speculation in Real Estate Cycles, in: Journal of Real Estate Literature, Vol. 13, No. 2, S. 143-164.

Mankiw, N. Gregory, Romer, David; Shapiro, Matthew (1985): An Unbiased Reexamination of Stock Market Volatility, in: The Journal of Finance, Vol. 40, No. 3, S. 677-687.

Mankiw, N. Gregory; Weil, David N. (1989): The Baby Boom, the Baby Bust and the Housing Market, in: Regional Science and Urban Economics, Vol. 19, No. 2, S. 325-346.

Mark, Jonathan H.; Goldberg, Michael A. (1984): Alternative Housing Price Indices: An Evaluation, in: Journal of the American Real Estate & Urban Economics Association, Vol. 12, No. 1, S. 30-49.

Marsh, Terry; Merton, Robert (1983): Dividend Variability and Variance Bounds Tests for the Rationality of Stock Market Prices, in: The American Economic Review, Vol. 76, No. 3, S. 483-498.

Mayer, Christopher; Sinai, Todd (2007): Housing and Behavioral Finance, Discussion Paper for the Federal Reserve Bank of Boston's "Implications of Behavioral Economics on Economic Policy" Conference, September 27-28.

McCarthy, Jonathan; Peach, Richard W. (2004): Are Home Prices the Next Bubble? in: Economic Policy Review, Vol. 10, No. 3, S. 1-17.

McCue, Daniel; Belsky, Eric S. (2007): Why Do House Prices Fall? Perspectives on the Historical Drivers of Large Nominal House Price Declines, Working Paper No. 3, Joint Center for Housing Studies, Harvard University.

McGibany, James M.; Nourzad, Farrokh (2004): Do Lower Mortgage Rates Mean Higher Housing Prices? in: Applied Economics, Vol. 36, No. 4, S. 305-313.

Meen, Geoffrey (2006): Ten New Propositions in UK Housing Macroeconomics: An Overview of the First Years of the Century, Paper Presented at the ENHR Conference "Housing in an Expanding Europe: Theory, Policy, Participation and Implementation", Ljubljana, Slovenia, 2-5 July 2006.

Meese, Richard; Wallace, Nancy (1997): The Construction of Residential Housing Price Indices: A Comparison of Repeat-Sales, Hedonic-Regression, and Hybrid Approaches, in: Journal of Real Estate Finance and Economics, Vol. 14, No. 1, S. 51-73.

Meltzer, Allan H. (1995): Monetary, Credit and (other) Transmission Processes: A Monetarist View, in: Journal of Economic Perspectives, Vol. 9, No. 4, S. 49-72.

Meltzer, Allan H. (2003): Rational and Nonrational Bubbles, in: Hunter, William C.; Kaufmann, Georg G.; Pomerleano, Michael (HRSG.): Asset Price Bubbles: The Implications for Monetary, Regulatory, and International Policies, Cambridge/ London, S. 23-34.

Merton, Robert C. (1973): An Inter-Temporal Capital Asset Pricing Model, in: Econometrica, Vol. 41, No. 5, S. 867-888.

Merton, Robert C. (1980): On Estimating the Expected Return on the Market: An Exploratory Investigation, in: Journal of Financial Economics, Vol. 8, No. 4, S. 323-361.

Mian, Atif; Sufi, Amir (2008): The Consequences of Mortgage Credit Expansion: Evidence from the U.S. Mortgage Default Crisis, SSRN Working Paper.

Mikhed, Vyacheslav; Zemcík, Petr (2007): Do House Prices Reflect Fundamentals? Aggregate Panel Data Evidence, SSRN Working Paper.

Mikhed, Vyacheslav; Zemcík, Petr (2009): Testing for Bubbles in Housing Markets: A Panel Data Approach, in: Journal of Real Estate Finance and Economics, Vol. 38, No. 4, S. 366-386.

Miles, M.; Hartzell, D.; Guilkey, D.; Shears, D. (1991): A Transactions-Based Real Estate Index: Is it Possible?, in: Journal of Property Research, Vol. 8, No. 3, S. 203-217.

Minsky, Hyman P. (1982): Financial Instability Revisited: The Economics of Disaster, in: ders. (HRSG.): Can "It" Happen Again? Essays on Instability and Finance, Armomk, S. 117-161.

Minsky, Hyman P. (1986): Stabilizing an Unstable Economy, New Haven/London.

Mishkin, Frederic S.; White, Eugene N. (2003): U.S. Stock Market Crashes and Their Aftermath: Implications for Monetary Policy, in: Hunter, William C.; Kaufmann, George G.; Pomerleano, Michael (HRSG.): Asset Price Bubbles: The Implications for Monetary, Regulatory, and International Policies, Cambridge/London, S. 53-79.

Mishkin, Frederic S. (2007): Housing and the Monetary Transmission Mechanism, Discussion Paper for the Federal Reserve Bank of Kansas City's 2007 Jackson Hole Symposium, Jackson Hole, Wyoming.

Morsink, James; Helbling, Thomas F.; Tokarick, Stephen (2002): Recessions and Recoveries, in: World Economic Outlook, April 2002, International Monetary Fund, S. 104-137.

Mühlhofer, Tobias; Ukhov, Andrey D. (2009): Do Stock Prices Move too Much to be Justified by Changes in Dividends? Evidence from Real Estate Investment Trusts, SSRN Working Paper.

Müller, André; Cretegny, Laurent (2005): Ursachen des Strukturwandels 1990 bis 2001, in: Die Volkswirtschaft, Ausgabe 06/2005, S. 17-21.

Muth, John F. (1961): Rational Expectations and the Theory of Price Movements, in: Econometrica, Vol. 29, No. 3, S. 315-335.

N

Nakamura, Richard (2002): The Big Cleanse: The Japanese Response to the Financial Crisis of 1990's Seen from a Nordic Perspective, Working Paper No. 149, The European Institute of Japanese Studies Stockholm School of Economics.

National Association of Realtors (2010): Existing-Home Sales Methodology, http://www.realtor.org/research/research/ehsmeth (Zufriff am 13.01.2010).

National Council of Real Estate Investment Fiduciaries (2010): Frequently Asked Questuions about NCREIF and the NCREIF Property Index (NPI), http://www.ncreif.com/public_files/Users_Guide_to_NPI.pdf (Zugriff am 13.01.2010).

Neubacher, Bernd (2006): Der US-Häusermarkt alarmiert die Aktieninvestoren, in: Die Börsenzeitung, Ausgabe 171, 06.09.2006, S. 8.

Ng, Serena; Perron, Pierre (1995): Unit Root Tests in ARMA Models with Data-Dependent Methods for the Selection of the Truncation Lag, in: Journal of the American Statistical Association, Vol. 90, No. 429, S. 268-281.

Nitsch, Harald (2005): Tobins q als Prognoseinstrument für Immobilieninvestitionen, in: Francke, Hans-Hermann; Rehkugler, Heinz (HRSG): Immobilienmärkte und Immobilienbewertung, München, S. 55-79.

Nöth, Markus; Weber, Martin (2001): Rationales und irrationales Herdenverhalten, in: Forschung für die Praxis, Band 12, Universität Mannheim, S. 1-19.

Nwogugu, Michael (2004): Structural Changes in the US Retailing Industry and Legal, Economic and Strategy Implications for the US Real Estate Industry, SSRN Working Paper.

O

OECD (1998): OECD Economic Surveys – Japan.

Ofek, Eli; Richardson, Matthew (2003): DotCom Mania: The Rise and Fall of Internet Stock Prices, in: The Journal of Finance, Vol. 58, No. 3, S. 1113-1137.

Office of Federal Housing Enterprise Oversight (2008): Revisiting the Differences between the OFHEO and S&P/Case-Shiller House Price Indexes: New Explanations.

Ortalo-Magne, Francois; Rady, Sven (1998): Boom in Bust out: Young Households and the Business Cycle, SSRN Working Paper.

O. V. (2008): Die Suche nach dem Heiligen Gral, in: Frankfurter Allgemeine Zeitung, 27.09.2008, S. 10.

O. V. (2009): Der Immobilienbestand, in: Zeitschrift für Immobilienökonomie, Sonderausgabe 2009, S. 23-64.

P

Paiella, Monica (2008): The Stock Market, Housing and Consumer Spending: A Survey of the Evidence on Wealth Effects, Research Paper No. 8, Bank of Italy.

Palgrave, R. H. Inglis (1926): Dictionary of Political Economy, London.

Palinkas, Peter (1976): Die Wohnungsbauinvestitionen in der BRD: Eine theoretische und empirische Analyse, Hamburg.

Pesenti, Paolo; Tille, Cédric (2000): The Economics of Currency Crises and Contagion: An Introduction; in: Economic Policy Review, Vol. 6, No. 3, S. 3-16.

Phillips, Peter C.; Perron, Pierre (1988): Testing for Unit Root in Time Series Regression, in: Biometrika, Vol. 75, No. 2, S. 335-346.

Piazzesi, Monika; Schneider, Martin (2009): Momentum Traders in the Housing Market: Survey Evidence and a Surge Model, Working Paper No. 14669, National Bureau of Economic Research.

Poddig, Thorsten; Dichtl, Hubert; Petersmeier, Kerstin (2008): Statistik, Ökonometrie, Optimierung, Bad Soden/Ts.

Poterba, James (1984): Tax Subsidies to Owner-Occupied Housing: An Asset Market Approach, in: Quarterly Journal of Economics, Vol. 99, No. 4, S. 729-752.

Purfield, Catriona (2007): India: Asset Prices and the Macroeconomy, Working Paper No. 221, International Monetary Fund.

Purnanandam, Amiyatosh (2008): Originate-to-Distribute Model and the Sub-Prime Mortgage Crisis, SSRN Working Paper.

Q

Quigley, John M. (1999): Real Estate Prices and Economic Cycles, in: International Real Estate Review, Vol. 2, No. 1, S. 1-20.

R

Ranieri, Lewis S. (1998): The Origins of Securitization, Sources of Growth, and Future Potential, in: Kendall, Leon T.; Fishman, Michael J. (HRSG.): A Primer on Securitization, 3. Auflage, Cambridge/London, S. 32-43.

Rehkugler, Heinz; Jandura, Dirk (2002): Kointegrations- und Fehlerkorrekturmodelle zur Finanzmarktprognose, in: Kleeberg, Jochen M.; Rehkugler, Heinz (HRSG.): Handbuch Portfoliomanagement, Bad Soden/Ts., S. 649-686.

Rehkugler, Heinz (2003): Die Immobilien-AG – Chancen für Unternehmen und Investoren, in: ders. (HRSG.): Die Immobilien-AG: Bewertung und Marktattraktivität, München/Wien, S. 1-32.

Rehkugler, Heinz; Jandura, Isabelle; Morawski, Jaroslaw (2005): Immobilien als Bestandteil von Vermögensportfolios, in: Francke, Hans-Hermann; Rehkugler, Heinz (HRSG.): Immobilienmärkte und Immobilienbewertung, München, S. 3-53.

Rehkugler, Heinz (2008): Wertansätze in den Bilanzen sind nie echte Marktpreise, in: Institutional Investment Real Estate Magazin, 3/2008, S. 30-31.

Rehkugler, Heinz (2009): Die Auswirkungen der Finanzkrise auf die Immobilienwirtschaft, in: Ummen, Robert; Johns, Sven R. (HRSG.): Immobilien Jahrbuch 2009, Berlin, S. 40-48.

Rehkugler, Heinz; Sotelo, Ramon (2009): Verbriefte Immobilienanlagen als Kapitalmarktprodukte – eine Einführung, in: Rehkugler, Heinz (HRSG.): Die Immobilie als Kapitalmarktprodukt, München, S. 3-36.

Reinhart, Carmen M.; Rogoff, Kenneth S. (2008a): Is the 2007 U.S. Sub-Prime Financial Crisis so Different? An International Historical Comparison, Working Paper No. 3761, National Bureau of Economic Research.

Reinhart, Carmen M.; Rogoff, Kenneth S. (2008b): This Time is Different: A Panoramic View of Eight Centuries of Financial Crises, Working Paper No. 13882, National Bureau of Economic Research.

Reiss, David (2007): The Federal Government's Implied Guarantee of Fannie Mae and Freddie Mac's Obligations: Uncle Sam Will Pick up the Tab, Research Paper No. 83, Brooklyn Law School.

Renaud, Bertrand (1995): The 1985-94 Global Real Estate Cycle - Its Causes and Consequences, Policy Research Working Paper No. 1452, World Bank.

Ricke, Markus (2005): Margin Loans and Stock Market Bubbles: An Analytical Model and Empirical Tests of Selected Results, Frankfurt am Main.

RICS (2007): European Housing Review 2007.

Ross, Stephen A.; Zisler, Randall C. (1991): Risk and Return in Real Estate, in: Journal of Real Estate Finance and Economics, Vol. 4, No. 2, S. 175-190.

Rosser, J. Barkley (1991): From Catastrophe to Chaos: A General Theory of Economic Discontinuities, Boston et al.

Roth, Jean-Pierre (2002): Immobilienpreise und Geldpolitik, Referat auf der Präsidentenkonferenz des Hauseigentümerverbands Schweiz am 30.11.2002.

S

Sachverständigenrat zur Begutachtung der gesamtwirtschaftlichen Entwicklung (2008): Das deutsche Finanzsystem: Effizienz steigern – Stabilität erhöhen, Expertise im Auftrag der Bundesregierung, Juni 2008, Wiesbaden.

Said, Said E.; Dickey, David A. (1984): Testing for Unit Roots in Autoregressive Moving Average Models of Unknown Order, in: Biometrika, Vol. 71, No. 3, S 599-607.

Santoni, G. J. (1987): The Great Bull Markets 1924-29 and 1982-1987: Speculative Bubbles or Economic Fundamentals?, Review No. 69, Federal Reserve Bank of St. Louis , S. 16-29.

Sarno, Lucio; Taylor, Mark P. (1999): Moral Hazard, Asset Price Bubbles, Capital Flows, and the East Asia Crises: The First Tests, in: Journal of International Money and Finance, Vol. 18, No. 4, S. 637-657.

Scheinkman, Jose A.; Xiong, Wie (2003): Overconfidence and Speculative Bubbles, in: Journal of Political Economy, Vol. 111, No. 6, S. 1183-1219.

Schenek, André (2006): Überrenditen von Aktien-Neuemissionen, Bad Soden/Ts.

Schindler, Felix (2009): Immobilienaktienmärkte – Eine globale Analyse ihres Kapitalmarktverhaltens, Bad Soden/Ts.

Schmitz, Jan (2005): Der japanische "Bubble" und seine Folgekrise, Marburg.

Schnabel, Gunther; Hoffmann, Andreas (2007): Geldpolitik, vagabundierende Liquidität und platzende Blasen in neuen und aufstrebenden Märkten, SSRN Working Paper.

Schnabel, Gunther (2009): Eine Welle von wandernden Blasen, in: Frankfurter Allgemeine Zeitung, 12.02.2009, S. 12.

Schnelle, Pascal (2009): Asset Pricing bei heterogenen Erwartungen: Analyse der Auswirkungen von heterogenen Erwartungen auf Wertpapierpreise und Wertpapierpreisbewegungen, http://www.freidok.uni-freiburg.de/volltexte/7135/ (Zugriff am 29.07.2010).

Schnure, Calvin (2005): Boom-Bust Cycles in Housing: The Changing Role of Financial Structure, Working Paper No. 200, International Monetary Fund.

Schumpeter, Joseph (1946): Kapitalismus, Sozialismus und Demokratie, 1. Auflage, Winterthur.

Schumpeter, Joseph (1952): Theorie der wirtschaftlichen Entwicklung, 5. Auflage, Berlin.

Schwartz, Anna J. (2003): Shifting the Risk after Shifting the Focus, in: Hunter, William C.; Kaufmann, Georg G.; Pomerleano, Michael (HRSG.): Asset Price Bubbles: The Implications for Monetary, Regulatory, and International Policies, Cambridge/London, S. 383-387.

Schwarz, Gideon (1978): Estimating the Dimension of a Model, in: The Annals of Statistics, Vol. 6, No. 2, S. 461-464.

Schwedisches Institut (2001): Tatsachen über Schweden, http://www.swedengate.de /allgemeines/pdf_soz_wohnen.pdf (Zugriff am 31.03.2010).

Schwert, G. William (1989): Tests for Unit Roots: A Monte Carlo Investigation, in: Journal of Business & Economic Statistics, Vol. 7, No. 2, S. 147-159.

Sebastian, Steffen, P. (2003): Inflationsrisiken von Aktien-, Renten- und Immobilieninvestments: Eine theoretische und empirische Analyse an Finanzmärkten in Deutschland, Frankreich, Großbritannien und der Schweiz, Bad Soden/Ts.

Shiller, Robert J. (1981): Do Stock Prices Move too Much to Be Justified by Subsequent Changes in Dividends, in: The American Economic Review, Vol. 71, No. 3, S. 421-436.

Shiller, Robert J. (1984): Stock Prices and Social Dynamics, in: Brookings Papers on Economic Activity, Issue 2, S. 457-510.

Shiller, Robert J.; Perron, Pierre (1985): Testing the Random Walk Hypothesis - Power Versus Frequency of Observation, in: Economics Letters, Vol. 18, No. 4, S. 381-386.

Shiller, Robert J. (2001): Bubbles, Human Judgement, and Expert Opinion, Discussion Paper No. 1303, Cowles Foundation.

Shiller, Robert J. (2003): Diverse Views on Asset Bubbles, in: Hunter, William C.; Kaufmann, George G.; Pomerleano, Michael (HRSG.): Asset Price Bubbles: The Implications for Monetary, Regulatory, and International Policies, Cambridge/London, S. 35-40.

Shiller, Robert J. (2005): Irrational Exuberance, Princeton/Oxford.

Shiller, Robert J. (2007a): Understanding Recent Trends in House Prices and Home Ownership, Discussion Paper No. 1630, Cowles Foundation.

Shiller, Robert J. (2007b): Historic Turning Points in Real Estate, Discussion Paper No. 1610, Cowles Foundation.

Shimizu, Chihiro; Nishimura, Kiyohiko G. (2007): Pricing Structure in Tokyo Metropolitan Land Markets and its Structural Changes: Pre-Bubble, Bubble, and Post-Bubble Periods, in: Journal of Real Estate Finance and Economics, Vol. 35, No. 4, S. 475-496.

Siebert, Horst (2000): The Japanese Bubble: Some Lessons for International Macroeconomic Policy Coordination, in: Aussenwirtschaft, Vol. 55, No. 2, S. 233-250.

Simon, Herbert A. (1949): Administrative Behaviour, New York.

Simon, Herbert A. (1955): A Behavioral Model of Rational Choice, in: Quarterly Journal of Economics, Vol. 69, No. 1, S. 99-118.

Simon, John (2003): Three Australian Asset-price Bubbles, Conference Paper, Reserve Bank of Australia.

Slacalek, Jirka (2006): What Drives Personal Consumption? The Role of Housing and Financial Wealth, Discussion Paper No. 647, Deutsches Institut für Wirtschaftsforschung.

Smith, Adam (1776): An Inquiry into the Nature and Causes of the Wealth of Nations, London.

Smith, Lawrence B.; Rosen Kenneth T.; Fallis, George (1988): New Developments in Economic Models of Housing Markets, in: Journal of Economic Literature, Vol. 26, No. 1, S. 29-64.

Smith, Gary; Smith, Margret Hwang (2006): Bubble, Bubble, Where´s the Housing Bubble?, Preliminary Draft Prepared for the Brookings Panel on Economic Activity, March 30-31, 2006.

Smith, Vernon (2008): Die nächste Blase wird schon vorbereitet, in: Frankfurter Allgemeine Zeitung, 11.07.2008, S. 14.

Soerensen, Jens Kjaer (2006): The Dynamics of House Prices - International Evidence, SSRN Working Paper.

Solow, Robert M. (1982): On the Lender of Last Resort, in: Kindleberger, Charles, P.; Laffarge, Jean-Pierre (HRSG.): Financial Crises – Theory, History, and Policy, Cambridge et al., S. 237-248.

Sornette, Didier; Woodward, Ryan (2009): Financial Bubbles, Real Estate Bubbles, Derivative Bubbles, and the Financial and Economic Crisis, Research Paper Series No. 15, Swiss Finance Institute.

Standard & Poor's (2008): S&P/Case-Shiller Home Price Indices - Index Methodology.

Starbatty, Joachim (2007): F. A. von Hayek und die "Bubble Economy", Hayek-Vorlesung, Freiburg/Br. am 13. Dezember 2007.

Statistisches Bundesamt (2008): Statistisches Jahrbuch 2008.

Steele, Marion; Goy, Richard (1997): Short Holds, the Distributions of First and Second Sales, and Bias in the Repeat-Sales Price Index, in: Journal of Real Estate Finance and Economics, Vol. 14, No. 1, S. 133-154.

Steiner, Manfred; Bruns, Christoph (2007): Wertpapiermanagement, 9. Auflage, Stuttgart.

Steiner, Peter; Uhlir, Helmut (2001): Wertpapieranalyse, 4. Auflage, Heidelberg.

Stephens, William; Li, Ying; Lekkas, Vassilis; Abraham, Jesse; Calhoun, Charles; Kimner, Thomas (1995): Conventional Mortgage Home Price Index, in: Journal of Housing Research, Vol. 6, No. 3, S. 389-418.

Stevenson, Simon; Murray, Louis (1999): An Examination of the Inflation Hedging Ability of Irish Real Estate, in: Journal of Real Estate Portfolio Management, Vol. 5, No. 1, S. 59-69.

Stevenson, Simon (2008): Modeling Housing Market Fundamentals: Empirical Evidence of Extreme Market Conditions, in: Journal of Real Estate Economics, Vol. 36, No. 1, S. 1-29.

Stewart, Suzanne; Brannon, Ike (2006): A Collapsing Housing Bubble?, in: Regulation, Vol. 29, No. 1, S. 15-16

Stieglitz, Joseph E. (1990): Symposium on Bubbles, in: Journal of Economic Perspectives, Vol. 4, No. 2, S. 13-18.

Stone, Michael E. (2006): What Is Housing Affordability? The Case for the Residual Income Approach, in: Housing Policy Debate, Vol. 25, No. 1, S. 151-184.

Stöttner, Rainer (1989): Zur Instabilität von Finanzmärkten aus finanztechnologischer und theoretischer Sicht, in: Seitz, Tycho (HRSG.): Wirtschaftliche Dynamik und technischer Wandel, Stuttgart/New York, S. 145-161.

Stöttner, Rainer (1992): Markttechnische „Trading Rules" kontra Buy&Hold-Strategien, in: Jahrbücher für Nationalökonomie und Statistik, Vol. 209, No. 3/4, S. 266-282.

T

Taipalus, Katja (2006): A Global House Price Bubble? Evaluation Based on a New Rent-Price Approach, Discussion Paper No. 29, Bank of Finland.

Taylor, Michael; Rubin, Geoffey; Lynford, Lloyd (2000): Submarkets Matter! Applying Market Information to Asset-Specific Decisions, in: Journal of Real Estate Finance, Vol. 17, No. 3, S. 7-26.

Terrones, Marco; Otrok, Christopher; Carcenac, Nathalie (2004): Three Current Policy Issues, in: World Economic Outlook, September 2004, International Monetary Fund, S. 71-136.

Thaler, Richard H. (1991): Quasi Rational Economics, New York.

Thaler, Richard H. (1992): Winner's Curse, New York.

Thomas, Matthias (1997): Die Entwicklung eines Performanceindexes für den deutschen Immobilienmarkt, Köln.

Thompson, Katherine J.; Sigman, Richard S. (1998): Modified Half Sample Variance Estimation of Median Sales Price of Sold Houses: Effect of Data Grouping Methods, in: Proceedings of the Section on Survey Research Methods, American Statistical Association, 1998.

Tichy, Gunther (1990): Neuere Entwicklungen im Rahmen der Gleichsgewichtskonjunkturtheorie, in: Wirtschaftswissenschaftliches Studium, 20. Jg., Heft 2, S. 75-82.

Tirole, Jean (1982): On the Possibility of Speculation under Rational Expectations, in: Econometrica, Vol. 50, No. 5, S. 1163-1182.

Tirole, Jean (1985): Asset Bubbles and Overlapping Generations, in: Econometrica, Vol. 53, No. 6, S. 1499-1528.

Tobin, James (1969): A General Equilibrium Approach to Monetary Theory, in: Journal of Money, Credit & Banking, Vol. 1, No. 1, S. 15-29.

Tvede, Lars (1991): Psychologie des Börsenhandels, Wiesbaden.

U

Ueda, Kazuo (1996): Causes of the Banking Instability in Japan in the 1990s, Working Paper für die Advanced Information and Research Foundation Konferenz, Wharton, 30.08.1996.

V

Vissing-Jorgensen, Annette (2003): Perspectives on Behavioral Finance: Does "Irrationality" Disappear with Wealth? Evidence from Expectations and Actions, SSRN Working Paper.

W

Walzel, Barbara (2008): Unterscheidung nach Immobilienarten, in: Schulte, Karl-Werner (HRSG.): Immobilienökonomie, Band 1, 4. Auflage, München, S. 117-140.

Wang, Peijie (2000): Market Efficiency and Rationality in Property Investment, in: Journal of Real Estate Finance and Economics, Vol. 21, No. 2, S. 185-201.

West, Kenneth D. (1987): A Specification Test for Speculative Bubbles, in: The Quarterly Journal of Economics, Vol. 102, No. 3, S. 553-580.

Wheaton, William C. (1999): Real Estate "Cycles": Some Fundamentals, in: Journal of Real Estate Economics, Vol. 27, No. 2, S. 209-230.

Wheaton, William C.; Nechayev, Gleb (2008): The 1998-2005 Housing "Bubble" and the Current "Correction": What's Different This Time?, in: Journal of Real Estate Research, Vol. 30, No. 1, S. 1-26.

White, Eugene N. (1990): The Stock Market Boom and Crash of 1929 Revisited, in: Journal of Economic Perspectives, Vol. 4, No. 2, S. 67-83.

Wicksell, Knut (1898): Geldzins und Güterpreise: Eine Studie über die den Tauschwert des Geldes bestimmenden Ursachen, Jena.

Williams, John B. (1938): The Theory of Investment Value, Amsterdam.

Wöhle, Claudia (2005): Moderne Immobilienbewertung mit Hilfe der Discounted Cashflow-Verfahren, in: Francke, Hans-Hermann; Rehkugler, Heinz (HRSG.): Immobilienmärkte und Immobilienbewertung, München, S. 209-246.

Wong, Grace (2005): The Anatomy of a Housing Bubble: Overconfidence, Media and Politics, Working Paper, The Wharton School of the University of Pennsylvania.

Wood, Christopher (1992): The Bubble Economy, Sidgwick & Jackson.

XYZ

Zabel, Jeffrey (1999): Controlling for Quality in House Price Indices, in: Journal of Real Estate Finance and Economics, Vol. 19, No. 3, S. 223-241.

Zhou, Wie-Xing; Sornette, Didier (2003): 2000-2003 Real Estate Bubble in the UK but not in the USA, in: Physica A, Vol. 329, No. 1-2, S. 249-263.

Zhou, Wie-Xing; Sornette, Didier (2006): Is there a Real-Estate Bubble in the US?, in: Physica A, Vol. 361, No. 1, S. 297-308.

Zhu, Haibin (2005): The Importance of Property Markets for Monetary Policy and Financial Stability, Working Paper No. 21, Bank for International Settlements.

Zywicki, Todd J.; Adamson, Joseph D. (2008): The Law & Economics of Subprime Lending, Law and Economics Research Paper Series No. 17, George Mason University.

EINZELSCHRIFTEN

Jörn-Axel Meyer (Hrsg.)
**Nachhaltigkeit in kleinen und mittleren Unternehmen –
Jahrbuch der KMU-Forschung und -Praxis 2011**
Lohmar – Köln 2011 ♦ 464 S. ♦ € 72,- (D) ♦ ISBN 978-3-8441-0042-6

Marius I. Dethleffsen
Bewertung von Exchange Traded Funds – Eine Analyse von
Performance und Marktunvollkommenheiten in Europa
Lohmar – Köln 2011 ♦ 176 S. ♦ € 48,- (D) ♦ ISBN 978-3-8441-0044-0

Jens Jany
Die Qualität von Abschlussprüfungen im Kontext der Haftung, Größe und Spezialisierung von Prüfungsgesellschaften
Lohmar – Köln 2011 ♦ 348 S. ♦ € 63,- (D) ♦ ISBN 978-3-8441-0047-1

Heinrich G. Neudhart
Wiener Internationale Messe – Vorgeschichte, Anfänge und
Entwicklung bis zur kriegsbedingten Einstellung 1942
Lohmar – Köln 2011 ♦ 468 S. ♦ € 69,- (D) ♦ ISBN 978-3-8441-0050-1

Volker G. Hahn
Creating Sustainable Shareholder Value with Lean Six Sigma
– Evaluation and Portfolio Selection of Lean Six Sigma Projects
Lohmar – Köln 2011 ♦ 196 S. ♦ € 49,- (D) ♦ ISBN 978-3-8441-0051-8

Benedikt Herles
Wert im Spiegel ökonomischer Rationalität – Eine kritische
Betrachtung
Lohmar – Köln 2011 ♦ 176 S. ♦ € 48,- (D) ♦ ISBN 978-3-8441-0053-2

Philipp Gallus
**Effiziente Organisationsformen im Regionalflugsegment von
Netzwerk-Carriern** – Situations-Struktur-Konfigurationen im
europäischen Luftverkehr
Lohmar – Köln 2011 ♦ 336 S. ♦ € 63,- (D) ♦ ISBN 978-3-8441-0059-4

Tobias Rombach
Preisblasen auf Wohnimmobilienmärkten – Eine theoretische
und empirische Analyse der internationalen Märkte
Lohmar – Köln 2011 ♦ 460 S. ♦ € 69,- (D) ♦ ISBN 978-3-8441-0063-1

JOSEF EUL VERLAG